2011年度教育部哲学社会科学发展报告培育项目

石伟平◎主编　臧志军　李　鹏◎副主编

中国职业教育发展报告

2013—2014

华东师范大学出版社

目 录

前言 /001

【宏观发展】2013—2014 年中国职业教育发展主报告 /001

2013—2014 年我国职业教育事业发展概况 /003

 一、2013—2014 年我国职业教育事业发展基本情况 /003

 二、2014 年全国 31 省(市、区)职业教育事业发展概况 /027

 三、2013—2014 年我国职业教育事业发展中所遇到的问题 /045

2013—2014 年职业教育国家政策回顾 /053

 一、加快改革步伐,基本完成现代职业教育体系顶层设计 /053

 二、探索发展本科职业教育,明确地方本科转型方向与目标 /054

 三、对接现代产业需求,开发中等职业学校专业教学标准 /055

 四、密切产教融合、校企合作,初步试点推广现代学徒制 /056

 五、推动农村职业教育改革,加强新型职业农民队伍建设 /056

 六、大力实施依法治教,加快《职业教育法》修订工作 /057

【区域发展】2013—2014 年区域职业教育发展报告 /059

2013—2014 年度环渤海地区职业教育事业发展报告 /061

 一、2013—2014 年度环渤海地区中等职业教育事业发展报告 /061

 二、2013—2014 年度环渤海地区高等职业教育事业发展报告 /073

 三、2013—2014 年度环渤海地区促进职业教育发展的主要举措 /082

 四、2013—2014 年度环渤海地区职业教育发展的主要特征 /084

2013—2014 年度长三角地区职业教育事业发展报告 /087

- 一、2013—2014 年度长三角地区中等职业教育事业发展报告 /087
- 二、2013—2014 年度长三角地区高等职业教育事业发展报告 /097
- 三、2013—2014 年度长三角地区促进职业教育发展的主要举措 /104
- 四、2013—2014 年度长三角地区职业教育发展的主要特征 /108

2013—2014 年度东北地区职业教育事业发展报告 /111

- 一、2013—2014 年度东北地区中等职业教育事业发展报告 /111
- 二、2013—2014 年度东北地区高等职业教育事业发展报告 /122
- 三、2013—2014 年度东北地区促进职业教育发展的主要举措 /131
- 四、2013—2014 年度东北地区职业教育发展的主要特征 /136

2013—2014 年度中部地区职业教育事业发展报告 /138

- 一、2013—2014 年度中部地区中等职业教育事业发展报告 /138
- 二、2013—2014 年度中部地区高等职业教育事业发展报告 /153
- 三、2013—2014 年度中部地区促进职业教育发展的主要举措 /164
- 四、2013—2014 年度中部地区职业教育发展的主要特征 /167

2013—2014 年度民族地区职业教育事业发展报告 /170

- 一、2013—2014 年度民族地区中等职业教育事业发展报告 /170
- 二、2013—2014 年度民族地区高等职业教育事业发展报告 /184
- 三、2013—2014 年度民族地区促进职业教育发展的主要举措 /195
- 四、2013—2014 年度民族地区职业教育发展的主要特征 /198

【2013 年度聚焦】中国职业教育办学模式的改革与创新 /201

我国职业教育集团化办学发展报告 /203

- 一、我国职业教育集团化办学的发展背景 /203
- 二、我国职业教育集团化办学的发展现状 /206
- 三、我国职业教育集团化办学模式存在的问题和原因分析 /212
- 四、我国职业教育集团化办学的发展对策 /216

我国职业教育中外合作办学发展报告 /220

- 一、我国职业教育中外合作办学的发展背景 /220
- 二、我国职业教育中外合作办学的发展现状 /222
- 三、我国职业教育中外合作办学的主要问题 /229

四、我国职业教育中外合作办学的发展对策　　/232

我国职业教育园区办学发展报告　　/237
　　一、我国职业教育园区办学的发展背景　　/237
　　二、我国职业教育园区办学的发展现状　　/239
　　三、我国职业教育园区办学的主要问题　　/246
　　四、我国职业教育园区办学的发展对策　　/250

我国农村职业教育办学发展报告　　/253
　　一、我国农村职业教育办学的发展背景　　/253
　　二、我国农村职业教育办学的发展现状　　/256
　　三、我国农村职业教育办学的主要问题　　/261
　　四、我国农村职业教育办学的发展对策　　/264

我国职业教育东西部合作办学发展报告　　/274
　　一、我国职业教育东西部合作办学的发展背景　　/274
　　二、我国职业教育东西部合作办学的发展现状　　/276
　　三、我国职业教育东西部合作办学的主要问题　　/281
　　四、我国职业教育东西部合作办学的发展对策　　/284

我国民族地区职业教育办学发展报告　　/291
　　一、我国民族地区职业教育办学的发展背景　　/291
　　二、我国民族地区职业教育办学的发展现状　　/293
　　三、我国民族地区职业教育办学的主要问题　　/295
　　四、我国民族地区职业教育办学的发展对策　　/298

【2014年度聚焦】地方本科院校的转型发展之路　　/303

德国应用科技大学办学发展报告　　/305
　　一、德国应用科技大学的办学历程　　/305
　　二、德国应用科技大学的办学现状　　/308
　　三、德国应用科技大学的发展趋势　　/311
　　四、德国应用科技大学对我国新建本科院校转型的启示　　/313

英国多科技术学院办学发展报告　　/317
　　一、英国多科技术学院发展的时代背景　　/317

二、英国多科技术学院的办学现状 /319
三、英国多科技术学院办学的发展与变革 /324
四、英国多科技术学院办学对我国地方本科院校转型的启示 /326

日本技术科学大学办学发展报告 /330
一、日本技术科学大学的办学历程与时代背景 /330
二、日本技术科学大学的办学现状 /332
三、日本技术科学大学的发展趋势 /336
四、日本技术科学大学办学模式对我国地方本科院校转型的启示 /338

台湾地区科技大学办学发展报告 /341
一、台湾地区科技大学的办学历程 /341
二、台湾地区科技大学的办学现状 /345
三、台湾地区科技大学办学的发展趋势 /351
四、台湾地区科技大学办学对大陆地方本科院校转型的启示 /355

中国特色应用技术型高校的发展之路：以上海电机学院为例 /360
一、上海电机学院的办学历程及简介 /360
二、上海电机学院的办学现状及特色 /361
三、上海电机学院办学的未来发展趋势 /366
四、上海电机学院办学对我国地方本科院校转型发展的启示 /376

【特色发展】中国职业教育办学经验的特色凝练 /379

义乌工商职业技术学院"创业教育"现状调研报告 /380
一、义乌工商职业技术学院的创业教育实施背景 /380
二、义乌工商职业技术学院在创业教育上的主要举措 /381
三、义乌工商职业技术学院创业教育的主要成效 /389
四、义乌工商职业技术学院创业教育的未来展望 /391

齐齐哈尔工程学院"混合所有制"现状调研报告 /396
一、齐齐哈尔工程学院的发展阶段 /396
二、齐齐哈尔工程学院的治理结构 /397
三、齐齐哈尔工程学院治理的制度环境 /399
四、齐齐哈尔工程学院"混合所有制"探索的基本经验 /402

宁波外事学校"TAFE学院"现状调研报告　　　　　　　　　　/404
　　一、宁波外事学校"TAFE学院"的创建背景　　　　　　　/404
　　二、宁波外事学校"TAFE学院"的主要特色　　　　　　　/405
　　三、宁波外事学校"TAFE学院"的办学成效　　　　　　　/409

附录　　　　　　　　　　　　　　　　　　　　　　　　　/411
　　附录1　2013—2014年中国职业教育发展大事记　　　　　/411
　　附录2　2013—2014年中央部委出台的主要职业教育管理文件　/423
　　附录3　2013—2014年全国职业教育事业发展统计公报　　/433

后记　　　　　　　　　　　　　　　　　　　　　　　　　/438

图索引

【宏观发展】2013—2014 年中国职业教育发展主报告

2013—2014 年我国职业教育事业发展概况

图 1.1　2010—2014 年全国中等职业教育学校数

图 1.2　2010—2014 年全国中等职业教育在校生人数

图 1.3　2010—2014 年全国中等职业教育招生人数

图 1.4　2010—2014 年中等职业教育在校生人数与普通高中在校生人数的比值

图 1.5　2010—2014 年职业高中与普通高中校均规模变化情况

图 1.6　2010—2014 年民办中等职业教育在校生人数

图 1.7　2010—2014 年民办中等职业教育在校生人数占中等职业教育在校生人数的比例

图 1.8　2010—2014 年全国高等职业教育学校数量

图 1.9　2010—2014 年全国高等职业教育在校生人数

图 1.10　2010—2014 年全国高等职业教育招生人数

图 1.11　2010—2014 年高职教育在校生人数与普通本科教育在校生人数的比值

图 1.12　2010—2014 年高职院校与普通本科院校校均规模变化情况

图 1.13　2010—2014 年民办高职教育在校生人数

图 1.14　2010—2014 年民办高职教育在校生人数占高职教育在校生人数的比例

图 1.15　2010—2014 年职业培训机构发展规模趋势示意图

图 1.16　2010—2014 年职业培训机构学生规模变化趋势

图 1.17　2010—2014 年中等职业教育生均公共财政预算教育事业费支出

图 1.18　2010—2014 年中职与普高生均公共财政预算教育事业费支出比

图 1.19　2010—2014 年中职生均教育经费支出占人均 GDP 比重

图 1.20　2010—2014 年中职教育经费占公共财政支出比重

图 1.21　2010—2014 年高职生均公共财政预算教育事业费支出

图 1.22　2010—2014 年高职与普通本科生均公共财政预算教育事业费支出比

图 1.23　2010—2014 年高职教育生均教育经费支出占人均 GDP 的比重

图 1.24　2010—2014 年高职教育经费占公共财政支出的比重

图 1.25　2007—2014 年中等职业教育生师比发展变化趋势图

图 1.26　2007—2014 年中等职业教育专任教师中"双师型"教师占比示意图

图 1.27　2007—2014 年中等职业教育专任教师中兼职教师的占比情况

图 1.28　2007—2014 年中等职业教育专任教师中合格学历教师的占比情况

图 1.29　2013—2014 年高等职业教育生师比示意图

图 1.30　2013—2014 年高等职业教育专任教师中"双师型"教师占比示意图

图 1.31　2013—2014 年高等职业教育专任教师中合格学历教师的占比情况

图 1.32　2007—2014 年中等职业教育生均校舍建筑面积变化趋势

图 1.33　2007—2014 年中等职业教育生均图书册数变化趋势

图 1.34　2007—2014 年中等职业教育生均教学仪器设备值变化趋势

图 1.35　2007—2014 年中等职业教育每百名学生拥有教学用计算机数的变化趋势

图 1.36　2007—2014 年高等职业教育生均校舍建筑面积的变化趋势

图 1.37　2007—2014 年高等职业教育生均图书册数的变化趋势

图 1.38　2007—2014 年高等职业教育生均教学仪器设备值的变化趋势

图 1.39　2010—2014 年全国中等职业教育毕业生就业率的变化趋势

图 1.40　2014 年中职毕业生就业去向

图 1.41　2007—2014 年全国中等职业教育毕业生职业资格证书获取率

图 1.42　2013—2014 年全国中等职业教育学生流失率与辍学率示意图

图 1.43　2013—2014 年中等职业学校各专业类招生占比及变化趋势

图 1.44　2014 年中等职业学校各专业类招生占比变化幅度示意图

图 1.45　2014 年高职高专院校各专业大类招生占比示意图

图 1.46　2014 年全国 31 省（市、区）每十万常住人口中中等职业教育在校生人数

图 1.47　2014 年全国 31 省（市、区）中等职业教育与普通高中学生规模比值示意图

图 1.48　2014 年全国 31 省（市、区）每十万常住人口中高等职业教育学生数

图 1.49　2014 年全国 31 省（市、区）高等职业教育与普通本科教育学生规模比值示

意图

图 1.50　2014 年全国 31 省(市、区)中等职业教育生均公共财政预算教育事业费支出

图 1.51　2014 年全国 31 省(市、区)中等职业教育与普通高中生均公共财政预算教育事业费支出比值

图 1.52　2014 年全国 31 省(市、区)高等职业教育生均公共财政预算教育事业费支出

图 1.53　2014 年全国 31 省(市、区)高等职业教育与普通本科生均公共财政预算教育事业费支出比值

图 1.54　2014 年全国 31 省(市、区)中等职业教育生师比

图 1.55　2014 年全国 31 省(市、区)中等职业教育专任教师中"双师型"教师占比

图 1.56　2014 年全国 31 省(市、区)高等职业教育生师比

图 1.57　2014 年全国 31 省(市、区)高等职业教育专任教师中"双师型"教师占比

图 1.58　2014 年全国 31 省(市、区)中等职业教育生均校舍建筑面积

图 1.59　2014 年全国 31 省(市、区)中等职业教育生均图书册数

图 1.60　2014 年全国 31 省(市、区)高等职业教育生均校舍建筑面积

图 1.61　2014 年全国 31 省(市、区)高等职业教育生均图书册数

图 1.62　2014 年全国 31 省(市、区)中等职业教育毕业生职业资格证书获取率

图 1.63　2014 年全国 31 省(市、区)中等职业教育学生流失率

图 1.64　2014 年东、中、西三大区域中职教育生均公共财政预算教育事业费支出

图 1.65　2014 年东、中、西三大区域高职教育生均公共财政预算教育事业费支出

【2013 年度聚焦】中国职业教育办学模式的改革与创新

我国职业教育集团化办学发展报告

图 3.1　我国四大经济区域职业教育集团增长变化示意图

图 3.2　职教集团产业类型的区域比较

我国职业教育东西部合作办学发展报告

图 3.3　2012 年中职招收外省生源达到 3 万的省市

【2014 年度聚焦】地方本科院校的转型发展之路

台湾地区科技大学办学发展报告

图 4.1　台湾地区科技大学专业设置流程

■ 表索引

【区域发展】2013—2014 年区域职业教育发展报告
2013—2014 年度环渤海地区职业教育事业发展报告

表 2.1　环渤海地区各省/市中职学校数
表 2.2　环渤海地区各省/市中职招生数
表 2.3　环渤海地区各省/市中职在校生人数
表 2.4　环渤海地区各省/市中职与普高在校生人数比
表 2.5　环渤海地区各省/市中职生均公共财政预算教育事业费支出
表 2.6　环渤海地区各省/市中职与普通高中生均公共财政预算教育事业费支出比
表 2.7　环渤海地区各省/市中职生均教育经费支出占人均 GDP 比重
表 2.8　环渤海地区各省/市中职教育经费占公共财政支出比重
表 2.9　环渤海地区各省/市中职生师比
表 2.10　渤海地区各省/市中职专任教师中"双师型"教师比例
表 2.11　环渤海地区各省/市中职兼职教师人数占专任教师比
表 2.12　环渤海地区各省/市中职专任教师中合格学历教师比例
表 2.13　环渤海地区各省/市中职生均校舍建筑面积
表 2.14　环渤海地区各省/市中职生均图书册数
表 2.15　环渤海地区各省/市中职每百名学生拥有教学用计算机数
表 2.16　环渤海地区各省/市中职生均教学仪器设备值
表 2.17　环渤海地区各省/市中职毕业生获取职业资格证书的比例
表 2.18　环渤海地区各省/市中职学校学生流失率
表 2.19　环渤海地区各省/市每万平方公里中职学校数
表 2.20　环渤海地区各省/市每十万人中职学校在校生数

表 2.21　环渤海地区各省/市高职学校数
表 2.22　环渤海地区各省/市高职招生数
表 2.23　环渤海地区各省/市高职在校生人数
表 2.24　环渤海地区各省/市普通专科与普通本科在校生人数比
表 2.25　环渤海地区各省/市高职生均公共财政预算教育事业费支出
表 2.26　环渤海地区各省/市高职与普通本科生均公共财政预算教育事业费支出比
表 2.27　环渤海地区各省/市高职生均教育经费支出占人均 GDP 比重
表 2.28　环渤海地区各省/市高职教育经费占公共财政支出比重
表 2.29　环渤海地区各省/市高职生师比
表 2.30　环渤海地区各省/市高职专任教师中"双师型"教师比例
表 2.31　环渤海地区各省/市高职专任教师中合格学历教师比例
表 2.32　环渤海地区各省/市高职生均校舍建筑面积
表 2.33　环渤海地区各省/市高职生均图书册数
表 2.34　环渤海地区各省/市高职生均教学仪器设备值
表 2.35　环渤海地区各省/市每万平方公里高职学校数
表 2.36　环渤海地区各省/市每十万人高职学校在校生数

2013—2014 年度长三角地区职业教育事业发展报告

表 2.37　长三角地区各省/市中职学校数
表 2.38　长三角地区各省/市中职招生数
表 2.39　长三角地区各省/市中职在校生人数
表 2.40　长三角地区各省/市中职与普高在校生人数比
表 2.41　长三角地区各省/市中职生均公共财政预算教育事业费支出
表 2.42　长三角地区各省/市中职与普高生均公共财政预算教育事业费支出比
表 2.43　长三角地区各省/市中职生均教育经费支出占人均 GDP 比重
表 2.44　长三角地区各省/市中职教育经费占公共财政支出比重
表 2.45　长三角地区各省/市中职生师比
表 2.46　长三角地区各省/市中职专任教师中"双师型"教师比例
表 2.47　长三角地区各省/市中职兼职教师人数占专任教师比

表 2.48　长三角地区各省/市中职专任教师中合格学历教师比例
表 2.49　长三角地区各省/市中职生均校舍建筑面积
表 2.50　长三角地区各省/市中职生均图书册数
表 2.51　长三角地区各省/市中职每百名学生拥有教学用计算机数
表 2.52　长三角地区各省/市中职生均教学仪器设备值
表 2.53　长三角地区各省/市中职毕业生获取职业资格证书的比例
表 2.54　长三角地区各省/市中职学生流失率
表 2.55　长三角地区各省/市每万平方公里中职学校数
表 2.56　长三角地区各省/市每十万人中职学校在校生数
表 2.57　长三角地区各省/市高职学校数
表 2.58　长三角地区各省/市高职招生数
表 2.59　长三角地区各省/市高职在校生人数
表 2.60　长三角地区各省/市高职与普通本科在校生人数比
表 2.61　长三角地区各省/市高职生均公共财政预算教育事业费支出
表 2.62　长三角地区各省/市高职与普通本科生均公共财政预算教育事业费支出比
表 2.63　长三角地区各省/市高职生均教育经费支出占人均 GDP 比重
表 2.64　长三角地区各省/市高职教育经费占公共财政支出比重
表 2.65　长三角地区各省/市高职生师比
表 2.66　长三角地区各省/市高职专任教师中"双师型"教师比例
表 2.67　长三角地区各省/市高职专任教师中合格学历教师比例
表 2.68　长三角地区各省/市高职生均校舍建筑面积
表 2.69　长三角地区各省/市高职生均图书册数
表 2.70　长三角地区各省/市高职生均教学仪器设备值
表 2.71　长三角地区各省/市每万平方公里高职学校数
表 2.72　长三角地区各省/市每十万人高职学校在校生数

2013—2014 年度东北地区职业教育事业发展报告

表 2.73　东北地区各省中职学校数
表 2.74　东北地区各省中职招生数

表 2.75　东北地区各省中职在校生人数
表 2.76　东北地区各省中职与普高在校生人数比
表 2.77　东北地区各省中职生均公共财政预算教育事业费支出
表 2.78　东北地区各省中职与普高生均公共财政预算教育事业费支出比
表 2.79　东北地区各省中职生均教育经费支出占人均 GDP 比重
表 2.80　东北地区各省中职教育经费占公共财政支出比重
表 2.81　东北地区各省中职生师比
表 2.82　东北地区各省中职专任教师中"双师型"教师比例
表 2.83　东北地区各省中职兼职教师人数占专任教师比
表 2.84　东北地区各省中职专任教师中合格学历教师比例
表 2.85　东北地区各省中职生均图书册数
表 2.86　东北地区各省中职生均教学仪器设备值
表 2.87　东北地区各省中职每百名学生拥有教学用计算机数
表 2.88　东北地区各省中职毕业生获取职业资格证书的比例
表 2.89　东北地区各省中职学生流失率
表 2.90　东北地区各省每万平方公里中职学校数
表 2.91　东北地区各省每十万人中职学校在校生人数
表 2.92　东北地区各省高职学校数
表 2.93　东北地区各省高职招生数
表 2.94　东北地区各省高职在校生人数
表 2.95　东北地区各省高职与普通本科在校生人数比
表 2.96　东北地区各省高职生均公共财政预算教育事业费支出
表 2.97　东北地区各省高职与普通本科生均公共财政预算教育事业费支出比
表 2.98　东北地区各省高职生均教育经费支出占人均 GDP 比重
表 2.99　东北地区各省高职教育经费占公共财政支出比重
表 2.100　东北地区各省高职生师比
表 2.101　东北地区各省高职专任教师中"双师型"教师比例
表 2.102　东北地区各省高职专任教师中合格学历教师比例
表 2.103　东北地区各省高职生均校舍建筑面积
表 2.104　东北地区各省高职生均图书册数

表2.105　东北地区各省高职生均教学仪器设备值
表2.106　东北地区各省每万平方公里高职学校数
表2.107　东北地区各省每十万人高职学校在校生人数

2013—2014年度中部地区职业教育事业发展报告

表2.108　中部地区各省中职学校数
表2.109　中部地区各省中职在校生人数
表2.110　中部地区各省中职招生数
表2.111　中部地区各省中职与普高在校生人数比
表2.112　中部地区各省中职生均公共财政预算教育事业费支出
表2.113　中部地区各省中职与普高生均公共财政预算教育事业费支出比
表2.114　中部地区各省中职生均教育经费支出占人均GDP比重
表2.115　中部地区各省中职教育经费占公共财政支出比重
表2.116　中部地区各省中职生师比
表2.117　中部地区各省中职专任教师中"双师型"教师比例
表2.118　中部地区各省中职兼职教师人数占专任教师比
表2.119　中部地区各省中职专任教师中合格学历教师比例
表2.120　中部地区各省中职生均校舍建筑面积
表2.121　中部地区各省中职生均图书册数
表2.122　中部地区各省中职生均教学仪器设备值
表2.123　中部地区各省中职每百名学生拥有教学用计算机数
表2.124　中部地区各省中职毕业生获取职业资格证书的比例
表2.125　中部地区各省中职学生流失率
表2.126　中部地区各省每万平方公里中职学校数
表2.127　中部地区各省每十万人中职学校在校生数
表2.128　中部地区各省高职学校数
表2.129　中部地区各省高职招生数
表2.130　中部地区各省高职在校生人数
表2.131　中部地区各省普通专科与普通本科在校生人数比
表2.132　中部地区各省高职生均公共财政预算教育事业费支出

表 2.133　中部地区各省高职与普通本科生均公共财政预算教育事业费支出比

表 2.134　中部地区各省高职生均教育经费支出占人均 GDP 比重

表 2.135　中部地区各省高职教育经费占公共财政支出比重

表 2.136　中部地区各省高职生师比

表 2.137　中部地区各省高职专任教师中"双师型"教师比例

表 2.138　中部地区各省高职专任教师中合格学历教师比例

表 2.139　中部地区各省高职生均校舍建筑面积

表 2.140　中部地区各省高职生均图书册数

表 2.141　中部地区各省高职生均教学仪器设备值

表 2.142　中部地区各省每万平方公里高职学校数

表 2.143　中部地区各省每十万人高职学校在校生人数

2013—2014 年度民族地区职业教育事业发展报告

表 2.144　民族地区各省/自治区中职学校数

表 2.145　民族地区各省/自治区中职招生数

表 2.146　民族地区各省/自治区中职在校生人数

表 2.147　民族地区各省/自治区中职与普高在校生人数比

表 2.148　民族地区各省/自治区中职教育经费占公共财政支出比重

表 2.149　民族地区各省/自治区中职生均教育经费支出占人均 GDP 比重

表 2.150　民族地区各省/自治区中职生均公共财政预算教育事业费支出

表 2.151　民族地区各省/自治区中职与普高生均公共财政预算教育事业费支出比

表 2.152　民族地区各省/自治区中职生均图书册数

表 2.153　民族地区各省/自治区中职每百名学生拥有教学用计算机数

表 2.154　民族地区各省/自治区中职生均教学仪器设备值

表 2.155　民族地区各省/自治区中职生师比

表 2.156　民族地区各省/自治区中职专任教师中"双师型"教师比例

表 2.157　民族地区各省/自治区中职兼职教师人数占专任教师比

表 2.158　民族地区各省/自治区中职专任教师中合格学历教师比例

表 2.159　民族地区各省/自治区中职毕业生获取职业资格证书的比例

表 2.160　民族地区各省/自治区中职学生流失率

表 2.161　民族地区各省/自治区每万平方公里中职学校数
表 2.162　民族地区各省/自治区每十万人中职学校在校生人数
表 2.163　民族地区各省/自治区高职学校数
表 2.164　民族地区各省/自治区高职招生数
表 2.165　民族地区各省/自治区高职在校生人数
表 2.166　民族地区各省/自治区高职与普通本科在校生人数比
表 2.167　民族地区各省/自治区高职教育经费占公共财政支出比重
表 2.168　民族地区各省/自治区高职生均教育经费支出占人均 GDP 比重
表 2.169　民族地区各省/自治区高职生均公共财政预算教育事业费支出
表 2.170　民族地区各省/自治区高职与普通本科生均公共财政预算教育事业费支出比
表 2.171　民族地区各省/自治区高职生均校舍建筑面积
表 2.172　民族地区各省/自治区高职生均图书册数
表 2.173　民族地区各省/自治区高职生均教学仪器设备值
表 2.174　民族地区各省/自治区高职生师比
表 2.175　民族地区各省/自治区高职专任教师中"双师型"教师比例
表 2.176　民族地区各省/自治区高职专任教师中合格学历教师比例
表 2.177　民族地区各省/自治区每万平方公里高职院校数
表 2.178　民族地区各省/自治区每十万人高职学校在校生数

【2013 年度聚焦】中国职业教育办学模式的改革与创新
我国职业教育中外合作办学发展报告

表 3.1　2012 年江苏省高职中外合作办学专业涉及领域分布表

我国职业教育东西部合作办学发展报告

表 3.2　职业教育东西部合作办学的主要内容与形式

【2014 年度聚焦】地方本科院校的转型发展之路
台湾地区科技大学办学发展报告

表 4.1　东南科技大学的资讯科技与通讯系课程和证照的关系

前 言

纵观世界各国的现代化历程,主要发达国家的经济现代化大体上都经历了"起飞准备——起飞——走向成熟——大众消费"等几个阶段。工业化市场经济国家发展的历史经验告诉我们,一个国家在经济起飞前夕,人力资源开发的重点是基础性教育培训;在经济起飞中期,重点是中等层次的职业性教育培训;而在完成起飞、进入发达阶段后,重点将转向高等层次的学科性和职业性教育。我国在20世纪80年代完成了起飞准备,已经成功实现经济起飞二十多年。根据中国社科院的研究,中国工业化进程会在"十二五"期间进入工业化后期,这意味着"十二五"时期是我国经济发展方式转变和经济结构调整的关键期。而这一转变期也正预示着职业教育将在我国经济社会发展的新阶段发挥更大的作用。

改革开放以来,我国职业教育已累计为国家输送两亿多个高素质劳动者和技能型人才,我国已拥有世界上最大规模的职业教育体系。尤其是最近十年,中国职业教育更是进入了发展的快车道,无论是发展速度还是发展质量均有令人瞩目的表现。2005年,中等职业教育被纳入我国教育工作的战略重点。时任总理温家宝在国务院召开的全国职业教育工作会议上宣布:"十一五"期间中央财政将对职业教育投入100亿元,重点用于支持实训基地建设,充实教学设备,资助贫困家庭学生接受职业教育。会议作出《关于大力发展职业教育的决定》(以下简称《决定》),明确提出把基础教育、职业教育和高等教育"放在同等重要位置"。《决定》提出:"到2010年,中等职业教育招生规模达到800万人,与普通高中招生规模大体相当。"随后,中央有关部门立即启动实施一系列推动职业教育发展的重大举措:实施职业教育实训基地建设计划,重点建设好2 000个职业教育实训基地;实施县级职教中心专项建设计划,重点扶持建设1 000个县级职教中心;实施职业教育示范性院校建设计划，重点建设好1 000所示范性中等职业学校和100所示范性高等职业院校；实施职业院校教师素质提高计划，全面提升职业院校教师队伍素质等。从2007年秋季开学起，受惠于国家支持政策，"免费上中职"变为现实。所有中等职业学校在校一、二年级的农村学生和城市家庭经济困难学生，每年会得到1 500元的资助，连续资助两年，受资助学生达1 600万人，占中等职业学校在校生总数的90%。而后，中等职业教育免学费范围从农村家庭经济困难学生和涉农专业学生扩大到城市家庭经济困难学生，引导和鼓励更多的初中毕业生接受中等及以上职业教育。2008年，教育部召开2008年度职业教育与成人教育工作会议暨中等职业学校招生工作会议。会议提出，在连续3年扩招的基础上，努力完成中等职业学校招生820万人的任务。截至2011年，全国有中等职业学校13 093所，在校生2 205.33万人；高等职业学校1 280所，在校生958.85万人；依托学校等开展各类职业培训6 000多万人次。近十年来，我国职业教育取得了突破性进展，职业教育的地位日益凸显，其对经济社会发展的贡献有目共睹。

在回顾这些年来职业教育的辉煌成就时，我们也不无遗憾：中国职业教育一直在不利的环境中困难前行，取得今天的成就实属不易，但却没有一套完整地呈现中国职业教育每一年点滴进步的资料！我们在回顾过去时，仿佛是一瞬间，那些为了这项事业默默奋斗的一个个人和那些艰难突破的一次次改革被遗漏在了视野之外。

幸运的是，2011年上半年，我们获得了"教育部哲学社会科学发展报告建设（培育）项目"的资助。从一开始，我们就把这本报告定位为全景式反映中国职业教育成就、体现中国职业教育特色、指明中国职业教育发展趋势的报告。在这样的指导思想之下，我们出版了《中国职业教育发展报告（2011）》和《中国职业教育发展报告（2012）》，这两本报告出版后得到了业内外人士的一致好评。

在策划《中国职业教育发展报告（2013—2014）》时，我们力求以2013—2014年间职业教育领域的政策举措和改革进展为重点，从总到分，层层解剖，层层推进，对2013—2014这两年间我国职业教育发展的经验、教训进行客观描述和深入剖析，不仅要全面描述中国职业教育的发展现状，也要对区域和地方的职业教育发展情况进行定性和定量的描述，以再现中国职业教育事业的蓬勃发展。

本报告在充分吸取过往经验的基础上进行了大胆创新，在分析我国职业教育事业发展的评价指标体系的构建上，基于已有基础实现了进一步的优化完善，新的评价体系包含了职业教育办学规模、职业教育经费投入、职业教育师资队伍、职业教育办学条件以及职业教育人才培养五个维度。基于对相关数据的统计分析,报告全面、客观地展现了每一年度职业教育宏观发展的现状,而且弥补了过往两份报告对高等职业教育关注不足的遗憾。除了以上创新,在具体的内容板块设计上依然坚持宏观与微观相结合的思路,包含了中国职业教育发展宏观现状、中国职业教育发展区域现状以及地方和部分职业院校实践探索的经验,并且积极回应了2013—2014年间职业教育发展改革的热点问题。

通过这份报告,我们发现我国职业教育整体上呈现着良好的发展态势,在经费投入、生师比、兼职教师占比、合格学历教师占比以及生均校舍建筑面积、生均拥有教学用计算机数等指标上都呈现出递增的态势,这完全能够反映党和政府对职业教育发展的重视程度。但同样令人深感忧虑的是,中等职业教育无论是在办学规模还是招生规模上都呈现出了较大的滑坡趋势,已经难以达到国家所规定的普职比1∶1的标准,这无不表明中等职业教育正面临着日益严峻的"生源危机"。

尽管我国职业教育发展从总体上看呈现出良好的发展态势,但区域发展水平仍然存在着较大的不平衡性,以职业教育经费投入来看,呈现出了典型的"中部凹陷"格局。2014年度,东部地区生均经费投入值高于中部和西部地区,而且各个省(市、区)之间的经费差距越来越大。高等职业教育投入也呈现同样的特征,特别是江西、安徽、山西和湖南等中部地区,其高等职业教育经费投入不仅远低于北京、上海,还远远低于一些西部地区,整体呈现"中部凹陷"的格局。

此外,我国职业教育发展还面临着一些体制机制的障碍,如民办职业教育未能获得同公办职业教育机构相同的制度环境和竞争平台,地方教育部门经常制定一些短期和功利的发展目标,过多的职业教育办学机构存在着盲目升格的冲动,现行职业教育管理体制仍存在着条块分割、部门分割、人才培养与就业分割的弊端等。中国职业教育发展面临着诸多问题与挑战,仍然需要各级政府在顶层设计层面对职业教育进行统筹布局,激发广大职业院校发展的积极性,及时总结基层的创新经验,形成规律性认识,推进职业教育现代化发展。

通过这份报告,我们还想感谢长期以来关心、支持中国职业教育事业的领导、朋友和同行们。他们在巨大的压力之下,自己出题,自己解题,把中国职业教育从规模发展带入了内涵发展的新阶段,他们为中国职业教育事业开拓出一片更为广阔的天地。希望他们能在这本书里找到自己辛勤耕耘的足迹。

尽管我们力求完美,但由于研究尚有许多不足,错误在所难免,真诚期盼各方提出宝贵意见,不吝指正,为推进我国职业教育事业的发展共同努力!

石伟平

【宏观发展】
2013—2014年中国职业教育发展主报告

在全面贯彻和落实《国家中长期教育改革和发展规划纲要(2010—2020年)》的背景下,2013—2014年是我国职业教育进一步深化内涵发展、提升办学质量的攻坚阶段。在这两年里,国家出台了一系列促进职业教育发展的重大举措,并明确指出了构建现代职业教育体系的建设目标。在这一重要战略目标的指引下,我国职业教育发展即将走上一段新的征程。为了能够摸清发展现状,更好地推动我国职业教育事业的发展,本报告将以翔实、准确的数据客观呈现我国2013—2014年职业教育的发展历程,并对现代职业教育建设目标达成所遇到的关键问题进行诊断分析。

本报告分为"2013—2014年我国职业教育事业发展概况"和"2013—2014年职业教育国家政策回顾"两个部分,分别从关键的数据指标和对国家政策分析的视角展现职业教育的宏观发展情况。在"2013—2014年我国职业教育事业发展概况"部分,本报告基于权威的数据来源从宏观视角分析了我国职业教育发展的基本情况、各省(市、区)职业教育发展的情况以及职业教育当前发展中存在的问题。在"2013—2014年职业教育国家政策回顾"部分,本报告回顾了2013—2014年国家有关部门发布并实施的一些重要的职业教育政策,并总结归纳了当前我国职业教育国家政策关注的焦点和走向。

本报告的主要目的在于全面反映我国职业教育的宏观发展情况,为了保证能够真实、客观地呈现我国职业教育发展的真实面貌,所采用的数据主要来自国家权威部门所发布的公开数据。同时本报告的编写团队进一步完善了职业教育发展指标体系,增加了一些衡量职业教育发展的新指标,并对指标间的关系进行了分析和归纳,最终明确指出了职业教育发展指标体系主要包括职业教育办学规模、职业教育经费投入、职业教育师资队伍、职业教育办学条件、职业教育人才培养五个维度。

2013—2014年我国职业教育事业发展概况[①]

2013—2014年是我国落实《国家中长期教育改革和发展规划纲要(2010—2020年)》(以下简称《纲要》),职业教育进一步深化内涵发展的攻坚之年,在这两年里我国职业教育发展呈现出新的发展趋势。党中央、国务院日益把职业教育作为支撑我国实现"经济发展方式转变、产业结构转型升级"战略目标的重要基础。不仅密集出台了一系列政策文件来推动职业教育的发展,而且明确提出了现代职业教育体系的建设目标和重点建设方略,并把现代职业教育体系建设作为支撑我国经济社会发展的重要基石。为明确我国职业教育未来改革和发展的方向,有必要摸清2013—2014年我国职业教育事业发展的基本概况,在此基础上探索我国未来职业教育进一步深化发展的改革路径。

一、2013—2014年我国职业教育事业发展基本情况

2013—2014年,我国职业教育发展取得了多方面的成就。本部分内容试图从办学规模、经费投入、师资队伍、办学条件、人才培养5个基本维度,对2013—2014年的职业教育发展概况进行全景式呈现。

(一)职业教育办学规模

"职业教育学生规模能直观地表现出一个国家职业教育体系的发展程度,是直接制约职业教育发展水平的一个变量"。[②] 进入新世纪以来,扩大职业教育的发展规模一直都是我国职业教育政策关注的聚焦点,例如,"中职与普通高中规模基本达到1∶1"、"以高等职业教育为主力实现高等教育的大众化"等一直以来都是我国各级政府出台职业教育政策的基本诉求。因此,当前对我国职业教育学生规模的

[①] 本报告中的各项统计数据均未包括香港特别行政区、澳门特别行政区和台湾省。
[②] 陈衍,张祺午,于海波,等.中国职业教育规模国际竞争力比较分析[J].清华大学教育研究,2010(5):107—117.

考察不仅是对政策效果的一个考量,同时也是对我国职业教育事业发展运行状况的基本判断。

1. 中等职业教育办学规模

中等职业教育①学生规模与中等职业教育学校数紧密相关,如图 1.1 所示,2014 年我国中等职业教育学校数为 11 878 所,整体上呈现逐年下降的趋势,以 2010 年为基准,减少了 1 994 所,占到了 2014 年中等职业教育学校数的 16.79%,五年间减少的数量几乎占到了 2014 年中等职业教育学校数的五分之一。

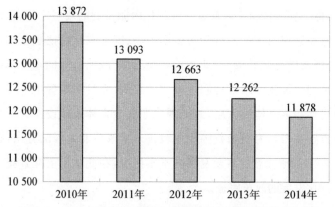

图 1.1　2010—2014 年全国中等职业教育学校数(单位:所)

(数据来源:教育部发展规划司各年统计数据)

随着中等职业教育学校数的逐渐下降,当前中等职业教育的学生规模也呈现出逐年下降的趋势,而且下降的幅度在不断地加大。如图 1.2 所示,2014 年,中等职业教育在校生人数为 17 552 823 人,以 2010 年为基准,减少了 4 764 814 人,占到了 2014 年中等职业教育在校生人数的 27.15%,五年间在校生减少的人数已经远高于 2014 年在校生人数的五分之一。除了中等职业教育的在校生人数不断下降之外,当前中等职业教育的招生人数也呈现不断下滑的趋势。如图 1.3 所示,2014 年,中等职业教育的招生人数为 6 197 618 人,以 2010 年为基准,减少了 2 483 810 人,占到了 2014 年招生人数的 40.08%,达到了 2014 年招生人数的五分之二以上。

---

① 如果没有特别说明,此文中的普通中等职业教育包括普通职业高中、中等专业学校、技工学校以及开展全日制学历教育的普通成人中等专业学校。但是在数据统计部分,由于技工学校的数据缺乏,所以本报告中关于中职学校的统计分析不包括技工学校。

【宏观发展】
2013—2014年中国职业教育发展主报告

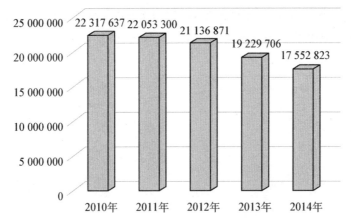

图1.2　2010—2014年全国中等职业教育在校生人数（单位：人）

（数据来源：教育部发展规划司各年统计数据）

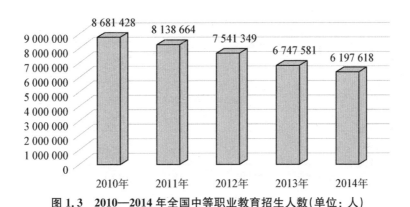

图1.3　2010—2014年全国中等职业教育招生人数（单位：人）

（数据来源：教育部发展规划司各年统计数据）

在我国教育发展的现实背景下，扩大职业教育规模面临着协调职业教育与普通教育比例结构的重要问题，落实中等职业教育规模与普通高中、高等职业教育规模与普通本科大体相当是协调职业教育与普通教育发展的重要依据。因此，本部分内容专门针对中等职业教育规模与普通高中学生规模进行了比较分析。如图1.4所示，2014年，在中等教育领域，中等职业教育在校生人数与普通高中在校生人数的比值为0.73，基于2010—2014五年的数据可以看出，中等职业教育和普通高中的规模的比值正在逐渐变小，也就是说随着中等职业教育招生人数的下降，普职比已经很难达到1∶1，而且仍有进一步下降的趋势。与此同时，随着中等职业教育机构在校生人数的缩减,中等职业教育的校均规模也呈现了逐年缩减的趋势,而且与普通高中校均规模的距离正逐步扩大,具体情况如图1.5所示。

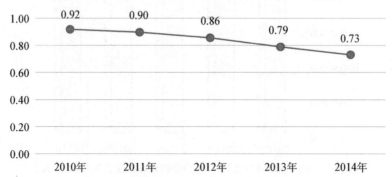

图 1.4　2010—2014 年中等职业教育在校生人数与普通高中在校生人数的比值

(数据来源:根据教育部发展规划司各年统计数据测算得出)

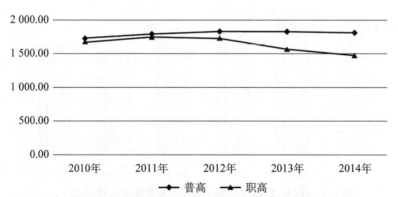

图 1.5　2010—2014 年职业高中与普通高中校均规模变化情况(单位:人)

(数据来源:各年全国教育事业发展简明统计分析)

　　前文分析了当前我国职业教育学生规模的总体情况。作为我国职业教育事业发展的重要组成部分,民办中等职业教育的发展同样在我国技术技能人才的培养中发挥着十分重要的作用,是我国职业教育事业发展的重要组成部分。但随着我国中等职业教育办学规模的整体萎缩,民办中等职业教育也同样呈现出了规模不断缩减的状况。如图1.6所示,民办中等职业教育在校生人数持续走低,以2010年为基准,减少了1 174 199人,占到了2014年民办中等职业教育在校生人数的61.94%,达到了2014年全年在校生人数的一半以上。而且,民办中等职业教育在校生人数占整个中等职业教育在校生人数的比例也不断走低,从2010年的

13.76%下降到了2014年的10.80%,具体情况如图1.7所示。

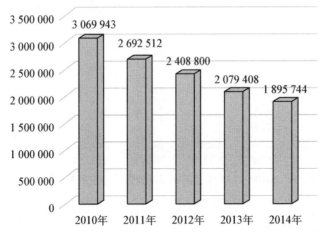

图1.6 2010—2014年民办中等职业教育在校生人数(单位:人)

(数据来源:各年全国教育事业发展简明统计分析)

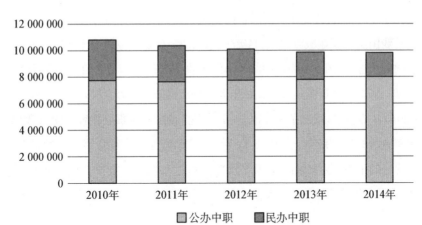

图1.7 2010—2014年民办中等职业教育在校生人数占中等职业教育在校生人数的比例

(数据来源:根据教育部发展规划司各年统计数据测算得出)

2. 高等职业教育办学规模

高等职业教育是推动我国高等教育大众化进程的一支重要力量,自1999年我国高等教育"扩招"①政策实施以来,高等职业教育实现了飞速发展,几乎占据了整

---

① 高等教育的扩招源于教育部1999年出台的《面向21世纪教育振兴行动计划》,文件提到"到2010年,高等教育毛入学率达到适龄青年的15%"。

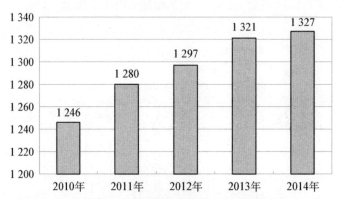

图 1.8　2010—2014 年全国高等职业教育学校数量（单位：所）

（数据来源：根据教育部发展规划司各年统计数据测算得出）

个高等教育的"半壁江山"。如图 1.8 所示，自 2010 年以来，我国高等职业教育的办学机构数量仍然呈现出一种递增的发展趋势，截至 2014 年，我国高等职业教育学校数量达到了 1 327 所，比 2010 年增加了 81 所。

随着我国高等职业教育办学机构的逐步增多，高等职业教育学生数量也呈现出不断递增的趋势，如图 1.9 所示，尽管 2011 年高等职业教育在校生人数经历了短暂的下滑，但 2014 年高等职业教育在校生人数仍旧突破了千万大关，达到了 10 066 346 人，以 2010 年为基准，增加了 404 549 人。与此同时，高等职业教育招生人数也同样处于逐年递增的发展趋势。如图 1.10 所示，尽管高等职业教育招生人数在 2012 年经历了短暂的下滑，但随后高等职业教育的招生人数就又呈现了递增趋势，截止到 2014 年，我国高等职业教育招生人数达到了 3 379 835 人，比 2010 年增加了 274 847 人。

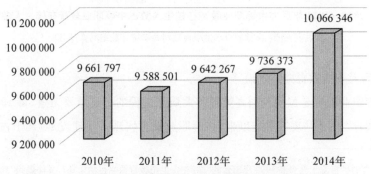

图 1.9　2010—2014 年全国高等职业教育在校生人数（单位：人）

（数据来源：教育部发展规划司各年统计数据）

【宏观发展】
2013—2014年中国职业教育发展主报告

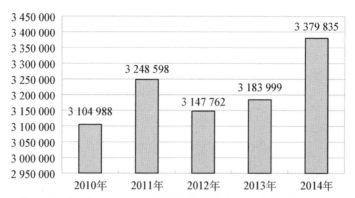

图1.10 2010—2014年全国高等职业教育招生人数（单位：人）

（数据来源：教育部发展规划司各年统计数据）

为了能够了解高等职业教育办学规模在整个高等教育机构中的情况，本报告还对高等职业教育学生规模与普通本科教育学生规模进行了对比分析。如图1.11所示，高职教育在校生人数与普通本科教育在校生人数的比值呈现逐年下降的趋势，从2010年的0.76下降到了2014年的0.65，这表明高职院校尽管在学生规模上呈现出逐年递增的趋势，但如果从整个高等教育的学生规模来看，其所占比重处于下降的趋势。而且，如图1.12所示，高职院校校均规模同普通本科院校的差距也较大，2014年，普通本科院校的校均规模要比高职院校多出2 805人。

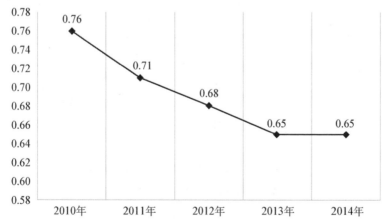

图1.11 2010—2014年高职教育在校生人数与普通本科教育在校生人数的比值

（数据来源：教育部发展规划司各年统计数据）

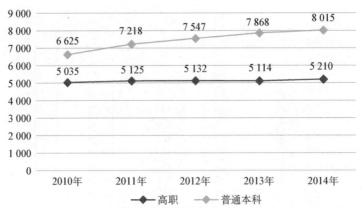

图1.12 2010—2014年高职院校与普通本科院校校均规模变化情况（单位：人）

（数据来源：教育部发展规划司各年统计数据）

同民办中等职业教育一样，民办高等职业教育亦在我国高素质技术技能人才的培养中发挥着十分重要的作用，是我国高等职业教育事业发展中不可或缺的重要组成部分。与我国高等职业教育学生规模稳定增长的趋势不同，我国民办高等职业教育在校生人数经历了由减到增的发展过程。如图1.13所示，2014年的在校生人数达到了2 122 803人，相较于2010年，增加了165 842人。通过进一步测算得出，2014年民办高等职业院校在校生人数在高等职业院校在校生人数中的占比达到了21.08%，占整个高等职业教育学生规模的五分之一，而且在2010—2014年间，其占比情况都稳定在20%上下，如图1.14所示。

图1.13 2010—2014年民办高职教育在校生人数（单位：人）

（数据来源：教育部发展规划司各年统计数据）

3. 职业培训机构办学规模

职业培训机构是我国职业教育事业发展的重要组成部分，其在成人职业技能

【宏观发展】
2013—2014年中国职业教育发展主报告

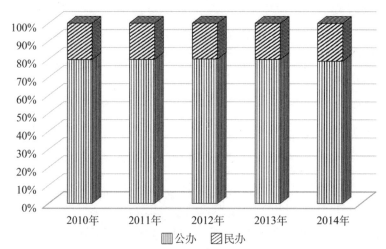

图1.14　2010—2014年民办高职教育在校生人数占高职教育在校生人数的比例

（数据来源：教育部发展规划司各年统计数据）

培训上发挥着十分重要的作用，对于提升一线劳动者的文化素养和职业技能发挥着重要作用。如图1.15所示，我国职业教育培训机构的规模呈现不断萎缩的趋势，已经从2010年的129 447个下降至2014年的105 055个，减少了24 392个。从注册人数和结业人数两个指标的变化趋势来看，如图1.16所示，从2010年到2014年，职业培训机构的学生规模也处于不断下降的趋势，注册人数和结业人数都处于不断下降的趋势。

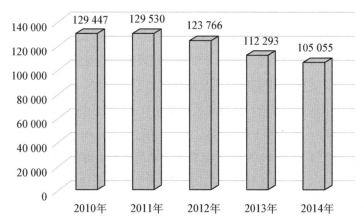

图1.15　2010—2014年职业培训机构发展规模趋势示意图（单位：个）

（数据来源：教育部发展规划司各年统计数据）

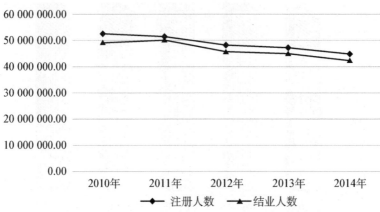

图 1.16　2010—2014 年职业培训机构学生规模变化趋势(单位：人)

(数据来源：教育部发展规划司各年统计数据)

(二) 职业教育经费投入

经费投入是职业教育事业平稳发展的重要物质基础，是衡量职业教育发展状况的重要指标，也能够反映出各级政府对职业教育发展的重视程度。为了能够全面深入地了解当前职业教育经费投入的现状，选取了如下几个指标来反映当前我国职业教育经费投入的情况，分别为生均公共财政预算教育事业费支出、中职与普高和高职与普通本科生均公共财政预算教育事业费支出比、生均教育经费支出占人均 GDP 比重、职业教育公共财政预算教育经费占公共财政总支出比重。

1. 中等职业教育经费投入

通过对 2010—2014 年中等职业教育生均公共财政预算教育事业费支出的分析发现，如图 1.17 所示，自 2010 年到 2014 年，我国中等职业教育生均公共财政预算教育事业费支出呈现递增的状态，而且增幅达到了 88.54%，几乎增长了一倍，这表明国家日益认识到职业教育在促进经济发展和社会稳定上所发挥的重要功效。

通过对 2010—2014 年中职与普高生均公共财政预算教育事业费支出比的分析发现，如图 1.18 所示，自 2010 年以来，我国中职与普高生均公共财政预算教育事业费的支出总体上处于一种大体相当的状态，两者的比值始终在 1 的上下徘徊，这表明各级政府对两者的投入大体处于相当的水平。

【宏观发展】
2013—2014年中国职业教育发展主报告

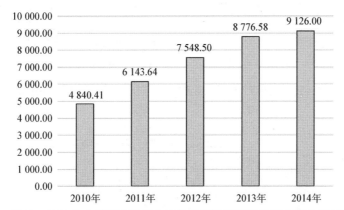

图1.17　2010—2014年中等职业教育生均公共财政预算教育事业费支出（单位：元）

（数据来源：教育部发展规划司各年统计数据）

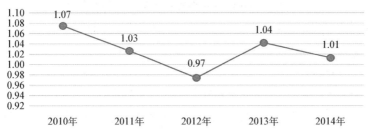

图1.18　2010—2014年中职与普高生均公共财政预算教育事业费支出比

（数据来源：根据中国教育经费统计年鉴各年统计数据测算得出）

通过对2010—2014年中职生均教育经费支出占人均GDP比重的考察分析发现，如图1.19所示，在2010—2013年间，我国中职生均教育经费支出占人均GDP的比重逐渐递增，并逐渐超过30%；但在2013年后，又开始递减，而且所占比例已经低于30%。

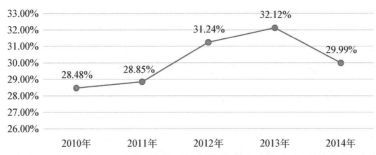

图1.19　2010—2014年中职生均教育经费支出占人均GDP比重

（数据来源：根据中国教育经费统计年鉴各年统计数据测算得出）

通过对 2010—2014 年中职教育经费占公共财政支出比重的分析发现,如图 1.20 所示,中职教育经费占公共财政支出的比重同样经历了由增到减的过程,而且相对于 2012 年的最高值 1.00%,2014 年中职教育经费占公共财政支出的比重下降了 0.09 个百分点。可见,我国政府对中等职业教育发展的支持力度开始呈现下降的趋势。

图 1.20　2010—2014 年中职教育经费占公共财政支出比重

（数据来源：根据中国教育经费统计年鉴各年统计数据测算得出）

2. 高等职业教育经费投入

通过对 2010—2014 年高职生均公共财政预算教育事业费支出进行考察分析发现,如图 1.21 所示,高职生均公共财政预算教育事业费支出呈现了逐年递增的趋势,以 2010 年为基准,2014 年高职生均公共财政预算教育事业费增长了 3 992.14 元,占到了 2014 年高职生均公共财政预算教育事业费支出的 40.61%。

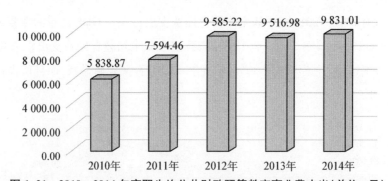

图 1.21　2010—2014 年高职生均公共财政预算教育事业费支出(单位:元)

（数据来源：根据中国教育经费统计年鉴各年统计数据测算得出）

通过对 2010—2014 年高职与普通本科生均公共财政预算教育事业费支出比的考察分析发现,如图 1.22 所示,高职与普通本科生均公共财政预算教育事业费支出

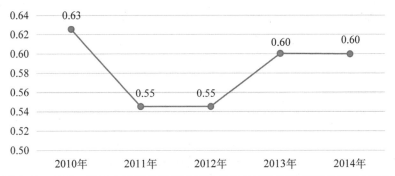

图 1.22　2010—2014 年高职与普通本科生均公共财政预算教育事业费支出比

（数据来源：根据中国教育经费统计年鉴各年统计数据测算得出）

比重经历了一个从降低到缓慢提升的过程，但最高值也仅有 0.63，这表明相较于普通本科院校而言，政府对高职院校的财政支持力度远没有达到与普通本科院校相同的水平。

通过对 2010—2014 年高职教育生均教育经费支出占人均 GDP 的比重进行考察分析后发现，如图 1.23 所示，高职教育生均教育经费支出占人均 GDP 的比重呈现逐年下降的趋势，这表明国家、社会和公民对于高职教育发展的支持力度不断下降，而且近两年来下降的幅度都超过了 1%。

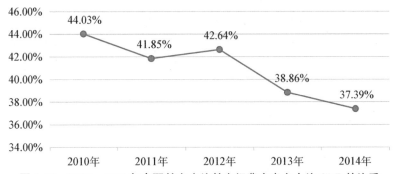

图 1.23　2010—2014 年高职教育生均教育经费支出占人均 GDP 的比重

（数据来源：根据中国教育经费统计年鉴各年统计数据测算得出）

通过对 2010—2014 五年间高职教育经费占公共财政支出比重的考察分析发现，如图 1.24 所示，高职教育经费占公共财政支出的比重经历了从逐年递增到逐年递减的过程，这表明各级政府对于高职教育的重视程度出现了下降的趋势。

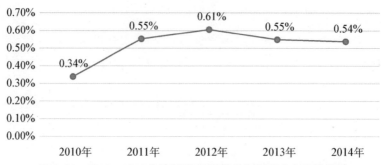

图 1.24　2010—2014 年高职教育经费占公共财政支出的比重

（数据来源：根据中国教育经费统计年鉴和中国统计年鉴相关数据测算得出）

（三）职业教育师资队伍

师资队伍建设是职业教育发展最为关键的因素，也是提升职业教育质量的根本，没有一支优秀的教师团队作为保障，任何改革的理想蓝图都将难以落地实现。为了能够全面深入地了解当前我国职业教育师资队伍建设的整体现状，特选取了生师比、专任教师中"双师型"教师的比例、兼职教师与专任教师的比值、专任教师中合格学历教师的比例几个指标来反映我国师资队伍的建设情况。

1. 中等职业教育师资队伍建设

通过对 2007—2014 年的生师比数据进行考察分析后发现，如图 1.25 所示，中等职业教育生师比处于逐渐下降的趋势，这表明师资队伍建设的整体水平正在提升，但与教育部《中等职业学校设置标准》规定的 20∶1 仍然有一定的差距，可喜的

图 1.25　2007—2014 年中等职业教育生师比发展变化趋势图

（数据来源：根据中国教育经费统计年鉴各年统计数据测算得出）

是,这一差距正在逐步缩小。

通过对2007—2014年中等职业教育专任教师中"双师型"教师占比情况的考察分析发现,如图1.26所示,中等职业教育专任教师中"双师型"教师的占比情况呈现了逐年提升的过程,但与教育部《中等职业学校设置标准》所规定的30%还存在着一定的差距。

图1.26　2007—2014年中等职业教育专任教师中"双师型"教师占比示意图

(数据来源:各年全国教育事业发展简明统计分析)

通过对2007—2014年中等职业教育专任教师中兼职教师占比情况的考察分析发现,如图1.27所示,中等职业教育专任教师中兼职教师的占比情况较为稳定,一直都维持在15%左右,同教育部《中等职业学校设置标准》所规定的20%存在着5%的差距。

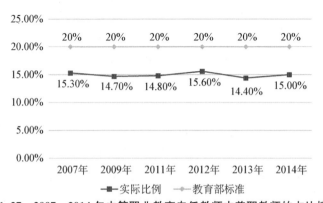

图1.27　2007—2014年中等职业教育专任教师中兼职教师的占比情况

(数据来源:各年全国教育事业发展简明统计分析)

通过对2007—2014年中等职业教育专任教师中合格学历教师占比情况的考察分析发现,如图1.28所示,中等职业教育专任教师中合格学历教师的占比逐年提升,已经接近90%。

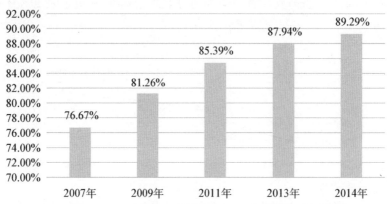

图1.28 2007—2014年中等职业教育专任教师中合格学历教师的占比情况

(数据来源:各年全国教育事业发展简明统计分析)

2. 高等职业教育师资队伍建设

通过对2013—2014年高等职业教育生师比的考察分析,如图1.29所示,2013年高等职业教育生师比为17.11∶1,而2014年的生师比则有所增长,上涨到了17.57∶1。

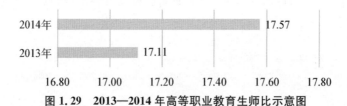

图1.29 2013—2014年高等职业教育生师比示意图

(数据来源:各年全国教育事业发展简明统计分析)

通过对2013—2014年高等职业教育专任教师中"双师型"教师占比情况的考察分析发现,如图1.30所示,2013年高等职业教育专任教师中"双师型"教师的占比情况为36.61%,到2014年则达到了38.27%,实现了小幅度的增长。

通过对2013—2014年高等职业教育专任教师中合格学历教师占比情况的考察分析发现,如图1.31所示,2013年高等职业教育专任教师中合格学历教师的占比

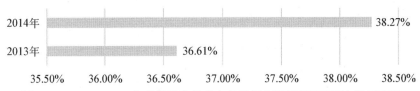

图 1.30　2013—2014 年高等职业教育专任教师中"双师型"教师占比示意图

（数据来源：各年全国教育事业发展简明统计分析）

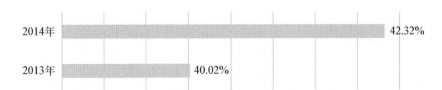

图 1.31　2013—2014 年高等职业教育专任教师中合格学历教师的占比情况

（数据来源：各年全国教育事业发展简明统计分析）

为 40.02%，2014 年则实现了小幅度的提升，达到了 42.32%。

（四）职业教育办学条件

职业教育办学条件的优劣将直接决定教学效果与教学质量，也是衡量一所学校办学质量的重要客观标准。为了能够全面深入地了解当前我国职业教育办学条件的整体现状，特选取了生均校舍建筑面积、生均图书册数、生均教学仪器设备值、每百名学生拥有教学用计算机数几个指标来反映我国职业教育办学条件的现状。

1. 中等职业教育办学条件

通过对 2007—2014 年中等职业教育生均校舍建筑面积的变化情况进行考察分析后发现，如图 1.32 所示，自 2007 年以来，我国中等职业教育生均校舍建筑面积在经历了短暂的下降趋势后，不断提升，已经达到了 16.62 平方米，但与教育部《中等职业学校设置标准》所规定的生均 20 平方米还存在一定的差距。

通过对 2007—2014 年的中等职业教育生均图书册数的变化发展情况进行考察分析后发现，如图 1.33 所示，中等职业教育生均图书册数总体而言呈现了逐年递增的趋势，2014 年，全国中等职业教育生均图书册数已经达到了 24.92 册，但与教育部《中等职业学校设置标准》所规定的 30 册还存在较大的差距。

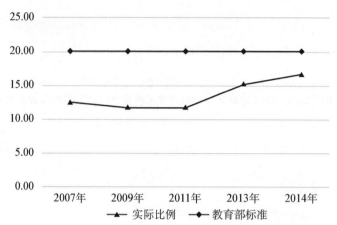

图 1.32　2007—2014 年中等职业教育生均校舍建筑面积变化趋势(单位：平方米)

（数据来源：根据教育部发展规划司各年相关统计数据测算得出）

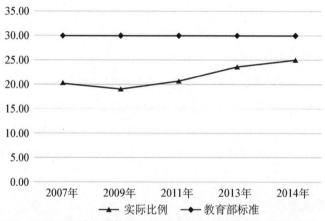

图 1.33　2007—2014 年中等职业教育生均图书册数变化趋势(单位：册)

（数据来源：根据教育部发展规划司各年相关统计数据测算得出）

通过对 2007—2014 年的中等职业教育生均教学仪器设备值的变化发展情况进行考察分析后发现，如图 1.34 所示，中等职业教育生均教学仪器设备值实现了逐年递增，到 2014 年，全国中等职业教育生均教学仪器设备值已经达到 4 661 元，超过了教育部《中等职业学校设置标准》所规定的标准。

通过对 2007—2014 年的中等职业教育每百名学生拥有教学用计算机数的发展变化情况进行考察分析后发现，如图 1.35 所示，自 2007 年以来，中等职业教育每百

【宏观发展】
2013—2014年中国职业教育发展主报告

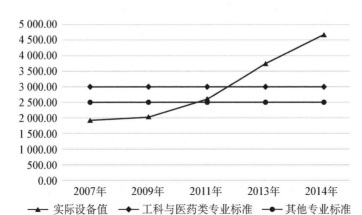

图 1.34　2007—2014 年中等职业教育生均教学仪器设备值变化趋势（单位：元）

（数据来源：根据教育部发展规划司各年相关统计数据测算得出）

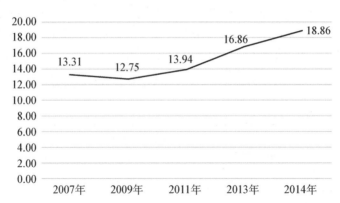

图 1.35　2007—2014 年中等职业教育每百名学生拥有教学用计算机数的变化趋势（单位：台）

（数据来源：根据教育部发展规划司各年相关统计数据测算得出）

名学生拥有教学用计算机数处于不断增长的状态，到 2014 年，中职每百名学生所拥有的教学用计算机数已经达到了 18.86 台。

2. 高等职业教育办学条件

通过对 2007—2014 年的高等职业教育生均校舍建筑面积变化情况进行考察分析后发现，如图 1.36 所示，自 2007 年以来，我国高等职业教育生均校舍建筑面积在经历了短暂的上升后，到了 2014 年又出现了下降趋势，因此，始终同教育部《高等职业学校设置标准》所规定的生均 30 平方米存在着一定的差距。

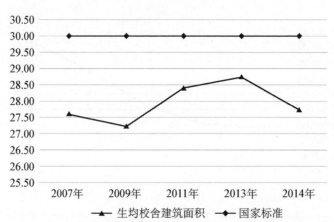

图 1.36　2007—2014 年高等职业教育生均校舍建筑面积的变化趋势（单位：平方米）

（数据来源：根据教育部发展规划司各年相关统计数据测算得出）

通过对 2007—2014 年的高等职业教育生均图书册数的变化发展情况进行考察分析后发现，如图 1.37 所示，高等职业教育生均图书册数总体呈现了由增到减的发展趋势，2014 年，全国高等职业教育生均图书册数已经达到了 66.87 册，但是同教育部《高等职业学校设置标准》所规定的 75 册还存在一定的差距。

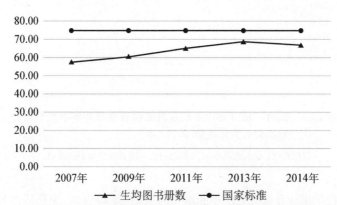

图 1.37　2007—2014 年高等职业教育生均图书册数的变化趋势（单位：册）

（数据来源：根据教育部发展规划司各年相关统计数据测算得出）

通过对 2007—2014 年的高等职业教育生均教学仪器设备值的变化发展情况进行考察分析后发现，如图 1.38 所示，高等职业教育生均教学仪器设备值实现了逐年递增，到 2014 年，全国高等职业教育生均教学仪器设备值达到了 7 897 元，已经超过了教育部《高等职业学校设置标准》所规定的 5 000 元标准。

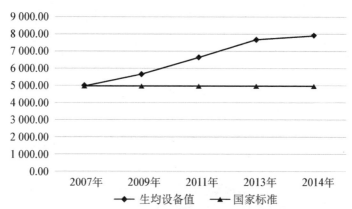

图 1.38　2007—2014 年高等职业教育生均教学仪器设备值的变化趋势（单位：元）

（数据来源：根据教育部发展规划司各年相关统计数据测算得出）

（五）职业教育人才培养

职业教育发展的最终目的是为了能够服务于区域经济社会发展对技术技能人才的需求，并兼顾学生职业生涯发展的需要，这是职业教育办学最为根本的宗旨。因此，分别选取了毕业生就业率、双证书获取率和学生辍学率、招生专业门类等指标来反映我国职业教育人才培养成效的现状。

1. 中等职业教育人才培养

通过对 2010—2014 年的中等职业教育毕业生就业率的变化情况进行考察分析后发现，如图 1.39 所示，自 2010 年以来，我国中等职业教育毕业生就业率一直都维

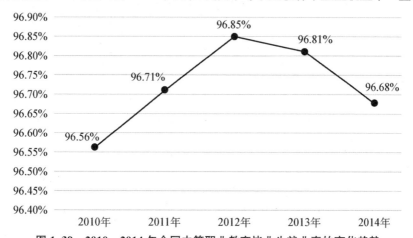

图 1.39　2010—2014 年全国中等职业教育毕业生就业率的变化趋势

（数据来源：根据教育部发展规划司各年相关统计数据测算得出）

持在96%以上,在经历2012年的峰值96.85%后,随后出现了小幅度的下降。

与此同时,不仅中职毕业生就业率获得了稳步的提高,中职毕业生的就业质量也获得了逐步的提升。从就业去向看,如图1.40所示,到国家机关、企事业单位就业的人数占就业总人数的55.79%,仍是中职毕业生的主要去向;升入各类高一级学校就读的占15.32%,位居第二;从事个体经营的占14.59%;以其他方式就业的占14.30%,自主创业和参与创业蔚然成风。

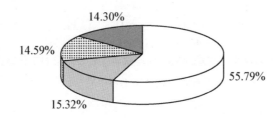

图1.40　2014年中职毕业生就业去向

从就业质量看,在直接就业学生中,签订劳动合同的比例达88.96%,就业稳定性不断提高。据不完全统计,中职毕业生就业月平均起薪在2 000元以上的省(市、区)有20个,就业月平均起薪在2001~3 000元的占33.93%,3 000元以上的占12.74%,毕业生的就业薪酬明显提高。近84%的就业毕业生有社会保险,毕业生的社会保障状况持续改善。①

通过对2007—2014其中五年的中等职业教育毕业生职业资格证书获取率的考察和分析发现,中等职业教育毕业生双证书的获取率实现了稳步的提升,如图1.41所示,到2014年,全国中等职业教育毕业生职业资格证书的获取率已经达到了78.14%。

通过对2013—2014两年的中等职业教育学生流失率的考察和分析来看,如图1.42所示,中等职业教育学生的流失率②都在9.46%以上,2013年则达到了11.90%。而且,在2013—2014两年当中,主动辍学的学生分别占流失总学生数的28.95%和33.27%。这表明当前中等职业教育学生的流失率处于较高的水平。

---

① 中国青年报.2014年全国中职毕业生就业率达96.68%[EB/OL]. http://zqb.cyol.com/html/2015-03/04/nw.D110000zgqnb_20150304_4-03.htm.2015-03-04/2018-09-15.
② 流失率的计算方法为退学人数、开除人数、死亡人数、转学人数和其他流失学生人数的总和除以本学年年初在校生总人数,再乘以100%。

【宏观发展】
2013—2014年中国职业教育发展主报告

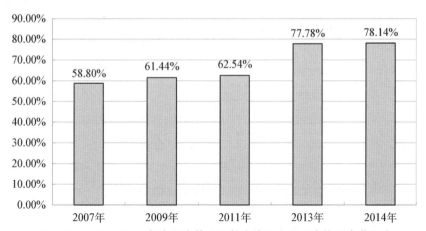

图1.41　2007—2014年全国中等职业教育毕业生职业资格证书获取率
（数据来源：各年中国教育统计年鉴）

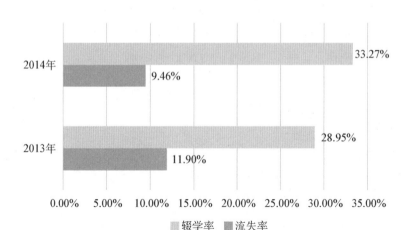

图1.42　2013—2014年全国中等职业教育学生流失率与辍学率示意图
（数据来源：各年中国教育统计年鉴）

从2013—2014年中等职业学校各个专业大类的招生规模的发展变化趋势来看，如图1.43、图1.44所示，中等职业学校交通运输类专业招生增幅加大，信息技术类专业招生大幅减少。从其他类别专业的招生情况来看，医药卫生类、财经商贸类、土木水利类、教育类专业的招生占比有所提高。其中，交通运输类占比提高最快，达到9.99%，比上年提高了1.5个百分点，其次是医药卫生类，达到9.90%，比上年提高了0.25个百分点。而农林类、信息技术类、资源环境类、公共管理与服务类招生降幅较大，分别比上年减少了37.40%、21.60%、19.30%、15.50%。

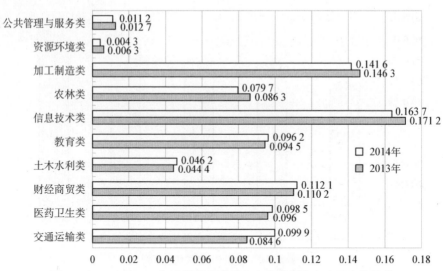

图 1.43　2013—2014 年中等职业学校各专业类招生占比及变化趋势

（数据来源：2014 年全国教育事业发展简明统计分析）

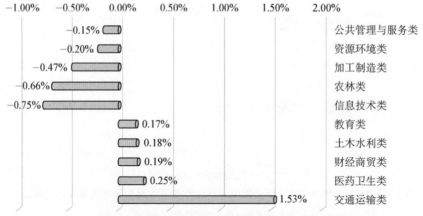

图 1.44　2014 年中等职业学校各专业类招生占比变化幅度示意图

（数据来源：2014 年全国教育事业发展简明统计分析）

2. 高等职业教育人才培养

我国高等职业教育毕业生就业率也实现了稳步提升，2014 年高职高专毕业生半年后就业率达到 91.5%。[1] 通过对 2014 年高职高专院校 19 个专业大类招生变

---

[1] 人民网.教育部专家：不要把职业教育引导到升学导向上去[EB/OL]. http://edu.people.com.cn/n/2015/1202/c1006-27882350.html. 2015-12-02/2018-09-15.

化情况进行分析后发现,如图 1.45 所示,从招生结构比例上来看,财经类、制造类、土建类和医药卫生类专业的招生比例均在 10% 以上,财经类最高,为 21.60%。

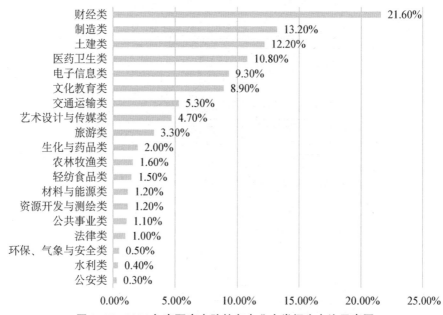

图 1.45 2014 年高职高专院校各专业大类招生占比示意图

(数据来源:2014 年全国教育事业发展简明统计分析)

二、2014 年全国 31 省(市、区)职业教育事业发展概况

我国幅员辽阔,经济社会发展存在着较大的不均衡性,职业教育受到区域经济社会发展的制约和影响而呈现出不同的区域特征。因此,省际职业教育发展的均衡水平也是职业教育发展现状的重要表征。

(一) 各省(市、区)职业教育办学规模概况

办学规模是衡量职业教育发展的重要尺度。对各省(市、区)职业教育学生规模的考察采用了两个指标来分析,分别是每十万常住人口中职业教育学生数、中职与普通高中和高职与普通本科在校生人数比。

1. 各省(市、区)中等职业教育学生规模概况

如图 1.46 所示,每十万常住人口中,中等职业教育学生数最多的省(市、区)为海南、贵州、广西、青海和宁夏,都属于经济发展较为欠发达的地区,而上海、北京、江

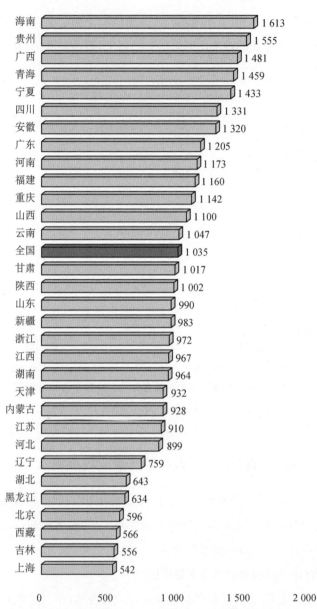

图 1.46 2014 年全国 31 省(市、区)每十万常住人口中中等职业教育在校生人数(单位：人)

(数据来源：2014 年中国教育统计年鉴)

苏、天津等经济发展较为发达的地区，中等职业学校的规模却呈现出了萎缩的趋势。

为了能够进一步考察各省(市、区)中等职业教育内部结构的协调性，特选取了中等职业教育学生规模与普通高中学生规模的比值为观测指标，如图 1.47 所示，广

【宏观发展】
2013—2014年中国职业教育发展主报告

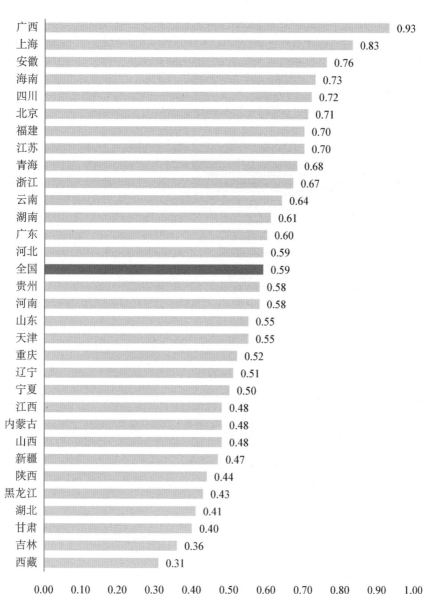

图1.47　2014年全国31省(市、区)中等职业教育与普通高中学生规模比值示意图

(数据来源：2014年中国教育统计年鉴)

西、上海、安徽、海南与四川的中等职业教育内部结构的协调性较好，都达到了0.7以上。而东北地区和西部地区的中等职业教育内部协调性较差，中等职业教育办学规模已经远远低于普通高中教育。

2. 各省(市、区)高等职业教育学生规模概况

如图1.48所示,在每十万常住人口中高等职业教育学生数方面,天津、陕西、湖北、海南和江西五省/市处于前五的位置,天津比陕西多出了707人,而全国平均才736人。而且,高等职业教育的规模同区域之间并没有十分明显的相关性,北京、上海这些经济较为发达的地区,其高等职业教育规模相对也不高。

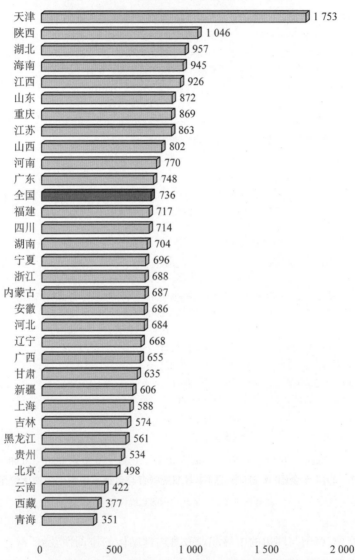

图1.48 2014年全国31省(市、区)每十万常住人口中高等职业教育学生数(单位:人)

(数据来源:2014年中国教育统计年鉴)

选取了高等职业教育学生规模与普通本科教育学生规模的比值作为观测指标,如图1.49所示,广西、新疆、山东、江西和广东的高等教育内部协调性较好,都达到了0.80,而北京、上海以及东北的高等职业教育学生规模都远低于普通本科教育,都处于0.50以下。

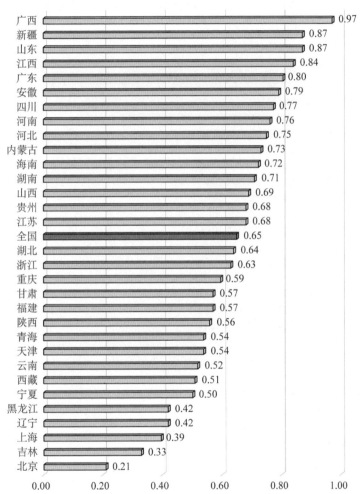

图1.49 2014年全国31省(市、区)高等职业教育与普通本科教育学生规模比值示意图

(数据来源:2014年中国教育统计年鉴)

(二) 各省(市、区)职业教育经费投入概况

生均公共财政预算教育事业费支出和中等职业教育(高等职业教育)与普通高中(普通本科)生均公共财政预算教育事业费支出比,是衡量省(市、区)职业教育经费投

入常采用的两个指标。

1. 各省(市、区)中等职业教育经费投入概况

通过对全国 31 省(市、区)中等职业教育生均公共财政预算教育事业费支出的分析,如图 1.50 所示,北京、西藏、天津、上海等省(市、区)对职业教育的经费投入处于最高水平,都大于两万元。在超过全国平均水平的省(市、区)中,大部分为东部和西部省(市、区),没有中部省(市、区)。

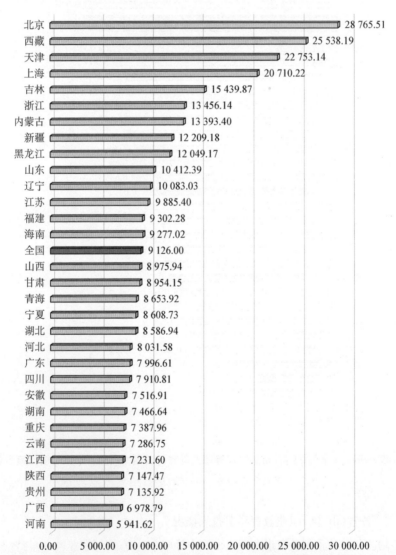

图 1.50 2014 年全国 31 省(市、区)中等职业教育生均公共财政预算教育事业费支出(单位:元)

(数据来源:2015 年中国教育经费统计年鉴)

进一步对中等职业教育与普通高中生均公共财政预算教育事业费支出进行了比较分析，如图 1.51 所示，吉林、甘肃、黑龙江、西藏、内蒙古等省(市、区)对于中等职业教育的重视程度处于全国前五名，而北京、上海、江苏、天津这些经济发达的地区，对于中职教育经费的投入要低于对普通高中教育经费的投入，但它们在中职教育生均经费的投入上都处于全国前列。

图 1.51　2014 年全国 31 省(市、区)中等职业教育与普通高中生均公共财政预算教育事业费支出比值

(数据来源：2015 年中国教育经费统计年鉴)

2. 各省(市、区)高等职业教育经费投入概况

通过对全国 31 省(市、区)高等职业教育生均公共财政预算教育事业费支出的分析,如图 1.52 所示,北京、西藏、上海、天津和内蒙古的生均公共财政预算教育事业费支出处于全国前五名,而且超过全国平均水平以上的省(市、区)中也都是东部和西部省(市、区),中部省(市、区)都没有超过全国的平均水平。

进一步对高等职业教育与普通本科生均公共财政预算教育事业费支出的比值

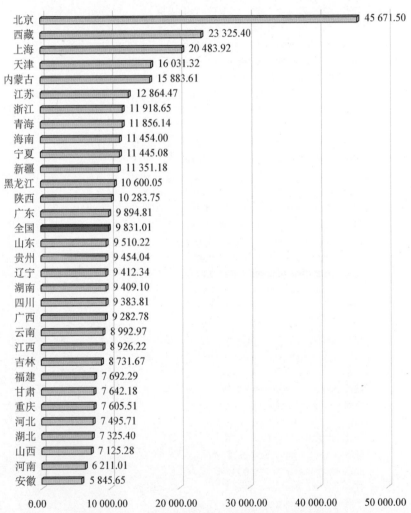

图 1.52　2014 年全国 31 省(市、区)高等职业教育生均公共财政预算教育事业费支出(单位:元)

(数据来源:2015 年中国教育经费统计年鉴)

进行分析,明确各个省(市、区)教育经费支出绝对值的大小和不同省(市、区)对高等职业教育的重视程度。如图1.53所示,对高等职业教育重视程度最高的五个省(市、区)分别是西藏、内蒙古、青海、天津和海南,其中只有天津是东部地区。

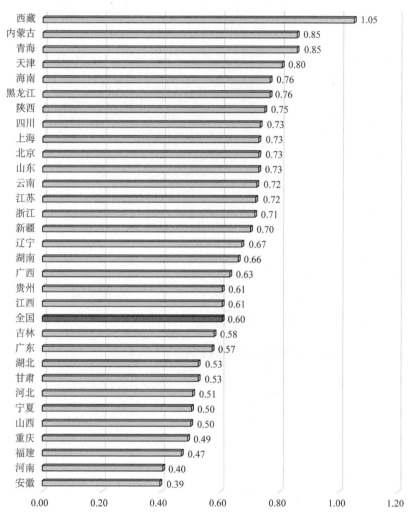

图1.53　2014年全国31省(市、区)高等职业教育与普通本科生均公共财政预算教育事业费支出比值

(数据来源:2015年中国教育经费统计年鉴)

(三) 各省(市、区)职业教育师资队伍概况

对各省(市、区)职业教育师资队伍建设的考察采用了两个指标,分别是生师比和专任教师中"双师型"教师占比。

1. 各省(市、区)中等职业教育师资队伍概况

通过对全国31省(市、区)的中等职业教育生师比的考察分析,如图1.54所示,全国有16个省(市、区)的生师比没有达到教育部所规定的标准,而且主要集中在了中西部省(市、区),东部省(市、区)没有达到教育部标准的仅有广东省,其他东部省(市、区)都达到了教育部所设置的标准,其中吉林、天津、黑龙江、河北和上海处于前五位。

通过对全国31省(市、区)中等职业教育专任教师中"双师型"教师占比情况的

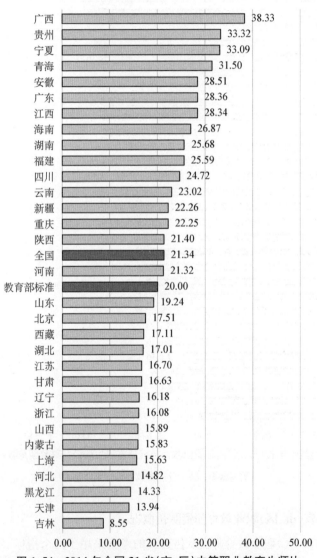

图1.54　2014年全国31省(市、区)中等职业教育生师比

(数据来源:2014年全国教育发展事业简明统计分析)

考察分析,如图1.55所示,全国仅仅有10个省(市、区)达到了教育部所设置的标准,而且主要是东西部省(市、区),以东部省(市、区)居多,中部仅有安徽一个省份,西部则有青海和广西两个省/区。

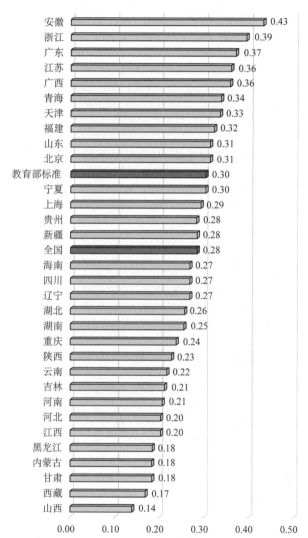

图1.55 2014年全国31省(市、区)中等职业教育专任教师中"双师型"教师占比

(数据来源:2014年全国教育发展事业简明统计分析)

2. 各省(市、区)高等职业教育师资队伍概况

通过对全国31省(市、区)高等职业教育生师比的考察分析,如图1.56所示,

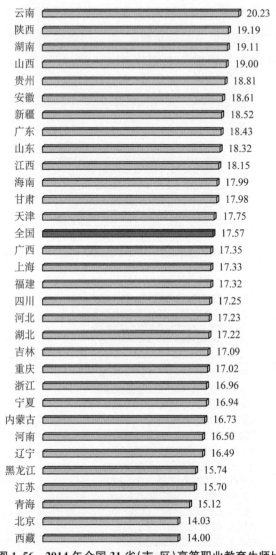

图 1.56　2014 年全国 31 省(市、区)高等职业教育生师比

(数据来源:2014 年全国教育发展事业简明统计分析)

全国高等职业教育生师比仅有云南省超过了 20∶1,其他省(市、区)都处于 20∶1 以下的水平,位于前五位的省(市、区)分别是西藏、北京、青海、江苏、黑龙江。

通过对全国 31 省(市、区)高等职业教育专任教师中"双师型"教师占比情况的考察分析,如图 1.57 所示,绝大多数的省(市、区)都超过了 30%的比例,江苏省的专任教师中一半的教师为"双师型"教师,达到全国平均水平以上的省(市、区)主要

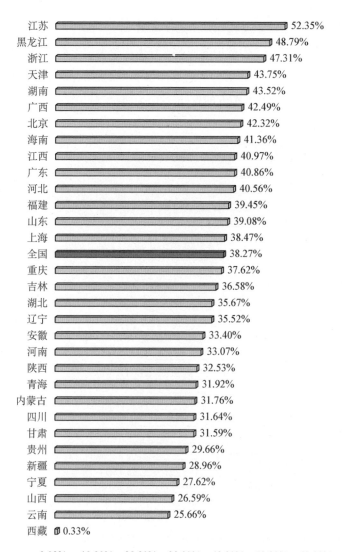

图 1.57 2014 年全国 31 省(市、区)高等职业教育专任教师中"双师型"教师占比

(数据来源:2014 年全国教育事业发展简明统计分析)

为东部地区。

(四) 各省(市、区)职业教育办学条件概况

对各省(市、区)职业教育办学条件的考察采用了两个指标,分别是生均校舍建筑面积与生均图书册数,通过这两个指标对各个省(市、区)职业教育的办学条件水平进行全面的呈现。

中国职业教育发展报告(2013—2014)

1. 各省(市、区)中等职业教育办学条件概况

通过对全国 31 省(市、区)的中等职业教育生均校舍建筑面积的考察分析,如图 1.58 所示,全国仅有 8 个省(市、区)达到了教育部所设置的标准(20 平方米),而且绝大多数为东部省(市、区),排名前五的省(市、区)为西藏、湖北、江苏、北京和天津。

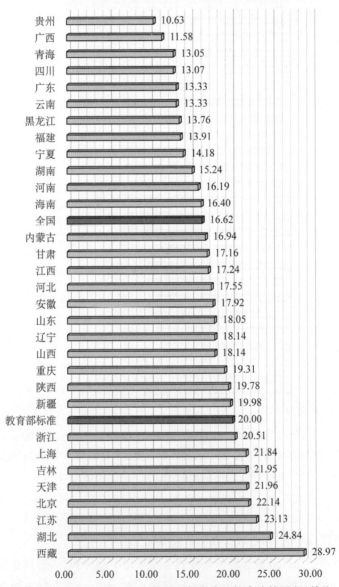

图 1.58　2014 年全国 31 省(市、区)中等职业教育生均校舍建筑面积(单位:平方米)

(数据来源:2014 年全国教育事业发展简明统计分析)

【宏观发展】
2013—2014年中国职业教育发展主报告

通过对全国31省(市、区)的中等职业教育生均图书册数的考察分析,如图1.59所示,全国31省(市、区)当中仅有8个省(市、区)达到了教育部所设置的标准,而且东部省(市、区)居多,上海、吉林、天津、北京和江苏排在了前五位。而排在后五位的主要是西部省(市、区),分别为四川、宁夏、青海、海南和贵州。

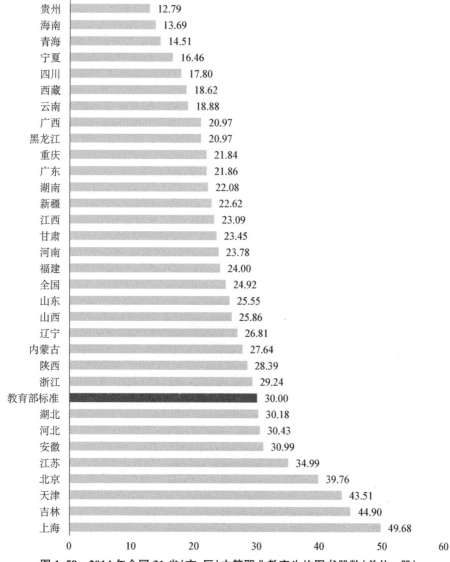

图1.59　2014年全国31省(市、区)中等职业教育生均图书册数(单位:册)

(数据来源:2014年全国教育事业发展简明统计分析)

2. 各省(市、区)高等职业教育办学条件概况

通过对全国31省(市、区)的高等职业教育生均校舍建筑面积的考察分析,如图1.60所示,仅有6个省(市、区)的生均校舍建筑面积值达到了教育部所设定的标准,分别为北京、河南、江西、内蒙古、江苏、重庆,其他省(市、区)的生均校舍建筑面积值都在教育部规定的30平方米以下。

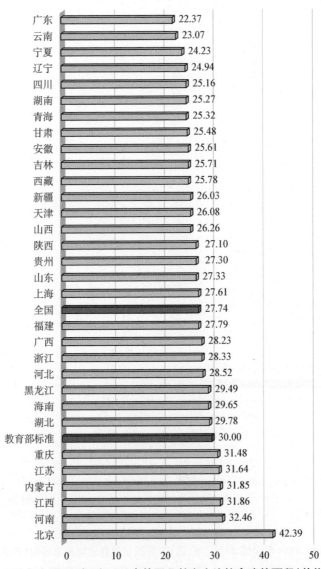

图1.60 2014年全国31省(市、区)高等职业教育生均校舍建筑面积(单位:平方米)

(数据来源:2014年全国教育事业发展简明统计分析)

【宏观发展】
2013—2014年中国职业教育发展主报告

通过对全国 31 省(市、区)的高等职业教育生均图书册数的考察分析,如图 1.61 所示,全国仅有北京、浙江、西藏、上海四个省(市、区)超过了教育部标准,主要为东部地区。

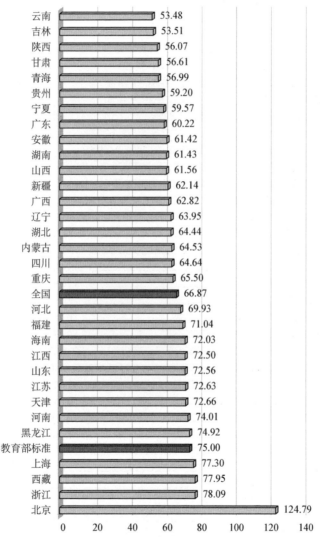

图 1.61　2014 年全国 31 省(市、区)高等职业教育生均图书册数(单位:册)

(数据来源:2014 年全国教育事业发展简明统计分析)

(五) 各省(市、区)职业教育人才培养概况

通过对 2014 年全国 31 省(市、区)中等职业教育毕业生职业资格证书获取率

的考察和分析,如图1.62所示,排在前五位的分别为浙江、福建、四川、安徽和天津。而排在后五位的分别为吉林、广东、北京、海南和西藏。在毕业生职业资格证书的获取率上,东西部省(市、区)分布得较为均匀,没有显著的区域差异。

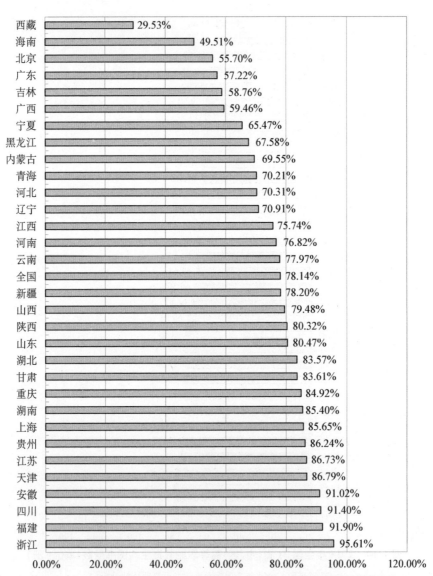

图1.62 2014年全国31省(市、区)中等职业教育毕业生职业资格证书获取率

(数据来源:2014年全国教育事业发展简明统计分析)

【宏观发展】
2013—2014年中国职业教育发展主报告

通过对2014年全国31省(市、区)中等职业教育学生流失率的考察和分析,如图1.63所示,流失率最高的省份为四川,达到了35.04%,超过三分之一的学生流失,而且排名前五的主要为西部省(市、区),大部分东部省(市、区)都处于平均水平以下,各省(市、区)之间差异比较明显。

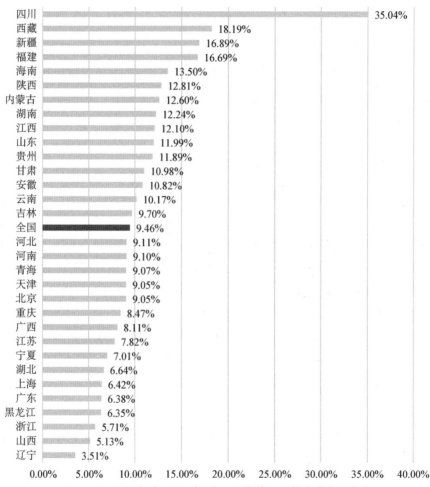

图1.63　2014年全国31省(市、区)中等职业教育学生流失率

(数据来源:2014年全国教育事业发展简明统计分析)

三、2013—2014年我国职业教育事业发展中所遇到的问题

职业教育作为国家和地区经济增长、社会和谐的重要基石,是实现国家竞争力

提升的重要动力源泉，尤其随着我国经济转型升级的步伐不断加快，企业正在迅速从劳动、资金密集型向技术、知识密集型转变，这都需要更多的高素质技术技能型人才作为实现上述转型的支撑。然而，尽管我国职业教育实现了跨越式发展，无论是人才培养规模还是培养质量都实现了质的提升，但是当前我国职业教育的发展仍然遇到一些较为紧迫的问题。例如，职业教育的社会声誉仍然没有随着职业教育办学规模和办学条件的改善实现同步提升，尤其是职业教育人才培养规格与质量不能满足行业和企业的需求、专业设置和结构与区域经济发展相脱节、人才培养过程仍以学科课程模式为主导、师资队伍结构难以满足职业教育课程改革的期待等问题，仍是制约职业教育进一步提升的关键瓶颈。对于以上问题，需要进一步找到制约我国职业教育发展的关键体制、机制问题，不能再局限于"就事论事"的层面。

（一）职业教育办学主体较为单一，结构亟待优化

"谁来办学"这一问题是职业教育发展最为重要的问题，也是制约职业教育办学质量的关键，我国职业教育的办学主体经历了从以国家为中心的一元格局向行业、企业、社会团体广泛参与的多元化办学格局的转变。尤其是民办职业教育的发展，很好地补充了公办职业教育的供给不足，为那些希望接受教育从而提升自身人力资本的学生提供了成长渠道。除此以外，企业通过混合所有制等方式参与职业教育办学，也丰富了职业教育办学的主体。总而言之，改革开放以来，我国职业教育办学主体日益呈现一种多元化的办学格局。然而，政府在职业教育资源统筹与分配上的主导地位，致使职业教育办学呈现出"一枝独秀"的办学格局。这一格局表现为两个方面：

一是尽管企业参与了职业教育的办学，但企业参与积极性不高，介入人才培养的深度不够，致使办学合作仍然较多的停留于浅层次的合作。目前的局面是我国企业、行业在职业教育办学中仍存在着主体地位缺失的现象，政府在职业教育办学中仍牢牢地占据着绝对主导的地位，"统得过严、包得过多"的现象依然存在。一方面企业面临着技术工人特别是高技能人才严重短缺的问题，另一方面行业、企业参与职业教育的积极性也不高，而且很多国有企业在改制过程中都将原来举办的职业院校作为"包袱"甩出，企业参与职业教育的积极性也出现了不断弱化的局面。企业参与职业教育办学积极性不高的现象主要有以下几个方面的原因：一是当前我国职业教育管理的机构是教育管理部门，其所出台的促进校企合作的文件规定并不会对企业的行为产生任何的规约作用；二是我国职业院校办学质量不高，难以吸引企业参与校企合作；三是就我国当前的产业结构类型而言，劳动力密集型产业仍然占据了较大的份额，产业结构调整升级的步伐仍然较为缓慢，而这一产业结构特征并不需要通过与学校进行校企合作的形式来培养，而且充足的农民工大军可以很好地满足企业的需求，这无疑消解了企业参与职业教育的积极性。

二是尽管民办职业教育获得了快速发展，但由于国家政策、体制的束缚，民办职业教育仍处于整个职业教育场域的边缘位置，未能获得同公办职业教育机构相同的制度环境和竞争平台。这主要表现为民办职业教育促进办法仅仅停留在了文本层面，地方政府选择性执法，并没有将法律落到实处。具体而言，在招生政策上，由于受到分批次招生计划制度的影响，民办高职院校被民众称为"二专"，总是在招生计划的最末尾接受生源，这就导致民办高职院校无法同公办高职和其他公办教育机构站在相同的起跑线上竞争。除此以外，在教师待遇、经费投入、税收政策等方面，民办职业教育机构同样没能获得同公办职业教育机构相同的待遇，而这是造成其发展困难的重要原因，这也间接影响了社会力量参与职业教育办学的积极性。

(二) 职业教育经费投入比例失衡不均，机制亟待完善

教育经费是发展教育事业重要的物质保障，要想谋求教育事业的顺利发展，必须要有充足的经费予以支持，职业教育作为一种办学成本比较昂贵的教育类型，更应该建立完善的经费投入保障机制。从改革开放至今，我国政府不断加大对职业教育的投入，前文的数据分析都表明，职业教育经费投入规模实现了稳步的提升，而且在投资体制上也出现了一些新的变化：一是投资来源逐渐从单一走向多元，社会各界已经开始积极地参与到职业教育办学中；二是国家日益重视对职业教育的投资，实现了从一般性支出到战略重点支出的转变；三是职业教育投资体制逐步走向规范化、法制化的轨道。然而，由于经费投入对职业教育发展具有重要意义，这将直接关系到职业教育发展的战略规划是否能够如期完成，尽管从宏观数据看，职业教育经费投入呈现着逐年递增的趋势，但我国职业教育的经费投入机制仍然存在着许多问题亟待解决。

一是职业教育经费投入总量有限，而且中央与地方投资比例存在失衡。从相关数据分析来看，我国中职教育经费绝大多数来自地方政府和事业性收费，这一部分占教育经费的比重达到了90%以上，而中央政府的投入在某些年份甚至达不到1%，这同高等教育的经费投入相比，还有很大的距离。除此以外，我国高等职业教育预算内教育经费也不能满足我国当前高等职业教育发展的需要，高等职业教育的生均公共财政预算教育事业费一直都低于普通本科院校的生均公共财政预算教育事业费(如图1.22所示),这表明各级政府在推动高职教育发展上没有建立起较为充分的经费保障机制,在财政投入上还不能够有效满足高等职业教育发展的需求。

二是职业教育经费投入区域之间不均衡,呈现"中部凹陷"的格局。以我国中等职业教育经费投入为例,按照我国对东部、中部、西部地域的划分,将各个区域的生均公共财政预算教育事业费求平均值,如图1.64所示;通过对各地区生均公共财政预算经费的比较,三大地区的生均公共财政预算教育事业费支出从高到低依次为东部地区、西部地区和中部地区,东部地区生均经费投入值远高于中部和西部地区,而且各个地区的生均经费之间的差距越来越大。我国高等职业教育经费投入也存在着区域间不平衡的问题,从图1.65中可以看出,当前我国高职教育区域间的经费投入状况依然不容乐观,差距仍然较大,其中生均教育经费投入呈现出了凹形的格局,即东部和西部高于中部,特别是河南、安徽、山西和湖北等省份(如图1.52),其高职教育经费投入情况远低于北京、上海,也远低于西部的一些省份,成为我国高职教育经费投入的"凹陷"区域。尤其值得注意的是,近年来,我国各地的教育经费投入差异情况呈现着扩大的趋势。

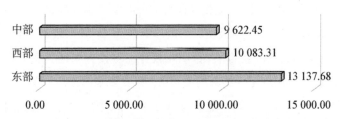

图1.64 2014年东、中、西三大区域中职教育生均公共财政预算教育事业费支出(单位:元)

(数据来源:根据2014年教育部教育经费执行公告计算而得)

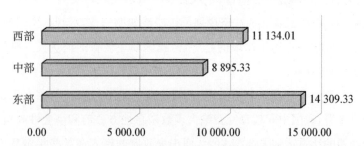

图1.65 2014年东、中、西三大区域高职教育生均公共财政预算教育事业费支出(单位:元)

(数据来源:根据2014年教育部教育经费执行公告计算而得)

(三) 职业教育体系构建路径偏差,方向亟待明晰

自改革开放以来,我国职业教育发展取得了十分显著的成绩,形成了初等职业教育、中等职业教育和高等职业教育三个层次,基本上构成了我国职业教育发展的主体。2010年7月,党中央、国务院颁布了《纲要》,在文件中明确指出:"为了能够在新的时期实现我国四个现代化建设目标,必须要大力发展职业教育,到2020年,要形成适应经济发展方式转变和产业结构调整要求,体现终身教育理念、中等和高等职业教育协调发展的现代职业教育体系,满足人民群众接受职业教育的需求,满足经济社会对高素质劳动者和技能型人才的需求。"①可以说规划纲要对我国未来十年如何在国家层面办好职业教育提出了十分明确的战略目标和方略,这也成为了我国当前职业教育办学改革和发展最为重要的任务,经过近几年的发展,我国现代职业教育体系建设已经取得了明显的进步,这主要表现为:

其一,中高职衔接在全国各区域普遍开展,已经成为一种主要的人才培养模式。为了能够提高中高职教育的吸引力,适应我国经济转型升级对人才需求层次的不断提升,国家在全国各个试点地区开展了中高职衔接的人才培养模式,而《纲要》提出要建立现代职业教育体系的战略目标,中高职衔接这一人才模式得以广泛推广,并成为当前职业教育的一种较为普遍的人才培养模式。

其二,地方本科院校向应用技术型高校转型,实现了职业教育层次的提升。2014年2月,由国务院总理李克强召开的国务院常务会议作出了"引导一部分普通高校向应用技术型高校转型"的战略部署。为了进一步推动政策的落实,2014年5月,国务院又颁布了《关于加快发展现代职业教育的决定》,正式提出"采取试点推动、示范引领等方式,引导一批普通本科高等学校向应用技术类型高等学校转型,重点举办本科职业教育"。② 随后,教育部又发布了《现代职业教育体系建设规划(2014—2020年)》,在规划中提出的教育框架示意图中,明确指出了应用技术型高校应成为现代职业教育体系的重要组成部分,甚至将专业学位研究生也纳入了现代职业教育体系的范围。

其三,职业教育办学逐步多元,同地方经济社会发展联系日益紧密。在日益严

---

① 国务院.国家中长期教育改革和发展规划纲要(2010—2020年)[EB/OL]. http://www.moe.edu.cn/publicfiles/business/htmlfiles/moe/moe_838/201008/93704.html.2010-07-09/2018-09-15.
② 国务院.关于加快发展现代职业教育的决定(国发[2014]19号)[EB/OL]. http://www.moe.gov.cn/publicfiles/business/htmlfiles/moe/moe_1778/201406/170691.html.2014-05-02/2018-09-15.

峻的生存压力的倒逼下，以及政府的大力鼓励下，广大职业院校通过思想转变、办学体制改革，主动寻求与地方经济社会发展实现联动，主动迎合企业、政府和不同群体的需求，最终实现了办学功能的扩展，也找到了自身可持续发展的立足点。

尽管在各级政府部门的政策鼓励下，我国现代职业教育体系建设取得了不俗的成绩，但由于过于重视自上而下的建设路径以及对现代职业教育体系内涵的认识上存在着思维认知的误区，其建设方向与路径出现了一些偏差，扭曲了政府构建现代职业教育体系的本意，这些问题具体表现在以下几个方面：首先，人们对于现代职业教育体系内涵的认知过于狭窄。许多职业教育办学的实践者认为现代职业教育体系建设就是要实现中高职的衔接，就是要发展本科层次的职业教育，甚至认为职业教育发展至博士层次就可以大功告成了，就意味着现代职业教育体系建设目标的达成。其次，现代职业教育体系建设仍然过于注重用计划思维来指导。地方教育部门经常出台一些短期和功利的发展目标，大多不考虑经济社会发展的需求和现有的办学基础，过多的职业教育办学机构都存在着盲目升格的冲动，把办学层次的提升作为办学的主要目标而忽视了职业教育服务区域经济社会发展的目标。最后，职业教育内部各层次的教育缺乏有效衔接，与其他教育类型之间缺乏沟通。尽管中高职衔接在全国各个省份普遍开展，但这一衔接更多地停留于形式层面，其衔接体制与机制仍待调整。除了职业教育体系内部衔接需要解决衔接的实质性问题外，职业教育体系同其他类型教育的沟通问题也仍待解决。

（四）职业教育管理体制条块分割，责权亟待调整

职业教育管理体制是国家层面的职业教育办学模式十分重要的方面，包括对国家职业教育管理权限的划分、中央和地方职业教育管理机构的设定和这些机构之间的隶属关系、国家对职业教育的管理是分散管理还是集中管理等问题的解决。尽管我国职业教育的管理体制日益完善，但由于职业教育的外部办学环境发生了很大的变化，因此，外部环境的迅速变化亟待职业教育管理体制通过变革来迎合职业教育发展的新需要。当前我国职业教育管理体制的弊端主要表现在以下几个方面：

首先，现行职业教育管理体制存在着条块分割、部门分割、人才培养与就业分割的弊端，教育主管部门同人事劳动部门、政府其他各业务部门、行业协会之间缺乏很好的沟通与衔接，总体呈现出多头管理、职能交叉的问题。具体表现为：技术技能型人才的职前培养由教育部门来管理实施，而职业资格证书标准的制定与考核则由人力资源管理部门进行管理实施,职后培训则由经济管理部门进行管理实施。因此,如果教育部门不同人力资源管理部门在人才培养规格上进行沟通与协商,必然会导致人才培养与人才使用的脱节,造成职业院校所培养的人才难以契合职业资格证书的需要,造成极大的资源浪费。其次,职业院校办学自主权有限,长期依赖政府封闭办学,束缚了学校办学的积极性和主动性,造成职业院校社会适应能力弱、竞争性不高、办学效率低及难以形成办学个性和活力。最后,各级政府权责不对称,社会参与度不高。职业教育管理权责分配的原则应按照事权与责权相统一的原则进行分配,但当前我国职业教育权责分配则呈现出倒金字塔结构的格局,中央政府权力大、责任小,而地方政府权力小却责任大,尤其是在教育经费的投入上,地方政府都需要按照一定比例与其配套。但在财政收支上,中央政府的收入则分走较大的份额,最终造成地方政府在职业教育办学上的积极性调动不足,影响了区域经济社会建设的步伐。

(五) 职业教育质量标准建设滞后,体系亟待完善

2010年颁布的《纲要》中确立了"建立以提高教育质量为导向的管理制度和工作机制,把教育资源配置和学校工作重点集中到强化教学环节、提高教育质量上来"。[①] 规划纲要颁布后,全国各地区职业院校也进行了丰富的质量保障体系建设实践,从不同的方向加大了对职业院校人才培养过程的监督,地方职业教育管理机构也系统地开展了对职业院校质量进行监控的顶层设计和科学化管理,经过一定时期的探索与实践,我国职业教育质量保障体系的构建取得了不俗的成绩,主要表现在以下几个方面:首先,职业教育办学基本要素的质量评价标准初步构建,实现质量保障有"法"可依。自规划纲要颁布以来,教育部陆续启动了对职业院校办学质量进行建设的工作,如职业院校建设标准、中等职业学校专业教学标准、中等职业学校教师专业标准,这标志着我国职业教育质量标准的制定工作实现了从无到有的突破,也为我们审视当前职业院校办学质量的优劣提供了明确具体的衡量依据。其次,职业教育质量评估体系的建设逐步实现了规范化和制度化,实现了对职业院校办学质量的常态监控。

然而,尽管我国职业教育质量保障体系实现了初步的构建,但由于这一机制过

---

① 国务院. 国家中长期教育改革和发展规划纲要(2010—2020年)[EB/OL]. http://www.moe.edu.cn/publicfiles/business/htmlfiles/moe/moe_838/201008/93704.html. 2010-07-09/2018-09-15.

于重视政府在质量保障体制上的主导地位,导致职业教育质量保障体系建设的效果还不能完全契合我国职业教育内涵发展的需求,尤其是职业教育质量保障各主体之间的相互作用机制的不协调,更加阻碍了职业院校在质量保障上主体地位与作用的发挥。当前这一保障体系的问题主要表现在以下几个方面:

首先,以质量评估为主要内容的质量保障体系不能完全契合职业教育内涵发展的要求。现行的职业教育质量评估保障制度远远不能够满足提高职业教育质量的需求,以政府评估督导为核心的职业教育质量保障体系还未能形成完善的体制机制,主要体现在评估历程较短、经验不足、评估类型单一,主要着眼于整体评估、外部评估;模仿普通院校评估的痕迹过于明显,评估指标设计也不合理,各项配套工作不能跟上外部环境的需求;过于强调政府主导,职业院校自身的积极性难以得到充分调动,尤其是职业院校的教职员工都视评估为负担;督导作用未能得到充分有效地发挥,流于形式,评估反馈机制不完善、时效性不强。

其次,职业教育质量保障体系的内容未能充分体现出职业教育办学的自身特色。例如,不管是人才培养水平、人才培养工作的评估,还是精品课程、特色专业、优秀教师及教学团队的评估,现行的职业教育评估制度还未能充分地考虑到我国职业教育自身的办学特色,职业教育质量的评估形式也较为单一,不能够充分关照职业教育自身的办学特色。

最后,职业教育质量保障体系的建设未能充分发挥职业院校自身在质量保障上的主体地位。当前我国职业教育质量保障体系过于注重外部评估对职业院校的规约,而未能充分认识到只有充分激发职业院校在质量保障上的主动性才是实现其质量提升的根本。在整个职业教育质量保障体系的设计上,国家及其教育主管部门是质量标准制定、质量评价成员组成、质量监督的主体,而学校仅仅是被评估和监督的对象,仅仅是参与和配合上级教育主管部门的工作。

(撰稿人:石伟平)

2013—2014年职业教育国家政策回顾

一、加快改革步伐,基本完成现代职业教育体系顶层设计

进入新世纪以来,加强现代职业教育体系的顶层设计一直是我国职业教育改革的重要任务。2002年,国家首次明确提出构建现代职业教育体系,《国务院关于大力推进职业教育改革与发展的决定》指出:"初步建立起适应社会主义市场经济体制,与市场需求和劳动就业紧密结合,结构合理、灵活开放、特色鲜明、自主发展的现代职业教育体系。"2005年,《国务院关于大力发展职业教育的决定》提出:"进一步建立和完善适应社会主义市场经济体制,满足人民群众终身学习需要,与市场需求和劳动就业紧密结合,校企合作、工学结合,结构合理、形式多样,灵活开放、自主发展,有中国特色的现代职业教育体系。"2010年,《纲要》提出:"到2020年,形成适应经济发展方式转变和产业结构调整要求、体现终身教育理念、中等和高等职业教育协调发展的现代职业教育体系。"

在两年时间里,现代职业教育体系的顶层设计工作取得重大突破。习近平总书记专门对职业教育工作作出重要指示,强调必须大力发展现代职业教育,并进一步明确了职业教育的战略地位、时代任务、发展重点等。在国务院召开的全国第三次职业教育工作会议上,李克强总理接见会议代表并发表重要讲话,提出要把职业教育放在实现中国经济升级、促进充分就业大局中更加重要的位置,要把提高职业技能和培养职业精神深度融合,要用改革的方法把职业教育办好、做强。在会上,国务院印发了《关于加快发展现代职业教育的决定》,文件指出:"到2020年,形成适应发展需求、产教深度融合、中职高职衔接、职业教育与普通教育相互沟通,体现终身教育理念,具有中国特色、世界水平的现代职业教育体系。"随后,教育部、国家发展改革委、财政部、人力资源和社会保障部、农业部、国务院扶贫办联合印发了《现代职业教育体系建设规划(2014—2020年)》,文件指出:"牢固确立职业教育在国家

人才培养体系中的重要位置,到2020年,形成适应发展需求、产教深度融合、中职高职衔接、职业教育与普通教育相互沟通、体现终身教育理念,具有中国特色、世界水平的现代职业教育体系,建立人才培养立交桥,形成合理教育结构,推动现代教育体系基本建立、教育现代化基本实现。"至此,现代职业教育体系的顶层设计基本完成。

二、探索发展本科职业教育,明确地方本科转型方向与目标

长期以来,我国的职业教育被严格限制在专科层次,所以被戏称为"断头教育"、"终结性教育"。本科职业教育的提出,则有利于打破这一局面,打通人才的上升渠道,完善我国的现代职业教育体系。实际上,地方本科院校转型并不仅仅意味着名称上的改变,更重要的是内涵上的转型。原因在于地方本科院校转型从根本上讲是由内而外的,它是自主的、生成的、流淌的过程。两年以来,为了探索和发展本科职业教育,我国开展了一系列政策层面的实践探索,并逐渐明确了地方本科院校转型的方向与目标。

具体而言,主要开展了以下几个方面的工作:一是开展重大课题研究。组织15个省份35所地方本科院校及研究机构系统地研究欧洲实体经济、现代职业教育体系和应用技术大学的发展,开展了以1999年新建本科院校为重点的地方本科院校转型发展课题研究,明确将地方本科院校转型作为发展本科层次职业教育的主要方式。二是指导和支持35所地方本科院校成立应用技术大学(学院)联盟。加强地方本科院校的信息交流和沟通,开展国际交流与合作。组建地方本科院校转型发展研究中心,为地方本科院校转型发展提供决策和研究支撑。三是研究地方本科院校转型发展的政策措施。成立转型发展专家组,在广泛听取行业、企业、高校等各方意见的基础上,启动地方本科院校转型发展意见的起草工作,并明确了试点推动、示范引领的基本转型思路。同时,还召开各省级教育行政部门通气会,就主要工作考虑及安排进行前期沟通与部署。四是开展广泛宣传。在中国教育报、教育部官方网站上开辟专栏,以多种形式宣传地方本科院校转型发展的实践探索和成功经验,从而为改革试点营造良好氛围,凝聚改革共识。五是通过发布正式文件来进一步明确地方本科院校转型的方向与目标。国务院《关于加快发展现代职业教育的决定》明确提出:"采取试点推动、示范引领等方式,引导一批普通本科高等院校向应用技术类型高等院校转型,重点举办本科职业教育。在地方本科院校转型发展的方向与目标确定之后,下一步工作的重点则是尽快确定转型试点院校,进而

开展实践层面的转型探索。"

三、对接现代产业需求,开发中等职业学校专业教学标准

专业教学标准是开展专业教学的基本条件,是明确培养目标和规格、组织实施教学、规范教学管理、加强专业建设、开发教材和学习资源的基本依据,是评估教育教学质量的主要标尺,同时也是社会用人单位选用中等职业学校毕业生的重要参考。两年来,为深入贯彻党的十八大、十八届三中全会精神,落实教育规划纲要,加强职业教育教学基本建设,促进职业教育专业教学科学化、标准化、规范化,建立健全职业教育质量保障体系,教育部逐步深入开展起中等职业学校专业教学标准的制定工作。

实际上,从2012年起,教育部就开始着手制定中等职业学校专业教学标准。2012年12月,教育部成立了中等职业学校专业教学标准制定工作领导小组和专家组,启动中等职业学校专业教学标准制定工作。旨在加强和改进职业教育德育工作,着力培养学生的职业道德、职业技能和就业创业能力;深化人才培养模式改革,坚持工学结合、校企合作、顶岗实习的人才培养模式,注重中高职课程衔接;推进职业教育质量评价体系建设,实现评价主体、评价方式、评价过程的多元化,吸收行业企业参与评价;大力加强"双师型"教师队伍建设,聘请行业企业技术骨干担任兼职教师,打造职业教育优质师资。2013年1月,教育部推进"中等职业学校专业教学标准制定工作情况通气会"在北京召开,在会上对于深入开展中等职业学校专业教学标准制定工作作了初步部署。随后,教育部职业教育部分专业教学标准开发试点工作汇报会暨论证会在天津举办,教育部原副部长鲁昕出席并发表重要讲话,并指出:"职业教育改革创新的战略构想和顶层设计已经基本成型,要把战略变成现实、把目标变成行动,关键就在落实。加快形成适合技术技能人才成长的培养体系,全面提升培养质量,是我们能否把职业教育改革创新的一系列顶层设计落到实处的关键。学习和借鉴发达国家发展职业教育的先进经验,开发具有中国特色、国际水准的专业教学标准,是提高技术技能人才培养质量的基础性工作,是健全职业教育标准体系的重要环节,是加快发展现代职业教育的有力抓手。"2014年4月,教育部发布了首批涉及14个专业类的95个《中等职业学校专业教学标准(试行)》。至此,中等职业学校专业教学标准的制定工作初步完成,而下一步的工作重点则是制定高等职业学校专业教学标准。

四、密切产教融合、校企合作,初步试点推广现代学徒制

作为一种新型人才培养模式,现代学徒制集合了学校职业教育与传统学徒制的优势,并逐渐受到各职业教育发达国家的重视。经过多年的试点探索,我国现代学徒制人才培养模式的雏形已基本显现。观察现代学徒制在我国由理论探讨上升为国家意志背后的政策推动发展轨迹,以及总结正在进行实践的探索,有助于从中把握规律性的方向,并认识到存在的问题和困难。

2011年3月,教育部原副部长鲁昕在"推进国家中等职业教育改革发展示范学校建设专题培训班"上首次谈到现代学徒制,希望地方政府和企业通过组织参与现代学徒制来解决东南沿海"用工荒"的问题。2012年,教育部工作要点中明确"开展现代学徒制试点"。2013年,教育部工作要点再次提出"启动现代学徒制试点"。此时,现代学徒制逐渐成为教育部在职业教育领域重点推进的试点工作。2013年,教育部委托部分地区、科研机构、职业院校与企业,开展现代学徒制理论研究和实践探索。这些会议及相关研究,对于借鉴国外现代学徒制的政策法规和成功经验,研究我国在建设现代职业教育体系框架下开展现代学徒制试点工作起到了重要的启示作用。随后,国家层面进一步部署了现代学徒制的试点工作。2014年2月,李克强总理主持国务院常务会议,部署加快发展现代职业教育,提出开展校企联合招生、联合培养的现代学徒制试点。时任副总理刘延东也多次批示,要求加大力度推进现代学徒制试点工作。2014年5月,国务院印发《关于加快发展现代职业教育的决定》,其中明确提出"开展校企联合招生、联合培养的现代学徒制试点,完善支持政策,推进校企一体化育人"。这意味着建立现代学徒制已经上升为国家意志,成为国家制度。2014年9月,教育部发出通知,要求积极开展"招生即招工、入校即入厂、校企联合培养"的现代学徒制试点工作。2014年9月,教育部发布了《关于开展现代学徒制试点工作的意见》。2014年12月,全国职业教育现代学徒制试点工作推进会在唐山举行,会议要求必须加快推进现代学徒制试点工作,各地要系统规划,做好顶层设计,因地制宜开展试点工作,构建校企协同育人机制。总体来说,经过两年的实践探索,现代学徒制试点工作已经取得了初步成绩。

五、推动农村职业教育改革,加强新型职业农民队伍建设

在我国职业教育体系之中,农村职业教育占有举足轻重的地位。但是,长期以

来,农村职业教育发展一直存在着诸多问题,无法为农村经济社会发展提供其所需要的技术技能人才。尤其是在新型城镇化背景之下,这一问题变得尤为突出。农业产业化实现的关键是科技创新与科技进步,这就对劳动力素质提出了更高要求,过低的劳动力素质不利于农业科技成果的转化,制约了农业现代化的进程。由于农村劳动力转移是工业化和城镇化的必经阶段,实现农业的现代化,归根结底还是要提高农村的人力资源水平,提高从业人员的综合素质与能力。正如农业部部长韩长赋所言,只有加快培养一代新型职业农民,调动其生产积极性,农民队伍的整体素质才能得到提高,农业问题才能得到很好解决,粮食安全才能得到有效保障,才能推进现代农业转型,构建新型农业经营体系,不断增强农业农村发展活力。鉴于此,必须竭尽全力培育新型职业农民。

两年来,为了解决农村职业教育中存在的问题,为新型城镇化建设提供后备人才,国家加大了培养新型职业农民队伍的力度。2013年7月,教育部在北京召开专题座谈会,邀请来自社会各界的部分全国人大代表、政协委员共同研讨"加快发展新型职业农民中等职业教育"问题,教育部原副部长鲁昕出席并讲话。鲁昕强调,教育部要继续加强与国家发展改革委、财政部和涉农部委沟通协调,针对代表委员们所提的意见和建议,进一步做好新型职业农民的培育工作。2013年12月,农业部和教育部在北京共同启动新型职业农民教育培养重大问题研究,将通过对新型职业农民界定、教育培养背景与意义、内容、路径与方法、条件保障和国家政策制度、质量监督与评估以及职业农民形成机制的国际比较等的研究,为新型职业农民培育提供可资借鉴的理论依据、原则方法和可供选择的路径、机制与方式,形成教学与教育大纲,同时提出有利于新型职业农民教育培养的社会政策环境和建议。2014年3月,教育部办公厅、农业部办公厅联合印发《中等职业学校新型职业农民培养方案试行》,此举标志着我国中等职业学校向广大农民敞开了大门。

六、大力实施依法治教,加快《职业教育法》修订工作

国际职业教育发展的成功经验证明,现代职业教育的发展离不开法律制度的保障,尤其是国家层面《职业教育法》的保障。1996年,第八届全国人大常委会第十九次会议审议通过了《职业教育法》,这可以说是我国职业教育改革发展过程中的标志性事件,也是我国职业教育法制建设的里程碑。随着经济社会的不断发展,我国职业教育发展出现了一系列的问题,不少学者都呼吁修改《职业教育法》,而围绕

《职业教育法》的修订工作逐渐提上日程。

2008年,十一届全国人大常委会将《职业教育法》修订工作列入日程,教育部承担了《职业教育法》的修订工作,完成了《职业教育法》修订草案(送审稿),并于2011年报送国务院法制办。2014年9月,受教育部委托,教育部职业技术教育中心研究所就《职业教育法》修订召开了座谈会,这也是《职业教育法》修订工作沉寂3年后重新启动。2014年10月,党中央在北京召开了以"依法治国"为主题的第十八届四中全会,会议通过了《中共中央关于全面推进依法治国若干重大问题的决定》,为"新常态"背景下全面推进依法治国指明了方向,明确了任务,作出了全面的部署。在教育领域为贯彻好十八届四中全会精神,重点要做好依法决策、依法行政、依法办学和依法治校。随后,《职业教育法》修订工作被列入十二届全国人大常委会立法规划,在该会议上还提出,要在全国范围内开展《职业教育法》执法检查工作。同时,国务院法制办也将《职业教育法》修订工作提上议事日程。另外,教育部积极配合全国人大常委会和国务院法制办的工作,决定在原有修订成果的基础上,抓紧推进《职业教育法》修订工作,计划尽快取得实质性进展。在《职业教育法》修订工作的引领之下,职业教育制度、标准建设等得以不断完善。比如,国家还提出加快起草职业教育校企合作促进办法,继续完善职业教育集团化办学修改意见,探索制定高等职业教育改革创新三年行动计划,以及进一步修改职业学校学生实习管理规定等。

(撰稿人:郝天聪)

【区域发展】
2013—2014年区域职业教育发展报告

尽管我国职业教育发展从总体上看实现了较为平稳快速的发展,但必须考虑到我国职业教育发展区域之间的不均衡性,各地区职业教育在发展速度和发展水平上呈现出较大的不平衡性。在基本掌握全国职业教育事业发展情况的基础上,本课题组特别选取了经济社会发展水平较为相似、区域特征较为明显的地区作为考察分析的基本对象,这些地区分别为环渤海地区、长三角地区、东北地区、中部地区和民族地区,用统一的指标体系对如上地区职业教育发展的情况进行比较、分析。对于这些比较分析有以下说明:

1. 环渤海地区、长三角地区是我国重要的城市集聚区和经济社会发展较为发达的地区,是我国著名的三大城市群,这些地区基本能够代表我国职业教育发展的较高水平;东北地区是我国的老工业基地,在计划经济时代以技工教育和厂内的在职培训而著名,但在从计划经济向市场经济转型的过程中,传统的职业教育结构被打破,职业教育逐渐演变为全社会的公共事业,这种转型是否成功,在多大程度上促进了老工业基地的转型发展需要进行深入讨论;民族地区占地辽阔,民族构成复杂,经济发展相对落后,职业教育发展处于怎样的水平也需要认真地研究;而中部地区作为首次纳入到本报告分析的区域,在职业教育发展上面同样具有自身的独特性,尤其是随着我国"中部崛起"战略的加快实施,中部地区的职业教育发展必将呈现出新的时代特征。

2. 对于这些地区的分析我们使用了一些共同的指标,希望通过这些指标的比较对各地区的职业教育发展作出较为宏观的描述。指标共分为六类,分别是办学规模、经费投入、办学条件、师资队伍、人才培养、服务能力六个方面(如下表所示)。

一级指标	二级指标
A 办学规模	A-1 学校数 A-2 在校生人数 A-3 招生人数 A-4 中职与普高和高职与本科在校生人数比
B 经费投入	B-1 教育经费占公共财政支出比重 B-2 生均教育经费支出占人均GDP比重 B-3 生均公共财政预算教育事业费支出 B-4 中职与普高和高职与本科生均公共财政预算教育事业费支出比
C 办学条件	C-1 生均校舍建筑面积 C-2 生均图书册数 C-3 每百名学生拥有教学用计算机数 C-4 生均教学仪器设备值
D 师资队伍	D-1 生师比 D-2 专任教师中"双师型"教师比例 D-3 兼职教师人数占专任教师人数比 D-4 专任教师中合格学历教师比例
E 人才培养	E-1 毕业生获取职业资格证书的比例 E-2 学生流失率
F 服务能力	F-1 每万平方公里职业院校数 F-2 每十万人中职业院校学生数

3. 本报告数据均来自《中国统计年鉴》、《中国教育经费统计年鉴》、《中国教育统计年鉴》、《全国教育事业发展简明统计分析》以及各省(市、自治区)的统计年鉴或教育事业发展公报。

4. 由于不同数据来源的统计口径差异,部分地区公布的中等职业教育数据中不包含技工学校的相关数据。为求结论的精确,本报告中的数据均为除技工学校以外的中等职业教育发展数据。

2013—2014年度环渤海地区职业教育事业发展报告

一、2013—2014年度环渤海地区中等职业教育事业发展报告

(一) 中等职业教育办学规模

1. 中职学校数

如表2.1所示,2014年环渤海地区各省/市(北京、天津、河北、山东)[①]中等职业学校数分别为94所、80所、631所、460所。以2010年为基准,整体上环渤海地区中职学校数五年内呈现下降趋势,中职学校数分别减少了13所、17所、122所、180所,分别占到了2014年环渤海地区各省/市中职学校数的13.83%、21.25%、19.33%、39.13%。天津五年间学校减少数量占到了2014年的五分之一以上,河北省五年间学校减少数量也几乎占到了2014年的五分之一,中职学校减少数量较大的省/市主要是山东省,五年间中职学校减少的数量几乎占到了2014年的五分之二。

表2.1 环渤海地区各省/市中职学校数(单位:所)

	2010年	2011年	2012年	2013年	2014年
北京	107	102	96	97	94
天津	97	89	88	83	80
河北	753	696	663	636	631
山东	640	591	560	525	460

(数据来源:各年《中国教育统计年鉴》)

[①] 本报告中的环渤海地区主要指北京、天津、河北和山东二省二市。本报告中,环渤海地区各省/市则依次为北京、天津、河北、山东。

2. 中职招生数

随着中职学校数的下降,中等职业教育的学生规模也在逐年下降。如表2.2所示,2014年环渤海地区各省/市中等职业学校招生数分别为29 765人、30 768人、224 076人、319 143人。以2010年为基准,整体上环渤海地区中职学校招生数五年内呈现下降趋势,招生人数分别减少了20 821人、7 963人、185 446人、107 811人,分别占到了2014年环渤海地区各省/市中职招生数的69.95%、25.88%、82.76%、33.78%。北京中职招生数在2010年到2012年有缓慢上升的趋势,但从2013年到2014年,中职招生人数却骤减,五年间学校招生数减少量占到了2014年北京中职学校招生数的五分之三以上。天津、山东五年间学校招生数减少量也占到了2014年中职学校招生数的五分之一以上,中职学校招生数减少量较大的省份主要是河北省,五年间中职招生数减少的数量占到了2014年河北省中职学校招生数的五分之四以上。

表2.2 环渤海地区各省/市中职招生数(单位:人)

	2010年	2011年	2012年	2013年	2014年
北京	50 586	61 507	64 076	55 427	29 765
天津	38 731	35 046	34 835	33 786	30 768
河北	409 522	356 853	299 526	220 896	224 076
山东	426 954	444 703	404 670	363 547	319 143

(数据来源:各年《中国教育统计年鉴》)

3. 中职在校生人数

如表2.3所示,2014年环渤海地区各省/市中等职业学校在校生人数分别为126 019人、93 841人、655 366人、948 167人。以2010年为基准,整体上环渤海地区中职学校在校生人数五年内呈现下降趋势,分别减少了35 787人、22 266人、465 151人、183 454人,分别占到了2014年环渤海地区各省/市中职学校在校生人数的28.40%、23.73%、70.97%、19.35%。北京、天津五年间中职在校生减少数量占到了2014年中职学校在校生人数的五分之一以上,中职学校在校生减少数量较大的省份主要是河北省,五年间中职学校在校生减少的数量占到了2014年河北省中职学校在校生人数的五分之三以上。

4. 中职与普高在校生人数比

如表2.4所示,2014年环渤海地区各省/市中职与普高在校生人数比值分别为

【区域发展】
2013—2014 年区域职业教育发展报告

表 2.3　环渤海地区各省/市中职在校生人数(单位：人)

	2010 年	2011 年	2012 年	2013 年	2014 年
北京	161 806	168 982	189 740	164 892	126 019
天津	116 107	108 094	105 735	97 443	93 841
河北	1 120 517	1 065 994	934 042	752 285	655 366
山东	1 131 621	1 177 130	1 147 012	1 031 585	948 167

(数据来源：各年《中国教育统计年鉴》)

0.71、0.55、0.59、0.55。以 2010 年为基准，总体上环渤海地区各省/市职普比呈现了下降的趋势，北京、天津、河北、山东的下降幅度分别达到了 13.41%、12.70%、32.95%、25.68%。从中可以看出下降幅度最大的省/市为河北省和山东省，下降幅度都达到了 25%以上，这表明这些地区的中等职业教育规模出现了萎缩的趋势。2014 年环渤海地区各省/市职普比同全国平均水平相比较，除了北京高于全国平均水平、河北与全国平均水平相当外，天津与山东都低于全国平均水平。

表 2.4　环渤海地区各省/市中职与普高在校生人数比

	2010 年	2011 年	2012 年	2013 年	2014 年
北京	0.82	0.87	0.98	0.88	0.71
天津	0.63	0.58	0.58	0.56	0.55
河北	0.88	0.86	0.79	0.69	0.59
山东	0.74	0.75	0.70	0.61	0.55
全国平均	0.75	0.72	0.68	0.63	0.59

(数据来源：根据各年《中国教育统计年鉴》相关数据测算而得)

(二)中等职业教育经费投入

1. 中等职业教育生均公共财政预算教育事业费支出

如表 2.5 所示，环渤海地区中职生均公共财政预算教育事业费支出呈逐年增长的态势。2014 年环渤海地区各省/市中等职业教育生均公共财政预算教育事业费支出分别为 28 765.51 元、22 753.14 元、8 031.58 元、10 412.39 元。以 2010 年为基准，北京、天津、河北、山东分别增长了 13 181.72 元、12 430.30 元、3 835.83 元、4 976.15 元，分别占到了 2014 年环渤海地区各省/市中职学校生均公共财政预算教育事业费支出的 45.82%、54.63%、47.76%、47.79%。从中可以看出环渤海地区各省/市五年间中职生均公共财政预算教育事业费支出增长量几乎都占到了当前生均公共财政预算教育事业费支出的一半；北京、天津明显高于全国平均水平；山东省一直在保持比全国平均水平稍高一点的水平上逐年增长，而河北省却一直低于全国平均水平。

表 2.5　环渤海地区各省/市中职生均公共财政预算教育事业费支出（单位：元）

	2010 年	2011 年	2012 年	2013 年	2014 年
北京	15 583.79	18 673.53	21 700.90	23 635.72	28 765.51
天津	10 322.84	12 953.81	17 175.20	19 901.89	22 753.14
河北	4 195.75	4 898.12	5 942.47	6 890.12	8 031.58
山东	5 436.04	7 205.32	9 493.04	9 886.38	10 412.39
全国平均	4 840.41	6 143.64	7 548.50	8 776.58	9 126.00

（数据来源：根据各年《中国教育经费统计年鉴》相关数据测算而得）

2. 中职与普通高中生均公共财政预算教育事业费支出比

如表 2.6 所示，2014 年环渤海地区各省/市中职与普通高中生均公共财政预算教育事业费支出比值分别为 0.71、0.76、1.04、1.15。以 2010 年为基准，除山东外，环渤海地区其他各省/市中职与普通高中生均公共财政预算教育事业费支出比呈现了下降的趋势，北京、天津、河北的下降幅度分别达到了 6.58%、2.56%、0.95%。而山东省中职与普通高中生均公共财政预算教育事业费支出比则上升了 7.48%，这表明相对于普通高中，北京、天津、河北对中职的财政投入有所萎缩。2014 年环渤海地区各省/市中职与普通高中生均公共财政预算教育事业费支出比同全国平均

表 2.6　环渤海地区各省/市中职与普通高中生均公共财政预算教育事业费支出比

	2010 年	2011 年	2012 年	2013 年	2014 年
北京	0.76	0.65	0.68	0.64	0.71
天津	0.78	0.81	0.97	0.94	0.76
河北	1.05	0.99	0.84	0.97	1.04
山东	1.07	1.01	1.09	1.10	1.15
全国平均	1.07	1.03	0.97	1.04	1.01

（数据来源：根据各年《中国教育经费统计年鉴》相关数据测算而得）

【区域发展】
2013—2014年区域职业教育发展报告

水平相比较,除了河北与山东高于全国平均水平外,北京、天津都低于全国平均水平。

3. 中等职业教育生均教育经费支出占人均GDP比重

如表2.7所示,2014年环渤海地区各省/市中等职业教育生均教育经费支出占人均GDP比重分别为48.70%、28.75%、26.77%、25.04%。以2010年为基准,环渤海地区各省/市中等职业教育生均教育经费支出占人均GDP比重呈现了上升的趋势,北京、天津、河北、山东的生均教育经费支出占人均GDP比重分别上升了15.05%、5.21%、2.99%、3.15%,北京中职生均教育经费支出占人均GDP比重明显高于其他三个地区。2014年环渤海地区各省/市中职生均教育经费支出占人均GDP比重同全国平均水平相比较,北京明显高于全国平均水平,而天津、河北和山东以低于全国的平均水平增长。

表2.7 环渤海地区各省/市中职生均教育经费支出占人均GDP比重(%)

	2010年	2011年	2012年	2013年	2014年
北京	33.65	36.72	40.97	40.42	48.70
天津	23.54	25.48	25.65	29.07	28.75
河北	23.78	21.42	23.47	24.25	26.77
山东	21.89	24.85	27.67	25.53	25.04
全国平均	28.48	28.85	31.24	32.12	29.99

(数据来源:根据各年《中国教育经费统计年鉴》和《中国统计年鉴》相关数据测算而得)

4. 中等职业教育经费占公共财政支出比重

如表2.8所示,2014年环渤海地区各省/市中等职业教育经费占公共财政支出比重分别为0.79、0.70、1.03、1.47。以2010年为基准,环渤海地区各省/市中等职业教育经费占公共财政支出比重呈现了先增长后下降的趋势,北京、天津、河北、山东的中等职业教育经费占公共财政支出的比重分别上升了0.13、0.09、0.16、0.51。相较于其他省/市来说,山东省中职教育经费占公共财政支出比重处于较高水平且远超全国平均水平,这表明山东省对中等职业教育发展的支持力度较大;此外,北京五年间中职教育经费占公共财政支出比重的变化幅度较小且低于全国平均水平;天津在2010—2012年经历了快速增长阶段后又从1.00急剧下降到0.70,政府对中等职业教育支持力度的变化幅度较大。

表 2.8　环渤海地区各省/市中职教育经费占公共财政支出比重

	2010 年	2011 年	2012 年	2013 年	2014 年
北京	0.66	0.88	0.86	0.80	0.79
天津	0.61	0.72	1.00	0.72	0.70
河北	0.87	1.20	1.22	1.14	1.03
山东	0.96	1.52	1.67	1.56	1.47
全国平均	0.65	0.95	1.00	0.99	0.91

(数据来源：根据各年《中国教育统计年鉴》和《中国统计年鉴》相关数据测算而得)

(三) 中等职业教育师资队伍

1. 中职生师比

如表 2.9 所示，2014 年环渤海地区各省/市中职生师比分别为 17.51、13.94、14.82、19.24。以 2007 年为基准，环渤海地区中职教育生师比呈现逐渐下降的趋势，北京、天津、河北、山东的下降幅度分别为 12.80％、26.44％、32.39％、8.99％，8 年内环渤海地区中职生师比长期低于全国平均水平。此外，2014 年环渤海地区各省/市中等职业学校生师比低于《中等职业学校设置标准》规定的 20。

表 2.9　环渤海地区各省/市中职生师比

	2007 年	2009 年	2011 年	2013 年	2014 年
北京	20.08	18.64	21.70	22.97	17.51
天津	18.95	15.83	14.53	14.04	13.94
河北	21.92	23.01	22.06	17.02	14.82
山东	21.14	20.46	21.97	20.53	19.24
全国平均	24.75	26.09	25.75	22.97	21.34
国家标准	20.00	20.00	20.00	20.00	20.00

(数据来源：教育部发展规划司各年统计数据)

2. 中职专任教师中"双师型"教师比例

如表 2.10 所示，2014 年环渤海地区各省/市中职专任教师中"双师型"教师占比由高到低依次为天津（33.47％）、山东（31.31％）、北京（30.71％）、河北（19.84％）。以 2007 年为基准，8 年间环渤海地区中职专任教师中"双师型"教师占比呈现快速上升的趋势,增长幅度由高到低依次为天津(110.37%)、山东(98.29%)、北京(77.82%)、河北(22.32%)。其中河北省增长幅度较为缓慢,低于全国平均涨幅(75.05%),且2014年河北省中等职业学校专任教师中"双师型"教师占比低于《中等职业学校设置标准》规定的30%,其余各省/市均超过国家标准。

表2.10 环渤海地区各省/市中职专任教师中"双师型"教师比例(%)

	2007年	2009年	2011年	2013年	2014年
北京	17.27	22.14	26.22	29.08	30.71
天津	15.91	20.99	29.92	31.17	33.47
河北	16.22	17.12	19.16	19.08	19.84
山东	15.79	18.87	26.24	28.36	31.31
全国平均	15.79	19.05	23.71	26.31	27.64
国家标准	30.00	30.00	30.00	30.00	30.00

(数据来源:各年全国教育事业发展简明统计分析)

3. 中职兼职教师人数占专任教师比

如表2.11所示,2014年环渤海地区各省/市中职兼职教师人数占专任教师比由高到低依次为北京(18.00%)、天津(14.00%)、山东(13.00%)、河北(7.00%)。以2007年为基准,除河北省外,8年间环渤海其他地区中职兼职教师人数占专任教师比呈现上升的趋势,增长幅度由高到低依次为山东(91.18%)、天津(59.09%)、北京(9.09%),从中可以看出:山东和天津的涨幅较大,北京的增长幅度较小;而河北

表2.11 环渤海地区各省/市中职兼职教师人数占专任教师比(%)

	2007年	2009年	2011年	2013年	2014年
北京	16.50	17.30	19.70	19.90	18.00
天津	8.80	15.20	14.10	14.60	14.00
河北	12.60	10.30	8.50	7.77	7.00
山东	6.80	5.20	6.80	6.50	13.00
全国平均	15.30	14.70	14.80	14.40	15.00
国家标准	20.00	20.00	20.00	20.00	20.00

(数据来源:各年全国教育事业发展简明统计分析)

则呈现逐年下降的趋势,下降幅度达到44.44%。2014年环渤海地区各省/市中职兼职教师人数占专任教师比同全国平均水平相比较,除了北京市的中职兼职教师人数占专任教师比高于全国平均水平外,其他各省/市的中职兼职教师人数占专任教师比都低于全国平均水平。此外,2014年环渤海地区各省/市中职兼职教师人数占专任教师比低于《中等职业学校设置标准》规定的20%。

4. 中职专任教师中合格学历教师比例

如表2.12所示,2014年环渤海地区各省/市中职专任教师中合格学历教师比例由高到低依次为北京(94.86%)、天津(93.32%)、山东(92.85%)、河北(88.77%)。以2007年为基准,近八年环渤海地区二省二市中职专任教师中合格学历教师比例均呈现出了逐年稳步增长的良好态势,增长幅度由高到低依次为山东(15.73%)、天津(14.33%)、河北(11.62%)、北京(7.23%),中职教师学历水平稳步提升。2014年环渤海地区各省/市中职专任教师中合格学历教师比同全国平均水平相比较,除了河北省的中职合格学历教师比例低于全国平均水平外,其他各省/市的中职合格学历教师比例都高于全国平均水平。

表2.12 环渤海地区各省/市中职专任教师中合格学历教师比例(%)

	2007年	2009年	2011年	2013年	2014年
北京	88.46	91.48	93.72	94.61	94.86
天津	81.62	85.95	89.50	92.23	93.32
河北	79.53	81.78	85.27	87.50	88.77
山东	80.23	85.22	89.26	91.61	92.85
全国平均	76.67	81.26	85.39	87.94	89.29

(数据来源:各年全国教育事业发展简明统计分析)

(四)中等职业教育办学条件

1. 中职生均校舍建筑面积

如表2.13所示,2014年环渤海地区各省/市中等职业学校生均校舍建筑面积分别为22.14平方米、21.96平方米、17.55平方米、18.05平方米。以2007年为基准,中职生均校舍建筑面积分别增加了5.75平方米、7.28平方米、2.79平方米、3.53平方米,整体上近八年环渤海地区中职生均校舍建筑面积呈现了波动发展态势,这种起伏波动的发展态势主要受近八年我国中职发展规模变化的影响。

【区域发展】
2013—2014年区域职业教育发展报告

具体而言,环渤海地区二省二市中,天津市表现出了逐年稳步增长的发展态势。就2014年而言,环渤海地区各省/市中等职业学校生均校舍建筑面积均高于全国平均水平。此外,2014年北京、天津中职生均校舍建筑面积高于《中等职业学校设置标准》规定的20平方米,而河北和山东中职生均校舍建筑面积却低于国家标准。

表2.13 环渤海地区各省/市中职生均校舍建筑面积(单位:平方米)

	2007年	2009年	2011年	2013年	2014年
北京	16.39	17.08	15.48	17.17	22.14
天津	14.68	17.58	21.44	21.32	21.96
河北	14.76	10.05	11.32	14.96	17.55
山东	14.52	15.35	14.64	17.09	18.05
全国平均	12.52	11.70	12.73	15.21	16.62
国家标准	20.00	20.00	20.00	20.00	20.00

(数据来源:根据教育部发展规划司各年相关数据测算而得)

2. 中职生均图书册数

如表2.14所示,2014年环渤海地区各省/市中等职业学校生均图书册数分别为39.76册、43.51册、30.43册、25.55册。以2007年为基准,整体上近八年环渤海地区中职生均图书册数的发展情况呈现正向增长的趋势,中职生均图书册数分别增加了10.21册、15.70册、7.41册、5.93册,增长幅度由高至低依次为天津

表2.14 环渤海地区各省/市中职生均图书册数(单位:册)

	2007年	2009年	2011年	2013年	2014年
北京	29.55	34.19	29.75	30.52	39.76
天津	27.81	35.45	43.03	40.48	43.51
河北	23.02	18.67	22.83	26.95	30.43
山东	19.62	22.07	22.12	23.81	25.55
全国平均	20.40	19.11	20.74	23.55	24.92
国家标准	30.00	30.00	30.00	30.00	30.00

(数据来源:根据教育部发展规划司各年相关数据测算而得)

(56.45%)、河北(32.19%)、山东(30.22%)、北京(34.55%)。就2014年来看,环渤海地区各省/市中职生均图书册数均超过全国平均水平,这表明环渤海地区的中职生均图书册数发展情况领先于全国其他地区。此外,除山东省外,2014年环渤海地区其余各省/市中职生均图书册数均高于《中等职业学校设置标准》规定的生均30册。

3. 中职每百名学生拥有教学用计算机数

如表2.15所示,2014年环渤海地区各省/市中等职业学校每百名学生拥有教学用计算机数分别为38.09台、28.37台、21.10台、17.96台。以2007年为基准,整体上近八年环渤海地区中职每百名学生拥有教学用计算机数的发展情况呈现增长的趋势,分别增加了16.11台、10.44台、7.48台、5.43台,增长幅度最大的为北京(73.29%),其他的依次为天津(58.23%)、河北(54.92%)、山东(43.34%)。就2014年来看,除山东省外,环渤海地区其他省/市中职每百名学生拥有教学用计算机数均超过全国平均水平,这表明山东省未来有待加强相应投入。

表2.15 环渤海地区各省/市中职每百名学生拥有教学用计算机数(单位:台)

	2007年	2009年	2011年	2013年	2014年
北京	21.98	25.52	25.19	28.24	38.09
天津	17.93	20.26	30.44	27.12	28.37
河北	13.62	11.84	12.65	17.48	21.10
山东	12.53	12.49	13.29	15.54	17.96
全国平均	13.31	12.75	13.94	16.86	18.86

(数据来源:根据教育部发展规划司各年相关数据测算而得)

4. 中职生均教学仪器设备值

如表2.16所示,2014年环渤海地区各省/市中等职业学校生均教学仪器设备值分别为15 531元、8 161元、4 014元、4 366元。以2007年为基准,整体上近八年环渤海地区中职生均教学仪器设备值的发展情况呈现正向增长的趋势,分别增加了10 861元、5 264元、2 144元、2 401元,北京、天津及山东均呈现逐年稳步增长的发展态势,河北则有所波动。增长幅度最大的为北京(232.57%),其他的依次为天津(181.71%)、河北(114.65%)、山东(122.19%)。就2014年来看,北京和天津二市中职生均教学仪器设备值远超全国平均水平,而河北和山东则低于全国平均水平,这表明区域内差异较大,发展不均衡。此外,2014年环渤海地区各省/市中职生均教学仪器设备值远远高于《中等职业学校设置标准》规定的3 000元。

表2.16 环渤海地区各省/市中职生均教学仪器设备值(单位：元)

	2007年	2009年	2011年	2013年	2014年
北京	4 670	6 728	8 218	10 471	15 531
天津	2 897	3 783	5 982	6 940	8 161
河北	1 870	1 529	2 071	3 396	4 014
山东	1 965	2 727	2 842	3 759	4 366
全国平均	1 936	2 120	2 596	3 741	4 661
国家标准①	2 500/3 000	2 500/3 000	2 500/3 000	2 500/3 000	2 500/3 000

(数据来源：根据教育部发展规划司各年相关数据测算而得)

(五) 中等职业教育人才培养

1. 中职毕业生获取职业资格证书的比例

如表2.17所示，2014年环渤海地区各省/市中职毕业生获取职业资格证书的比例分别为55.70%、86.79%、70.31%、80.47%。以2007年为基准，整体上环渤海地区各省/市中职毕业生获取职业资格证书的比例呈现了上升的趋势，其毕业生获取职业资格证书的比例分别上升了2.59%、49.63%、22.37%、19.93%。从中可以看出天津增长量较多，其次为河北和山东；北京在2007—2013年中职毕业生获取职业资格证书比例增长量较大，2013—2014年却急剧下降。2014年环渤海地区各

表2.17 环渤海地区各省/市中职毕业生获取职业资格证书的比例(%)

	2007年	2009年	2011年	2013年	2014年
北京	53.11	54.54	55.64	80.19	55.70
天津	37.16	45.93	46.08	81.33	86.79
河北	47.94	46.07	50.79	69.28	70.31
山东	60.54	64.71	65.13	77.33	80.47
全国平均	58.80	61.44	62.54	77.78	78.14

(数据来源：根据各年《中国教育统计年鉴》相关数据测算而得)

---

① 其他专业标准/工科与医药类专业标准。

省/市中职毕业生获取职业资格证书的比例同全国平均水平相比较,天津和山东高于全国平均水平,北京和河北则低于全国平均水平。

2. 中职学生流失率

如表 2.18 所示,2014 年环渤海地区各省/市中职学校学生流失率分别为 9.05％、9.05％、9.11％、11.99％。以 2013 年为基准,北京和天津二市中职学校学生流失率呈现上升的趋势,分别上升了 4.72％、3.75％,而河北和山东二省则呈现下降的趋势,分别下降了 3.43％、5.52％,这表明环渤海地区中职学校学生流失率区域内差异较大。虽然山东省 2014 年中职学生流失率较 2013 年有所下降,但仍然高于全国平均水平;北京、天津和河北中职学校学生流失率低于全国平均水平。

表 2.18　环渤海地区各省/市中职学校学生流失率(%)

	2007 年	2009 年	2011 年	2013 年	2014 年
北京	/	/	/	4.33	9.05
天津	/	/	/	5.30	9.05
河北	/	/	/	12.54	9.11
山东	/	/	/	17.51	11.99
全国平均	/	/	/	11.90	9.46

(数据来源:根据各年《中国教育统计年鉴》相关数据测算而得)

(六)中等职业教育服务能力

1. 每万平方公里中职学校数

如表 2.19 所示,2014 年环渤海地区各省/市每万平方公里中职学校数分别为 55.95 所、70.80 所、33.62 所、29.91 所。以 2007 年为基准,整体上近八年环渤海地区每万平方公里中职学校数呈现递减的趋势,各省/市每万平方公里中职学校数分别减少了 20.24 所、11.50 所、7.99 所、20.94 所,分别占到了 2014 年环渤海地区各省/市每万平方公里中职学校数的 36.18％、16.24％、23.77％、70.01％,北京、河北每万平方公里中职学校减少数超过了 2014 年的五分之一,山东省每万平方公里中职学校减少数则远远超过了 2014 年的一半。就 2014 年来看,环渤海地区各省/市每万平方公里中职学校数均远超全国平均水平。

2. 每十万人中职学校在校生数

如表 2.20 所示,2014 年环渤海地区各省/市每十万人中职学校在校生数分别

【区域发展】
2013—2014年区域职业教育发展报告

表2.19 环渤海地区各省/市每万平方公里中职学校数（单位：所）

	2007年	2009年	2011年	2013年	2014年
北京	76.19	67.86	60.71	57.74	55.95
天津	82.30	86.73	78.76	73.45	70.80
河北	41.61	40.22	37.08	33.89	33.62
山东	50.85	46.10	38.43	34.14	29.91
全国平均	12.33	11.80	10.59	9.77	9.44

（数据来源：根据各年《中国教育统计年鉴》与《中国统计年鉴》相关数据测算而得）

为596人、932人、899人、990人。以2007年为基准，整体上近八年环渤海地区每十万人中职学校在校生数呈现递减的趋势，各省/市每十万人中职学校在校生数分别减少了525人、311人、570人、307人，占到了2014年环渤海地区各省/市每十万人中职学校在校生数的88.09%、33.37%、63.40%、31.01%，北京每十万人中职学校在校生减少人数超过了2014年的五分之四，河北省每十万人中职学校在校生减少人数则超过了2014年的一半。就2014年来看，环渤海地区各省/市每十万人中职学校在校生数均低于全国平均水平。

表2.20 环渤海地区各省/市每十万人中职学校在校生数（单位：人）

	2007年	2009年	2011年	2013年	2014年
北京	1 121	869	837	780	596
天津	1 243	1 063	798	662	932
河北	1 469	1 569	1 472	1 026	899
山东	1 297	1 230	1 221	1 060	990
全国平均	1 226	1 334	1 317	1 129	1 035

（数据来源：根据各年《中国教育统计年鉴》与《中国统计年鉴》相关数据测算而得）

二、2013—2014年度环渤海地区高等职业教育事业发展报告

（一）高等职业教育办学规模

1. 高职学校数

如表2.21所示，2014年环渤海地区各省/市高职学校数分别为25所、26所、60

所、76 所。以 2010 年为基准,整体上环渤海地区高职学校数五年内变化不大,天津五年间高职学校数一直保持在 26 所,河北和山东五年间高职学校数有缓慢上升的趋势,增长量分别为 2 所、4 所。

表 2.21　环渤海地区各省/市高职学校数(单位：所)

	2010 年	2011 年	2012 年	2013 年	2014 年
北京	25	25	26	26	25
天津	26	26	26	26	26
河北	58	58	58	61	60
山东	72	76	75	76	76

(数据来源:各年《中国教育统计年鉴》)

2. 高职招生数

如表 2.22 所示,2014 年环渤海地区各省/市高职招生数分别为 31 600 人、58 084 人、153 832 人、299 813 人。以 2010 年为基准,北京和河北高职招生数五年内呈现下降趋势,招生人数分别减少了 3 716 人、28 929 人,分别占到了两省/市 2014 年高职招生数的 11.76%、18.81%;而天津和山东高职招生数呈现上升的趋势,招生人数分别增长了 5 855 人、45 223 人,分别占到了两省/市 2014 年高职招生数的 10.08%、15.08%。

表 2.22　环渤海地区各省/市高职招生数(单位：人)

	2010 年	2011 年	2012 年	2013 年	2014 年
北京	35 316	36 497	35 951	34 531	31 600
天津	52 229	53 011	55 948	56 705	58 084
河北	182 761	197 100	165 289	165 135	153 832
山东	254 590	256 706	235 159	254 094	299 813

(数据来源:各年《中国教育统计年鉴》)

3. 高职在校生人数

相应地,环渤海地区各省/市高职在校生规模与其招生规模呈现同步的变化趋势。如表 2.23 所示,2014 年环渤海地区各省/市高等职业学校在校生人数分别为 105 322 人、176 562 人、498 505 人、835 714 人。以 2010 年为基准,北京和河北高职学校在校生人数五年内呈现下降趋势,在校生人数分别减少了13 811人、54 411人,分别占到了北京、河北2014年高职学校在校生人数的13.11%、10.91%;而天津和山东高职学校在校生人数呈现上升的趋势,在校生人数分别增长了20 954人、11 825人,分别占到了天津和山东2014年高职学校在校生人数的11.87%、1.41%。

表2.23 环渤海地区各省/市高职在校生人数(单位:人)

	2010年	2011年	2012年	2013年	2014年
北京	119 133	112 395	108 313	107 128	105 322
天津	155 608	156 167	162 515	166 749	176 562
河北	552 916	557 265	546 167	528 989	498 505
山东	823 889	779 231	757 199	763 065	835 714

(数据来源:各年《中国教育统计年鉴》)

4. 普通专科与普通本科在校生人数比

如表2.24所示,2014年环渤海地区各省/市普通专科与普通本科在校生人数比分别为0.21、0.54、0.75、0.87。以2010年为基准,总体上环渤海地区各省/市普通专科与普通本科在校生人数比呈现了下降的趋势,北京、天津、河北、山东的下降幅度分别达到了16.00%、5.26%、25.00%、14.71%。从中可以看出下降幅度最大的省/市为河北省,下降幅度达到了25.00%,这表明环渤海地区高等职业教育规模出现了萎缩的趋势。2014年环渤海地区各省/市普通专科与普通本科在校生人数比同全国平均水平相比较,除了河北和山东高于全国平均水平外,北京与天津都低于全国平均水平。

表2.24 环渤海地区各省/市普通专科与普通本科在校生人数比

	2010年	2011年	2012年	2013年	2014年
北京	0.25	0.24	0.22	0.22	0.21
天津	0.57	0.53	0.52	0.52	0.54
河北	1.00	0.94	0.88	0.82	0.75
山东	1.02	0.90	0.84	0.82	0.87
全国平均	0.76	0.71	0.68	0.65	0.65

(数据来源:根据各年《中国教育统计年鉴》相关数据测算而得)

(二) 高等职业教育经费投入

1. 高等职业教育生均公共财政预算教育事业费支出

如表 2.25 所示,整体上环渤海地区高职生均公共财政预算教育事业费支出呈增长的态势。2014 年环渤海地区各省/市高等职业教育生均公共财政预算教育事业费支出分别为 45 671.50 元、16 031.32 元、7 495.71 元、9 510.22 元。以 2010 年为基准,北京、天津、河北、山东分别增长了 19 141.62 元、8 104.61 元、3 518.65 元、3 160.27 元,分别占到了 2014 年环渤海地区各省/市高职学校生均公共财政预算教育事业费支出的 41.91%、50.55%、46.94%、33.23%。从中可以看出,天津、河北五年间高职生均公共财政预算教育事业费支出增长量几乎都占到了 2014 年的一半。就 2014 年来看,北京、天津生均公共财政预算教育事业费支出明显高于全国平均水平,而河北省和山东省则低于全国平均水平。

表 2.25　环渤海地区各省/市高职生均公共财政预算教育事业费支出(单位:元)

	2010 年	2011 年	2012 年	2013 年	2014 年
北京	26 529.88	36 184.15	41 084.02	38 357.40	45 671.50
天津	7 926.71	9 193.56	10 178.93	13 892.70	16 031.32
河北	3 977.06	5 931.35	8 288.99	7 437.87	7 495.71
山东	6 349.95	7 433.69	8 467.36	8 883.18	9 510.22
全国平均	5 838.87	7 594.46	9 585.22	9 516.98	9 831.01

(数据来源:根据各年《中国教育经费统计年鉴》相关数据测算而得)

2. 高职与普通本科生均公共财政预算教育事业费支出比

如表 2.26 所示,2014 年环渤海地区各省/市高职与普通本科生均公共财政预算教育事业费支出比值分别为 0.73、0.80、0.51、0.73。以 2010 年为基准,河北、山东高职与普通本科生均公共财政预算教育事业费支出比呈现了下降的趋势,下降幅度分别达到了 23.88%、17.05%,而北京与天津高职与普通本科生均公共财政预算教育事业费支出比呈现上升的趋势,增长幅度分别为 2.82%、42.86%。这表明相对于普通本科,河北、山东对高职的财政投入有所萎缩,北京和天津对高职的财政投入有所增长,尤其是天津的增长幅度较大。2014 年环渤海地区各省/市高职与普通本科生均公共财政预算教育事业费支出比同全国平均水平相比较,除了河北省低于全国平均水平外,其余各省/市都高于全国平均水平。

【区域发展】
2013—2014年区域职业教育发展报告

表 2.26　环渤海地区各省/市高职与普通本科生均公共财政预算教育事业费支出比

	2010 年	2011 年	2012 年	2013 年	2014 年
北京	0.71	0.78	0.83	0.77	0.73
天津	0.56	0.40	0.38	0.52	0.80
河北	0.67	0.58	0.39	0.46	0.51
山东	0.88	0.60	0.53	0.70	0.73
全国平均	0.63	0.55	0.55	0.60	0.60

(数据来源：根据各年《中国教育经费统计年鉴》相关数据测算而得)

3. 高等职业教育生均教育经费支出占人均 GDP 比重

如表 2.27 所示，2014 年环渤海地区各省/市高等职业教育生均教育经费支出占人均 GDP 比重分别为 54.12％、22.94％、33.28％、25.76％。以 2010 年为基准，除北京外，环渤海地区其余各省/市高等职业教育生均教育经费支出占人均 GDP 比重呈现了下降的趋势，天津、河北、山东分别下降了 1.77％、5.43％、3.95％；北京高职生均教育经费支出占人均 GDP 比重明显高于其他三个地区且呈现增长的趋势。2014 年环渤海地区各省/市高职生均教育经费支出占人均 GDP 比重同全国平均水平相比较，北京明显高于全国平均水平，而天津、河北和山东低于全国平均水平。

表 2.27　环渤海地区各省/市高职生均教育经费支出占人均 GDP 比重(％)

	2010 年	2011 年	2012 年	2013 年	2014 年
北京	47.28	54.92	59.22	54.33	54.12
天津	24.71	20.42	21.66	23.77	22.94
河北	38.71	35.33	40.07	36.03	33.28
山东	29.71	27.08	27.76	27.09	25.76
全国平均	44.03	41.85	42.64	38.86	37.39

(数据来源：根据各年《中国教育经费统计年鉴》和《中国统计年鉴》相关数据测算而得)

4. 高等职业教育教育经费占公共财政支出比重

如表 2.28 所示，2014 年环渤海地区各省/市高等职业教育经费占公共财政支出比重分别为 0.72％、0.92％、0.50％、0.68％。以 2010 年为基准，环渤海地区各省/市高等职业教育经费占公共财政支出比重呈现了波动上升的趋势，北京、天津、河北、山东的高等职业教育经费占公共财政支出的比重分别上升了 0.27%、0.47%、0.23%、0.18%。北京、天津、山东高职教育经费占公共财政支出比重处于较高水平且远超全国平均水平,这表明政府对高等职业教育发展的支持力度较大;此外,河北五年间高职教育经费占公共财政支出比重总体上低于全国平均水平;天津在 2010—2011 年经历了快速增长阶段后,又从 1.79% 下降到 2014 年的 0.92%,这表明天津市政府对高等职业教育支持力度的变化幅度较大。

表 2.28 环渤海地区各省/市高职教育经费占公共财政支出比重(%)

	2010 年	2011 年	2012 年	2013 年	2014 年
北京	0.45	0.74	0.73	0.56	0.72
天津	0.45	1.79	1.29	0.73	0.92
河北	0.27	0.50	0.63	0.56	0.50
山东	0.50	0.76	0.74	0.70	0.68
全国平均	0.34	0.55	0.61	0.55	0.54

(数据来源:根据各年《中国教育经费统计年鉴》和《中国统计年鉴》相关数据测算而得)

(三) 高等职业教育师资队伍

1. 高职生师比

如表 2.29 所示,2014 年环渤海地区各省/市高职生师比分别为 14.03、17.75、17.23、18.32。以 2013 年为基准,北京、河北高职教育生师比有所下降且低于全国平均水平,天津、山东高职教育生师比有所上升且高于全国平均水平。这表明北京、河北的高职学校在校生所享受的教师资源较天津、山东丰富。

表 2.29 环渤海地区各省/市高职生师比

	2007 年	2009 年	2011 年	2013 年	2014 年
北京	/	/	/	14.23	14.03
天津	/	/	/	17.33	17.75
河北	/	/	/	17.26	17.23
山东	/	/	/	17.39	18.32
全国平均	/	/	/	17.11	17.57

(数据来源:教育部发展规划司各年统计数据)

2. 高职专任教师中"双师型"教师比例

如表 2.30 所示,2014 年环渤海地区各省/市高职专任教师中"双师型"教师比例由高到低依次为天津(43.75%)、北京(42.32%)、河北(40.56%)、山东(39.08%)。以 2013 年为基准,环渤海地区高职专任教师中"双师型"教师比例呈现上升的趋势,北京、天津、河北、山东高职专任教师中"双师型"教师占比分别增长了 1.81%、4.14%、1.49%、0.81%,其中天津增长幅度较大,其余各省/市均低于全国平均涨幅(4.53%)。

表 2.30 环渤海地区各省/市高职专任教师中"双师型"教师比例(%)

	2007 年	2009 年	2011 年	2013 年	2014 年
北京	/	/	/	40.51	42.32
天津	/	/	/	39.61	43.75
河北	/	/	/	39.07	40.56
山东	/	/	/	38.27	39.08
全国平均	/	/	/	36.61	38.27

(数据来源:各年全国教育事业发展简明统计分析)

3. 高职专任教师中合格学历教师比例

如表 2.31 所示,2014 年环渤海地区各省/市高职专任教师中合格学历教师比例由高到低依次为北京(56.77%)、山东(48.13%)、河北(46.69%)、天津(43.49%)。以 2013 年为基准,环渤海地区高职专任教师中合格学历教师比例呈现上升的趋势,北京、天津、河北、山东高职专任教师中合格学历教师比例分别增长了 3.81%、4.55%、4.51%、0.95%,其中山东增长幅度较小。与全国平均水平相比,环渤海地区各省/市均高于全国平均水平。

表 2.31 环渤海地区各省/市高职专任教师中合格学历教师比例(%)

	2007 年	2009 年	2011 年	2013 年	2014 年
北京	/	/	/	52.96	56.77
天津	/	/	/	38.94	43.49
河北	/	/	/	42.18	46.69
山东	/	/	/	47.18	48.13
全国平均	/	/	/	40.02	42.32

(数据来源:各年全国教育事业发展简明统计分析)

(四) 高等职业教育办学条件

1. 高职生均校舍建筑面积

如表 2.32 所示,2014 年环渤海地区各省/市高等职业学校生均校舍建筑面积分别为 42.39 平方米、26.08 平方米、28.52 平方米、27.33 平方米。以 2007 年为基准,北京、河北高职生均校舍建筑面积分别增加了 3.79 平方米、1.25 平方米,天津、山东高职生均校舍建筑面积分别减少了 0.44 平方米、1.32 平方米。整体上近八年环渤海地区高职生均校舍建筑面积呈现了波动发展态势,这种起伏波动的发展态势主要受近八年我国高职发展规模的变化影响。就 2014 年而言,北京、河北高等职业学校生均校舍建筑面积均高于全国平均水平,天津、山东高等职业学校生均校舍建筑面积则低于全国平均水平。

表 2.32 环渤海地区各省/市高职生均校舍建筑面积(单位:平方米)

	2007 年	2009 年	2011 年	2013 年	2014 年
北京	38.60	35.31	40.28	42.52	42.39
天津	26.52	27.97	27.21	26.22	26.08
河北	27.27	26.51	27.02	28.78	28.52
山东	28.65	28.23	29.40	29.99	27.33
全国平均	27.59	27.22	28.41	28.74	27.74

(数据来源:根据教育部发展规划司各年相关数据测算而得)

2. 高职生均图书册数

如表 2.33 所示,2014 年环渤海地区各省/市高等职业学校生均图书册数分别为 124.79 册、72.66 册、69.93 册、72.56 册。以 2007 年为基准,整体上近八年环渤海地区高职生均图书册数的发展情况呈现正向增长的趋势,高职生均图书册数分别增加了 47.51 册、7.17 册、14.50 册、14.47 册,增长幅度由高至低依次为北京(61.48%)、河北(26.16%)、山东(24.91%)、天津(10.95%)。就 2014 年来看,环渤海地区各省/市高职生均图书册数均超过全国平均水平,这表明环渤海地区的高职生均图书册数发展情况处于全国领先地位。

3. 高职生均教学仪器设备值

如表 2.34 所示,2014 年环渤海地区各省/市高等职业学校生均教学仪器设备值分别为 33 586 元、10 897 元、7 402 元、7 302 元。以 2007 年为基准,整体上近八年

【区域发展】
2013—2014 年区域职业教育发展报告

表 2.33 环渤海地区各省/市高职生均图书册数(单位：册)

	2007 年	2009 年	2011 年	2013 年	2014 年
北京	77.28	91.57	100.08	115.32	124.79
天津	65.49	71.45	72.57	74.05	72.66
河北	55.43	57.64	61.22	68.96	69.93
山东	58.09	62.96	73.00	79.06	72.56
全国平均	57.81	60.47	65.33	68.87	66.87

(数据来源：根据教育部发展规划司各年相关数据测算而得)

环渤海地区生均教学仪器设备值的发展情况呈现正向增长的趋势,高职生均教学仪器设备值分别增加了 22 177 元、4 448 元、2 865 元、1 970 元,北京、天津及河北均呈现稳步增长的发展态势;增长幅度最大的为北京(194.38%),其他的依次为天津(68.97%)、河北(63.15%)、山东(36.95%)。就 2014 年来看,北京和天津二市的高职生均教学仪器设备值远超全国平均水平,而河北和山东则低于全国平均水平,这表明区域内差异较大,发展不均衡。

表 2.34 环渤海地区各省/市高职生均教学仪器设备值(单位：元)

	2007 年	2009 年	2011 年	2013 年	2014 年
北京	11 409	14 235	21 573	29 464	33 586
天津	6 449	7 888	9 276	10 028	10 897
河北	4 537	5 193	6 189	7 150	7 402
山东	5 332	6 003	6 645	7 458	7 302
全国平均	4 969	5 655	6 634	7 673	7 897

(数据来源：根据教育部发展规划司各年相关数据测算而得)

(五) 高等职业教育服务能力

1. 每万平方公里高职学校数

如表 2.35 所示,2014 年环渤海地区各省/市每万平方公里高职学校数分别为 14.88 所、23.01 所、3.20 所、4.94 所。以 2007 年为基准,整体上近八年环渤海地区每万平方公里高职学校数变化不大,北京、河北、山东每万平方公里高职学校数分别增加了 2.38 所、0.27 所、0.45 所,天津每万平方公里高职学校数减少了 1.77 所。

表 2.35　环渤海地区各省/市每万平方公里高职学校数（单位：所）

	2007 年	2009 年	2011 年	2013 年	2014 年
北京	12.50	14.29	14.88	15.48	14.88
天津	24.78	23.01	23.01	23.01	23.01
河北	2.93	3.09	3.09	3.25	3.20
山东	4.49	4.55	4.94	4.94	4.94

（数据来源：根据各年《中国教育统计年鉴》与《中国统计年鉴》相关数据测算而得）

2. 每十万人高职学校在校生数

如表 2.36 所示，2014 年环渤海地区各省/市每十万人高职学校在校生数分别为 498 人、1 753 人、684 人、872 人。以 2007 年为基准，北京每十万人高职学校在校生数呈现逐年下降的趋势，每十万人高职学校在校生下降人数达到 282 人，占到了北京市 2014 年每十万人高职学校在校生数的 56.63%；此外，河北省每十万人高职学校在校生数下降了 41 人，下降幅度为 5.66%。天津、山东每十万人高职学校在校生数整体上呈现波动上升的趋势，增长量分别为 461 人、70 人。就 2014 年来看，除北京市和河北省外，环渤海地区其余各省/市每十万人高职学校在校生人数均高于全国平均水平。

表 2.36　环渤海地区各省/市每十万人高职学校在校生人数（单位：人）

	2007 年	2009 年	2011 年	2013 年	2014 年
北京	780	674	557	507	498
天津	1 292	1 224	1 153	1 133	1 753
河北	725	790	770	721	684
山东	802	882	809	784	872
全国平均	651	723	712	716	736

（数据来源：根据各年《中国教育统计年鉴》与《中国统计年鉴》相关数据测算而得）

三、2013—2014 年度环渤海地区促进职业教育发展的主要举措

（一）天津市：制定和完善示范区建设标准

作为国家职业教育改革创新示范区，天津市积极制定和完善职业教育改革创

新示范区建设标准,总结示范区建设阶段性成果,加快现代职业教育体系建设。具体包括:一是加强国家级骨干校、示范校建设,推进市级办学水平提升建设项目,完成中职学校布局调整工作。二是制定天津市中职学校现代化建设标准。加快海河教育园区二期建设,促成商务、青年、铁道3所高职院校迁入园区和平稳运行。依托园区优质教育资源,天津市积极推进应用技术大学建设,加强国家职业教育师资培训中心等示范基地内涵建设。三是高水平举办2014年全国职业院校技能大赛,完善了大赛制度,固化了大赛成果,进一步发挥了大赛对教育教学和评价制度改革的引领作用。四是积极参与"技能培训包"开发与应用工作,完善培训机制,扩大服务规模,切实发挥其效益。此外,天津还注重提升技能人才培养水平。完善中高职五年系统化培养课程体系,推进四年制高技能人才联合培养试点项目,加强了教学质量监控;实施了杰出技能型人才培养计划,重点建设10个高职优质精品特色专业;修订了中职学校教学管理规范。加快国际化专业教学标准开发工作,推出了47个国际化高职专业教学标准;加快建设市级职业教育专业教学资源库,完成了54门国家级精品课程转型工作;深化"双证书"一体化教学改革;健全高职院校教学督导联席会议制度,开展专项教学督导。

(二)北京市:职业教育改革进一步深化

北京市贯彻落实全国职业教育工作会议精神,深化产教融合、校企合作,构建现代职业教育体系,培养高素质劳动者和技能型人才;实施高水平技术应用人才培养计划,扩大"3+2"中高职衔接改革试点,开展本科层次职业教育改革试点。制定推动集团化办学的指导意见,建设一批区域、行业、企业职教集团;加强职业教育基础能力建设;中高职衔接规模由18个专业扩大到50个;在14所职业高中的24个重点专业试办综合高中班;组建农业职业教育集团和祥龙职业教育集团等职教集团达到8个;加强教师队伍建设,实施职业院校教师素质提高工程;推进职业院校分类招考,扩大高职学校自主招生改革试点;加大民办教育分类指导和分类管理力度,继续实施民办教育发展促进项目,引导民办非学历高等教育机构向职业培训、继续教育转型。

(三)河北省:实施成人教育综合改革与创新

为大力发展职业教育,河北省积极探索高校与企事业用人单位联合办学的长效机制,探索学历教育、非学历教育并重共同发展的新机制;构建成人教育数字化学习平台;积极做好河北省广播电视大学成人本科教育试点,为开放大学试点建设做好了前期准备;同时扩大成人高等教育资源,利用省内外高校优质资源举办本专科函授教育和远程教育;开展新增远程教育校外中心点和函授站、教学点行政审批工作;组织进行对函授站、教学点和远程学习中心的年检工作;配合河北省人大做好《河北省终身教育促进条例》的立法调研及修订工作;此外,积极推进中等和高等职业教育人才培养相衔接,举办中职学校"五年一贯制"培养,扩大应用型本科招生规模,构建现代职业教育立交桥;围绕现代职业教育体系建设开展研究,大力推进职业教育制度创新,推行集团化办学;鼓励高等职业院校开放教育资源,服务企业、社区发展和社会成员终身学习的需求;同时贯彻落实《中等职业学校新型职业农民培养方案》,加快培养新型职业农民;加强职业院校特别是农村职业学校数字校园建设。

(四)山东省:扩大职教"3+4"和"3+2"对口贯通分段培养试点规模

中职"3+4"是深化教育综合改革的重要突破口。为丰富人才培养类型,打通和拓宽技术技能型人才成长渠道,2013年山东省首次在8所中职学校、11所高职院校和12所本科高校开展中职与本科"3+4"、高职与本科"3+2"对口贯通分段培养试点工作,录取线分别超过当地普通高中录取线和全省本科二批录取线,打破了长期以来"职校只能招收低分生"的局面,在建立上下衔接贯通的技术技能型人才培养体系、增强育人适应性方面迈出了坚实步伐。在此基础上,按照"积极稳妥、扎实推进"的原则,2014年进一步扩大了试点院校范围和专业覆盖面。在学校自主对接申报的基础上,经教育厅遴选,新增试点中职学校8所、高职院校9所、本科高校6所。至此,山东省"3+4"试点中职学校达到16所,"3+2"试点高职院校达到20所,参与的本科高校达到18所。与2013年相比,本科专业点数由22个增加到54个,招生计划由1 640个增加到3 440个,均翻了一番;"3+4"试点学校涉及市由3个扩大到7个,"3+2"招生方式由夏季高考扩增到涵盖春、夏季高考。

四、2013—2014年度环渤海地区职业教育发展的主要特征

(一)职业教育城乡一体化

随着河北省和山东省城市化进程的加快,城市企业对农村劳动力的大量需求,为京津冀鲁职教机构带来新的契机。北京、天津、河北、山东职教机构充分利用现有的职业技能培训教学资源,打破职业教育的城乡分割局面。京津两市的职业学校面向河北省的农村,实行跨地区联合办学,扩大从农村的招生规模。环渤海地区

各地政府按照社会主义新农村建设对人才的需求和各省/市工作岗位对农村富余劳动力素质的要求,确定人才培养类型和层次,统筹安排河北和山东二省广大农村职业学校的布局和专业设置,使其农村人力资源由资源型向资本型转化。同时各省/市政府将农村职业教育教师队伍建设摆在突出位置,努力提高农村职业教育的师资水平,挑选、培养、留住农村职业教育教师人才,打造环渤海地区数量充足、结构合理、素质过硬的农村职业教育师资队伍。

(二) 产教联合区域协同发展

为落实国务院《关于加快发展生产性服务业促进产业结构调整升级的指导意见》提出的"统筹利用高等院校、科研院所、职业院校、社会培训机构和企业等各种培训资源,强化生产性服务业所需的创新型、应用型、复合型、技术技能型人才开发培训"要求,环渤海地区各省/市积极开展产教融合、校企合作,组建了京津冀产教融合校企合作联盟,构筑了京津冀职业教育协同发展平台,建立了京津冀职业教育与现代服务业对话机制、区域项目协同创新机制、科学研究区域共研机制和校企合作区域联动机制,促进区域现代职业教育和现代服务业的发展,培养高素质技术技能人才,实现优势互补、互利共赢。政府相关部门和行业组织根据行业发展需要,负责确定行业职业人才培养规格和职业资格标准,提出培养标准和教学要求,组织编写行业通用性专业教材,同时建立区域性的拥有先进设备和技术人员的行业技术训练中心,组织区域内的职业学校学生参加实习训练,保证职业教育质量。

(三) 地方政府推动建立区域合作框架

2010年12月,国务院《关于印发全国主体功能区规划的通知》(国发[2010]46号)正式颁布,标志着主体功能区规划上升为国家发展战略。根据主体功能区划分,京津冀区域被列为优先发展区域,为进一步推进京津冀区域合作,2013年5月20日和22日,北京市与河北省、天津市与河北省分别签署了一系列合作框架协议。为了使京津冀合作取得实质性进展,三地还首次决定成立京冀和津冀省市合作领导小组,并由双方常务副省长(常务副市长)任领导小组组长,建立长期的交往和会商机制,强力推进合作取得实质性进展。外部环境的协调和配合是职业教育政策运行取得应有成效的先决条件。环渤海地区各省/市政府将职业教育发展纳入地区经济整体发展规划,建立京津冀三省/市职业教育交流协商机制,同时以政府为主导推动职业教育信息化建设,进而促进职业教育信息资源跨时空共享,促进外部环境的积极转变,为区域内职业教育发展提供内驱力。

(四)多种方式推进校企合作,构建校企合作动力机制

2013年10月28日,山东省财政厅、国税局、地税局联合下发《关于支持发展现代职业教育有关税收政策的通知》,提出9项税收优惠政策,涵盖营业税、企业所得税、个人所得税、房产税、城镇土地使用税、耕地占用税、契税、印花税、关税等税种,支持学校组织开展实习实训及其他勤工俭学活动,开展教学、技术研究和培训活动,进行校区建设,支持社会力量、境外组织和个人资助、捐赠职业教育事业等。捐资举办的民办学校和出资人不要求取得合理回报的民办学校,依法享受与公办学校同等的税收优惠政策。同时建立校企合作协调推进机制,支持行业、企业与院校组建职业教育集团、专业教学联盟,创新形式多样的校企合作方式,支持院校与企业共同制定人才培养方案、建设专业、开发课程,鼓励冠名培养、订单式培养,将企业先进的生产服务标准转化为教学标准,提升教学品质。

(撰稿人:胡微)

2013—2014年度长三角地区职业教育事业发展报告

一、2013—2014年度长三角地区中等职业教育事业发展报告

(一) 中等职业教育办学规模

1. 中职学校数

如表2.37所示,2014年长三角地区[①]各省/市(上海、江苏、浙江)中等职业教育学校数分别为104所、260所、304所。以2010年为基准,整体上长三角地区各省/市都呈现下降趋势,中职学校数分别减少了13所、90所、107所,分别占到了2014年长三角地区各省/市中职学校数的12.50%、34.62%、35.20%。其中,江苏和浙江两省五年间学校减少的数量占到了2014年的三成以上,上海中职学校数减少的数量占比相对较少。

表2.37 长三角地区各省/市中职学校数(单位:所)

	2010年	2011年	2012年	2013年	2014年
上海	117	117	112	111	104
江苏	350	309	285	269	260
浙江	411	382	358	337	304

(数据来源:各年《中国教育统计年鉴》)

2. 中职招生数

如表2.38所示,2014年长三角地区各省/市中职招生数分别为40 960人、234 361人、179 078人。以2010年为基准,整体上长三角地区各省/市都呈现下降

[①] 本报告中的长三角地区主要指上海市、江苏省和浙江省。本报告中,长三角地区各省/市依次为上海、江苏、浙江。

趋势,中职招生数分别减少了 7 954 人、128 202 人、62 450 人,分别占到了 2014 年长三角地区各省/市中职招生数的 19.42%、54.70%、34.87%。其中,江苏省五年间招生数减少的数量占到了 2014 年的半成以上,浙江省和上海市减少的数量占比也分别达到了三成和两成。

表 2.38　长三角地区各省/市中职招生数(单位:人)

	2010 年	2011 年	2012 年	2013 年	2014 年
上海	48 914	48 149	49 540	44 377	40 960
江苏	362 563	307 406	275 225	259 053	234 361
浙江	241 528	238 150	203 220	191 505	179 078

(数据来源:各年《中国教育统计年鉴》)

3. 中职在校生人数

如表 2.39 所示,2014 年长三角地区各省/市中职在校生人数分别为 130 982 人、723 628 人、533 785 人。以 2010 年为基准,整体上长三角地区各省/市都呈现下降趋势,中职在校生人数分别减少了 32 896 人、296 753 人、108 453 人,分别占到了 2014 年长三角地区各省/市中职在校生人数的 25.11%、40.01%、20.32%。其中,江苏省五年间在校生减少的数量占到了 2014 年的四成,浙江省和上海市减少的数量占比均超过两成。

表 2.39　长三角地区各省/市中职在校生人数(单位:人)

	2010 年	2011 年	2012 年	2013 年	2014 年
上海	163 878	154 008	156 490	153 298	130 982
江苏	1 020 381	926 984	884 549	793 716	723 628
浙江	642 238	652 001	618 597	578 523	533 785

(数据来源:各年《中国教育统计年鉴》)

4. 中职与普高在校生人数比

如表 2.40 所示,2014 年长三角地区各省/市中职与普高在校生人数比分别为 0.83、0.70、0.67。以 2010 年为基准,整体上长三角地区各省/市都呈现下降趋势,下降的幅度分别为 14.43%、6.67%、8.22%。下降幅度最大的为上海市,江苏省和浙江省相比上海市下降幅度较小,但总体来看这些地区的中等职业教育在中等教育中的规模出现了小幅萎缩的趋势。2014年长三角地区各省/市中职与普高在校生人数比同全国平均水平相比较,均高于全国平均水平。

表2.40 长三角地区各省/市中职与普高在校生人数比

	2010年	2011年	2012年	2013年	2014年
上海	0.97	0.96	0.99	0.98	0.83
江苏	0.75	0.72	0.73	0.72	0.70
浙江	0.73	0.73	0.71	0.69	0.67
全国平均	0.75	0.72	0.68	0.63	0.59

(数据来源:根据各年《中国教育统计年鉴》相关数据测算而得)

(二)中等职业教育经费投入

1. 中职生均公共财政预算教育事业费支出

如表2.41所示,2014年长三角地区各省/市中职生均公共财政预算教育事业费支出分别为20 710.22元、9 885.40元、13 456.14元。以2010年为基准,长三角地区各省/市都呈现上升趋势,中职生均公共财政预算教育事业费支出分别增加了8 100.43元、5 571.12元、6 813.02元,增幅为64.24%、129.13%、102.56%。其中,上海支出水平最高,江苏和浙江两省增幅显著。与全国平均水平相比,长三角地区各省/市均高于全国平均水平,且上海市和浙江省显著领先全国。

表2.41 长三角地区各省/市中职生均公共财政预算教育事业费支出(单位:元)

	2010年	2011年	2012年	2013年	2014年
上海	12 609.79	14 653.93	17 879.89	20 702.80	20 710.22
江苏	4 314.28	6 012.15	8 522.50	9 736.64	9 885.40
浙江	6 643.12	7 896.09	9 555.28	12 712.68	13 456.14
全国平均	4 840.41	6 143.64	7 548.50	8 776.58	9 126.00

(数据来源:根据各年《中国教育经费统计年鉴》相关数据测算而得)

2. 中职与普高生均公共财政预算教育事业费支出比

如表2.42所示,2014年长三角地区各省/市中职与普高生均公共财政预算教育事业费支出比分别为0.67、0.68、0.98。以2010年为基准,上海市支出比加大,增幅为 8.06%,而江苏和浙江两省差异减小,降幅分别为 11.69% 和 5.77%。与全国平均水平相比,长三角地区各省/市中职与普高生均公共财政预算教育事业费支出比均低于全国平均水平。

表 2.42　长三角地区各省/市中职与普高生均公共财政预算教育事业费支出比

	2010 年	2011 年	2012 年	2013 年	2014 年
上海	0.62	0.62	0.66	0.68	0.67
江苏	0.77	0.79	0.79	0.76	0.68
浙江	1.04	1.03	0.97	1.04	0.98
全国平均	1.07	1.03	0.97	1.04	1.01

(数据来源:根据各年《中国教育经费统计年鉴》相关数据测算而得)

3. 中职生均教育经费支出占人均 GDP 比重

如表 2.43 所示,2014 年长三角地区各省/市中职生均教育经费支出占人均 GDP 比重分别为 50.61%、20.22%、28.65%。以 2010 年为基准,长三角地区各省/市都呈现上升趋势,增幅分别为 62.89%、11.28%、14.88%。其中,上海增幅情况显著,且 2014 年比重高于全国平均水平;江苏和浙江两省增幅较小,且 2014 年比重低于全国平均水平。

表 2.43　长三角地区各省/市中职生均教育经费支出占人均 GDP 比重(%)

	2010 年	2011 年	2012 年	2013 年	2014 年
上海	31.07	35.25	42.61	48.94	50.61
江苏	18.17	19.96	23.50	22.71	20.22
浙江	24.94	24.26	27.02	29.17	28.65
全国平均	28.48	28.85	31.24	32.12	29.99

(数据来源:根据各年《中国教育经费统计年鉴》和《中国统计年鉴》相关数据测算而得)

4. 中职教育经费占公共财政支出比重

如表 2.44 所示,2014 年长三角地区各省/市中职教育经费占公共财政支出比重分别为 0.56%、1.13%、1.40%。以 2010 年为基准,长三角地区各省/市都呈现上升趋势,增幅分别为 14.29%、76.56%、59.09%。其中,江苏和浙江两省增幅显著,且 2014 年比重高于全国平均水平;上海增幅较小,且 2014 年比重低

【区域发展】
2013—2014年区域职业教育发展报告

于全国平均水平。

表2.44 长三角地区各省/市中职教育经费占公共财政支出比重(%)

	2010年	2011年	2012年	2013年	2014年
上海	0.49	0.57	0.61	0.64	0.56
江苏	0.64	1.01	1.20	1.19	1.13
浙江	0.88	1.18	1.32	1.52	1.40
全国平均	0.65	0.95	1.00	0.99	0.91

(数据来源：根据各年《中国教育统计年鉴》和《中国统计年鉴》相关数据测算而得)

(三) 中等职业教育师资队伍

1. 中职生师比

如表2.45所示，2014年长三角地区各省/市中职生师比分别为15.63、16.70、16.08。以2007年为基准，长三角地区各省/市都呈现下降趋势，这表明师资队伍建设的整体水平正在提升。并且，2014年长三角地区各省/市数值均小于全国数值，即整体水平较全国平均水平高，并且达到了教育部《中等职业学校设置标准》规定的20∶1的标准。

表2.45 长三角地区各省/市中职生师比

	2007年	2009年	2011年	2013年	2014年
上海	22.31	21.77	18.84	18.34	15.63
江苏	27.63	23.90	21.11	17.97	16.70
浙江	21.02	20.54	21.03	17.65	16.08
全国平均	24.75	26.09	25.75	22.97	21.34
国家标准	20.00	20.00	20.00	20.00	20.00

(数据来源：教育部发展规划司各年统计数据)

2. 中职专任教师中"双师型"教师比例

如表2.46所示，2014年长三角地区各省/市中职专任教师中"双师型"教师比例分别为29.25%、35.97%、39.31%。以2007年为基准，中职教育专任教师中"双师型"教师占比情况呈现了逐年提升的过程，并且2014年占比均高于全国平均水平。其中,除上海市略低于教育部《中等职业学校设置标准》所规定的30%的标准外,江苏和浙江两省均达标。

表2.46 长三角地区各省/市中职专任教师中"双师型"教师比例(%)

	2007年	2009年	2011年	2013年	2014年
上海	15.50	19.90	23.96	26.92	29.25
江苏	18.09	25.57	30.95	33.87	35.97
浙江	20.79	26.44	32.00	38.23	39.31
全国平均	15.79	19.05	23.71	26.31	27.64
国家标准	30.00	30.00	30.00	30.00	30.00

(数据来源:各年全国教育事业发展简明统计分析)

3. 中职兼职教师人数占专任教师比

如表2.47所示,2014年长三角地区各省/市中职兼职教师人数占专任教师比分别为13.35%、14.27%、13.53%。以2007年为基准,上海呈现逐年降低的过程,江苏和浙江两省有所波动,并且2014年各省/市均低于全国平均水平,且与教育部《中等职业学校设置标准》规定的20%存在一定的差距。

表2.47 长三角地区各省/市中职兼职教师人数占专任教师比(%)

	2007年	2009年	2011年	2013年	2014年
上海	25.35	19.26	15.82	13.81	13.35
江苏	15.13	13.64	13.13	14.12	14.27
浙江	13.42	14.23	20.25	14.63	13.53
全国平均	15.30	14.70	14.80	14.40	15.00
国家标准	20.00	20.00	20.00	20.00	20.00

(数据来源:各年全国教育事业发展简明统计分析)

4. 中职专任教师中合格学历教师比例

如表2.48所示,2014年长三角地区各省/市中职专任教师中合格学历教师比例分别为95.96%、96.46%、95.82%。以2007年为基准,长三角地区中职专任教师中合格学历教师的占比实现了逐年提升,并且均明显高于全国平均水平。

【区域发展】
2013—2014年区域职业教育发展报告

表2.48 长三角地区各省/市中职专任教师中合格学历教师比例(%)

	2007年	2009年	2011年	2013年	2014年
上海	88.77	92.84	94.91	95.29	95.96
江苏	83.01	89.16	93.78	95.62	96.46
浙江	87.91	91.55	93.20	94.79	95.82
全国平均	76.67	81.26	85.39	87.94	89.29

(数据来源：各年全国教育事业发展简明统计分析)

(四) 中等职业教育办学条件

1. 中职生均校舍建筑面积

如表2.49所示，2014年长三角地区各省/市中职生均校舍建筑面积分别为21.84平方米、23.13平方米、20.51平方米。以2007年为基准，长三角地区各省/市都呈现上升趋势，增幅分别为48.47%、118.83%、39.90%，江苏省增幅显著，2014年三省/市均高于全国平均水平，且均达到教育部《中等职业学校设置标准》所规定的生均20平方米的标准。

表2.49 长三角地区各省/市中职生均校舍建筑面积(单位：平方米)

	2007年	2009年	2011年	2013年	2014年
上海	14.71	15.94	18.60	18.66	21.84
江苏	10.57	14.15	17.22	21.23	23.13
浙江	14.66	15.63	15.90	18.97	20.51
全国平均	12.52	11.70	12.73	15.21	16.62
国家标准	20.00	20.00	20.00	20.00	20.00

(数据来源：根据教育部发展规划司各年相关数据测算而得)

2. 中职生均图书册数

如表2.50所示，2014年长三角地区各省/市中职生均图书册数分别为49.68册、34.99册、29.24册。以2007年为基准，长三角地区各省/市都呈现上升趋势，增幅分别为55.79%、87.41%、32.25%，江苏省增幅显著，2014年三省/市均高于全国平均水平。其中，浙江省略低于教育部《中等职业学校设置标准》所规定的生均30册的标准，上海市和江苏省均达标。

表 2.50　长三角地区各省/市中职生均图书册数(单位:册)

	2007 年	2009 年	2011 年	2013 年	2014 年
上海	31.89	35.15	46.90	42.91	49.68
江苏	18.67	22.47	28.86	34.07	34.99
浙江	22.11	23.12	22.43	26.70	29.24
全国平均	20.40	19.11	20.74	23.55	24.92
国家标准	30.00	30.00	30.00	30.00	30.00

(数据来源:根据教育部发展规划司各年相关数据测算而得)

3. 中职每百名学生拥有教学用计算机数

如表 2.51 所示,2014 年长三角地区各省/市中职每百名学生拥有教学用计算机数分别为 51.74 台、27.47 台、28.85 台。以 2007 年为基准,长三角地区各省/市都呈现上升趋势,增幅分别为 96.36％、142.45％、68.03％,增幅均十分显著,且 2014 年三省/市均高于全国平均水平。

表 2.51　长三角地区各省/市中职每百名学生拥有教学用计算机数(单位:台)

	2007 年	2009 年	2011 年	2013 年	2014 年
上海	26.35	30.62	36.26	43.40	51.74
江苏	11.33	14.72	18.49	24.65	27.47
浙江	17.17	17.99	19.83	25.52	28.85
全国平均	13.31	12.75	13.94	16.86	18.86

(数据来源:根据教育部发展规划司各年相关数据测算而得)

4. 中职生均教学仪器设备值

如表 2.52 所示,2014 年长三角地区各省/市中职生均教学仪器设备值分别为 18 952 元、6 979 元、7 028 元。以 2007 年为基准,长三角地区各省/市都呈现上升趋势,增幅分别为 190.59％、232.33％、180.11％,增幅均十分显著,2014 年三省/市均高于全国平均水平,且均达到了教育部《中等职业学校设置标准》所规定的标准。

(五)中等职业教育人才培养

1. 中职毕业生获取职业资格证书的比例

如表 2.53 所示,2014 年长三角地区各省/市中职毕业生获取职业资格证书的

【区域发展】
2013—2014 年区域职业教育发展报告

表 2.52　长三角地区各省/市中职生均教学仪器设备值(单位：元)

	2007 年	2009 年	2011 年	2013 年	2014 年
上海	6 522	7 858	10 011	14 598	18 952
江苏	2 100	3 096	4 373	6 204	6 979
浙江	2 509	3 318	4 042	5 869	7 028
全国平均	1 936	2 120	2 596	3 741	4 661
国家标准[①]	2 500/3 000	2 500/3 000	2 500/3 000	2 500/3 000	2 500/3 000

(数据来源：根据教育部发展规划司各年相关数据测算而得)

比例分别为 85.65%、86.72%、95.61%。以 2007 年为基准，除上海市 2013 年到 2014 年和江苏省 2009 年到 2011 年有所下降外，三省/市的获取率均实现了稳步提升，且均高于全国平均水平。

表 2.53　长三角地区各省/市中职毕业生获取职业资格证书的比例(%)

	2007 年	2009 年	2011 年	2013 年	2014 年
上海	70.36	77.71	78.93	89.94	85.65
江苏	71.21	75.58	67.90	85.29	86.72
浙江	75.81	80.03	87.13	95.08	95.61
全国平均	58.80	61.44	62.54	77.78	78.14

(数据来源：根据各年《中国教育统计年鉴》相关数据测算而得)

2. 中职学生流失率

如表 2.54 所示，2014 年长三角地区各省/市中职学生流失率分别为 6.42%、

表 2.54　长三角地区各省/市中职学生流失率(%)

	2007 年	2009 年	2011 年	2013 年	2014 年
上海	/	/	/	6.73	6.42
江苏	/	/	/	11.25	7.82
浙江	/	/	/	5.45	5.71
全国平均	/	/	/	11.90	9.46

(数据来源：根据各年《中国教育统计年鉴》相关数据测算而得)

---

① 其他专业标准/工科与医药类专业标准。

7.82%、5.71%。以2013年为基准,除浙江省略微上升外,上海市和江苏省均有不同幅度的下降,三省/市的中职学生流失率均在5%以上,但与全国情况相比,流失率较低。

(六) 中等职业教育服务能力

1. 每万平方公里中职学校数

如表2.55所示,2014年长三角地区各省/市每万平方公里中职学校数分别为165.08所、25.34所、29.80所。以2007年为基准,整体上长三角地区各省/市都呈现下降趋势,分别减少了60.32所、21.93所、16.47所,下降幅度分别为26.76%、46.39%、35.60%。其中,江苏省降幅最为明显,接近50%,而上海市和浙江省均在30%左右。另外,2014年三省/市每万平方公里中职学校数均高于全国平均水平。

表2.55 长三角地区各省/市每万平方公里中职学校数(单位:所)

	2007年	2009年	2011年	2013年	2014年
上海	225.40	201.59	185.71	176.19	165.08
江苏	47.27	37.72	30.12	26.22	25.34
浙江	46.27	42.75	37.45	33.04	29.80
全国平均	12.33	11.80	10.59	9.77	9.44

(数据来源:根据各年《中国教育统计年鉴》与《中国统计年鉴》相关数据测算而得)

2. 每十万人中职学校在校生数

如表2.56所示,2014年长三角地区各省/市每十万人中职学校在校生数分别为542.37人、910.28人、971.61人。以2007年为基准,整体上长三角地区各省/市都呈现下降趋势,分别减少了373.34人、645.08人、2 180.55人,下降幅度分别为40.77%、41.47%、69.18%。其中,浙江省降幅最为明显,接近70%,上海市和江苏省也均超过

表2.56 长三角地区各省/市每十万人中职学校在校生数(单位:人)

	2007年	2009年	2011年	2013年	2014年
上海	915.71	799.01	656.19	634.77	542.37
江苏	1 555.36	1 342.08	1 173.55	999.77	910.28
浙江	3 152.16	1 189.74	1 193.49	1 052.24	971.61
全国平均	1 225.97	1 333.72	1 317.33	1 129.10	1 035.45

(数据来源:根据各年《中国教育统计年鉴》与《中国统计年鉴》相关数据测算而得)

40%。另外,2014年三省/市每十万人中职学校在校生数均低于全国平均水平且上海最明显。

二、2013—2014年度长三角地区高等职业教育事业发展报告

(一)高等职业教育办学规模

1. 高职学校数

如表2.57所示,2014年长三角地区各省/市高等职业教育学校数分别为31所、83所、47所。以2010年为基准,除上海市维持不变外,江苏省和浙江省都呈现上升趋势,高职学校分别增加了4所和1所,分别占到了2014年两省高职学校数的4.82%和2.13%,均为小幅上升。

表2.57 长三角地区各省/市高职学校数(单位:所)

	2010年	2011年	2012年	2013年	2014年
上海	31	31	32	32	31
江苏	79	80	82	82	83
浙江	46	47	47	46	47

(数据来源:各年《中国教育统计年鉴》)

2. 高职招生数

如表2.58所示,2014年长三角地区各省/市高职招生数分别为49 561人、194 273人、119 387人。以2010年为基准,上海市和江苏省都呈现下降趋势,高职招生数分别减少了3 934人和1 232人,分别占到了2014年两省高职招生数的7.94%和0.63%;浙江省则呈现上升趋势,增加了4 711人,占2014年高职招生数的3.95%。上海市五年间高职招生数下降趋势较为明显,相比之下江苏省的下降趋势和浙江省的上升趋势均不显著。

表2.58 长三角地区各省/市高职招生数(单位:人)

	2010年	2011年	2012年	2013年	2014年
上海	53 495	50 497	47 247	46 971	49 561
江苏	195 505	195 595	194 760	195 005	194 273
浙江	114 676	125 106	120 021	121 414	119 387

(数据来源:各年《中国教育统计年鉴》)

3. 高职在校生人数

如表 2.59 所示,2014 年长三角地区各省/市高职在校生人数分别为 141 965 人、685 993 人、378 238 人。以 2010 年为基准,上海市和江苏省都呈现下降趋势,高职在校生人数分别减少了 18 756 人和 19 347 人,分别占到了 2014 年高职在校生人数的 13.21%和 2.82%;浙江省则呈现上升趋势,增加了 15 543 人,占 2014 年高职在校生人数的 4.11%。与高职招生数情况类似,上海市五年间高职在校生人数下降趋势较为明显,相比之下江苏省的下降趋势和浙江省的上升趋势均不显著。

表 2.59　长三角地区各省/市高职在校生人数(单位:人)

	2010 年	2011 年	2012 年	2013 年	2014 年
上海	160 721	154 065	147 589	142 029	141 965
江苏	705 340	691 318	686 596	683 635	685 993
浙江	362 695	361 191	363 104	372 219	378 238

(数据来源:各年《中国教育统计年鉴》)

4. 高职与普通本科在校生人数比

如表 2.60 所示,2014 年长三角地区各省/市高职与普通本科在校生人数比分别为 0.39、0.68、0.63。以 2010 年为基准,整体上长三角地区各省/市都呈现下降趋势,下降的幅度分别为 13.33%、9.33%、8.70%。下降幅度最大的为上海市,江苏省和浙江省相比上海市下降幅度较小,但总体来看这些地区的高等职业教育在高等教育中的规模出现了小幅萎缩的趋势。2014 年长三角地区各省/市高职与普通本科在校生人数比同全国平均水平相比较,仅江苏省高于全国平均水平,上海市与全国平均水平差距较大。

表 2.60　长三角地区各省/市高职与普通本科在校生人数比

	2010 年	2011 年	2012 年	2013 年	2014 年
上海	0.45	0.43	0.41	0.39	0.39
江苏	0.75	0.71	0.70	0.68	0.68
浙江	0.69	0.66	0.64	0.63	0.63
全国平均	0.76	0.71	0.68	0.65	0.65

(数据来源:根据各年《中国教育统计年鉴》相关数据测算得出)

(二) 高等职业教育经费投入

1. 高职生均公共财政预算教育事业费支出

如表 2.61 所示,2014 年长三角地区各省/市高职生均公共财政预算教育事业费支出分别为 20 483.92 元、12 864.47 元、11 918.65 元。以 2010 年为基准,长三角地区各省/市都呈现上升趋势,高职生均公共财政预算教育事业费支出分别增加了 13 555.55 元、4 648.01 元、3 746.87 元,增幅分别为 195.65%、56.57%、45.85%。其中,上海支出水平最高且增幅显著。与全国平均水平相比,长三角地区各省/市均高于全国平均水平。

表 2.61 长三角地区各省/市高职生均公共财政预算教育事业费支出(单位:元)

	2010 年	2011 年	2012 年	2013 年	2014 年
上海	6 928.37	7 949.52	10 995.36	13 835.79	20 483.92
江苏	8 216.46	8 240.97	11 131.67	12 478.46	12 864.47
浙江	8 171.78	9 044.71	10 065.41	10 586.71	11 918.65
全国平均	5 838.87	7 594.46	9 585.22	9 516.98	9 831.01

(数据来源:根据各年《中国教育经费统计年鉴》相关数据测算而得)

2. 高职与普通本科生均公共财政预算教育事业费支出比

如表 2.62 所示,2014 年长三角地区各省/市高职与普通本科生均公共财政预算教育事业费支出比分别为 0.73、0.72、0.71。以 2010 年为基准,整体上长三角地区各省/市支出比都呈现上升趋势,增幅分别为 143.33%、1.41%、5.97%,上海的支出比增幅十分显著。与全国平均水平相比,长三角地区各省/市均高于全国平均水平。

表 2.62 长三角地区各省/市高职与普通本科生均公共财政预算教育事业费支出比

	2010 年	2011 年	2012 年	2013 年	2014 年
上海	0.30	0.24	0.33	0.42	0.73
江苏	0.71	0.56	0.64	0.76	0.72
浙江	0.67	0.66	0.68	0.67	0.71
全国平均	0.63	0.55	0.55	0.60	0.60

(数据来源:根据各年《中国教育经费统计年鉴》相关数据测算而得)

3. 高职生均教育经费支出占人均 GDP 比重

如表 2.63 所示,2014 年长三角地区各省/市高职生均教育经费支出占人均 GDP 比重分别为 53.72%、26.41%、33.67%。以 2010 年为基准,上海市呈现上升趋势,增幅为 101.05%;江苏和浙江两省呈现下降趋势,降幅分别为 16.61% 和 20.48%。其中,上海增幅显著,且 2014 年高于全国平均水平;江苏和浙江两省降幅较小,且 2014 年低于全国平均水平。

表 2.63 长三角地区各省/市高职生均教育经费支出占人均 GDP 比重(%)

	2010 年	2011 年	2012 年	2013 年	2014 年
上海	26.72	25.44	28.02	40.86	53.72
江苏	31.67	28.63	28.41	26.49	26.41
浙江	42.34	32.71	35.02	32.24	33.67
全国平均	44.03	41.85	42.64	38.86	37.39

(数据来源:根据各年《中国教育经费统计年鉴》和《中国统计年鉴》相关数据测算而得)

4. 高职教育经费占公共财政支出比重

如表 2.64 所示,2014 年长三角地区各省/市高职教育经费占公共财政支出比重分别为 0.23%、0.81%、0.68%。以 2010 年为基准,长三角地区各省/市都呈现上升趋势,增幅分别为 187.50%、35.00%、25.93%。其中,上海增幅显著,但低于全国平均水平;江苏和浙江两省增幅较小,但高于全国平均水平。

表 2.64 长三角地区各省/市高职教育经费占公共财政支出比重(%)

	2010 年	2011 年	2012 年	2013 年	2014 年
上海	0.08	0.11	0.15	0.17	0.23
江苏	0.60	0.67	0.79	0.81	0.81
浙江	0.54	0.64	0.70	0.65	0.68
全国平均	0.34	0.55	0.61	0.55	0.54

(数据来源:根据各年《中国教育经费统计年鉴》和《中国统计年鉴》相关数据测算而得)

(三) 高等职业教育师资队伍

1. 高职生师比

如表 2.65 所示,2014 年长三角地区各省/市高职生师比分别为 17.33、15.70、16.96,相较于 2013 年,上海市和江苏省有所增长,而浙江省有所下降,但总体上变化不大。并且,2014 年长三角地区各省/市高职生师比均略小于全国高职生师比数值,即整体水平较全国平均水平略高。

表 2.65　长三角地区各省/市高职生师比

	2007 年	2009 年	2011 年	2013 年	2014 年
上海	/	/	/	16.43	17.33
江苏	/	/	/	14.21	15.70
浙江	/	/	/	17.25	16.96
全国平均	/	/	/	17.11	17.57

(数据来源:教育部发展规划司各年统计数据)

2. 高职专任教师中"双师型"教师比例

如表 2.66 所示,2014 年长三角地区各省/市高职专任教师中"双师型"教师比例分别为 38.47%、52.35%、47.31%,相较于 2013 年,各省/市均有所增长,且均高于全国平均水平。

表 2.66　长三角地区各省/市高职专任教师中"双师型"教师比例(%)

	2007 年	2009 年	2011 年	2013 年	2014 年
上海	/	/	/	35.25	38.47
江苏	/	/	/	46.46	52.35
浙江	/	/	/	46.74	47.31
全国平均	/	/	/	36.61	38.27

(数据来源:各年全国教育事业发展简明统计分析)

3. 高职专任教师中合格学历教师比例

如表 2.67 所示,2014 年长三角地区各省/市高职专任教师中合格学历教师比例分别为 51.96%、52.97%、59.15%,相较于 2013 年,各省/市均有所增长,且均高于全国平均水平。

表 2.67　长三角地区各省/市高职专任教师中合格学历教师比例(%)

	2007 年	2009 年	2011 年	2013 年	2014 年
上海	/	/	/	48.14	51.96
江苏	/	/	/	46.52	52.97
浙江	/	/	/	55.69	59.15
全国平均	/	/	/	40.02	42.32

(数据来源：各年全国教育事业发展简明统计分析)

(四) 高等职业教育办学条件

1. 高职生均校舍建筑面积

如表 2.68 所示，2014 年长三角地区各省/市高职生均校舍建筑面积分别为 27.61 平方米、31.64 平方米、28.33 平方米。以 2007 年为基准，浙江省逐年上升，而上海市和江苏省均先升后降，2014 年除上海略低于全国平均水平外，江苏和浙江两省均高于全国平均水平。并且，只有江苏省达到教育部《高等职业学校设置标准》所规定的生均 30 平方米的标准，上海市和浙江省均略低于标准值。

表 2.68　长三角地区各省/市高职生均校舍建筑面积(单位：平方米)

	2007 年	2009 年	2011 年	2013 年	2014 年
上海	25.91	25.41	27.90	28.25	27.61
江苏	30.02	30.42	33.56	34.09	31.64
浙江	26.86	26.84	27.96	28.09	28.33
全国平均	27.59	27.22	28.41	28.74	27.74
国家标准	30.00	30.00	30.00	30.00	30.00

(数据来源：根据教育部发展规划司各年相关数据测算而得)

2. 高职生均图书册数

如表 2.69 所示，2014 年长三角地区各省/市高职生均图书册数分别为 77.30 册、72.63 册、78.09 册。以 2007 年为基准，浙江省逐年上升，而上海市和江苏省均先升后降，但 2014 年三省/市均高于全国平均水平。其中，除江苏省略低于教育部《高等职业学校设置标准》所规定的生均 75 册的标准外，上海市和浙江省均达标。

表 2.69　长三角地区各省/市高职生均图书册数(单位：册)

	2007 年	2009 年	2011 年	2013 年	2014 年
上海	61.65	65.23	75.73	83.07	77.30
江苏	56.94	57.58	71.50	77.54	72.63
浙江	58.41	59.98	70.10	75.50	78.09
全国平均	57.81	60.47	65.33	68.87	66.87
国家标准	75.00	75.00	75.00	75.00	75.00

(数据来源：根据教育部发展规划司各年相关数据测算而得)

3. 高职生均教学仪器设备值

如表 2.70 所示,2014 年长三角地区各省/市高职生均教学仪器设备值分别为 13 738 元、10 250 元、10 873 元。以 2007 年为基准,上海市和浙江省均逐年上升,江苏省先升后降,但三省/市均高于全国平均水平,且均达到了教育部《高等职业学校设置标准》所规定的生均 5 000 元的标准。

表 2.70　长三角地区各省/市高职生均教学仪器设备值(单位：元)

	2007 年	2009 年	2011 年	2013 年	2014 年
上海	5 994	7 212	9 578	13 407	13 738
江苏	6 061	7 148	9 439	11 632	10 250
浙江	5 242	6 501	8 345	9 890	10 873
全国平均	4 969	5 655	6 634	7 673	7 897
国家标准	5 000	5 000	5 000	5 000	5 000

(数据来源：根据教育部发展规划司各年相关数据测算而得)

(五) 高等职业教育服务能力

1. 每万平方公里高职学校数

如表 2.71 所示,2014 年长三角地区各省/市每万平方公里高职学校数分别为 49.21 所、8.09 所、4.61 所。以 2007 年为基准,整体上长三角地区各省市都呈现小幅上升趋势,分别增加了 3.18 所、0.88 所、0.20 所,上升幅度分别为 6.91%、12.21%、4.54%。其中,江苏省升幅最为明显,超过 10%,而上海市和浙江省均在 5% 左右。另外,三省/市每万平方公里高职学校数均高于全国平均水平且上海最明显。

中国职业教育发展报告(2013—2014)

表 2.71 长三角地区各省/市每万平方公里高职学校数(单位:所)

	2007 年	2009 年	2011 年	2013 年	2014 年
上海	46.03	47.62	49.21	50.79	49.21
江苏	7.21	7.60	7.80	7.99	8.09
浙江	4.41	4.61	4.61	4.51	4.61
全国平均	1.22	1.27	1.33	1.38	1.38

(数据来源:根据各年《中国教育统计年鉴》与《中国统计年鉴》相关数据测算而得)

2. 每十万人高职学校在校生数

如表 2.72 所示,2014 年长三角地区各省/市每十万人高职学校在校生数分别为 587.85 人、862.94 人、688.48 人。以 2007 年为基准,上海市呈现下降趋势,江苏省趋于平稳,而浙江省大幅下降后又缓慢回升。另外,2014 年除江苏省每十万人高职学校在校生数高于全国平均水平外,上海市和浙江省均低于全国平均水平。

表 2.72 长三角地区各省/市每十万人高职学校在校生数(单位:人)

	2007 年	2009 年	2011 年	2013 年	2014 年
上海	825.07	748.36	656.43	588.11	587.85
江苏	892.72	969.18	875.20	861.11	862.94
浙江	1 634.71	702.10	661.16	677.01	688.48
全国平均	651.33	722.97	711.66	715.53	735.94

(数据来源:根据各年《中国教育统计年鉴》与《中国统计年鉴》相关数据测算而得)

三、2013—2014 年度长三角地区促进职业教育发展的主要举措

(一)上海市推进中高职、中本贯通培养模式试点

一是深入推进中高职教育贯通培养模式试点。组织开展上海市 2014 年中高职教育贯通培养模式试点申报评议工作,通过材料预审、汇报答辩、综合评议等环节,新增 47 个专业点,试点专业达到 90 个,实际录取 5 152 人。同时继续对试点学校开展跟踪检查与评估,保障中高职沟通协调机制的有效落实。二是探索技术技能人才培养新途径,开展"中等职业教育—应用本科教育"贯通培养模式试点。上海应用技术学院、上海信息技术学校和上海石化工业学校在化学工程与工艺专业,以及

上海第二工业大学和上海工业技术学校在机械工程（数控技术）专业启动相关试点，共录取124人，全面完成录取计划。各校不断健全试点工作管理机构和协调机制，开展一体化人才培养模式改革，加强师资队伍建设，加快培养知识型、发展型技术技能人才。

(二) 上海市深入开展"双证融通"专业改革试点工作

2014年重点加强工作指导、扩大试点规模，取得明显成效。一是加强过程指导和培训。组织开展为期一个月的首批试点学校试点专业教师培训活动，重点提升执教"双证融通"课程教师的专业教学能力与"双师"素质。开展首轮"双证融通"专业改革试点阶段小结，指导试点学校开展自评、网络问卷调查，重点围绕"双证融通"课程建设、课程实施与课程评价进行评价和总结。二是完成首批试点学校2014学年第一、二学期计划考核的"双证融通"课程考核方案的专家论证。完成首批试点数控技术应用、电气运行与控制和汽车运用与维修三个专业"双证融通"课程的整合工作，确定了优化后的专业课程设置。三是进一步扩大试点规模。9所中职学校对首批试点的3个专业进行扩大试点，12所中职学校对新增的7个专业开展试点。至此，本市"双证融通"改革试点共有13个专业、31个专业点，试点学校27所。试点工作更加关注学生职业能力、职业素养的培养，强化"做中学"、"学中做"、"做学一体"；重视对学生学习的过程评价，以操作规范、服务意识、安全意识、团队合作等基本职业行为规范为主要内容的职业素养评价，提高了学生的综合素质和职业能力。

(三) 上海市推进职业教育国际水平专业教学标准试点实施工作

根据教育部要求，上海市分批组织开发、实施职业教育国际水平专业教学标准。2014年重点推进国际水平专业教学标准的实施工作，推动国际先进经验和教学理念进入课堂。一是全面完成了第二批39个专业的国际水平专业教学标准的出版工作，共汇编成8册。至此，52个职业教育国际水平专业教学标准全部开发完成并出版，基本覆盖了本市各专业大类。二是形成试点工作机制，主要包括：推动各校成立试点工作组，如校领导、专业主任和相关专业教师等；建立试点工作校际协作制度，加强试点学校间的交流与研究，每两个月举行一次例会；确保试点经费保障，对试点学校给予支持。三是逐步扩大试点规模。在6个学校开展试点的基础上，组织本市第二批国际水平专业教学标准试点项目申报、评审工作，新增6个试点学校，试点范围和专业覆盖面进一步扩大。各试点学校组建试点班级，扎实推进试点工作。如上海市电子工业学校引进德国机电一体化优质教材和工具手册,结合实际进行改进与完善。上海市交通学校的汽车运用与维修专业借鉴英国的 IMI 评价模式,构建与国外职业资格证书考核相对接的考核评价新模式。试点学校在课改理念、能力标准、课程内容、教学模式、评价模式、职业资格证书等方面逐步与国际先进水平接轨。

(四)江苏省开展现代职业教育体系建设试点和实施工作

2014 年 6 月 11 日,江苏推进现代职业教育体系建设试点,应用型本科、高职院校和中职学校共开展 422 个项目试点,招生数达 2.2 万人。试点覆盖多种培养模式,构建中职—高职—应用型本科教育的学制框架。2014 年共制定 5 种培养模式,包括中职与高职"3+3"分段培养,共 204 个试点项目;中职与应用型本科教育"3+4"分段培养 94 项;高职与应用型本科教育的"3+2"分段培养 86 项;高职与本科联合培养 8 项;中等职业教育与开放本科教育分段培养 30 项。学生可根据自身需求选择不同的方式进行深造。

10 月,江苏省政府出台了《关于加快推进现代职业教育体系建设的实施意见》,其中指出目标任务:到 2020 年,建成适应经济社会发展需求,产教深度融合,体现终身教育理念,职业教育与普通教育相互沟通,中等职业教育、高等职业教育、应用技术型本科教育、专业学位研究生教育紧密衔接的现代职业教育体系。并且大力发展多层次各类型职业教育,以改革创新精神加快转变职业教育发展方式、全面提高职业教育质量、不断优化现代职业教育体系建设的环境条件。在随后召开的全省推进教育现代化暨建设现代职业教育体系会议中,省教育厅等 6 个部门表彰了一批职业教育先进的单位和个人。另外,江苏于 11 月出台了《关于进一步完善现代职业教育体系建设试点项目转段升学工作的意见(试行)》,明确提出转段升学考核原则、内容以及学籍管理等相关规定等,进一步完善了现代职业教育体系试点项目的相关工作。

(五)江苏省新建 15 个省级技能教学研究基地

武进中等专业学校等 15 所学校,被确定为第三批省级职业教育技能教学研究基地。省级职业教育技能教学研究基地的主要任务是收集国内外有关行业和专业的最新理论、最新信息、最新技术、最新标准、最新工艺流程、最新岗位设置情况,建立健全职业教育课程衔接体系,开展职业教育技能教学理论研究、实践研究,培养、培训职业教育"双师型"教师队伍中的技能精英,推广技能教学研究成果等。江苏将通过职业技能教学研究基地的工作,探究职业教育技能教学规律,培养高素质的技能型人才,逐步形成有江苏特色的职业教育技能教学质量体系。

(六) 江苏省推动应用型本科院校深化改革

2014年3月,江苏省教育厅在南京召开全省应用型本科院校人才培养工作会议,总结交流"十一五"以来全省应用型本科院校人才培养工作,研究部署加强应用型本科人才培养工作的措施,推动全省应用型本科院校深化改革、合理定位、转型发展,更好地服务于江苏省经济社会发展需求。时任江苏省教育厅厅长沈健指出,加快应用型本科院校的发展,加大培养江苏省经济结构转型和产业升级需要的本科应用人才和技术技能人才,具有极其重要的现实意义和深远影响。全面推进应用型本科院校人才培养改革是一项极为艰巨复杂的系统工程,需要多方协同,形成合力。要求应用型本科院校必须紧跟高等教育的发展趋势,准确把握自己的发展方位,选择好适合自己的发展路径,深化办学体制机制改革和人才培养模式改革,着力培养高素质应用人才和高素质技术技能人才。具体要求是:一要科学定位特色发展;二要明确应用型本科人才培养目标和规格;三要深化应用型本科人才培养模式改革;四要推进专业建设与专业综合改革;五要加强应用型本科院校教师队伍建设;六要提供强有力的政策支持和条件保障。

(七) 浙江省积极筹划和推进中职教育课程改革

2014年,浙江省出台了《浙江省中等职业教育课程改革方案》,旨在通过深入探索建设"模块化课程"的选择机制、"工学交替"的教学机制和"做中学"的学习机制,探索建设既能满足直接就业需要也能满足继续升学需要,既具有职业教育特点又适当地融合了普通教育的多样化及选择性的课程体系,赋予中职学生更多的课程选择权、专业选择权和学制选择权,积极创新中等职业教育人才培养模式。

(八) 浙江省实施"理论+职业技能"高职招生考试制度

浙江省于2014年3月改革面向中职学校的招生考试办法,首次实施了覆盖15个类别的"理论+职业技能"高职招生考试制度。根据公布方案,凡浙江省中职学校(含中专学校、职业高中、技工学校等)在校学生、毕业生报考高职单考单招以及其他有职业技能要求的高校,需参加浙江省统一组织的高校招生职业技能考试。划分的17个专业大类具体包括:机械、计算机、文秘、化工(环保)、药学、建筑、烹饪、旅游服务、服装、财会、电子与电工、商业、外贸、医学护理、农艺、艺术和其他类等。其中,高职单考单招中的艺术类和其他类已于近年先行实施。其他15大类的实施时间依次为:2014年12月——机械类、建筑类、烹饪类、旅游服务类、服装类、电子与电工类、外贸类;2015年12月——计算机类、文秘类、化工(环保)类、财会类、商业类、农艺类;2016年12月——药学类、医学护理类。考试考题均由浙江省统一命题,每年考生有一次考试机会。17个大类的技能考试均分理论知识与技能操作两部分,职业素养基本要求体现其中。

四、2013—2014年度长三角地区职业教育发展的主要特征

通过对长三角地区各方面的数据分析与归纳,可以得出:由于长三角地区发达的经济与丰富的资源,上海、江苏、浙江地区在职业教育的经费投入、师资队伍以及人才培养方面远高于全国平均水平,且相关指标基本上达到了教育部所规定的标准。在职业教育的办学条件方面,长三角地区各省/市也明显高于全国平均水平,但在部分指标上,有部分省/市略低于教育部所规定的标准。在职业教育的学生规模方面,由于长三角地区产业转型升级步伐的加快,对中等技术技能人才的需求正在日益减少,其中等职业教育的学生规模正在逐渐萎缩,但中等职业教育内部结构的协调性仍然普遍较好。而在高等职业教育学生规模及其内部结构的协调性方面,长三角地区的三个省/市情况各异,江苏的高等职业教育学生规模较大且内部结构的协调性表现得最好,但上海市高等职业教育内部结构的协调性还有待提高。具体而言:

(一) 职业教育学生规模略有萎缩

对各省/市职业教育学生规模的考察采用了两个指标来分析,分别是每十万人中/高职学校在校生数和中职(高职)与普高(普通本科)在校生人数比。长三角地区属于经济较为发达的地区,通过对每十万人中职学校在校生人数进行观察,长三角地区的中等职业学校的规模呈现出萎缩的趋势,这表明随着长三角地区产业转型升级步伐的加快,对中等技术技能人才的需求正在日益减少。进一步考察长三角地区各省/市中等职业教育内部结构的协调性,选取中职与普高在校生人数比为观测指标,可以看出最低为浙江省的0.67,内部结构的协调性普遍较好;而上海市这一数值达到了0.83,内部结构的协调性居于全国前列。相比之下,每十万人高职学校在校生人数的数据显示,同为长三角地区,江苏省的高职学生规模明显高于上海市和浙江省,且超过全国平均规模水平,走在长三角地区的前列。进一步考察长

三角地区各省/市高等职业教育内部结构的协调性,在高等职业教育学生规模与普通本科院校学生规模的比值上,除江苏达到 0.68,内部结构的协调性较好外,浙江和上海均在全国平均水平之下,上海市高等职业教育学生规模更是远低于普通本科教育,只有 0.39,处于 0.5 以下。

(二) 职业教育经费投入全国领先

对各省/市职业教育经费投入的考察采用了两个指标来分析,分别是生均公共财政预算教育事业费支出,以及中职与普高和高职与普通本科生均公共财政预算教育事业费支出比,通过以上两个指标的数据值来反映各省/市职业教育经费投入的差异水平。

长三角地区在中等职业教育生均公共财政预算教育事业费支出上,均高于全国平均水平,上海更是高达 20 000 元,超过全国数值的两倍。可见长三角地区由于经济发达,其在中等职业教育的经费投入方面也走在全国前列。然而,进一步对中等职业教育与普通高中生均公共财政预算教育事业费支出比进行了比较分析,长三角地区的三个省/市对于中职教育经费的投入均低于对普通高中教育经费的投入,且江苏省和上海市的这一差距较为巨大,可见长三角地区更加重视对普通高中教育的投入。类似地,长三角地区在高等职业教育生均公共财政预算教育事业费支出上,均高于全国平均水平,上海同样高达 20 000 元,超过全国数值的两倍。可见长三角地区在高等职业教育的经费投入方面同样走在全国前列。进一步对高等职业教育与普通本科院校生均公共财政预算教育事业费支出的比值进行分析,长三角地区的三个省/市对于高等职业教育经费的投入同样均低于对普通本科院校教育经费的投入,且数据均在 0.7 以上,情况较为类似。

(三) 职业教育师资队伍态势良好

对各省/市职业教育师资队伍建设的考察采用了如下两个指标进行分析,分别是生师比和专任教师中"双师型"教师比例。

通过对长三角地区的中职教育生师比的考察分析,三省/市均达到了教育部所规定的标准,态势良好。在中职教育专任教师中"双师型"教师的占比上,除上海略低于全国平均水平外,江苏和浙江两省均明显达标,情况较为良好。

通过对长三角地区的高职教育生师比的考察分析,三省/市均超过全国平均水平;而在高职教育专任教师中"双师型"教师的占比上,三省/市同样均超过全国平均水平,并且江苏省更是远超全国平均水平,处于全国前列。

(四)职业教育办学条件位居前列

对各省/市职业教育办学条件的考察采用了如下两个指标进行分析,分别是生均校舍建筑面积与生均图书册数,通过如上两个指标对各个省/市职业教育的办学条件水平进行全面的呈现。通过对长三角地区的中职教育生均校舍建筑面积的考察分析,三省/市均达到了教育部所规定的标准,态势良好。在中职教育生均图书册数的指标上,除浙江省略低于教育部所规定的标准外,上海市和江苏省均明显达标,处于全国前列。相比之下,通过对长三角地区的高等职业教育生均校舍建筑面积的考察和分析,只有江苏省达到了教育部所规定的标准,浙江省和上海市还略有差距。相反,在高等职业教育生均图书册数的指标上,只有江苏省没有达到教育部所规定的标准,浙江省和上海市均达标。

(五)职业教育人才培养表现优秀

对各省/市职业教育人才培养概况的分析仅限于对中等职业教育,采用了毕业生获取职业资格证书的比例和学生流失率两个指标对其进行分析。通过对长三角地区中等职业教育毕业生获取职业资格证书的比例进行考察和分析,三省/市均超过85%,浙江省更是高达95%,表现优秀。对中等职业教育学生流失率进行考察和分析,三省/市也均控制在了8%以内,情况同样较好。

(撰稿人:李伟)

2013—2014年度东北地区职业教育事业发展报告

一、2013—2014年度东北地区中等职业教育事业发展报告

(一) 中等职业教育办学规模

1. 中职学校数

如表2.73所示,2014年东北地区[①]各省(辽宁、吉林、黑龙江)中等职业教育学校数分别为296所、299所、361所。以2010年为基准,整体上东北地区各省的中职学校数量都呈现下降趋势,分别减少了43所、19所、49所,分别占到了2014年东北地区各省中职学校数的14.53%、6.35%、13.57%,辽宁、黑龙江两省五年间学校减少的数量几乎占到了2014年中职学校数的七分之一。2010—2013年,东三省中职学校数由高到低分别是黑龙江、辽宁、吉林。2014年,吉林省的中职学校数量超过辽宁省,东三省中职学校数由高到低分别是黑龙江、吉林、辽宁。2010—2014年,东三省中职学校减少数量最多的省份是黑龙江省,减少数量最少的省份是吉林省,吉林省五年间中职学校减少的数量仅占到了2014年吉林省中职学校数的十五分之一。

表2.73 东北地区各省中职学校数(单位:所)

	2010年	2011年	2012年	2013年	2014年
辽宁	339	339	317	311	296
吉林	318	313	300	302	299
黑龙江	410	395	387	373	361

(数据来源:各年《中国教育统计年鉴》)

[①] 本报告中的东北地区主要指辽宁、吉林和黑龙江三个省份。在本报告中,若是东北地区各省的数据,则依次为辽宁、吉林、黑龙江。

2. 中职招生数

如表 2.74 所示,2014 年东北地区各省中职学校招生数分别为 108 270 人、43 508 人、78 379 人。以 2010 年为基准,整体上东北地区各省的中职招生数量都呈现下降趋势,分别减少了 36 178 人、63 743 人、37 518 人,分别占到了 2014 年东北地区各省中职招生数的 33.41%、146.51%、47.87%。其中,辽宁省中职招生人数减少数量占 2014 年辽宁省中职学校招生人数的三分之一,黑龙江省中职学校招生人数减少数量几乎是 2014 年黑龙江省中职学校招生人数的二分之一。总体来说,2010—2014 年,东三省中职学校招生数由高到低一直是辽宁、黑龙江、吉林。中职学校招生数减少数量最多的省份是吉林省,最少的是辽宁省,吉林省五年间招生人数大幅度减少,减少数量比 2014 年吉林省中职招生的人数还要多 20 235 人。

表 2.74 东北地区各省中职招生数(单位:人)

	2010 年	2011 年	2012 年	2013 年	2014 年
辽宁	144 448	134 577	121 355	117 987	108 270
吉林	107 251	91 656	72 100	61 055	43 508
黑龙江	115 897	109 287	100 212	83 261	78 379

(数据来源:各年《中国教育统计年鉴》)

3. 中职在校生人数

如表 2.75 所示,2014 年东北地区各省中职学校在校生人数分别为 333 220 人、150 044 人、243 190 人。以 2010 年为基准,整体上东北地区各省的中职在校生数量都呈现下降趋势,分别减少了 94 553 人、142 315 人、116 833 人,分别占到了 2014 年东北地区各省中职在校生人数的 28.38%、94.85%、48.04%。其中,辽宁省中职在校生人数减少数量将近占到 2014 年辽宁省中职在校生人数的三分之一,黑龙江省中职在校生人数减少数量几乎占到 2014 年黑龙江省中职在校生人数的二分之一。总体来说,2010—2014 年,东三省中职学校在校生人数由高到低一直是辽宁、黑龙江、吉林。中职学校在校生人数减少数量最多的省份是吉林省,最少的是辽宁省,吉林省五年间在校生人数大幅度减少,2014 年吉林省中职在校生人数几乎仅为 2010 年吉林省中职在校生人数的一半。

表 2.75 东北地区各省中职在校生人数(单位：人)

	2010 年	2011 年	2012 年	2013 年	2014 年
辽宁	427 773	407 577	380 601	349 912	333 220
吉林	292 359	265 952	228 866	192 672	150 044
黑龙江	360 023	323 219	292 987	274 020	243 190

(数据来源：各年《中国教育统计年鉴》)

4. 中职与普高在校生人数比

如表 2.76 所示，2014 年东北地区各省中职与普高在校生人数比值分别为 0.51、0.36、0.43。以 2010 年为基准，东三省中等教育阶段的职普比均呈现了下降的趋势。辽宁、吉林、黑龙江三个省份的下降幅度分别达到了 15.00%、41.94%、25.86%，其中下降幅度最大的省份为吉林省，下降幅度达到了 40% 以上。2010—2014 五年间，辽宁省中等教育阶段的职普比一直在东北地区最高；2010—2011 年，吉林省职普比高于黑龙江省；2013 年，黑龙江省的职普比开始反超吉林省。2014 年东三省中等教育阶段的职普比同全国平均水平相比较，均低于全国平均水平，由高到低分别是辽宁省、黑龙江省、吉林省。

表 2.76 东北地区各省中职与普高在校生人数比

	2010 年	2011 年	2012 年	2013 年	2014 年
辽宁	0.60	0.57	0.55	0.51	0.51
吉林	0.62	0.56	0.48	0.43	0.36
黑龙江	0.58	0.52	0.48	0.46	0.43
全国平均	0.75	0.72	0.68	0.63	0.59

(数据来源：根据各年《中国教育统计年鉴》相关数据测算而得)

(二)中等职业教育经费投入

1. 中职生均公共财政预算教育事业费支出

如表 2.77 所示，2014 年东北地区各省中职生均公共财政预算教育事业费支出分别为 10 083.03 元、15 439.87 元、12 049.17 元。以 2010 年为基准，整体上东北地区各省的中职生均公共财政预算教育事业费支出都呈现上升趋势，分别增加了 3 546.92 元、8 173.75 元、6 019.48 元，分别占到了 2014 年东北地区各省中职生均公共财政预算教育事业费支出的35.18%、52.94%、49.96%。其中吉林省增加幅度最大,且吉林与黑龙江两省五年间中职生均公共财政预算教育事业费支出几乎比2010年增长了一倍。2010—2014五年间,东三省的中职生均公共财政预算教育事业费支出一直高于全国平均水平,吉林省则位于东三省第一。2014年吉林省的中职生均公共财政预算教育事业费支出约是全国平均水平的1.7倍。

表2.77 东北地区各省中职生均公共财政预算教育事业费支出(单位:元)

	2010年	2011年	2012年	2013年	2014年
辽宁	6 536.11	8 499.91	8 027.38	9 859.91	10 083.03
吉林	7 266.12	8 634.98	11 103.10	14 641.32	15 439.87
黑龙江	6 029.69	7 081.82	9 411.16	9 780.26	12 049.17
全国平均	4 840.41	6 143.64	7 548.50	8 776.58	9 126.00

(数据来源:根据各年《中国教育经费统计年鉴》相关数据测算而得)

2. 中职与普高生均公共财政预算教育事业费支出比

如表2.78所示,2014年东北地区各省中职与普高生均公共财政预算教育事业费支出比分别为1.16、1.94、1.33。以2010年为基准,除了吉林省中职与普高生均公共财政预算教育事业费支出比上升以外,辽宁与黑龙江均呈现下降趋势。辽宁省与黑龙江省的中职与普高生均公共财政预算教育事业费支出比都在2010年达到峰值,2010—2012年逐渐下降,辽宁省从2013年开始有所回升,而黑龙江省从2014年才开始有回升的迹象。2010—2014五年间,吉林省中职与普高生均公共财政预算教育事业费支出比一直位于东三省第一。东三省中职与普高生均公共财政预算教育事业费支出比虽然都呈现出波动发展的态势,但2014年东三省中职与普高生

表2.78 东北地区各省中职与普高生均公共财政预算教育事业费支出比

	2010年	2011年	2012年	2013年	2014年
辽宁	1.23	1.22	0.89	1.10	1.16
吉林	1.42	1.54	1.46	1.86	1.94
黑龙江	1.37	1.35	1.25	1.19	1.33
全国平均	1.07	1.03	0.97	1.04	1.01

(数据来源:根据各年《中国教育经费统计年鉴》相关数据测算而得)

均公共财政预算教育事业费支出比都高于全国平均水平,其中吉林省中职与普高生均公共财政预算教育事业支出比更是比全国平均水平高出0.93。

3. 中职生均教育经费支出占人均GDP比重

如表2.79所示,2014年东北地区各省中职生均教育经费支出占人均GDP比重分别为23.89%、43.96%、39.01%。以2010年为基准,除辽宁省中职生均教育经费支出占人均GDP比重呈现了下降的趋势外,吉林与黑龙江两省都呈现上升趋势,吉林、黑龙江两个省份分别提升了12.64个百分点、6.85个百分点。2010—2014五年间,辽宁省中职生均教育经费支出占人均GDP比重一直是东北地区最低,且一直低于全国平均水平,但是吉林省与黑龙江省中职生均教育经费支出占人均GDP比重都远高于全国平均水平。2010—2011年,黑龙江省中职生均教育经费支出占人均GDP比重位于东三省第一,而从2012年起,吉林省开始反超黑龙江省,位列东三省区域第一。

表2.79 东北地区各省中职生均教育经费支出占人均GDP比重(%)

	2010年	2011年	2012年	2013年	2014年
辽宁	25.28	26.97	24.96	29.04	23.89
吉林	31.32	31.82	35.38	43.11	43.96
黑龙江	32.16	32.95	35.14	32.24	39.01
全国平均	28.48	28.85	31.24	32.12	29.99

(数据来源:根据各年《中国教育经费统计年鉴》和《中国统计年鉴》相关数据测算而得)

4. 中职教育经费占公共财政支出比重

如表2.80所示,2014年东北地区各省中职教育经费占公共财政支出比重分别为0.64%、0.80%、0.84%。以2010年为基准,黑吉辽三省中职教育经费占公共财政支出比重均呈现出上升趋势,黑龙江上升幅度最大,上升了0.38个百分点,辽宁省上升幅度最小,仅上升了0.06个百分点。2010—2011年,黑龙江省中职教育经费占公共财政支出比重排在东三省最后,但2012—2014年,黑龙江省中职教育经费占公共财政支出比重开始提升,辽宁省则成为东北地区中职教育经费占公共财政支出比重最低的省份。2010—2014五年间,东三省中职教育经费占公共财政支出比重一直低于全国平均水平。

表 2.80　东北地区各省中职教育经费占公共财政支出比重(%)

	2010 年	2011 年	2012 年	2013 年	2014 年
辽宁	0.58	0.91	0.72	0.75	0.64
吉林	0.64	0.82	0.86	0.86	0.80
黑龙江	0.46	0.62	0.78	0.81	0.84
全国平均	0.65	0.95	1.00	0.99	0.91

(数据来源:根据各年《中国教育经费统计年鉴》和《中国统计年鉴》相关数据测算而得)

(三)中等职业教育师资队伍

1. 中职生师比

如表 2.81 所示,2014 年东北地区各省中职生师比分别为 16.18、8.55、14.33,以 2007 年为基准,东三省中职生师比均呈现了下降的趋势,下降幅度分别达到了 16.12%、35.86%、16.05%,这表明师资队伍建设的整体水平正在提升。其中下降幅度最大的省份为吉林省,下降幅度达到了 30%以上。2007—2014 八年间,吉林省中职生师比一直是东北地区最低的。2014 年东三省生师比数值均小于全国数值,即整体水平较全国平均水平高,并且达到了教育部《中等职业学校设置标准》规定的 20∶1 的标准。

表 2.81　东北地区各省中职生师比

	2007 年	2009 年	2011 年	2013 年	2014 年
辽宁	19.29	19.64	18.70	16.86	16.18
吉林	13.33	17.05	14.35	10.65	8.55
黑龙江	17.07	20.72	17.99	15.96	14.33
全国平均	24.75	26.09	25.75	22.97	21.34
国家标准	20.00	20.00	20.00	20.00	20.00

(数据来源:教育部发展规划司各年统计数据)

2. 中职专任教师中"双师型"教师比例

如表 2.82 所示,2014 年东北地区各省中职专任教师中"双师型"教师比例分别为 26.58%、21.09%、18.35%,以 2007 年为基准,东三省中职专任教师中"双师型"教师比例均呈现了上升的趋势。辽宁、吉林、黑龙江三个省份分别上升了 11.18%、

【区域发展】
2013—2014 年区域职业教育发展报告

7.72%、6.32%,其中上升幅度最大的省份为辽宁省。2007—2014 八年间,东三省中职专任教师中"双师型"教师占比最高的一直是辽宁省,最低的一直是黑龙江省。2014 年东三省中职专任教师中"双师型"教师占比不仅均低于全国的平均水平,更低于教育部规定的 30% 的国家标准。

表 2.82　东北地区各省中职专任教师中"双师型"教师比例(%)

	2007 年	2009 年	2011 年	2013 年	2014 年
辽宁	15.40	18.03	22.44	24.82	26.58
吉林	13.37	16.23	19.59	19.46	21.09
黑龙江	12.03	13.39	15.73	16.84	18.35
全国平均	15.79	19.05	23.71	26.31	27.64
国家标准	30.00	30.00	30.00	30.00	30.00

(数据来源:各年全国教育事业发展简明统计分析)

3. 中职兼职教师人数占专任教师比

如表 2.83 所示,2014 年东北地区各省中职兼职教师人数占专任教师比分别为 15%、5%、9%,以 2007 年为基准,东三省中职兼职教师人数占专任教师比均呈现了下降的趋势。辽宁、吉林、黑龙江三个省份分别下降了 1%、3%、2%,其中下降幅度最大的省份为吉林省。2007—2014 八年间,东三省中职兼职教师人数占专任教师比最高的一直是辽宁省,最低的一直是吉林省。2014 年东三省中职兼职教师人数占专任教师比不仅均低于全国的平均水平,更低于教育部规定的 20% 的国家标准。

表 2.83　东北地区各省中职兼职教师人数占专任教师比(%)

	2007 年	2009 年	2011 年	2013 年	2014 年
辽宁	16	15	17	16	15
吉林	8	9	7	6	5
黑龙江	11	9	9	9	9
全国平均	15	15	15	14	15
国家标准	20	20	20	20	20

(数据来源:各年全国教育事业发展简明统计分析)

4. 中职专任教师中合格学历教师比例

如表2.84所示,2014年东北地区各省中职专任教师中合格学历教师比例分别为91.68%、89.54%、89.33%,以2007年为基准,东三省中职专任教师中合格学历教师比例均呈现了上升的趋势。辽宁、吉林、黑龙江三个省份的上升幅度分别达到了11.14%、10.69%、19.49%,其中上升幅度最大的为黑龙江省,上升幅度接近20%。2007—2014八年间,黑龙江省中职专任教师中合格学历教师比例在东北地区最低,辽宁省是最高。2014年东三省中职专任教师中合格学历教师比例与全国平均水平相比较,只有黑龙江省低于全国平均水平,辽宁和吉林省均高于全国平均水平。

表2.84 东北地区各省中职专任教师中合格学历教师比例(%)

	2007年	2009年	2011年	2013年	2014年
辽宁	82.49	85.73	87.70	90.61	91.68
吉林	80.89	83.15	86.25	88.62	89.54
黑龙江	74.76	79.93	84.79	87.82	89.33
全国平均	76.67	81.26	85.39	87.94	89.29

(数据来源:各年全国教育事业发展简明统计分析)

(四)中等职业教育办学条件

1. 中职生均图书册数

如表2.85所示,2014年东北地区各省中职生均图书册数分别为26.81册、44.90册、20.97册,以2007年为基准,东三省中职生均图书册数均呈现了上升的趋

表2.85 东北地区各省中职生均图书册数(单位:册)

	2007年	2009年	2011年	2013年	2014年
辽宁	22.86	22.70	24.69	26.17	26.81
吉林	35.41	22.23	24.54	33.71	44.90
黑龙江	20.13	15.43	17.38	18.31	20.97
全国平均	20.40	19.11	20.74	23.55	24.92
国家标准	30.00	30.00	30.00	30.00	30.00

(数据来源:根据教育部发展规划司各年相关数据测算而得)

势。辽宁、吉林、黑龙江三个省份的上升幅度分别达到了 17.28%、26.80%、4.17%,其中上升幅度最大的省份为吉林省,幅度最小的为黑龙江省。2007—2014 八年间,东三省中职生均图书册数最低的一直是黑龙江省。2014 年辽宁与吉林省中职生均图书册数高于全国平均水平,但三省都低于教育部《中等职业学校设置标准》所规定的 30 册的国家标准。

2. 中职生均教学仪器设备值

如表 2.86 所示,2014 年东北地区各省中职生均教学仪器设备值分别为 5 291 元、5 570 元、3 909 元,以 2007 年为基准,东三省中职生均教学仪器设备值均呈现了大幅度上升的趋势。辽宁、吉林、黑龙江三个省份的上升幅度分别达到了 120.46%、73.68%、145.69%,其中上升幅度最大的省份为黑龙江省,幅度最小的为吉林省。2007—2014 八年间,东三省中职生均教学仪器设备值最低的一直是黑龙江省。2014 年东三省中职生均教学仪器设备值均高于国家标准,且辽宁与吉林省还高于全国平均水平。

表 2.86 东北地区各省中职生均教学仪器设备值(单位:元)

	2007 年	2009 年	2011 年	2013 年	2014 年
辽宁	2 400	2 842	3 677	4 843	5 291
吉林	3 207	1 912	2 769	3 720	5 570
黑龙江	1 591	1 807	2 205	3 036	3 909
全国平均	1 936	2 120	2 596	3 741	4 661
国家标准①	2 500/3 000	2 500/3 000	2 500/3 000	2 500/3 000	2 500/3 000

(数据来源:根据教育部发展规划司各年相关数据测算而得)

3. 中职每百名学生拥有教学用计算机数

如表 2.87 所示,2014 年东北地区各省中职每百名学生拥有教学用计算机数分别为 23.25 台、25.65 台、18.07 台,以 2007 年为基准,东三省中职每百名学生拥有教学用计算机数均呈现了上升的趋势。辽宁、吉林、黑龙江三个省份的上升幅度分别达到了 49.90%、50.79%、32.67%,其中上升幅度最大的省份为吉林省,最小的为黑龙江省,且八年间黑龙江省一直是东三省中职每百名学生拥有教学用计算机

---

① 其他专业标准/工科与医药类专业标准。

数最低的省份。2014年辽宁与吉林省中职每百名学生拥有教学用计算机数均高于全国平均水平,黑龙江省却低于全国平均水平。

表2.87 东北地区各省中职每百名学生拥有教学用计算机数(单位:台)

	2007年	2009年	2011年	2013年	2014年
辽宁	15.51	16.67	19.23	21.89	23.25
吉林	17.01	11.09	13.92	18.43	25.65
黑龙江	13.62	9.54	12.77	16.05	18.07
全国平均	13.31	12.75	13.94	16.86	18.86

(数据来源:根据教育部发展规划司各年相关数据测算而得)

(五)中等职业教育人才培养

1. 中职毕业生获取职业资格证书的比例

如表2.88所示,2014年东北地区各省中职毕业生获取职业资格证书的比例分别为70.91%、58.76%、67.58%,以2007年为基准,三个省份中职毕业生获取职业资格证书的比例均呈现了上升的趋势,增长的幅度分别为50.33%、27.21%、34.01%。其中增长幅度最大的为辽宁省,东三省中职毕业生获取职业资格证书的比例从2007—2009年开始增长,2009—2011年开始逐渐下降,2011年开始又有所上升。吉林和黑龙江省于2013年达到了近八年的峰值,2013—2014年又呈现出下降趋势。2007—2014八年间,吉林省中职毕业生获取职业资格证书的比例一直是东北地区最低的。2014年东三省中职毕业生获取职业资格证书的比例与全国平均水平相比较,均低于全国平均水平。

表2.88 东北地区各省中职毕业生获取职业资格证书的比例(%)

	2007年	2009年	2011年	2013年	2014年
辽宁	47.17	48.70	48.39	65.36	70.91
吉林	46.19	49.76	42.17	60.34	58.76
黑龙江	50.43	56.10	43.87	78.77	67.58
全国平均	58.80	61.44	62.54	77.78	78.14

(数据来源:根据各年《中国教育统计年鉴》相关数据测算而得)

2. 中职学生流失率

如表2.89所示,2014年东北地区各省中职学生流失率分别为3.51%、9.70%、

6.35%,与2013年相比,辽宁与吉林省中职学生流失率都有所下降,分别下降了3.15%和3.35%,而黑龙江省中职学生流失率却呈增长趋势,增加了0.90%。2013—2014年,吉林省一直是东北地区中职学生流失率最高的省份。2014年东三省中职学生流失率与全国平均水平相比较,辽宁和黑龙江省低于全国平均水平,吉林省则高于全国平均水平。

表2.89 东北地区各省中职学生流失率(%)

	2010年	2011年	2012年	2013年	2014年
辽宁	/	/	/	6.66	3.51
吉林	/	/	/	13.05	9.70
黑龙江	/	/	/	5.45	6.35
全国平均	/	/	/	11.90	9.46

(数据来源:根据各年《中国教育统计年鉴》相关数据测算而得)

(六)中等职业教育服务能力

1. 每万平方公里中职学校数

如表2.90所示,2014年东北地区各省每万平方公里中职学校数分别为20.29所、15.96所、7.77所。以2007年为基准,整体上东北地区各省每万平方公里中职学校数都呈现下降趋势,分别减少了6.17所、0.58所、0.62所,分别占到了2014年东北地区各省每万平方公里中职学校数的30.41%、3.63%、7.98%,辽宁省八年间学校减少的数量几乎占到了2014年该省每万平方公里中职学校数的三分之一。2007—2014八年间,东三省每万平方公里中职学校数量由高到低分别是辽宁、吉林、黑龙江。八年间,东三省每万平方公里中职学校数减少数量最多的省份是辽宁

表2.90 东北地区各省每万平方公里中职学校数(单位:所)

	2007年	2009年	2011年	2013年	2014年
辽宁	26.46	23.99	23.24	21.32	20.29
吉林	16.54	16.81	16.70	16.12	15.96
黑龙江	8.39	8.93	8.50	8.02	7.77
全国平均	12.33	11.80	10.59	9.77	9.44

(数据来源:根据各年《中国教育统计年鉴》与《中国统计年鉴》相关数据测算而得)

省,减少数量最少的省份是吉林省,吉林省八年间每万平方公里中职学校数减少的数量仅占到了 2014 年的二十七分之一。

2. 每十万人中职学校在校生人数

如表 2.91 所示,2014 年东北地区各省每十万人中职学校在校生人数分别为 759.04 人、555.92 人、634.13 人。以 2007 年为基准,整体上东北地区各省的每十万人中职学校在校生人数都呈现下降趋势,每十万人中职学校在校生人数分别减少了 286.53 人、318.02 人、136.52 人,分别占到了 2014 年东北地区各省每十万人中职学校在校生人数的 37.75%、57.21%、21.53%。2007—2014 八年间,东三省各省份的每十万人中职学校在校生人数最高的一直是辽宁省,2007—2011 年,吉林省每十万人中职学校在校生人数高于黑龙江省,2013 年以后,黑龙江省每十万人中职学校在校生人数赶超吉林省,但也低于辽宁省。每十万人中职学校在校生人数减少数量最多的省份是吉林省,最少的是黑龙江省,吉林省八年间每十万人中职学校在校生人数大幅度减少,减少的数量占到了 2014 年吉林省每十万人中职学校在校生人数的一半以上。

表 2.91　东北地区各省每十万人中职学校在校生人数(单位:人)

	2007 年	2009 年	2011 年	2013 年	2014 年
辽宁	1 045.57	1 022.60	929.90	797.07	759.04
吉林	873.94	1 178.46	967.45	700.37	555.92
黑龙江	770.65	1 019.22	843.03	714.52	634.13
全国平均	1 225.97	1 333.72	1 317.33	1 129.10	1 035.45

(数据来源:根据各年《中国教育统计年鉴》与《中国统计年鉴》相关数据测算而得)

二、2013—2014 年度东北地区高等职业教育事业发展报告

(一)高等职业教育办学规模

1. 高职学校数

如表 2.92 所示,2014 年东北地区各省高等职业教育学校数分别为 51 所、21 所、42 所。以 2010 年为基准,辽宁省与吉林省高职学校数量都呈现上升趋势,高职学校数都增加了 2 所,分别占到了 2014 年辽宁省和吉林省高职学校数的 3.92%、9.52%。相反,黑龙江省高职学校数较 2010 年还减少 2 所,减少的数量是 2014 年

【区域发展】
2013—2014年区域职业教育发展报告

黑龙江高职学校数的二十一分之一。2010—2014年,东三省高职学校数由高到低一直是辽宁省、黑龙江省、吉林省。

表2.92 东北地区各省高职学校数(单位:所)

	2010年	2011年	2012年	2013年	2014年
辽宁	49	49	49	52	51
吉林	19	20	20	21	21
黑龙江	44	42	43	43	42

(数据来源:各年《中国教育统计年鉴》)

2. 高职招生数

如表2.93所示,2014年东北地区各省高职学校招生数分别为93 272人、54 751人、72 080人。以2010年为基准,整体上东北地区各省的高职招生数量都呈现上升趋势,高职招生人数分别增加了1 036人、11 117人、3 531人,分别占到了2014年东北地区各省高职招生数的1.11%、20.30%、4.90%,增幅最大的是吉林省,最小的是辽宁省,吉林省高职学校招生人数增加数量占2014年吉林省高职招生人数的五分之一。2010—2014五年间,东三省高职学校招生数由高到低一直是辽宁、黑龙江、吉林。2014年辽宁省高职学校招生人数是吉林省高职招生人数的1.7倍。

表2.93 东北地区各省高职招生数(单位:人)

	2010年	2011年	2012年	2013年	2014年
辽宁	92 236	98 256	96 223	96 235	93 272
吉林	43 634	48 931	47 142	50 543	54 751
黑龙江	68 549	67 947	69 022	71 990	72 080

(数据来源:各年《中国教育统计年鉴》)

3. 高职在校生人数

如表2.94所示,2014年东北地区各省高职学校在校生人数分别为293 157人、154 924人、215 133人,以2010年为基准,辽宁省与吉林省高职在校生人数都呈现出增长的趋势,高职在校生人数分别增加了15 111人、15 404人,分别占到了2014年各自高职在校生人数的5.15%、9.94%。相反,2014年黑龙江省高职在校生人数相比2010年来说,减少了29 946人,大约是2014年黑龙江省高职招生人数的七分之一。2010—2014 五年间,东三省高职学校在校生人数由高到低一直是辽宁、黑龙江、吉林。高职学校在校生人数增加数量最多的省份是吉林省,增加了 15 404 人,约是 2014 年吉林省高职在校生人数的十分之一。

表 2.94 东北地区各省高职在校生人数(单位:人)

	2010 年	2011 年	2012 年	2013 年	2014 年
辽宁	278 046	277 685	288 262	292 215	293 157
吉林	139 520	138 275	136 626	145 169	154 924
黑龙江	245 079	220 433	203 732	207 962	215 133

(数据来源:各年《中国教育统计年鉴》)

4. 高职与普通本科在校生人数比

如表 2.95 所示,2014 年东北地区各省高职与普通本科在校生人数比值分别为 0.42、0.33、0.42,以 2010 年为基准,整体上东北地区的职普比均呈现了下降的趋势。辽宁、吉林与黑龙江三个省份的下降幅度分别达到了 8.70%、2.94%、19.23%,其中下降幅度最大的省份为黑龙江省,下降幅度接近 20%,下降幅度最小的是吉林省。2010—2014 五年间,吉林省高等教育的职普比一直是东北地区最低的。2010—2011 年,黑龙江省高等教育阶段职普比高于辽宁,2012 年黑龙江省开始下滑,辽宁省超过黑龙江省。2014 年两省水平一致。总的来看,无论东三省高等教育阶段的职普比怎么变化,均低于全国平均水平。

表 2.95 东北地区各省高职与普通本科在校生人数比

	2010 年	2011 年	2012 年	2013 年	2014 年
辽宁	0.46	0.44	0.45	0.43	0.42
吉林	0.34	0.33	0.31	0.32	0.33
黑龙江	0.52	0.45	0.41	0.41	0.42
全国平均	0.76	0.71	0.68	0.65	0.65

(数据来源:根据各年《中国教育统计年鉴》相关数据测算得出)

(二)高等职业教育经费投入

1. 高职生均公共财政预算教育事业费支出

如表 2.96 所示,2014 年东北地区各省高职生均公共财政预算教育事业费支出分别为 9 412.34 元、8 731.67 元、10 600.05 元。以 2010 年为基准,整体上东北地区各省的高职生均公共财政预算教育事业费支出都呈现上升趋势,分别增加了 3 187.86 元、1 947.51 元、5 133.98 元,分别占到了 2014 年东北地区各省高职生均公共财政预算教育事业费支出的 33.87%、22.30%、48.43%。其中黑龙江省增加幅度最大,黑龙江省五年间高职生均公共财政预算教育事业费支出几乎比 2010 年增加了一倍。2010—2012 三年间,吉林省高职生均公共财政预算教育事业费支出一直位于东三省第一,但 2013 年开始大幅度下降,2014 年吉林省高职生均公共财政预算教育事业费支出变成东北地区最低的省份,黑龙江省在东三省中位居第一。在 2014 年,只有黑龙江省高职生均公共财政预算教育事业费支出高于全国平均水平,辽宁与吉林省均低于全国平均水平。

表 2.96　东北地区各省高职生均公共财政预算教育事业费支出(单位:元)

	2010 年	2011 年	2012 年	2013 年	2014 年
辽宁	6 224.48	9 194.05	10 905.31	11 124.15	9 412.34
吉林	6 784.16	9 590.06	18 632.73	9 513.85	8 731.67
黑龙江	5 466.07	9 198.18	10 996.70	9 662.45	10 600.05
全国平均	5 838.87	7 594.46	9 585.22	9 516.98	9 831.01

(数据来源:根据各年《中国教育经费统计年鉴》相关数据测算而得)

2. 高职与普通本科生均公共财政预算教育事业费支出比

如表 2.97 所示,2014 年东北地区各省高职与普通本科生均公共财政预算教育事业费支出比分别为 0.67、0.58、0.76。以 2010 年为基准,整个东北地区的高职与普通本科生均公共财政预算教育事业费支出比均呈下降趋势,下降幅度分别为 37.38%、7.94%、1.30%。辽宁省下降幅度最大,黑龙江省下降幅度最小。辽宁省高职与普通本科生均公共财政预算教育事业费支出比在 2010 年达到峰值,2010—2012 年逐渐下降,2013 年开始有所回升后又下降,而黑龙江省和吉林省均在 2012 年达到峰值。2010—2014 五年间,吉林省高职与普通本科生均公共财政预算教育事业费支出比除了 2012 年高于其他两个省份外,其他几年一直最低。2014 年辽宁省与黑龙江省高职与普通本科生均公共财政预算教育事业费支出比都高于全国平均水平,吉林省低于全国平均水平。

表 2.97 东北地区各省高职与普通本科生均公共财政预算教育事业费支出比

	2010 年	2011 年	2012 年	2013 年	2014 年
辽宁	1.07	0.87	0.79	0.86	0.67
吉林	0.63	0.57	1.13	0.69	0.58
黑龙江	0.77	0.80	0.81	0.79	0.76
全国平均	0.63	0.55	0.55	0.60	0.60

(数据来源:根据各年《中国教育经费统计年鉴》相关数据测算而得)

3. 高职生均教育经费支出占人均 GDP 比重

如表 2.98 所示,2014 年东北地区各省高职生均教育经费支出占人均 GDP 比重分别为 27.18%、32.03%、44.93%。以 2010 年为基准,除黑龙江省高职生均教育经费支出占人均 GDP 比重呈现了上升的趋势外,辽宁与吉林两省都呈现下降趋势,分别降低了 10.13% 和 7.27%。2010—2014 五年间,辽宁省高职生均教育经费支出占人均 GDP 比重一直是东北地区最低的,且一直低于全国平均水平。2012 年除外,2010—2014 年黑龙江省高职生均教育经费支出占人均 GDP 比重一直位居东三省第一。与全国平均水平相比,2014 年只有黑龙江省高职生均教育经费支出占人均 GDP 比重高于全国平均水平。

表 2.98 东北地区各省高职生均教育经费支出占人均 GDP 比重(%)

	2010 年	2011 年	2012 年	2013 年	2014 年
辽宁	37.31	34.39	40.12	33.28	27.18
吉林	39.30	43.30	54.10	39.38	32.03
黑龙江	42.89	47.33	50.20	46.26	44.93
全国平均	44.03	41.85	42.64	38.86	37.39

(数据来源:根据各年《中国教育经费统计年鉴》和《中国统计年鉴》相关数据测算而得)

4. 高职教育经费占公共财政支出比重

如表 2.99 所示,2014 年东北地区各省高职教育经费占公共财政支出比重分别为 0.38%、0.29%、0.52%。以 2010 年为基准,东三省高职教育经费占公共财政支出比重均呈现出上升趋势,黑龙江上升幅度最大,上升了 0.28%,吉林省上升幅度最小,仅上升了 0.03%。2010—2012 年,辽宁省高职教育经费占公共财政支出比重

【区域发展】
2013—2014 年区域职业教育发展报告

一直最低。与全国平均水平相比,2014 年东三省高职教育经费占公共财政支出比重均低于全国平均水平。

表 2.99　东北地区各省高职教育经费占公共财政支出比重(%)

	2010 年	2011 年	2012 年	2013 年	2014 年
辽宁	0.22	0.37	0.40	0.40	0.38
吉林	0.26	0.42	0.70	0.34	0.29
黑龙江	0.24	0.49	0.52	0.44	0.52
全国平均	0.34	0.55	0.61	0.55	0.54

(数据来源:根据各年《中国教育经费统计年鉴》和《中国统计年鉴》相关数据测算而得)

(三)高等职业教育师资队伍

1. 高职生师比

如表 2.100 所示,2014 年东北地区各省高职生师比分别为 16.49、17.09、15.74,以 2013 年为基准,东三省高职生师比均呈现了上升趋势。辽宁、吉林、黑龙江三个省份的上升幅度分别达到了 2.68%、8.03%、2.41%,其中增加幅度最大的省份为吉林省,增加幅度最小的为黑龙江省。2013—2014 年,黑龙江省高职生师比一直是东北地区最低的。2014 年东三省高职生师比数值均小于全国数值,即整体水平较全国平均水平更高,并且达到了教育部《高等职业学校设置标准》规定的 20∶1 的标准。

表 2.100　东北地区各省高职生师比

	2007 年	2009 年	2011 年	2013 年	2014 年
辽宁	/	/	/	16.06	16.49
吉林	/	/	/	15.82	17.09
黑龙江	/	/	/	15.37	15.74
全国平均	/	/	/	17.11	17.57
国家标准	20.00	20.00	20.00	20.00	20.00

(数据来源:教育部发展规划司各年统计数据)

2. 高职专任教师中"双师型"教师比例

如表 2.101 所示,2014 年东北地区各省高职专任教师中"双师型"教师比例分别为35.52%、36.58%、48.79%。以2013年为基准,东三省高职专任教师中"双师型"教师占比均呈现了上升的趋势。辽宁、吉林、黑龙江三个省份的上升幅度分别为5.12%、2.61%、4.25%,其中上升幅度最大的省份为辽宁省。2013—2014年,东三省高职专任教师中"双师型"教师占比最高的一直是黑龙江省,最低的一直是辽宁省。与全国平均水平相比,2014年辽宁省和吉林省高职专任教师中"双师型"教师占比低于全国平均水平,但东北地区三个省份都超过了30%的国家标准。

表2.101 东北地区各省高职专任教师中"双师型"教师比例(%)

	2007年	2009年	2011年	2013年	2014年
辽宁	/	/	/	33.79	35.52
吉林	/	/	/	35.65	36.58
黑龙江	/	/	/	46.80	48.79
全国平均	/	/	/	36.61	38.27
国家标准	30.00	30.00	30.00	30.00	30.00

(数据来源:各年全国教育事业发展简明统计分析)

3. 高职专任教师中合格学历教师比例

如表2.102所示,2014年东北地区各省高职专任教师中合格学历教师比例分别为39.98%、36.91%、34.58%。以2013年为基准,东三省高职专任教师中合格学历教师比例均呈现了上升的趋势。辽宁、吉林、黑龙江三个省份的上升幅度分别达到了5.63%、6.77%、2.73%,其中上升幅度最大的省份为吉林省,上升幅度最小的为黑龙江省。2013—2014年,黑龙江省高职专任教师中合格学历教师比例一直是东北地区最低的,而辽宁省是最高的。与全国平均水平相比较,2014年东三省高

表2.102 东北地区各省高职专任教师中合格学历教师比例(%)

	2007年	2009年	2011年	2013年	2014年
辽宁	/	/	/	37.85	39.98
吉林	/	/	/	34.57	36.91
黑龙江	/	/	/	33.66	34.58
全国平均	/	/	/	40.02	42.32

(数据来源:各年全国教育事业发展简明统计分析)

职专任教师中合格学历教师比例均低于全国平均水平。

（四）高等职业教育办学条件

1. 高职生均校舍建筑面积

如表 2.103 所示，2014 年东北地区各省高职生均校舍建筑面积分别为 24.94 平方米、25.71 平方米、29.49 平方米，以 2007 年为基准，辽宁与黑龙江省高职生均校舍建筑面积呈现了上升的趋势，吉林省有所下降。辽宁和黑龙江的增长幅度分别为 1.71% 和 10.49%，吉林省降幅为 11.44%。与全国平均水平相比，2014 年东北地区只有黑龙江省高职生均校舍建筑面积高于全国平均水平，东三省都低于教育部规定的生均 30 平方米的国家标准。

表 2.103 东北地区各省高职生均校舍建筑面积（单位：平方米）

	2007 年	2009 年	2011 年	2013 年	2014 年
辽宁	24.52	24.80	25.44	25.16	24.94
吉林	29.03	23.58	28.50	27.39	25.71
黑龙江	26.69	26.52	32.05	31.54	29.49
全国平均	27.59	27.22	28.41	28.74	27.74
国家标准	30.00	30.00	30.00	30.00	30.00

（数据来源：根据教育部发展规划司各年相关数据测算而得）

2. 高职生均图书册数

如表 2.104 所示，2014 年东北地区各省高职生均图书册数分别为 63.95 册、53.51 册、74.92 册，以 2007 年为基准，辽宁与黑龙江省高职生均图书册数均呈现了

表 2.104 东北地区各省高职生均图书册数（单位：册）

	2007 年	2009 年	2011 年	2013 年	2014 年
辽宁	60.47	62.80	67.60	66.23	63.95
吉林	69.47	55.23	55.22	53.85	53.51
黑龙江	62.74	62.01	79.82	79.26	74.92
全国平均	57.81	60.47	65.33	68.87	66.87
国家标准	75.00	75.00	75.00	75.00	75.00

（数据来源：根据教育部发展规划司各年相关数据测算而得）

上升的趋势,吉林省从2009年开始大幅度下降。辽宁与黑龙江省上升幅度分别为5.75%、19.41%,吉林省高职生均图书册数下降幅度为22.97%。与全国平均水平相比,2014年东三省地区只有黑龙江省高职生均图书册数高于全国平均水平。东北地区的高职生均图书册数与教育部规定的75册的国家标准还存在一定的差距。

3. 高职生均教学仪器设备值

如表2.105所示,2014年东北地区各省高职生均教学仪器设备值分别为7 981元、8 552元、8 187元,以2007年为基准,东三省高职生均教学仪器设备值均呈现了大幅度上升的趋势。辽宁、吉林、黑龙江三个省份的上升幅度分别达到了73.20%、43.23%、73.20%,其中上升幅度最大的省份为辽宁省和黑龙江省,上升幅度最小的为吉林省。2011—2014年,东北地区高职生均教学仪器设备值最低的一直是辽宁省。与全国平均水平相比,2014年东三省高职生均教学仪器设备值均远高于国家标准,同时也高于全国平均水平。

表2.105 东北地区各省高职生均教学仪器设备值(单位:元)

	2007年	2009年	2011年	2013年	2014年
辽宁	4 608	5 626	6 497	7 342	7 981
吉林	5 971	6 077	8 579	8 573	8 552
黑龙江	4 727	5 230	7 167	7 990	8 187
全国平均	4 969	5 655	6 634	7 673	7 897
国家标准	5 000	5 000	5 000	5 000	5 000

(数据来源:根据教育部发展规划司各年相关数据测算而得)

(五) 高等职业教育服务能力

1. 每万平方公里高职学校数

如表2.106所示,2014年东北地区各省每万平方公里高职学校数分别为3.50所、1.12所、0.90所,以2007年为基准,辽宁与吉林省每万平方公里高职学校数呈现上升趋势,每万平方公里高职学校数分别增加了0.83所、0.11所。而黑龙江省每万平方公里高职学校数减少了0.03所。2007—2014八年间,东三省每万平方公里高职学校的数量由高到低分别是辽宁、吉林、黑龙江。

表 2.106　东北地区各省每万平方公里高职学校数(单位：所)

	2007 年	2009 年	2011 年	2013 年	2014 年
辽宁	2.67	3.02	3.36	3.56	3.50
吉林	1.01	1.01	1.07	1.12	1.12
黑龙江	0.93	0.95	0.90	0.93	0.90
全国平均	1.22	1.27	1.33	1.38	1.38

(数据来源：根据各年《中国教育统计年鉴》与《中国统计年鉴》相关数据测算而得)

2. 每十万人高职学校在校生人数

如表 2.107 所示，2014 年东北地区各省每十万人高职学校在校生人数分别为 667.78 人、574.01 人、560.97 人。以 2007 年为基准，辽宁省与吉林省每十万人高职学校在校生人数都呈现上升趋势，分别增加了 83.70 人、136.79 人，分别占到了 2014 年辽宁和吉林省每十万人高职学校在校生人数的 12.53%、23.83%。2014 年黑龙江省每十万人高职学校在校生人数相比 2007 年减少了 51.75 人。2007—2014 八年间，东三省各省份的每十万人高职学校在校生人数最少的一直是吉林省。2007—2009 年，黑龙江省每十万人高职学校在校生人数均高于辽宁省。2011 年以后，辽宁省每十万人高职学校在校生人数赶超黑龙江省，位于东北地区的最高位置。每十万人高职学校在校生人数增加数量最多的省份是吉林省，吉林省八年间每十万人高职学校在校生人数大幅度增加，增加的数量约是 2014 年的四分之一。

表 2.107　东北地区各省每十万人高职学校在校生人数(单位：人)

	2007 年	2009 年	2011 年	2013 年	2014 年
辽宁	584.08	622.24	633.55	665.64	667.78
吉林	437.22	527.08	503.00	527.70	574.01
黑龙江	612.72	672.46	574.94	542.27	560.97
全国平均	651.33	722.97	711.66	715.53	735.94

(数据来源：根据各年《中国教育统计年鉴》与《中国统计年鉴》相关数据测算而得)

三、2013—2014 年度东北地区促进职业教育发展的主要举措

(一) 辽宁省加快职业教育信息化建设步伐

2013 年 1 月，辽宁省教育厅印发了《关于加快辽宁省职业教育信息化发展的实施意见》(以下简称《意见》)，对推进职业教育信息化建设工作进行了全面部署，

提出了7个方面的重点任务和环节：一是加快建设具有职业教育特色的管理服务平台和资源服务平台；二是根据职业教育对数字资源的需求和教育教学特征，进一步改善职业院校信息化基础环境；三是以提升教师职业实践能力和学生专业技能为目标，以对接企业、岗位新技术、新规范、新标准、新设备、新工艺和专业核心技能为重点，创建职业院校教师和学生网络化学习空间；四是建设省级职业教育数字化教学资源库；五是创建大型数字化职业教育实训基地；六是全面提升职业教育工作者的信息技术素养；七是以职业教育信息化环境建设理论和资源建设理论为重点，深入开展职业教育信息化理论研究。《意见》提出，要研究制定网络信息安全建设管理规范等相关配套政策措施，支持职业教育信息化优先发展。要制定《辽宁省职业教育数字资源建设规范》，加快相关标准的制定步伐，强化职业教育信息化建设的科学化与规范化管理。要坚持以政府投入为引导，鼓励企业和社会力量投资参与职业教育信息化建设和服务，形成多渠道筹措职业教育信息化建设经费的保障机制。[①]

（二）辽西北地区成立职业教育联盟

2013年6月辽西北职业教育联盟成立，共有来自铁岭、阜新、朝阳等地区的27所职业院校和178家企业及科研院所加入了联盟，[②]该联盟旨在使辽西北地区实现政府、行业、学校、企业、科研院所相互合作、互利共赢。该教育联盟以辽宁职业学院为牵头单位。辽西北经济、教育发展相对滞后，地区内组建职业教育联盟，将加速辽西北地区职业教育规模化、集约化、连锁化发展进程，有效推进职业院校依托产业办专业、办好专业促产业的有力保障，实现职业教育资源共享，促进政、行、校、企、研实现优势互补，开发培养高素质技能型人才的新途径和新模式，加快职业教育改革与发展步伐。

（三）辽宁职业教育围绕产业发展

辽宁作为全国较早创办职业教育的省份，20多年来形成了重视职业教育的良好氛围。目前辽宁省有中等职业学校400所左右，全省中等职业学校在校生48.4万人；全省共有高等职业院校83所(含办学点)，现有在校生28.8万人。辽宁省采

---

① 教育部.辽宁省加快职业教育信息化建设步伐[EB/OL]. http://www.moe.gov.cn/jyb_xwfb/moe_2082/s7081/s7300/201303/t20130327_149490.html. 2013 – 03 – 27/2018 – 09 – 15.
② 教育部.辽西北地区成立职业教育联盟[EB/OL]. http://www.moe.gov.cn/jyb_xwfb/s5147/201306/t20130628_153648.html. 2013 – 06 – 28/2018 – 09 – 15.

取"校企结合、工学结合"的模式,使职业教育更加贴近社会需求。2013年9月25日,辽宁现代服务业职业教育集团成立,辽宁省开始打造现代服务业人才储备和对接平台,形成了集服务类企业、相关行业协会、开设服务类专业的中高等院校、科研院所等103家成员单位组成的行业性职业教育联合体。为了让职业教育做大做强,辽宁省积极整合职业教育资源,全省涉农县区原有的多所农广校、技校等均合为一所县级职业教育中心。在探索现代职业教育改革与发展的道路上,辽宁正迈出坚实而稳重的步伐。①

(四)吉林工程技术师范学院积极创新人才培养模式,着力构建"校—企—校"联盟

近年来,吉林工程技术师范学院大力实施职业学校教师素质提高计划,积极探索校企合作、多方参与、灵活开放的职教师资培养培训新模式,着力建构以"校—企—校"联盟为核心的职教教师教育联盟,取得明显成效。② 建立联盟,实现资源共享互补。"校—企—校"联盟主要由职技高师(职教师资培养单位)、职业学校(职教师资用人单位)、行业企业(职业学校毕业生工作单位)三类实体机构以团体会员形式组成,包括国家级重点建设职教师资培训基地院校2所、省级职教师资培训基地院校8所、高职院校5所、中职学校26所、大中型企业14家、行业协会3个。联盟根据不同的教育项目,制定相应的培养培训方案及资源使用方案,实现资源利用效益最大化。协商运行,建立共同发展平台。联盟在行政主管部门的指导下,按"政府统筹、协商决策、责利驱动、资源共享、优势互补"原则运行。联盟根据需要聘请行政领导、教育专家、专业人员担任顾问,负责对联盟工作提出建议,提供专业指导。联盟成功推行了校、企、校多主体共同设计培养方案、开发课程和教材、共同实施教学、共同评价教育效果的人才培养模式。

(五)吉林省启动五年一周期的中等职业教育督导评估工作

按照《吉林省人民政府教育督导团关于印发〈吉林省中等职业教育督导评估实施方案〉的通知》和《吉林省人民政府教育督导团关于开展中等职业教育督导评估的通知》(吉政教督团字[2013]4号),吉林省人民政府教育督导团从2013年开始,

---

① 教育部.辽宁职教围绕产业转贴近社会需求[EB/OL]. http://www.moe.gov.cn/jyb_xwfb/s5147/201311/t20131121_159729.html. 2013 - 11 - 21/2018 - 09 - 15.
② 教育部.吉林工程技术师范学院积极创新人才培养模式着力构建"校—企—校"联盟[EB/OL]. http://www.moe.gov.cn/jyb_xwfb/s3165/201304/t20130402_150073.html. 2013 - 04 - 02/2018 - 09 - 15.

开展五年为一周期的对县级政府履行发展中等职业教育职责情况督导评估。督导评估工作由省人民政府教育督导团组织实施。督导评估采取审核评估与实地督导相结合的方式进行。督导评估结束后，省人民政府教育督导团将向市、县人民政府下达中等职业教育督导意见书，同时通报全省。督导评估结果将作为对被督导单位项目立项、专项拨款、表彰奖励和责任追究的重要依据。对督导评估结果为优秀的市、县级人民政府给予表彰。对督导评估结果不合格的市、县级人民政府，责令其限期整改。对措施不得力、整改不到位的市、县级人民政府进行通报批评。

（六）吉林省推进全市中等职业教育特色发展

吉林市教育局认真贯彻落实党和国家关于"加快发展现代职业教育"的方针，认真学习全国职教工作会议精神，特别是习总书记的批示和李克强总理的讲话，谋划全市中等职业教育改革与发展，坚持"专业立校，专业强校"，采取"一校一策"的措施，加强职业学校管理，全面提升职业教育办学水平。吉林市以打造职教特色"舰队"为目标，坚持"专业立校、专业强校"的理念，促进全市职业学校办学特色的形成；采取"两手抓"，即"一手抓硬件建设、一手抓软件规范"的措施，加大专业基础建设和管理，增强职业学校发展后劲；制定了《中等职业教育课程改革三年发展规划》，确定了"课程改革，模式在先"的工作思路，采取"一手抓模式改革，一手抓课程建设"的措施，创新专业培养模式，深化校企融合，提升特色办学质量。[1]

（七）黑龙江职业学院开办"教学工厂"提高学生能力

黑龙江职业学院面向市场，形成了"企业成基地、经理为教师、员工是学生、工作即学习"的教学工厂模式，毕业生就业率位列省内前三强，该院获得黑龙江省大学生就业服务工作"一等奖"。该院旅游与人文艺术学院的"教学工厂"也是一所培训中心，是开展社会培训、承接外部会务、提供食宿服务的校办实体企业。他们精心设计教学任务，组织学生进入"教学工厂"。相关专业的学生在自愿报名的基础上，通过业务培训考核，即可成为培训中心的工作人员，遵守各项规章制度，完成工作和学习任务，并获得相应劳动报酬。通过"教学工厂"模式，学生专业能力和综合素质得到显著提高。[2]

---

[1] 教育部．一校一策　专业强校　推进全市中等职业教育特色发展[EB/OL]．http://www.moe.gov.cn/jyb_xwfb/s6319/s7958/s8426/s8428/201411/t20141106_177995.htm. 2014 - 11 - 06/2018 - 09 - 15.
[2] 中国职业技术教育网．黑龙江职业学院开办"教学工厂"提高学生能力[EB/OL]．http://www.zjchina.org/platform/service/zxnews/shtml/201405/4025.shtml. 2014 - 05 - 04/2018 - 09 - 15.

(八) 黑龙江探索校企合作新模式推动职业教育发展

黑龙江民族职业学院与飞鹤乳业签署了联合培养中国乳业技术技能型人才合作框架协议，通过学校、企业共同设置课程，企业专家驻校授课，校企共担培养费用及创办"厂中校"等方式，打破职业教育"我培养、你挑选"的被动局面，实现真正意义上的"校企合作"，为破解职业教育招生难、教学实践脱节和企业招工难提供新途径。此次校企合作将采用真正意义上的双主体办学模式，企业将在遵循教育规律的前提下，和学院共同研究课程改革，企业内部专家、管理者和实战领域的尖端人才将直接进入教学环节，在传授专业知识和技能的同时，也把企业文化带进课堂。"飞鹤班"计划面向黑龙江省贫困地区招收 150 名学生。学生第一学年的学费由企业全额资助；第二学年的学费由企业与学院共同对学习成绩合格的学生进行家庭贫困状况考察认定，如确属贫困学生，学院将全额减免学费；第三学年，由于学生已经进入上岗实习阶段，有收入，自行承担学费。[①]

(九) 黑龙江富裕县"五创"举措助力职教改革实验健康发展

关于如何承担好省部共建国家现代农村职业教育改革试验区试点县建设的历史重任，富裕县跻身试点县之后，推出"五创"举措。

创新招生模式，解决招生难题。富裕县根据生源分布情况，按照未升入普高学生保证到职高继续学习、八年级可能辍学的学生转入职高继续学习、已辍学在乡村或外乡务工学生找回到职高学习和在县城内往届毕业生或辍学生动员返到职高学习等四条保、转、找、返措施，分别将招生责任落实到初中学校、乡(镇)中心学校和职教中心学校，有效解决了招生工作"大帮哄"问题。目前，全县中职学历教育招生已达 344 人，同比增长 50%。

创新专业建设，打造专业品牌。富裕县在原有专业的基础上保留 11 个主导专业，取消 2 个发展滞后专业，新增 2 个就业前景好的专业，集中力量建设一批省级重点专业和骨干专业。

创新办学方式，确保职普融合。全县启动职普融通改革实验，加强义务教育学生劳动技术培养。初中将综合实践课程中劳动与技术部分内容改为与职教中心学校专业对接的校本课程，既增强了学生的动手操作能力，又培养了学生的职业兴

---

① 中国职业技术教育网. 黑龙江探索校企合作新模式推动职业教育发展[EB/OL]. http://www.zjchina.org/platform/service/zxnews/shtml/201406/4979.shtml. 2014-06-04/2018-09-15.

趣。在全县4所初中学校的八年级普遍开设了职业生涯教育课,在普通高中高二年级进行向职业高中的分流,扩大了职业教育生源。

创新服务工作,发挥集团优势。富裕县围绕农机合作社和现代牧场两大培养品牌,联合黑龙江农垦职业学院、黑龙江职业学院、黑龙江农业经济职业学校等高职院校与富裕县鸿盛奶牛养殖场、腾运奶牛饲养专业合作社等11个合作社共建合作社服务工作站。

创新职教观念,服务城镇建设。为使入城农民尽快融入城市生活,学校多次深入到社区开展计算机能力提高培训和健康知识讲座培训等个性化培训;深入到"环卫之家"、"群众之家"开设社区大讲堂活动,普及人文社科知识;以县社区周末大舞台为载体,组织师生演出和推销职教品牌。[1]

四、2013—2014年度东北地区职业教育发展的主要特征

(一) 职业教育规模持续萎缩,教育重心逐渐向普通教育转移

以2010年的数据为基准,东北地区中等职业教育的学校数量、招生数、在校生人数、每万平方公里中职学校数以及每十万人中职学校在校生数都呈现出逐年下降的趋势。高等职业教育的发展尽管没有像中职一样急速下滑,但个别省份,如黑龙江省高职学校数、高职在校生人数、每万平方公里高职学校数及每十万人高职学校在校学生人数也出现了下降的情况,表明东北地区的职业教育规模持续萎缩,中等职业教育尤为突出。2014年,辽宁省、吉林省以及黑龙江省中职与普高在校生人数比分别为0.51、0.36、0.43,均低于全国0.59的平均水平;高职与普通本科在校生人数比分别为0.42、0.33、0.42,也都低于全国0.65的平均水平。此外,中职与普高生均公共财政预算教育事业费支出比除吉林省以外,辽宁与黑龙江省都有所减小;而东三省高职与普通本科生均公共财政预算教育事业费支出比都呈现了下降的趋势,而且吉林省高职与普通本科生均公共财政预算教育事业费支出比仍然低于全国平均水平。因此,从以上两点还有职业教育发展的萎缩态势可以看出,东北地区的教育重心正在逐渐向普通教育转移。

---

[1] 中国职业技术教育网. 富裕"五创"助力职教改革实验健康发展[EB/OL]. http://www.zjchina.org/platform/service/zxnews/shtml/201410/6149.shtml. 2014-10-06/2018-09-15.

(二) 职业教育地区发展差异明显

在中等职业教育层面,首先从职业教育办学规模来看,吉林省中职学校数和在校生人数是东北地区最低的,且招生人数与职普比还在逐年下降。但学生数量较少在一定程度上也使得吉林省中职教育经费投入,比如生均公共财政预算教育事业费支出、中职与普高生均公共财政预算教育事业费支出比偏高,位居东北地区第一。中职的师资队伍方面,辽宁省较好,黑龙江省较差,黑龙江省专任教师中"双师型"教师比重和合格学历教师比重都位于区域内最低,且黑龙江的中职办学条件,如生均图书册数、生均教学仪器设备值、每百名学生拥有教学用计算机数都是区域内最低,除生均教学仪器设备值外更是低于国家标准。黑龙江省中职学校数虽然是区域内最多的,但也是减少数量最多的省份。辽宁省中职教育经费投入力度虽然不是很大,但师资队伍质量较高,办学条件也都高于全国平均水平,中职学生流失率也是区域内最低,总体来看辽宁省中职教育质量在东北地区发展较好。在高等职业教育层面,辽宁省高职学校数、在校生人数以及招生数都是区域内最高,但辽宁省高等职业教育的经费投入力度较弱,生均教育经费支出占人均GDP比重和高职教育经费占公共财政支出比重都是区域内最低,且低于全国平均水平。在办学条件方面,黑龙江省较好,生均校舍建筑面积和生均图书册数都是区域内最高的。此外,黑龙江省高职学校数量、高职在校生人数、每万平方公里高职学校数及每十万人高职学校在校生数也都出现了下降的趋势,相比东北地区其他两个省份,黑龙江省高等职业教育更明显地呈现出萎缩发展的态势。

(三) 职业教育资源条件不均衡,与全国平均水平以及国家标准尚存在一定差距

东北地区的师资条件和办学条件(生均教学仪器设备值除外)的多数指标都低于国家标准。如东北地区中等职业教育的专任教师中"双师型"教师比例、兼职教师人数占专任教师比不仅低于全国平均水平,更低于教育部所规定的国家标准。黑龙江省高职生均校舍建筑面积和生均图书册数虽然高于全国平均水平,但也仍然低于教育部所规定的国家标准。职业教育经费投入方面,东北地区的职业教育经费占公共财政支出的比重低于全国平均水平。除黑龙江省之外,辽宁与吉林的高职生均公共财政预算教育事业费支出、高职与普通本科生均公共财政预算教育事业费支出比、生均教育经费支出占人均GDP比重都低于全国平均水平。

(撰稿人:柯婧秋)

2013—2014年度中部地区职业教育事业发展报告

一、2013—2014年度中部地区中等职业教育事业发展报告

(一) 中等职业教育办学规模

1. 中职学校数

如表2.108所示,2014年中部地区[①]各省(山西、安徽、江西、河南、湖北、湖南)中等职业教育学校数分别为444所、431所、407所、702所、301所、501所。以2010年为基准,整体上中部地区各省都呈现逐年下降的趋势,中职学校数分别减少了22所、92所、66所、224所、112所、125所,分别占到了2014年中部地区各省中等职业教育学校数的4.95%、21.35%、16.22%、31.91%、37.21%、24.95%,安徽、河南、湖北、湖南五年间减少的学校数量占到了2014年的五分之一以上。减少数量最多

表2.108 中部地区各省中职学校数(单位:所)

	2010年	2011年	2012年	2013年	2014年
山西	466	461	456	445	444
安徽	523	500	487	463	431
江西	473	465	446	429	407
河南	926	778	735	716	702
湖北	413	341	332	308	301
湖南	626	567	525	496	501

(数据来源:各年《中国教育统计年鉴》)

[①] 本报告中的中部地区主要包括山西、安徽、江西、河南、湖北、湖南六个省份,中部地区各省则依次为山西、安徽、江西、河南、湖北、湖南。

【区域发展】
2013—2014 年区域职业教育发展报告

的省份主要是河南省与湖北省,湖北省五年间减少的数量几乎占到了 2014 年的五分之二。

2. 中职在校生人数

如表 2.109 所示,2014 年中部地区各省中等职业教育在校生人数分别为 399 157 人、914 742 人、437 172 人、1 103 864 人、372 601 人、644 800 人。以 2010 年为基准,整体上中部地区各省(除安徽省)都呈现逐年下降的趋势,中职学校在校生人数分别减少了 176 053 人、180 893 人、532 140 人、531 233 人、119 996 人,分别占到了 2014 年中等职业教育在校生人数的 44.11%、41.38%、48.21%、142.57%、18.61%。山西、江西、河南三省五年间在校生减少的人数已经接近 2014 年在校生人数的二分之一,湖北省五年间在校生减少的人数已经达到了 2014 年在校生人数的一倍以上,而湖南省五年间在校生减少的人数相对其他四省而言较低,不过也已经接近 2014 年在校生人数的五分之一。安徽省中等职业教育在校生人数在 2010 至 2012 年间呈现上升趋势,2012 年至 2014 年呈现下降趋势。安徽省五年间在校生人数整体增加,增加人数达到了 42 009 人,占到了 2014 年中等职业教育在校生人数的 4.59%,涨幅较小。

表 2.109 中部地区各省中职在校生人数(单位:人)

	2010 年	2011 年	2012 年	2013 年	2014 年
山西	575 210	508 529	483 237	436 393	399 157
安徽	872 733	947 984	1 002 374	967 746	914 742
江西	618 065	587 317	549 084	484 628	437 172
河南	1 636 004	1 567 770	1 456 626	1 193 105	1 103 864
湖北	903 834	720 915	500 540	410 795	372 601
湖南	764 796	778 750	734 242	650 569	644 800

(数据来源:各年《中国教育统计年鉴》)

3. 中职招生数

如表 2.110 所示,2014 年中部地区各省中等职业教育招生数分别为 131 843 人、334 170 人、149 358 人、393 380 人、126 656 人、227 065 人。以 2010 年为基准,中职学校招生数分别减少了 104 664 人、14 899 人、70 593 人、232 221 人、156 954 人、75 824 人,分别占到了 2014 年中等职业教育招生人数的 79.39%、4.46%、47.26%、

59.03％、123.92％、33.39％,山西、河南两省五年间招生减少的人数占到2014年招生人数的一半以上,江西省五年间招生人数减少的数量几乎占到2014年招生人数的一半,湖北省五年间招生人数减少的数量已经达到了2014年招生人数的一倍以上,而湖南省五年间招生人数减少的数量相对其他四省而言较低,不过也已经接近2014年招生人数的三分之一。安徽省中等职业教育招生人数在2010至2012年间呈现小幅上升趋势,2012年至2014年呈现下降趋势,五年间招生人数整体下滑,减少人数占到了2014年中等职业教育招生人数的4.46％,但是下降人数占2014年人数比例相对中部地区其他省份较小。

表2.110 中部地区各省中职招生数(单位:人)

	2010年	2011年	2012年	2013年	2014年
山西	236 507	176 188	172 417	142 943	131 843
安徽	349 069	405 504	408 824	369 049	334 170
江西	219 951	211 902	202 862	167 380	149 358
河南	625 601	569 553	522 537	422 209	393 380
湖北	283 610	212 318	143 530	130 826	126 656
湖南	302 889	279 918	253 092	228 627	227 065

(数据来源:各年《中国教育统计年鉴》)

4. 中职与普高在校生人数比

如表2.111所示,2014年中部地区各省份中职与普高在校生人数比值分别为

表2.111 中部地区各省中职与普高在校生人数比

	2010年	2011年	2012年	2013年	2014年
山西	0.70	0.60	0.57	0.51	0.48
安徽	0.68	0.74	0.78	0.77	0.76
江西	0.84	0.78	0.66	0.55	0.48
河南	0.85	0.83	0.76	0.63	0.58
湖北	0.73	0.62	0.47	0.42	0.41
湖南	0.75	0.77	0.72	0.62	0.61
全国平均	0.75	0.72	0.68	0.63	0.59

(数据来源:根据各年《中国教育统计年鉴》相关数据测算而得)

0.48、0.76、0.48、0.58、0.41、0.61。以2010年为基准，除了安徽省外，中部地区各省份职普比均呈现了下降的趋势，山西、江西、河南、湖北、湖南五个省份的下降幅度分别达到了31.43%、42.86%、31.76%、43.84%、18.67%，而安徽省职普比相较于2010年，增幅为11.76%。从中可以看出下降幅度最大的省份为江西省和湖北省，下降幅度都达到了40%以上。2014年中部地区各省份职普比同全国平均水平相比较，除了安徽省和湖南省职普比高于全国平均水平外，中部地区其他各省份的职普比都低于全国平均水平。

（二）中等职业教育经费投入

1. 中职生均公共财政预算教育事业费支出

如表2.112所示，2014年中部地区各省中等职业教育生均公共财政预算教育事业费支出分别为8 975.94元、7 516.91元、7 231.60元、5 941.62元、8 586.94元、7 466.64元。以2010年为基准，整体上中部地区各省中等职业教育生均公共财政预算教育事业费支出都呈现逐年上升的趋势，各省分别增加了4 697.88元、4 544.85元、4 039.45元、2 332.08元、5 858.94元、3 503.34元，分别占到了2014年中部地区各省中等职业教育生均公共财政预算教育事业费支出的52.34%、60.46%、55.86%、39.25%、68.23%、46.92%。山西、安徽、江西、湖北四省五年间增长量占到了2014年的一半以上，河南省、湖南省五年间增长量也接近2014年的一半。2014年中部地区各省中职生均公共财政预算教育事业费支出与全国平均水平相比，虽然呈现明显的上升趋势，但仍然低于全国平均水平。

表2.112 中部地区各省中职生均公共财政预算教育事业费支出（单位：元）

	2010年	2011年	2012年	2013年	2014年
山西	4 278.06	6 358.81	8 019.75	8 383.91	8 975.94
安徽	2 972.06	4 391.53	6 420.71	7 414.91	7 516.91
江西	3 192.15	5 628.39	5 861.06	7 218.22	7 231.60
河南	3 609.54	4 956.20	5 562.02	5 847.00	5 941.62
湖北	2 728.00	3 776.78	5 072.43	6 483.74	8 586.94
湖南	3 963.30	4 419.99	7 493.77	8 769.85	7 466.64
全国平均	4 840.41	6 143.64	7 548.50	8 776.58	9 126.00

（数据来源：根据各年《中国教育经费统计年鉴》相关数据测算而得）

2. 中职与普高生均公共财政预算教育事业费支出比

如表 2.113 所示,2014 年中部地区各省中职与普高生均公共财政预算教育事业费支出比分别为 1.21、1.13、0.78、0.99、1.10、1.10。2010—2014 年,山西省、安徽省、湖北省中职与普高生均公共财政预算教育事业费支出比总体呈现上升趋势,而江西省、河南省、湖南省总体上呈现下降趋势。以 2010 年为基准,山西省、安徽省、湖北省上升幅度分别达到了 19.80%、6.60%、3.77%,上升幅度最大的是山西省,而江西省、河南省、湖南省中职与普高生均公共财政预算教育事业费支出比相较于 2010 年,下降幅度为 26.42%、32.65%、9.09%,从中可以看出下降幅度最大的省份为河南省,下降幅度达到了 30% 以上。2014 年中部地区各省份中职与普高生均公共财政预算教育事业费支出比同全国平均水平相比较,除了江西省和河南省中职与普高生均公共财政预算教育事业费支出比低于全国平均水平外,中部地区其他各省都高于全国平均水平。

表 2.113 中部地区各省中职与普高生均公共财政预算教育事业费支出比

	2010 年	2011 年	2012 年	2013 年	2014 年
山西	1.01	1.17	1.09	1.18	1.21
安徽	1.06	0.95	0.96	1.05	1.13
江西	1.06	1.13	0.81	0.84	0.78
河南	1.47	1.23	1.05	1.04	0.99
湖北	1.06	1.10	0.96	1.03	1.10
湖南	1.21	1.07	1.22	1.34	1.10
全国平均	1.07	1.03	0.97	1.04	1.01

(数据来源:根据各年《中国教育经费统计年鉴》相关数据测算而得)

3. 中职生均教育经费支出占人均 GDP 比重

如表 2.114 所示,2014 年中部地区各省中职生均教育经费支出占人均 GDP 比重分别为 34.15%、36.96%、32.11%、25.38%、28.88%、26.93%,2010—2014 年,各省中职生均教育经费支出占人均 GDP 比重除湖南省外总体呈现上升趋势。以 2010 年为基准,山西省、安徽省、江西省、河南省、湖北省上升幅度分别达到了 18.45%、11.63%、25.72%、0.99%、50.50%,上升幅度最大的是湖北省,而湖南省中职生均教育经费支出占人均 GDP 比重相较于 2010 年下降了 3.78%。2014 年中部地区各省份中职生均教育经费支出占人均 GDP 比重同全国平均水平相比较,河南省、湖北省、湖南省中职生均教育经费支出占人均 GDP 比重低于全国平均水平,中部地区其他各省份的中职生均教育经费支出占人均 GDP 比重都高于全国平均水平。

表 2.114　中部地区各省中职生均教育经费支出占人均 GDP 比重(%)

	2010 年	2011 年	2012 年	2013 年	2014 年
山西	28.83	30.95	31.81	31.84	34.15
安徽	33.11	37.79	44.34	40.48	36.96
江西	25.54	30.16	28.33	31.25	32.11
河南	25.13	25.96	26.30	25.61	25.38
湖北	19.19	19.92	23.37	27.00	28.88
湖南	30.71	30.17	35.36	36.05	26.93
全国平均	28.48	28.85	31.24	32.12	29.99

(数据来源:根据各年《中国教育经费统计年鉴》和《中国统计年鉴》相关数据测算而得)

4. 中职教育经费占公共财政支出比重

如表 2.115 所示,2014 年中部地区各省中职教育经费占公共财政支出比重分别为 1.12%、0.84%、0.57%、0.99%、0.62%、0.75%,2010—2014 年,各省中职教育经费占公共财政支出比重总体呈现上升趋势。以 2010 年为基准,山西省、安徽省、江西省、河南省、湖北省、湖南省上升幅度分别达到了 45.45%、86.67%、50.00%、

表 2.115　中部地区各省中职教育经费占公共财政支出比重(%)

	2010 年	2011 年	2012 年	2013 年	2014 年
山西	0.77	1.16	1.24	1.17	1.12
安徽	0.45	0.77	0.95	0.98	0.84
江西	0.38	0.83	0.71	0.68	0.57
河南	0.83	1.39	1.31	1.18	0.99
湖北	0.53	0.66	0.65	0.59	0.62
湖南	0.48	0.62	0.89	0.89	0.75
全国平均	0.65	0.95	1.00	0.99	0.91

(数据来源:根据各年《中国教育经费统计年鉴》和《中国统计年鉴》相关数据测算而得)

19.28%、16.98%、56.25%，上升幅度最大的是安徽省。2014年中部地区各省份中职教育经费占公共财政支出比重同全国平均水平相比较，仅山西省与河南省中职教育经费占公共财政支出比重高于全国平均水平，中部地区其他各省份的中职教育经费占公共财政支出比重都低于全国平均水平。

（三）中等职业教育师资队伍

1. 中职生师比

如表2.116所示，2014年中部地区各省中职生师比分别为15.89、28.51、28.34、21.32、17.01、25.68，2007—2014八年间，各省中职生师比总体呈现下降趋势，这表明师资队伍建设的整体水平正在提升。以2007年为基准，山西省、安徽省、江西省、河南省、湖北省、湖南省下降幅度分别达到了27.01%、23.42%、6.50%、16.33%、46.66%、5.31%，下降幅度最大的是湖北省，山西省、安徽省下降幅度也接近30%。2014年中部地区各省份中职生师比同全国平均水平相比较，山西省、河南省、湖北省中职生师比低于全国平均水平，中部地区其他各省都高于全国平均水平。虽然安徽省、江西省、湖南省的中职生师比与教育部《中等职业学校设置标准》规定的20∶1仍然有一定的差距，但差距正在逐步缩小。

表2.116 中部地区各省中职生师比

	2007年	2009年	2011年	2013年	2014年
山西	21.77	23.72	20.78	17.18	15.89
安徽	37.23	34.92	29.52	28.49	28.51
江西	30.31	29.80	30.87	29.70	28.34
河南	25.48	27.51	26.88	22.70	21.32
湖北	31.89	35.74	27.51	18.35	17.01
湖南	27.12	27.40	27.84	26.20	25.68
全国平均	24.75	26.09	25.75	22.97	21.34
国家标准	20.00	20.00	20.00	20.00	20.00

（数据来源：教育部发展规划司各年统计数据）

2. 中职专任教师中"双师型"教师比例

如表2.117所示，2014年中部地区各省中职专任教师中"双师型"教师比例分别为13.82%、43.03%、19.66%、20.57%、25.58%、25.33%，2007—2014八年间，

【区域发展】
2013—2014 年区域职业教育发展报告

各省中职专任教师中"双师型"教师的比例总体呈现上升趋势。以 2007 年为基准,山西省、安徽省、江西省、河南省、湖北省、湖南省上升幅度分别为 79.25%、238.55%、12.66%、63.12%、51.09%、51.95%,上升幅度最大的是安徽省,山西省、河南省、湖北省、湖南省上升幅度都达到 50% 以上。但是 2014 年中部地区各省中职专任教师中"双师型"教师的比例同全国平均水平相比较,仅安徽省中职专任教师中"双师型"教师的比例高于全国平均水平,中部地区其他各省份的中职专任教师中"双师型"教师的比例都低于全国平均水平。除安徽省外,全国平均水平及中部地区其他各省中职专任教师中"双师型"教师的比例与教育部《中等职业学校设置标准》规定的 30% ,也仍然有一定的差距,但差距正在逐步缩小。

表 2.117 中部地区各省中职专任教师中"双师型"教师比例(%)

	2007 年	2009 年	2011 年	2013 年	2014 年
山西	7.71	8.58	12.07	13.11	13.82
安徽	12.71	16.18	29.44	41.85	43.03
江西	17.45	16.58	21.58	19.53	19.66
河南	12.61	15.30	18.40	19.85	20.57
湖北	16.93	21.18	22.23	25.05	25.58
湖南	16.67	21.29	27.57	25.77	25.33
全国平均	15.79	19.05	23.71	26.31	27.64
国家标准	30.00	30.00	30.00	30.00	30.00

(数据来源:各年全国教育事业发展简明统计分析)

3. 中职兼职教师人数占专任教师比

如表 2.118 所示,2014 年中部地区各省中职兼职教师人数占专任教师比分别为 0.18、0.16、0.20、0.17、0.15、0.11,2007—2014 八年间,山西省、江西省中职兼职教师人数占专任教师比总体呈现上升趋势,河南省呈现持平趋势,其余三省均呈现下降趋势。以 2007 年为基准,山西省、江西省上升幅度分别为 20.00%、25.00%。安徽省、湖北省、湖南省下降幅度分别为 5.88%、21.05%、31.25%,湖南省中职兼职教师人数占专任教师比下降幅度最大,接近三分之一。2014 年中部地区各省中职兼职教师人数占专任教师比同全国平均水平相比较,仅湖南省低于全国平均水平,中部地区其他各省份的中职兼职教师人数占专任教师比都高于全国平均水平。但是除江西省外,全国平均水平及中部地区其他各省中职专任教师中"双师型"教师的比例与教育部《中等职业学校设置标准》规定的 0.2,仍然有一定的差距,且湖北省与湖南省呈现逐步下降的趋势。

表 2.118　中部地区各省中职兼职教师人数占专任教师比

	2007 年	2009 年	2011 年	2013 年	2014 年
山西	0.15	0.16	0.16	0.18	0.18
安徽	0.17	0.16	0.12	0.15	0.16
江西	0.16	0.13	0.17	0.18	0.20
河南	0.17	0.14	0.15	0.16	0.17
湖北	0.19	0.20	0.18	0.16	0.15
湖南	0.16	0.14	0.12	0.12	0.11
全国平均	0.15	0.15	0.15	0.14	0.15
国家标准	0.20	0.20	0.20	0.20	0.20

(数据来源:各年全国教育事业发展简明统计分析)

4. 中职专任教师中合格学历教师比例

如表 2.119 所示,2014 年中部地区各省中职专任教师中合格学历教师比例分别为 86.30%、91.30%、82.28%、87.81%、86.86%、85.49%,2007—2014 八年间,中部地区各省份中职专任教师中合格学历教师比例呈现上升趋势。以 2007 年为基

表 2.119　中部地区各省中职专任教师中合格学历教师比例(%)

	2007 年	2009 年	2011 年	2013 年	2014 年
山西	69.02	75.30	81.76	84.41	86.30
安徽	74.11	79.52	84.69	89.03	91.30
江西	66.64	71.93	78.48	81.40	82.28
河南	74.85	79.91	86.04	87.91	87.81
湖北	75.37	78.64	81.36	84.98	86.86
湖南	71.64	75.93	83.69	85.25	85.49
全国平均	76.67	81.26	85.39	87.94	89.29

(数据来源:各年全国教育事业发展简明统计分析)

准,山西省、安徽省、江西省、河南省、湖北省、湖南省上升幅度分别为25.04%、23.20%、23.47%、17.31%、15.24%、19.33%,各省份上升幅度相差不大,其中上升幅度最大的是山西省,达到了25.04%,其余各省上升幅度也超过或接近20%。虽然各省份都呈现上升态势,但是2014年中职专任教师中合格学历教师比例同全国平均水平相比较,仅安徽省中职专任教师中合格学历教师比例略高于全国平均水平,中部地区其他各省份的中职专任教师中合格学历教师比例都低于全国平均水平。

(四)中等职业教育办学条件

1. 中职生均校舍建筑面积

如表2.120所示,2014年中部地区各省中职生均校舍建筑面积分别为18.14平方米、17.92平方米、17.24平方米、16.19平方米、24.84平方米、15.24平方米,2007—2014八年间,中部地区各省份中职生均校舍建筑面积呈现上升趋势。以2007年为基准,山西省、安徽省、江西省、河南省、湖北省、湖南省中职生均校舍建筑面积分别增加了6.67平方米、8.06平方米、5.49平方米、5.00平方米、13.80平方米、2.11平方米,上升幅度分别为58.15%、81.74%、46.72%、44.68%、125.00%、16.07%,其中上升幅度最大的是湖北省,除湖南省外,其余各省上升幅度也超过40%。2014年中部地区各省中职生均校舍建筑面积同全国平均水平相比较,仅河

表2.120 中部地区各省中职生均校舍建筑面积(单位:平方米)

	2007年	2009年	2011年	2013年	2014年
山西	11.47	0.68	13.20	16.03	18.14
安徽	9.86	10.08	17.65	17.65	17.92
江西	11.75	11.70	16.77	16.77	17.24
河南	11.19	10.51	14.35	14.35	16.19
湖北	11.04	9.52	22.32	22.32	24.84
湖南	13.13	13.91	15.42	15.42	15.24
全国平均	12.52	11.70	12.73	15.21	16.62
国家标准	20.00	20.00	20.00	20.00	20.00

(数据来源:根据教育部发展规划司各年相关数据测算而得)

南省、湖南省的中职生均校舍建筑面积略低于全国平均水平,中部地区其他各省份的中职生均校舍建筑面积都高于全国平均水平。虽然各省份都呈现上升态势,但是除湖北省外,全国平均水平及中部地区其他各省中职生均校舍建筑面积与教育部《中等职业学校设置标准》规定的20平方米,仍然有一定的差距,但差距在逐步缩小。

2. 中职生均图书册数

如表2.121所示,2014年中部地区各省中职生均图书册数分别为25.86册、30.99册、23.09册、23.78册、30.18册、22.08册,2007—2014八年间,中部地区各省份中职生均图书册数总体呈现上升趋势。以2007年为基准,山西省、安徽省、江西省、河南省、湖北省、湖南省中职生均图书册数分别增加了7.89册、14.10册、4.35册、1.59册、14.65册、3.39册,上升幅度分别为43.91%、83.48%、23.21%、7.17%、94.33%、18.14%,其中上升幅度最大的是湖北省,上升幅度接近100%。2014年中部地区各省中职生均图书册数同全国平均水平相比较,仅江西省、河南省、湖南省中职生均图书册数略低于全国平均水平,中部地区其他省份的中职生均图书册数都高于全国平均水平。虽然各省份都呈现上升态势,但是除安徽省、湖北省外,全国平均水平及中部地区其他各省中职生均图书册数与教育部《中等职业学校设置标准》规定的30册,仍然有一定的差距,但差距在逐步缩小。

表2.121 中部地区各省中职生均图书册数(单位:册)

	2007年	2009年	2011年	2013年	2014年
山西	17.97	15.81	17.22	23.44	25.86
安徽	16.89	17.06	24.46	30.59	30.99
江西	18.74	21.36	21.24	23.39	23.09
河南	22.19	19.34	22.45	23.69	23.78
湖北	15.53	17.16	20.02	32.17	30.18
湖南	18.69	19.67	20.07	21.76	22.08
全国平均	20.40	19.11	20.74	23.55	24.92
国家标准	30.00	30.00	30.00	30.00	30.00

(数据来源:根据教育部发展规划司各年相关数据测算而得)

3. 中职生均教学仪器设备值

如表2.122所示,2014年中部地区各省中职生均教学仪器设备值分别为3 545

元、3 584 元、3 180 元、2 884 元、5 168 元、3 553 元,2007—2014 八年间,中部地区各省份中职生均教学仪器设备值总体呈现上升趋势。以 2007 年为基准,山西省、安徽省、江西省、河南省、湖北省、湖南省中职生均教学仪器设备值分别增加了 2 297 元、2 341 元、1 513 元、1 343 元、3 797 元、1 824 元,上升幅度分别为 184.05%、188.33%、90.76%、87.15%、276.95%、105.49%,其中上升幅度最大的是湖北省,其上升幅度超过 200%,除江西省、河南省外,其他各省份的中职生均教学仪器设备值上升幅度均超过 100%。虽然中部地区各省都呈现上升趋势,但 2014 年中职生均教学仪器设备值同全国平均水平相比较,仅湖北省中职生均教学仪器设备值高于全国平均水平,中部地区其他各省的中职生均教学仪器设备值都低于全国平均水平。全国平均水平及中部地区各省中职生均教学仪器设备值都超过了教育部《中等职业学校设置标准》规定的中职其他专业生均教学仪器设备值 2 500 元,除河南省外,全国平均水平及中部地区各省中职生均教学仪器设备值都超过了教育部《中等职业学校设置标准》规定的中职工科与医药类专业生均教学仪器设备值 3 000 元。

表 2.122 中部地区各省中职生均教学仪器设备值(单位:元)

	2007 年	2009 年	2011 年	2013 年	2014 年
山西	1 248	1 529	1 867	2 841	3 545
安徽	1 243	1 570	2 679	3 496	3 584
江西	1 667	1 640	2 130	3 214	3 180
河南	1 541	1 415	1 690	2 575	2 884
湖北	1 371	1 271	2 205	4 213	5 168
湖南	1 729	2 108	2 554	3 321	3 553
全国平均	1 936	2 120	2 596	3 741	4 661
国家标准[①]	2 500/3 000	2 500/3 000	2 500/3 000	2 500/3 000	2 500/3 000

(数据来源:根据教育部发展规划司各年相关数据测算而得)

4. 中职每百名学生拥有教学用计算机数

如表 2.123 所示,2014 年中部地区各省中职每百名学生拥有教学用计算机数分别为 17.59 台、13.61 台、15.06 台、15.58 台、26.32 台、18.67 台,2007—2014 八

---

① 其他专业标准/工科与医药类专业标准。

年间,中部地区各省份中职每百名学生拥有教学用计算机台数总体呈现上升趋势。以 2007 年为基准,山西省、安徽省、江西省、河南省、湖北省、湖南省中职每百名学生拥有教学用计算机数分别增加了 7.70 台、3.68 台、2.87 台、3.34 台、16.54 台、1.17 台,上升幅度分别为 77.86%、37.06%、23.54%、27.29%、169.12%、6.69%,其中上升幅度最大的是湖北,达到了 169.12%。虽然各省份都呈现上升态势,但是 2014 年中职每百名学生拥有教学用计算机数同全国平均水平相比较,仅湖北省中职每百名学生拥有教学用计算机数高于全国平均水平,中部地区其他各省份的中职每百名学生拥有教学用计算机数都低于全国平均水平。

表 2.123　中部地区各省中职每百名学生拥有教学用计算机数(单位: 台)

	2007 年	2009 年	2011 年	2013 年	2014 年
山西	9.89	9.77	11.60	15.16	17.59
安徽	9.93	10.14	11.13	11.98	13.61
江西	12.19	12.31	12.65	15.58	15.06
河南	12.24	11.30	12.05	14.70	15.58
湖北	9.78	9.71	13.56	23.80	26.32
湖南	17.50	16.54	18.10	19.57	18.67
全国平均	13.31	12.75	13.94	16.86	18.86

(数据来源:根据教育部发展规划司各年相关数据测算而得)

(五)中等职业教育人才培养

1. 中职毕业生获取职业资格证书的比例

如表 2.124 所示,2014 年中部地区各省中职毕业生获取职业资格证书的比例分别为 79.48%、91.02%、75.74%、76.82%、83.57%、85.40%,2007—2014 八年间,中部地区各省份中职毕业生获取职业资格证书的比例总体呈现上升趋势。以 2007 年为基准,山西省、安徽省、江西省、河南省、湖北省、湖南省上升幅度分别为 41.78%、61.35%、34.17%、52.69%、36.20%、40.46%,其中上升幅度最大的是安徽省,超过 60%。另外,中部地区各省份中职毕业生获取职业资格证书的比例上升幅度均超过 30%。2014 年中部地区各省中职毕业生获取职业资格证书的比例同全国平均水平相比较,仅江西省、河南省中职毕业生获取职业资格证书的比例略低于全国平均水平,中部地区其他各省的中职毕业生获取职业资格证书的比例都高于全国平均水平。

表 2.124 中部地区各省中职毕业生获取职业资格证书的比例(%)

	2007 年	2009 年	2011 年	2013 年	2014 年
山西	56.06	62.23	59.45	80.81	79.48
安徽	56.41	63.52	70.43	87.92	91.02
江西	56.45	58.35	55.91	79.35	75.74
河南	50.31	53.73	55.97	76.45	76.82
湖北	61.36	61.43	62.62	83.56	83.57
湖南	60.80	69.23	70.04	86.85	85.40
全国平均	58.80	61.44	62.54	77.78	78.14

(数据来源:根据各年《中国教育统计年鉴》相关数据测算而得)

2. 中职学生流失率

如表 2.125 所示,2014 年中部地区各省中职学校学生流失率分别为 5.13%、10.82%、12.10%、9.10%、6.64%、12.24%。2014 年中部地区各省中职学校学生流失率同全国平均水平相比较,安徽省、江西省、湖南省中职学校学生流失率高于全国平均水平,2013 年中部地区各省中职学校学生流失率同全国平均水平相比较,江西省、河南省、湖南省中职学校学生流失率高于全国平均水平。

表 2.125 中部地区各省中职学生流失率(%)

	2007 年	2009 年	2011 年	2013 年	2014 年
山西	/	/	/	7.62	5.13
安徽	/	/	/	10.79	10.82
江西	/	/	/	15.70	12.10
河南	/	/	/	19.25	9.10
湖北	/	/	/	6.88	6.64
湖南	/	/	/	16.71	12.24
全国平均	/	/	/	11.90	9.46

(数据来源:根据各年《中国教育统计年鉴》相关数据测算而得)

(六) 中等职业教育服务能力

1. 每万平方公里中职学校数

如表 2.126 所示,2014 年中部地区各省每万平方公里中职学校数分别为 28.41 所、30.85 所、24.37 所、42.04 所、16.19 所、23.65 所。以 2007 年为基准,整体上中部地区各省都呈现逐年下降的趋势,每万平方公里中职学校数分别减少了 5.76 所、9.16 所、5.87 所、13.77 所、9.52 所、9.78 所,分别占到了 2014 年中部地区各省每万平方公里中职学校数的 20.27%、29.69%、24.09%、32.75%、58.80%、41.35%。山西省、安徽省、江西省、河南省八年间减少的数量占到了 2014 年的五分之一以上,湖南省八年间减少数量也几乎占到了 2014 年的五分之二。下降幅度最大的省份是湖北省,八年间减少的数量接近 2014 年的五分之三。2014 年中部地区各省每万平方公里中职学校数同全国平均水平相比较,中部地区各省均高于全国平均水平。

表 2.126 中部地区各省每万平方公里中职学校数(单位:所)

	2007 年	2009 年	2011 年	2013 年	2014 年
山西	34.17	30.65	29.49	28.47	28.41
安徽	40.01	38.51	35.79	33.14	30.85
江西	30.24	30.24	27.84	25.69	24.37
河南	55.81	58.38	46.59	42.87	42.04
湖北	25.71	21.62	18.34	16.57	16.19
湖南	33.43	32.20	26.77	23.42	23.65
全国平均	12.33	11.80	10.59	9.77	9.44

(数据来源:根据各年《中国教育统计年鉴》与《中国统计年鉴》相关数据测算而得)

2. 每十万人中职学校在校生人数

如表 2.127 所示,2014 年中部地区各省每十万人中职学校在校生人数分别为 1 099.61 人、1 320.26 人、966.73 人、1 172.70 人、642.53 人、963.74 人。以 2007 年为基准,整体上中部地区各省都呈现下降的趋势,每十万人中职学校在校生人数分别减少了 338.60 人、67.14 人、423.52 人、279.34 人、1 000.20 人、343.33 人,分别占到了 2014 年中部地区每十万人中职学校在校生人数的 30.79%、5.09%、43.81%、23.82%、155.67%、35.62%。江西省、湖南省八年间减少的人数占到了 2014 年的三分之一以上,其中湖北省八年间减少的人数最多,占到了

2014年湖北省每十万人中职学校在校生人数的155.67%。2014年中部地区各省每十万人中职学校在校生人数同全国平均水平相比较,山西省、安徽省、河南省略高于全国平均水平,江西省、湖北省、湖南省低于全国平均水平。

表2.127 中部地区各省每十万人中职学校在校生数(单位:人)

	2007年	2009年	2011年	2013年	2014年
山西	1 438.21	1 611.23	1 415.33	1 202.18	1 099.61
安徽	1 387.40	1 406.96	1 588.45	1 604.89	1 320.26
江西	1 390.25	1 441.84	1 308.64	1 071.71	966.73
河南	1 452.04	1 726.10	1 669.97	1 267.51	1 172.70
湖北	1 642.73	1 821.26	1 252.02	708.39	642.53
湖南	1 307.07	1 262.46	1 180.64	972.30	963.74
全国平均	1 225.97	1 333.72	1 317.33	1 129.10	1 035.45

(数据来源:根据各年《中国教育统计年鉴》与《中国统计年鉴》相关数据测算而得)

二、2013—2014年度中部地区高等职业教育事业发展报告

(一)高等职业教育办学规模

1. 高职学校数

如表2.128所示,2014年中部地区各省高等职业教育学校数分别为48所、74所、53所、77所、56所、73所,在2010—2014年的五年间,整体上中部地区各省(除

表2.128 中部地区各省高职学校数(单位:所)

	2010年	2011年	2012年	2013年	2014年
山西	47	47	48	49	48
安徽	69	71	74	73	74
江西	50	49	51	52	53
河南	62	70	73	77	77
湖北	54	56	56	56	56
湖南	71	74	75	75	73

(数据来源:各年《中国教育统计年鉴》)

河南省外),高等职业学校数增减变化幅度不大。以 2010 年为基准,中部地区各省高职学校数分别增加了 1 所、5 所、3 所、15 所、2 所、2 所,分别占到了 2014 年中部地区各省高职学校数的 2.08%、6.76%、5.66%、19.48%、3.57%、2.74%,除河南省外,其余五省五年间增加的数量占 2014 年高职学校数的比例均不超过 7%,河南省五年间增加的数量接近 2014 年的五分之一。

2. 高职招生数

如表 2.129 所示,2014 年中部地区各省高职招生数分别为 92 550 人、158 026 人、156 357 人、238 749 人、189 310 人、161 277 人。在 2010—2014 年的五年间,山西省、河南省总体上高职招生数有所减少,但变化不大,安徽省、江西省、湖北省、湖南省高职招生数整体呈现递增趋势。以 2010 年为基准,山西省、河南省高职招生数分别减少了 3 037 人、7 036 人,分别占到了 2014 年山西省、河南省高职招生数的 3.28%、2.95%,两省五年间减少的人数占到了 2014 年这两省高等职业教育招生数的 3%左右。安徽省、江西省、湖北省、湖南省高职招生数分别增加了 5 902 人、23 498 人、4 196 人、11 735 人,分别占到了 2014 年这四省高职招生数的 3.73%、15.03%、2.22%、7.28%。

表 2.129　中部地区各省高职招生数(单位:人)

	2010 年	2011 年	2012 年	2013 年	2014 年
山西	95 587	90 317	99 085	96 907	92 550
安徽	152 124	169 184	141 866	147 545	158 026
江西	132 859	132 192	116 293	124 731	156 357
河南	245 785	244 939	229 561	230 764	238 749
湖北	185 114	198 546	185 126	183 634	189 310
湖南	149 542	152 068	146 185	149 714	161 277

(数据来源:各年《中国教育统计年鉴》)

3. 高职在校生人数

如表 2.130 所示,2014 年中部地区各省高职在校生数分别为 291 292 人、475 505 人、418 773 人、724 543 人、554 824 人、470 997 人。在 2010—2014 年的五年间,山西省、安徽省、江西省总体上高职在校生人数有所增加,河南省、湖北省、湖南省高职在校生人数整体呈现递减趋势,整体变化不大。以 2010 年为基准,山西省、安徽省、江西省高职在校生数分别增加了 20 975 人、18 938 人、1 177 人,分别占到了 2014 年山西省、安徽省、江西省高职在校生人数的 7.20%、3.98%、0.28%,三省五年间增加的人数不到 2014 年这三省高职在校生人数的 10%,增加人数最少的是江西省。河南省、湖北省、湖南省高职在校生人数分别减少了 45 006 人、25 912 人、19 012 人,分别占到了 2014 年河南省、湖北省、湖南省高职在校生人数的 6.21%、4.67%、4.04%,三省五年间减少的人数占 2014 年三省高职在校生人数的 5%左右。

表 2.130 中部地区各省高职在校生人数(单位:人)

	2010 年	2011 年	2012 年	2013 年	2014 年
山西	270 317	272 316	283 593	286 163	291 292
安徽	456 567	472 667	470 734	469 034	475 505
江西	417 596	399 999	392 665	380 638	418 773
河南	769 549	741 381	721 945	708 164	724 543
湖北	580 736	569 438	565 113	563 945	554 824
湖南	490 009	474 624	451 653	448 981	470 997

(数据来源:各年《中国教育统计年鉴》)

4. 普通专科与普通本科在校生人数比

如表 2.131 所示,2014 年中部地区各省普通专科与普通本科在校生人数比分别为 0.69、0.79、0.84、0.76、0.64、0.71。以 2010 年为基准,中部地区各省份普通专

表 2.131 中部地区各省普通专科与普通本科在校生人数比

	2010 年	2011 年	2012 年	2013 年	2014 年
山西	0.92	0.85	0.80	0.73	0.69
安徽	0.95	0.91	0.85	0.80	0.79
江西	1.05	0.93	0.86	0.79	0.84
河南	1.12	0.98	0.86	0.78	0.76
湖北	0.81	0.74	0.69	0.66	0.64
湖南	0.88	0.80	0.72	0.69	0.71
全国平均	0.76	0.71	0.68	0.65	0.65

(数据来源:根据各年《中国教育统计年鉴》相关数据测算得出)

科与普通本科在校生人数比总体呈现下降的趋势,下降幅度分别达到了 25.00%、16.84%、20.00%、32.14%、20.99%、19.32%,下降幅度最大的省份为河南省,下降幅度超过 30%。2014 年中部地区各省普通专科与普通本科在校生人数比同全国平均水平相比较,除湖北省普通专科与普通本科在校生人数比低于全国平均水平外,中部地区其他各省都高于全国平均水平。

(二)高等职业教育经费投入

1. 高职生均公共财政预算教育事业费支出

如表 2.132 所示,2014 年中部地区各省高职生均公共财政预算教育事业费支出分别为 7 125.28 元、5 845.65 元、8 926.22 元、6 211.01 元、7 325.40 元、9 409.10 元。以 2010 年为基准,整体上中部地区各省高职生均公共财政预算教育事业费支出都呈现上升的趋势,分别增加了 1 701.86 元、3 232.86 元、4 741.58 元、3 085.21 元、3 759.85 元、5 793.40 元,分别占到了 2014 年中部地区各省高等职业教育生均公共财政预算教育事业费支出的 23.88%、55.30%、53.12%、49.67%、51.32%、61.57%。除山西省外,中部地区其余各省五年间增加的费用基本占到了 2014 年这五省高职生均公共财政预算教育事业费支出的一半左右,山西省五年间增加的费用也超过了 2014 年山西省高职生均公共财政预算教育事业费支出的五分之一。2014 年中部地区各省高职生均公共财政预算教育事业费支出与全国平均水平相比,虽然呈现明显的上升趋势,但是仍然低于全国平均水平。

表 2.132 中部地区各省高职生均公共财政预算教育事业费支出(单位:元)

	2010 年	2011 年	2012 年	2013 年	2014 年
山西	5 423.42	5 813.15	8 516.76	8 126.91	7 125.28
安徽	2 612.79	5 444.54	8 880.40	6 020.72	5 845.65
江西	4 184.64	5 813.39	9 213.10	10 311.31	8 926.22
河南	3 125.80	5 708.80	5 994.52	6 058.64	6 211.01
湖北	3 565.55	4 919.53	6 162.94	7 574.79	7 325.40
湖南	3 615.70	6 446.34	8 360.20	9 451.31	9 409.10
全国平均	5 838.87	7 594.46	9 585.22	9 516.98	9 831.01

(数据来源:根据各年《中国教育经费统计年鉴》相关数据测算而得)

【区域发展】
2013—2014 年区域职业教育发展报告

2. 高职与普通本科生均公共财政预算教育事业费支出比

如表 2.133 所示,2014 年中部地区各省高职与普通本科生均公共财政预算教育事业费支出比分别为 0.50、0.39、0.61、0.40、0.53、0.66。2010—2014 年,山西省、安徽省、河南省高职与普通本科生均公共财政预算教育事业费支出比总体上呈现下降趋势,而江西省、湖北省、湖南省总体呈现上升趋势。以 2010 年为基准,山西省、安徽省、河南省下降幅度分别达到了 29.58%、7.14%、34.43%,下降幅度最大的是河南省,下降幅度达到了 34.43%。而江西省、湖北省、湖南省高职与普通本科生均公共财政预算教育事业费支出比相较于 2010 年分别上升了 5.17%、12.77%、15.79%,从中可以看出上升幅度最大的省份为湖南省。2014 年中部地区各省份高职与普通本科生均公共财政预算教育事业费支出比同全国平均水平相比较,除了江西省和湖南省高于全国平均水平外,中部地区其他各省都低于全国平均水平。

表 2.133　中部地区各省高职与普通本科生均公共财政预算教育事业费支出比

	2010 年	2011 年	2012 年	2013 年	2014 年
山西	0.71	0.48	0.47	0.63	0.50
安徽	0.42	0.49	0.62	0.46	0.39
江西	0.58	0.56	0.41	0.75	0.61
河南	0.61	0.53	0.42	0.45	0.40
湖北	0.47	0.42	0.42	0.47	0.53
湖南	0.57	0.48	0.48	0.60	0.66
全国平均	0.63	0.55	0.55	0.60	0.60

(数据来源:根据各年《中国教育经费统计年鉴》相关数据测算而得)

3. 高职生均教育经费支出占人均 GDP 比重

如表 2.134 所示,2014 年中部地区各省高职生均教育经费支出占人均 GDP 比重分别为 38.50%、33.83%、41.09%、34.94%、28.41%、40.14%。2010—2014 年,各省高职生均教育经费支出占人均 GDP 比重除山西省、湖南省外总体呈现下降趋势。以 2010 年为基准,安徽省、江西省、河南省、湖北省的下降幅度分别达到了 26.54%、18.68%、6.95%、33.73%,下降幅度最大的是湖北省,而山西省、湖南省的高职生均教育经费支出占人均 GDP 比重相较于 2010 年分别上升了 4.59%、

11.31%。2014年中部地区各省份高职生均教育经费支出占人均GDP比重同全国平均水平相比较,安徽省、河南省、湖北省低于全国平均水平,中部地区其他各省都高于全国平均水平。

表2.134 中部地区各省高职生均教育经费支出占人均GDP比重(%)

	2010年	2011年	2012年	2013年	2014年
山西	36.81	34.37	41.31	46.31	38.50
安徽	46.05	44.09	50.89	36.15	33.83
江西	50.53	43.00	48.51	49.04	41.09
河南	37.55	40.02	37.55	36.26	34.94
湖北	42.87	39.16	42.84	35.89	28.41
湖南	36.06	42.15	42.74	39.10	40.14
全国平均	44.03	41.85	42.64	38.86	37.39

(数据来源:根据各年《中国教育经费统计年鉴》和《中国统计年鉴》相关数据测算而得)

4. 高职教育经费占公共财政支出比重

如表2.135所示,2014年中部地区各省高职教育经费占公共财政支出比重分别为0.56%、0.47%、0.64%、0.56%、0.56%、0.73%,2010—2014年,各省高职教育经费占公共财政支出比重在2010—2012年间总体呈现上升趋势,2012年后开始

表2.135 中部地区各省高职教育经费占公共财政支出比重(%)

	2010年	2011年	2012年	2013年	2014年
山西	0.42	0.60	0.73	0.67	0.56
安徽	0.21	0.55	0.79	0.52	0.47
江西	0.38	0.65	0.85	0.81	0.64
河南	0.34	0.74	0.67	0.64	0.56
湖北	0.29	0.49	0.55	0.62	0.56
湖南	0.37	0.78	0.87	0.86	0.73
全国平均	0.34	0.55	0.61	0.55	0.54

(数据来源:根据各年《中国教育经费统计年鉴》和《中国统计年鉴》相关数据测算而得)

呈现下降趋势。以 2010 年为基准,中部地区各省份的上升幅度分别达到了 33.33%、123.81%、68.42%、64.71%、93.10%、97.30%,上升幅度最大的是安徽省,上升幅度为 123.81%,除山西省外,各省上升幅度均超过 50%。2014 年中部地区各省份高职教育经费占公共财政支出比重同全国平均水平相比较,仅安徽省低于全国平均水平,中部地区其他各省都高于全国平均水平。

(三)高等职业教育师资队伍

1. 高职生师比

如表 2.136 所示,2014 年中部地区各省高职生师比分别为 19.00、18.61、18.15、16.50、17.22、19.11。2013 年中部地区各省份高职生师比同全国平均水平相比较,江西省、河南省高职生师比低于全国平均水平,中部地区其他各省份的高职生师比都高于全国平均水平。2014 年中部地区各省份高职生师比同全国平均水平相比较,河南省、湖北省低于全国平均水平,中部地区其他各省份都高于全国平均水平。

表 2.136　中部地区各省高职生师比

	2007 年	2009 年	2011 年	2013 年	2014 年
山西	/	/	/	17.60	19.00
安徽	/	/	/	18.46	18.61
江西	/	/	/	16.88	18.15
河南	/	/	/	16.00	16.50
湖北	/	/	/	17.43	17.22
湖南	/	/	/	18.35	19.11
全国平均	/	/	/	17.11	17.57

(数据来源:教育部发展规划司各年统计数据)

2. 高职专任教师中"双师型"教师比例

如表 2.137 所示,2014 年中部地区各省高职专任教师中"双师型"教师比例分别为 26.59%、33.40%、40.97%、33.07%、35.67%、43.52%。2013—2014 年中部地区各省份高职专任教师中"双师型"教师比例同全国平均水平相比较,其中江西省、湖南省高于全国平均水平,中部地区其他各省份都低于全国平均水平。

表 2.137　中部地区各省高职专任教师中"双师型"教师比例(%)

	2007 年	2009 年	2011 年	2013 年	2014 年
山西	/	/	/	23.03	26.59
安徽	/	/	/	32.98	33.40
江西	/	/	/	39.29	40.97
河南	/	/	/	33.42	33.07
湖北	/	/	/	36.17	35.67
湖南	/	/	/	42.38	43.52
全国平均	/	/	/	36.61	38.27

(数据来源:各年全国教育事业发展简明统计分析)

3. 高职专任教师中合格学历教师比例

如表 2.138 所示,2014 年中部地区各省高职专任教师中合格学历教师比例分别为 37.43%、42.35%、38.17%、42.43%、37.22%、36.10%。2013—2014 年中部地区各省份高职专任教师中合格学历教师比例同全国平均水平相比较,其中安徽省、河南省略高于全国平均水平,中部地区其他各省都低于全国平均水平。

表 2.138　中部地区各省高职专任教师中合格学历教师比例(%)

	2007 年	2009 年	2011 年	2013 年	2014 年
山西	/	/	/	35.19	37.43
安徽	/	/	/	40.72	42.35
江西	/	/	/	34.25	38.17
河南	/	/	/	40.89	42.43
湖北	/	/	/	36.00	37.22
湖南	/	/	/	35.72	36.10
全国平均	/	/	/	40.02	42.32

(数据来源:各年全国教育事业发展简明统计分析)

(四) 高等职业教育办学条件

1. 高职生均校舍建筑面积

如表 2.139 所示,2014 年中部地区各省高职生均校舍建筑面积分别为 26.26

【区域发展】
2013—2014 年区域职业教育发展报告

平方米、25.61 平方米、31.86 平方米、32.46 平方米、29.78 平方米、25.27 平方米，2007—2014 八年间，中部地区各省份高职生均校舍建筑面积除安徽省、湖南省总体上略有下降外，其他各省份整体上呈现上升趋势。以 2007 年为基准，山西省、江西省、河南省、湖北省高职生均校舍建筑面积分别增加了 1.26 平方米、5.28 平方米、3.74 平方米、1.05 平方米，安徽省、湖南省高职生均校舍建筑面积分别减少了 0.05 平方米、3.46 平方米。山西省、江西省、河南省、湖北省上升幅度分别为 5.04%、19.86%、13.02%、3.65%，其中上升幅度最大的是江西省，接近 20%。2014 年中部地区各省高职生均校舍建筑面积同全国平均水平相比较，仅江西省、河南省、湖北省高于全国平均水平，中部地区其他各省份都低于全国平均水平。与国家标准相比，仅江西省、河南省达到国家标准，其余各省高职生均校舍建筑面积均低于教育部《高等职业学校设置标准》中的规定的生均 30 平方米。

表 2.139 中部地区各省高职生均校舍建筑面积（单位：平方米）

	2007 年	2009 年	2011 年	2013 年	2014 年
山西	25.00	25.68	26.50	25.59	26.26
安徽	25.66	25.25	25.44	26.57	25.61
江西	26.58	31.89	33.15	33.07	31.86
河南	28.72	28.92	30.32	34.37	32.46
湖北	28.73	29.10	30.55	29.97	29.78
湖南	28.73	27.35	28.65	28.34	25.27
全国平均	27.59	27.22	28.41	28.74	27.74
国家标准	30.00	30.00	30.00	30.00	30.00

（数据来源：根据教育部发展规划司各年相关数据测算而得）

2. 高职生均图书册数

如表 2.140 所示，2014 年中部地区各省高职生均图书册数分别为 61.56 册、61.42 册、72.50 册、74.01 册、64.44 册、61.43 册，2007—2014 八年间，中部地区各省份高职生均图书册数总体呈现上升趋势。以 2007 年为基准，高职生均图书册数分别增加了 14.60 册、6.89 册、20.93 册、11.13 册、9.94 册、1.78 册，山西省、安徽省、江西省、河南省、湖北省、湖南省上升幅度分别为 31.09%、12.64%、40.59%、

17.70%、18.24%、2.98%,其中上升幅度最大的是江西省,上升幅度超过40%。2014年中部地区各省高职生均图书册数同全国平均水平相比较,仅江西省、河南省略高于全国平均水平,中部地区其他各省都低于全国平均水平。与国家标准相比,中部地区各省高职生均图书册数均低于教育部《高等职业学校设置标准》所规定的75册。

表2.140 中部地区各省高职生均图书册数(单位:册)

	2007年	2009年	2011年	2013年	2014年
山西	46.96	56.72	59.70	62.14	61.56
安徽	54.53	54.05	58.35	62.89	61.42
江西	51.57	71.62	76.10	78.40	72.50
河南	62.88	67.62	68.20	79.28	74.01
湖北	54.50	56.20	62.44	65.51	64.44
湖南	59.65	60.86	61.14	65.26	61.43
全国平均	57.81	60.47	65.33	68.87	66.87
国家标准	75.00	75.00	75.00	75.00	75.00

(数据来源:根据教育部发展规划司各年相关数据测算而得)

3. 高职生均教学仪器设备值

如表2.141所示,2014年中部地区各省高职生均教学仪器设备值分别为6 347

表2.141 中部地区各省高职生均教学仪器设备值(单位:元)

	2007年	2009年	2011年	2013年	2014年
山西	4 205	5 099	5 658	6 248	6 347
安徽	4 072	4 432	4 796	5 569	5 868
江西	3 878	5 331	6 020	6 711	6 733
河南	4 899	5 235	5 630	7 105	7 025
湖北	4 450	4 775	5 645	6 036	6 372
湖南	4 621	5 064	5 386	6 412	7 372
全国平均	4 969	5 655	6 634	7 673	7 897
国家标准	5 000	5 000	5 000	5 000	5 000

(数据来源:根据教育部发展规划司各年相关数据测算而得)

元、5 868 元、6 733 元、7 025 元、6 372 元、7 372 元，2007—2014 八年间，中部地区各省份高职生均教学仪器设备值总体呈现上升趋势。以 2007 年为基准，山西省、安徽省、江西省、河南省、湖北省、湖南省高职生均教学仪器设备值分别增加了 2 142 元、1 796 元、2 855 元、2 126 元、1 922 元、2 751 元，上升幅度分别为 50.94%、44.11%、73.62%、43.40%、43.19%、59.53%，各省上升幅度均超过 40.00%，其中上升幅度最大的是江西省，上升幅度超过 70%。与国家标准相比，中部地区各省高职生均教学仪器设备值均高于教育部《高等职业学校设置标准》所规定的 5 000 元。

（五）高等职业教育服务能力

1. 每万平方公里高职学校数

如表 2.142 所示，2014 年中部地区各省每万平方公里高职学校数分别为 3.07 所、5.39 所、3.17 所、4.61 所、3.01 所、3.45 所。以 2007 年为基准，整体上中部地区各省每万平方公里高职学校数都呈现上升的趋势，分别增加了 0.38 所、1.17 所、0.42 所、1.56 所、0.27 所、0.05 所，分别占到了 2014 年中部地区各省每万平方公里高职学校数的 12.38%、21.71%、13.25%、33.84%、8.97%、1.45%，其中河南省增加的高职学校数占 2014 年高职学校数的比例最大，达到了三分之一。2014 年中部地区各省每万平方公里高职学校数同全国平均水平相比较，中部地区各省均高于全国平均水平。

表 2.142 中部地区各省每万平方公里高职学校数（单位：所）

	2007 年	2009 年	2011 年	2013 年	2014 年
山西	2.69	2.94	3.01	3.13	3.07
安徽	4.22	4.58	5.08	5.23	5.39
江西	2.75	3.11	2.93	3.11	3.17
河南	3.05	3.35	4.19	4.61	4.61
湖北	2.74	2.90	3.01	3.01	3.01
湖南	3.40	3.40	3.49	3.54	3.45
全国平均	1.22	1.27	1.33	1.38	1.38

（数据来源：根据各年《中国教育统计年鉴》与《中国统计年鉴》相关数据测算而得）

2. 每十万人高职学校在校生人数

如表 2.143 所示，2014 年中部地区各省每十万人高职学校在校生人数分别为

802.46人、686.30人、926.05人、769.73人、956.76人、703.97人。以2007年为基准,江西省、湖北省、湖南省呈现下降的趋势,每十万人高职学校在校生人数分别减少了133.83人、7.62人、12.39人,占到了2014年这三省每十万人高职学校在校生人数的14.45%、0.80%、1.76%。与此相反,山西省、安徽省、河南省三省总体上呈现上升趋势,每十万人高职学校在校生人数分别增加了65.17人、81.17人、141.32人,占到了2014年这三省每十万人高职学校在校生人数的8.12%、11.83%、18.36%。2014年中部地区各省每十万人高职学校在校生人数同全国平均水平相比较,安徽省、湖南省略低于全国平均水平,其他四省高于全国平均水平。

表2.143 中部地区各省每十万人高职学校在校生人数(单位:人)

	2007年	2009年	2011年	2013年	2014年
山西	737.29	809.50	757.91	788.33	802.46
安徽	605.13	715.21	792.00	777.83	686.30
江西	1 059.88	962.47	891.26	841.75	926.05
河南	628.41	793.42	789.71	752.33	769.73
湖北	964.38	1 020.78	988.95	972.49	956.76
湖南	716.36	781.62	719.56	671.02	703.97
全国平均	651.33	722.97	711.66	715.53	735.94

(数据来源:根据各年《中国教育统计年鉴》与《中国统计年鉴》相关数据测算而得)

三、2013—2014年度中部地区促进职业教育发展的主要举措

(一)山西省公布"三二分段"职业教育人才培养试行方案

山西省教育厅组织有关职业院校开展了五年制"三二分段"职业教育人才培养方案的编制工作。编制工作由有关高职院校牵头,合作院校共同参与,经行业、企业专家论证和山西省教育厅相关职能部门审核,公布了应用化工技术等24个专业"三二分段"人才培养方案(试行)。通过以五年制"三二分段"人才培养为切入点,深入推进中高职衔接,深化教育教学改革和人才培养模式创新,为山西省的经济发展培养更多高水平技术技能型人才。[①]

---

① 山西省教育厅.山西省教育厅关于公布部分五年制职业教育"三二分段"人才培养方案的通知[EB/OL]. http://www.sxedu.gov.cn/BMGZ/actinfo_show.asp?actid=5220.2014-4-19/2018-09-15.

（二）安徽省出台意见，加强高职院校学生思品和人文教育

针对少数高等职业院校重专业技能和职业能力的培养，轻素质、轻德育的不良倾向，2013年安徽省出台了《加强高等职业院校学生思想品德和人文科学素养教育工作意见》。安徽省提出，高职院校要修订专业人才培养方案和教学计划，加大思想品德和人文科学素养课程的比例。要将思政、品格、职业素质、职业精神、职业道德、心理和安全教育、就业和创业等课程合理纳入教学计划中，对这些课程的安排要进行科学规划，根据培养对象的需要进行科学设置，开设实用课程。课程分核心（必修）课、选修课和系列讲座三个层次，内容上三者相互配合。各高职院校要积极开发思想品德和人文科学素养课程，课程开发要以提升学生的思想品德和人文科学素养为目标，以高职院校为主体，行业、企业、科研院所等社会力量广泛参与，坚持德育工作与人文科学素养教育的有机融合。[①]

（三）江西省试点中高职对接，办开放性现代职业教育体系

2013年7月，江西省教育厅出台《关于推进中高职教育对接培养模式改革的意见》，探索建立从中职向高职、应用型本科、专业硕士纵向衔接的应用型人才培养体系，逐步建立中等职业教育与高等职业教育相互衔接、学历教育与职业培训并举、适合终身教育需要的开放性现代职业教育体系。江西中高职对接培养试点专业的招生录取工作由江西省教育考试院统一组织，实行注册入学。学生凭初中毕业证书到参与中高职对接培养试点的中等职业学校报名登记，由中等职业学校负责办理录取及中职学籍注册手续，录取通知书须由参与中高职对接培养试点的中等职业学校和高等职业学校共同盖章。学生完成前三年中职阶段学习且成绩合格后，直接转入试点的高等职业学校接受后两年的高职阶段教育，由高等职业学校负责办理高职学籍注册手续。中高职对接培养试点专业的学生在中职阶段享受中等职业学校学生的资助和免费政策；进入高职阶段后，享受与其他类型高等职业学校学生相同的资助政策。学生完成中职阶段学习且成绩合格后，由中等职业学校颁发毕业证书。[②]

---

① 中国职业教育与成人教育网.安徽出台意见加强高职院校学生思品和人文教育[EB/OL]. http://www.cvae.com.cn/zgzcw/ahs/201305/c1c28b70d2e74b1f9735f82b7302a9d6.shtml. 2013 - 5 - 26/2018 - 09 - 15.

② 中国职业教育与成人教育网.江西试点中高职对接办开放性现代职业教育体系[EB/OL]. http://www.cvae.com.cn/zgzcw/jxs/201307/8061f066e28e4bd29240161f13520dc1.shtml. 2013 - 7 - 22/2018 - 09 - 15.

(四)河南省2014年试点高等职业院校开展单独招生改革

2013年12月,河南省教育厅发出通知,2014年该省将在符合条件的高等职业院校开展单独招生改革试点,凡参加高职院校单独招生并被录取的考生无需再参加高考。河南省试点单招的高职院校包括:国家示范性高等职业院校(含骨干校)、省级示范性高等职业院校(含骨干校)和部分招生管理规范且具有办学特色的高职院校。招生专业应为学校的优势专业、骨干专业,招生数量原则上控制在学校年度招生规模的30%以内。招生对象为已参加2014年河南省普通高等学校招生统一考试报名的考生(含参加对口升学报名的中职学生)。被高职院校单招改革试点院校录取的考生,享受与普通高考录取的新生相同待遇。考生被录取后,不再参加普通高等学校招生全国统一考试、对口升学考试,也不能被其他高校录取。据悉,单招考核由文化科目考试和职业技能考核两部分组成。高中学生学业水平考试成绩和综合素质评价可作为试点院校招生录取时的重要依据。

(五)湖北省推行职业教育改革,加强技能考试,探索注册入学

2014年11月26日,在武汉召开的湖北省全省职业教育工作会议给出了答案。湖北省政府下发了《关于加快发展现代职业教育的决定》(以下简称《决定》),推出一系列创新举措。在改革考试招生制度方面,湖北省提出要推进高等职业教育分类招考。将全面实施面向中职毕业生的"知识+技能"招生考试改革。建立综合评价招生办法,依据普通高中学业水平考试成绩和综合素质评价结果,探索高职注册入学制度。应用技术类型本科高校,要探索单独招收优秀中职、高职毕业生和有实践经历社会人员的招生办法,还将建立技能拔尖人才免试进高校的招生制度。此外,湖北省将扩大职业院校办学自主权。职校可依据规划和当地经济社会发展实际自主设置专业(国家控制类专业除外)。办学规范优良的学校,可逐步实行在核定办学规模内自主确定招生范围和招生计划。支持有条件的高职招收海外留学生,引进海外高水平专家教学。《决定》提出,除五年内新设本科学校外,省属公办本科院校将停办专科层次教育。《决定》指出,职业教育学校要提高"双师型"专业教师比例,到2020年,有实践经验的专兼职教师占专业教师总数的60%以上。湖北省将创新教师引进机制,学校可将20%的编制员额用于聘任专业兼职教师。对专业性强、实训技能要求高的岗位,可以试行先面试后笔试等办法;对急需紧缺专业技术岗位,可按规定采取考核认定后直接引进。建立完善职业院校教师和企业工程技术人员、高技能人才相互兼职交流制度。探索在职业学校设置正高级教师

职务(职称)。《决定》提出,湖北省将建立经费投入保障机制。新增财政教育投入主要用于职业教育,教育费附加和地方教育费附加用于职业教育的比例均不低于30%。

四、2013—2014年度中部地区职业教育发展的主要特征

(一) 中部地区中等职业教育规模不断缩小,高等职业教育规模变化不大

2013—2014年中部地区各省中职办学规模整体上呈现下降趋势,这表明中部地区的中等职业教育规模出现了萎缩的趋势。中职学校数、在校生人数、招生数都呈现逐年下降的趋势;职普比除安徽省外整体呈现下降趋势。2014年中部地区各省份职普比同全国平均水平相比较,除了安徽省和湖南省职普比高于全国平均水平外,中部地区其他各省份的职普比都低于全国平均水平。2013—2014年中部地区各省高职办学规模整体上变化不大,普通专科与普通本科在校生人数比下降趋势明显,但是中部地区大部分省份普通专科与普通本科在校生人数比仍高于全国平均水平。总的来说,中部地区中等职业教育规模不断缩小,高等职业教育规模变化不大,但是普通专科与普通本科在校生人数比变化表明中部地区高等职业教育规模出现了萎缩趋势。

(二) 职业教育经费投入总量不足,区域内省际差异悬殊

2013—2014年中部地区各省中职经费投入整体上呈现上升趋势,说明中部地区对中等职业教育的经费投入不断增加,但是部分经费投入仍然低于全国平均水平,说明中部地区中职经费投入有待提高。中部地区各省中等职业教育生均公共财政预算教育事业费支出呈现逐年上升的趋势,2014年中部地区各省中职生均公共财政预算教育事业费支出与全国平均水平相比,虽然呈现明显的上升趋势,但是仍然低于全国平均水平。山西省、安徽省、湖北省中职与普高生均公共财政预算教育事业费支出比总体呈现上升趋势,而江西省、河南省、湖南省总体上呈现下降趋势。2014年中部地区各省中职与普高生均公共财政预算教育事业费支出比同全国平均水平相比较,除了江西省和河南省低于全国平均水平外,中部地区其他各省都高于全国平均水平。中部地区各省中职生均教育经费支出占人均GDP比重除湖南省外总体呈现上升趋势。2014年中部地区各省中职生均教育经费支出占人均GDP比重同全国平均水平相比较,河南省、湖北省、湖南省都低于全国平均水平。中部地区各省中职教育经费占公共财政支出比重总体呈现上升趋势。2014年中部地区

各省中职教育经费占公共财政支出比重同全国平均水平相比较,仅山西省与河南省高于全国平均水平。2013—2014年中部地区各省高职经费投入存在一定的差异,但是总体上的经费投入与全国平均水平相比仍有一定差距。

(三)中部地区的师资队伍虽然数量上升,但师资质量有待提高

2013—2014年中部地区各省中职师资队伍规模整体上呈现好的发展趋势。师资力量有待提高,多项师资指标未达到国家标准,但差距都在逐步缩小。中部地区各省中职生师比总体呈现下降趋势,这表明师资队伍建设的整体水平正在提升。2014年中部地区各省中职生师比同全国平均水平相比较,山西省、河南省、湖北省低于全国平均水平,中部地区其他各省都高于全国平均水平。中部地区各省中职专任教师中"双师型"教师的比例总体呈现上升趋势,但是2014年中职专任教师中"双师型"教师的比例同全国平均水平相比较,仅安徽省中职专任教师中"双师型"教师的比例高于全国平均水平。虽然中部地区各省中职专任教师中合格学历教师比例呈现上升趋势,但是2014年中部地区各省中职专任教师中合格学历教师比例同全国平均水平相比较,仅安徽省略高于全国平均水平。

(四)中部地区办学条件得到改善,但距离标准化尚远

2013—2014年中部地区中等职业教育办学条件发展整体上呈现向好趋势,但是多项指标尚未达到全国均值,也未达到国家标准且各省间差距较大,办学条件仍有待改善。中部地区各省份中职生均校舍建筑面积呈现上升趋势。2014年中部地区各省份中职生均校舍建筑面积同全国平均水平相比较,仅河南省、湖南省略低于全国平均水平,此外各省份都呈现上升态势,但是除湖北省外,全国平均水平及中部地区其他各省中职生均校舍建筑面积与教育部《中等职业学校设置标准》规定的20平方米,仍然有一定的差距。中部地区各省份中职生均图书册数总体呈现上升趋势。2014年中部地区各省中职生均图书册数同全国平均水平相比较,仅江西省、河南省、湖南省略低于全国平均水平,但是除安徽省、湖北省外,全国平均水平及中部地区其他各省中职生均图书册数与教育部《中等职业学校设置标准》规定的30册,仍然有一定的差距。中部地区各省份中职生均教学仪器设备值总体呈现上升趋势。2014年中部地区各省中职生均教学仪器设备值同全国平均水平相比较,仅湖北省中职生均教学仪器设备值高于全国平均水平,但是全国平均水平及中部地区各省中职生均教学仪器设备值都超过了教育部《中等职业学校设置标准》规定的中职其他专业生均教学仪器设备值2 500元,除河南省外,全国平均水平及中部地

区各省中职生均教学仪器设备值都超过了教育部《中等职业学校设置标准》规定的中职工科与医药类专业生均教学仪器设备值3 000元。中部地区各省份中职每百名学生拥有教学用计算机数总体呈现上升趋势,虽然各省份都呈现上升态势,但是2014年中部地区各省中职每百名学生拥有教学用计算机数同全国平均水平相比较,仅湖北省高于全国平均水平。

(五)人才培养能力逐渐提升,但人才培养质量还有待提高

中部地区中等职业教育在人才培养的数量上整体呈现上升态势,职业教育人才质量逐步提高。中部地区各省份中职毕业生获取职业资格证书的比例总体呈现上升趋势。2014年中职毕业生获取职业资格证书的比例同全国平均水平相比较,仅江西省、河南省中职毕业生获取职业资格证书的比例略低于全国平均水平。中部地区各省中职学校学生流失率逐年下降,但是江西省、河南省、湖南省中职学校学生流失率仍高于全国平均水平,流失率相对较高。

(六)职业教育服务能力逐渐下降,但仍然高于全国平均水平

整体上中部地区各省每万平方公里中职学校数、每十万人中职学校在校生数都呈现逐年下降的趋势,2014年中部地区各省每万平方公里中职学校数同全国平均水平相比较,中部地区各省均高于全国平均水平;2014年中部地区各省每十万人中职学校在校生数同全国平均水平相比较,山西省、安徽省、河南省略高于全国平均水平,江西省、湖北省、湖南省低于全国平均水平。整体上中部地区高等职业教育服务能力有所上升,但是各省份间发展不平衡,部分省份与全国平均水平仍有一定的差距。

(撰稿人:马欣悦)

2013—2014 年度民族地区职业教育事业发展报告

一、2013—2014 年度民族地区中等职业教育事业发展报告

(一) 中等职业教育办学规模

1. 中职学校数

如表 2.144 所示,2014 年民族地区①各省/自治区(内蒙古、广西、贵州、云南、西藏、青海、宁夏、新疆)中等职业学校数分别为 258 所、295 所、209 所、385 所、9 所、38 所、33 所、176 所,共 1 403 所。各省/自治区差距极大,中职学校数最多的云南有

表 2.144 民族地区各省/自治区中职学校数(单位:所)

	2010 年	2011 年	2012 年	2013 年	2014 年
内蒙古	285	283	276	264	258
广西	357	327	319	309	295
贵州	249	227	229	218	209
云南	407	400	396	390	385
西藏	6	6	6	6	9
青海	40	40	40	38	38
宁夏	36	36	34	35	33
新疆	186	184	181	180	176

(数据来源:各年《中国教育统计年鉴》)

---

① 本报告中的民族地区包括内蒙古自治区、广西壮族自治区、贵州省、云南省、西藏自治区、青海省、宁夏回族自治区和新疆维吾尔自治区。民族地区各省/自治区依次为内蒙古、广西、贵州、云南、西藏、青海、宁夏、新疆。

【区域发展】
2013—2014年区域职业教育发展报告

385所,而西藏却不到10所。以2010年为基准,除西藏增加了3所中职学校以外,整体上民族地区各省/自治区的中职学校数都呈现下降趋势。具体而言,2010—2014年,内蒙古、广西、贵州、云南、青海、宁夏、新疆分别减少了27所、62所、40所、22所、2所、3所、10所,分别占到了2014年民族地区各省/自治区中职学校数的10.47%、21.02%、19.14%、5.71%、5.26%、9.09%、5.68%,其中广西与贵州学校减少的数量占到了2014年中职学校数的五分之一左右。

2. 中职招生数

如表2.145所示,2014年民族地区各省/自治区中等职业教育招生数分别为82 400人、271 153人、235 809人、176 030人、7 087人、27 303人、30 388人、85 937人。2010—2014年,广西一直是民族地区中职招生数最多的地区,而西藏则持续最少,每年招生不足8 000人。以2010年为基准,整体上民族地区各省/自治区的中职招生数都呈现下降趋势。具体而言,内蒙古、广西、云南、西藏、青海、宁夏、新疆分别减少了41 827人、109 755人、102 985人、232人、3 410人、12 133人、12 957人,分别占到了各地区2014年中职招生数的50.76%、40.48%、58.50%、3.27%、12.49%、39.93%、15.08%。内蒙古、云南减少的招生数量已超过了2014年中职招生数的一半,广西、宁夏减少的数量是2014年中职招生数的五分之二。唯一例外的是贵州省,其中职招生数比2010年增加了80 282人,占2014年中职招生数的34.05%。

表2.145 民族地区各省/自治区中职招生数(单位:人)

	2010年	2011年	2012年	2013年	2014年
内蒙古	124 227	105 862	96 021	83 852	82 400
广西	380 908	317 077	312 754	303 601	271 153
贵州	155 527	148 242	150 784	247 135	235 809
云南	279 015	184 875	183 174	179 685	176 030
西藏	7 319	5 368	7 901	6 471	7 087
青海	30 713	29 600	30 143	29 277	27 303
宁夏	42 521	50 433	36 055	30 348	30 388
新疆	98 894	90 177	86 751	83 893	85 937

(数据来源:各年《中国教育统计年鉴》)

3. 中职在校生人数

如表 2.146 所示，2014 年民族地区各省/自治区中等职业教育在校生人数分别为 231 865 人、782 675 人、544 462 人、490 558 人、16 990 人、77 163 人、81 966 人、219 483 人。以 2010 年为基准，民族地区各省/自治区中职在校生人数的变化趋势与招生数变化趋势一致，除贵州增加了 168 722 人以外，内蒙古、广西、云南、西藏、青海、宁夏、新疆的中职在校生人数分别减少了 102 855 人、26 833 人、84 743 人、5 623 人、1 942 人、19 912 人、13 836 人。其中，内蒙古减幅最大（30.73％），西藏与宁夏次之。

表 2.146 民族地区各省/自治区中职在校生人数（单位：人）

	2010 年	2011 年	2012 年	2013 年	2014 年
内蒙古	334 720	307 919	275 527	245 414	231 865
广西	809 508	841 953	862 445	822 241	782 675
贵州	375 740	379 908	383 367	475 512	544 462
云南	575 301	578 273	567 843	494 103	490 558
西藏	22 613	19 767	18 291	17 491	16 990
青海	79 105	80 057	76 842	77 784	77 163
宁夏	101 878	112 500	104 757	93 950	81 966
新疆	233 319	243 039	235 277	229 294	219 483

（数据来源：各年《中国教育统计年鉴》）

4. 中职与普高在校生人数比

如表 2.147 所示，2014 年民族地区各省/自治区中职与普高在校生人数比值分别为 0.48、0.93、0.58、0.64、0.31、0.68、0.50、0.47。以 2010 年为基准，民族地区各省/自治区职普比都呈下降趋势，内蒙古、广西、贵州、云南、西藏、青海、宁夏、新疆的下降幅度分别达到了 28.36％、13.08％、3.33％、28.89％、43.64％、6.85％、29.58％、14.55％。2014 年民族地区各省/自治区中职与普高在校生人数比值同全国平均水平相比，除了广西、云南与青海职普比高于全国平均水平外，其他民族地区的职普比都低于全国平均水平。

【区域发展】
2013—2014 年区域职业教育发展报告

表 2.147 民族地区各省/自治区中职与普高在校生人数比

	2010 年	2011 年	2012 年	2013 年	2014 年
内蒙古	0.67	0.62	0.55	0.50	0.48
广西	1.07	1.09	1.08	1.00	0.93
贵州	0.60	0.55	0.50	0.56	0.58
云南	0.90	0.88	0.80	0.67	0.64
西藏	0.55	0.44	0.38	0.33	0.31
青海	0.73	0.75	0.73	0.71	0.68
宁夏	0.71	0.76	0.67	0.57	0.50
新疆	0.55	0.56	0.53	0.51	0.47
全国平均	0.75	0.72	0.68	0.63	0.59

(数据来源：根据各年《中国教育统计年鉴》相关数据测算得出)

(二) 中等职业教育经费投入

1. 中职教育经费占公共财政支出比重

如表 2.148 所示，2014 年民族地区各省/自治区中职教育经费占公共财政支出比重分别为 0.58%、0.91%、0.39%、0.65%、0.16%、0.35%、0.38%、0.47%。以 2010 年为基准，民族地区各省/自治区中职教育经费占公共财政支出比重都呈下降趋

表 2.148 民族地区各省/自治区中职教育经费占公共财政支出比重(%)

	2010 年	2011 年	2012 年	2013 年	2014 年
内蒙古	0.69	0.67	0.76	0.81	0.58
广西	0.96	1.00	0.99	1.21	0.91
贵州	0.91	0.93	0.73	0.59	0.39
云南	0.79	1.02	0.92	1.19	0.65
西藏	0.35	0.27	0.26	0.28	0.16
青海	0.47	0.44	0.48	0.48	0.35
宁夏	0.63	0.66	0.56	0.63	0.38
新疆	0.65	0.77	0.82	0.85	0.47
全国平均	0.65	0.95	1.00	0.99	0.91

(数据来源：根据各年《中国教育统计年鉴》和《中国统计年鉴》相关数据测算而得)

势,其中贵州下降最多,五年间比重减少了0.52%。2014年民族地区各省/自治区中职教育经费占公共财政支出比重同全国平均水平相比,除了广西与全国平均水平持平外,其他民族地区的比重都低于全国平均水平。

2. 中职生均教育经费支出占人均GDP比重

如表2.149所示,2014年民族地区各省/自治区中职生均教育经费支出占人均GDP比重分别为27.67%、43.64%、42.65%、47.96%、55.94%、41.40%、28.78%、50.00%。以2010年为基准,西藏、宁夏、新疆中职生均教育经费支出占人均GDP比重呈下降趋势,五年间分别减少了59.95%、1.13%、0.92%;其他民族地区则呈上升趋势,内蒙古、广西、贵州、云南、青海分别增加了0.82%、13.02%、7.24%、5.08%、5.13%。2014年民族地区各省/自治区中职生均教育经费支出占人均GDP比重同全国平均水平相比,除了内蒙古、宁夏低于全国平均水平以外,其他民族地区都高于全国平均水平。

表2.149 民族地区各省/自治区中职生均教育经费支出占人均GDP比重(%)

	2010年	2011年	2012年	2013年	2014年
内蒙古	26.85	36.47	25.86	26.74	27.67
广西	30.62	31.88	32.67	35.74	43.64
贵州	35.41	56.49	50.06	43.74	42.65
云南	42.88	49.47	48.66	49.66	47.96
西藏	115.89	124.92	94.70	67.92	55.94
青海	36.27	45.38	37.16	42.09	41.40
宁夏	29.91	33.97	27.31	26.16	28.78
新疆	50.92	56.07	50.31	49.82	50.00
全国平均	28.48	28.85	31.24	32.12	29.99

(数据来源:根据各年《中国教育经费统计年鉴》和《中国统计年鉴》相关数据测算而得)

3. 中职生均公共财政预算教育事业费支出

如表2.150所示,2014年民族地区各省/自治区中职生均公共财政预算教育事业费支出分别为4 840.41元、8 231.72元、5 278.65元、3 974.26元、4 728.43元、7 618.66元、6 496.27元、4 426.93元。以2010年为基准,民族地区各省/自治区中职生均公共财政预算教育事业费支出皆为下降趋势,五年间分别减少了4 285.59元、

【区域发展】
2013—2014年区域职业教育发展报告

5 161.68 元、1 700.14 元、3 161.66 元、2 558.32 元、17 919.53 元、2 157.65 元、4 181.80 元,其中青海减少最多,降幅高达 70.17%,其他地区下降幅度也都在 24% 至 50% 之间。2014 年民族地区各省/自治区中职生均公共财政预算教育事业费支出都低于全国平均水平。

表 2.150 民族地区各省/自治区中职生均公共财政预算教育事业费支出(单位:元)

	2010 年	2011 年	2012 年	2013 年	2014 年
内蒙古	9 126.00	8 776.58	7 548.50	6 143.64	4 840.41
广西	13 393.40	11 943.86	11 784.04	10 479.40	8 231.72
贵州	6 978.79	6 528.29	5 722.84	5 903.56	5 278.65
云南	7 135.92	9 060.32	6 960.62	4 921.87	3 974.26
西藏	7 286.75	8 105.25	5 922.11	6 223.29	4 728.43
青海	25 538.19	15 822.99	13 427.89	11 686.35	7 618.66
宁夏	8 653.92	7 674.27	8 031.31	6 857.32	6 496.27
新疆	8 608.73	9 067.61	6 338.02	5 695.77	4 426.93
全国平均	4 840.41	6 143.64	7 548.50	8 776.58	9 126.00

(数据来源:根据各年《中国教育经费统计年鉴》相关数据测算而得)

4. 中职与普高生均公共财政预算教育事业费支出比

如表 2.151 所示,2014 年民族地区各省/自治区中职与普高生均公共财政预算教育事业费支出比值分别为 1.47、1.54、1.20、1.10、1.05、0.81、0.66、1.10。以 2010 年为基准,仅西藏与宁夏中职与普高生均公共财政预算教育事业费支出比分别下降了 0.22、0.34,其他民族地区各省/自治区比重都呈上升趋势,内蒙古、广西、贵州、云南、青海、新疆增加幅度分别为 16.67%、50.98%、14.29%、2.80%、9.46%、7.84%,广西增幅最大。2014 年民族地区各省/自治区中职与普高生均公共财政预算教育事业费支出比同全国平均水平相比,青海、宁夏低于全国平均水平,其他民族地区都高于全国平均水平。

(三)中等职业教育办学条件

1. 中职生均图书册数

如表 2.152 所示,2014 年民族地区各省/自治区中职生均图书册数分别为 27.64 册、20.97 册、12.79 册、18.88 册、18.62 册、14.51 册、16.46 册、22.62 册。以 2007 年

表 2.151　民族地区各省/自治区中职与普高生均公共财政预算教育事业费支出比

	2010 年	2011 年	2012 年	2013 年	2014 年
内蒙古	1.26	1.12	1.17	1.30	1.47
广西	1.02	0.97	0.95	1.26	1.54
贵州	1.05	1.44	1.13	1.01	1.20
云南	1.07	1.19	0.92	1.21	1.10
西藏	1.27	1.03	0.99	1.02	1.05
青海	0.74	0.66	0.76	0.73	0.81
宁夏	1.00	1.08	0.82	0.77	0.66
新疆	1.02	1.08	1.10	1.10	1.10
全国平均	1.07	1.03	0.97	1.04	1.01

(数据来源：根据各年《中国教育经费统计年鉴》相关数据测算而得)

为基准,广西、贵州与云南中职生均图书册数分别减少了2.24册、0.77册、4.60册;其他民族地区中职生均图书册数皆为增长趋势,其中西藏增幅最大,2014年比2007年增加了39.89%。除内蒙古外,2014年民族地区各省/自治区中职生均图书册数皆低于全国平均水平。与国家标准相比,2014年民族地区各省/自治区中职生均图书册数均未达到国家标准。

表 2.152　民族地区各省/自治区中职生均图书册数(单位：册)

	2007 年	2009 年	2011 年	2013 年	2014 年
内蒙古	20.97	15.89	17.48	24.10	27.64
广西	23.21	21.94	19.15	19.79	20.97
贵州	13.56	14.38	17.11	12.53	12.79
云南	23.48	19.05	16.81	18.85	18.88
西藏	13.31	12.29	8.46	13.81	18.62
青海	11.18	11.41	12.65	14.91	14.51
宁夏	14.87	10.77	10.43	15.62	16.46
新疆	20.60	19.77	18.77	20.58	22.62
全国平均	20.40	19.11	20.74	23.55	24.92
国家标准	30.00	30.00	30.00	30.00	30.00

(数据来源：根据教育部发展规划司各年相关数据测算而得)

2. 中职每百名学生拥有教学用计算机数

如表 2.153 所示,2014 年民族地区各省/自治区中职每百名学生拥有教学用计算机数分别为 16.68 台、13.40 台、11.39 台、15.86 台、11.30 台、13.31 台、14.79 台、13.79 台。以 2007 年为基准,除了广西减少了 1.41 台,其他民族地区中职每百名学生拥有教学用计算机数皆呈上升趋势,内蒙古、贵州、云南、西藏、青海、宁夏、新疆分别增加了 6.21 台、1.93 台、3.23 台、7.07 台、4.49 台、3.26 台、3.53 台,各省/自治区增长幅度分别为 59.31%、20.40%、25.57%、167.14%、50.91%、28.27%、34.41%,其中西藏增幅最大,其 2014 年的数值为 2007 年的近 3 倍。2014 年民族地区各省/自治区中职每百名学生拥有教学用计算机数都低于全国平均水平。

表 2.153　民族地区各省/自治区中职每百名学生拥有教学用计算机数(单位:台)

	2007 年	2009 年	2011 年	2013 年	2014 年
内蒙古	10.47	9.31	11.06	15.92	16.68
广西	14.81	14.42	11.22	11.60	13.40
贵州	9.46	9.76	13.05	11.89	11.39
云南	12.63	12.13	12.01	14.90	15.86
西藏	4.23	5.43	6.13	7.92	11.30
青海	8.82	8.11	9.63	11.17	13.31
宁夏	11.53	8.45	9.23	12.56	14.79
新疆	10.26	9.29	10.86	12.64	13.79
全国平均	13.31	12.75	13.94	16.86	18.86

(数据来源:根据教育部发展规划司各年相关数据测算而得)

3. 中职生均教学仪器设备值

如表 2.154 所示,2014 年民族地区各省/自治区中职生均教学仪器设备值分别为 4 997 元、3 443 元、2 655 元、2 647 元、8 634 元、3 720 元、4 527 元、4 860 元。以 2007 年为基准,民族地区各省/自治区中职生均教学仪器设备值皆呈上升趋势,内蒙古、广西、贵州、云南、西藏、青海、宁夏、新疆分别增加了 3 767 元、1 396 元、1 378 元、1 053 元、7 884 元、1 994 元、2 879 元、3 002 元,分别占到了 2014 年民族地区各省/自治区中职生均教学仪器设备值的 75.39%、40.55%、51.90%、39.78%、91.31%、53.60%、63.60%、61.77%。2014 年民族地区各省/自治区中职生均教学仪器设备值基本已达到教育部《中等职业学校设置标准》的规定值。

表2.154 民族地区各省/自治区中职生均教学仪器设备值(单位：元)

	2007年	2009年	2011年	2013年	2014年
内蒙古	1 230	1 233	1 911	3 890	4 997
广西	2 047	2 410	2 502	2 919	3 443
贵州	1 277	1 223	1 972	2 242	2 655
云南	1 594	1 435	1 613	2 110	2 647
西藏	750	999	2 522	4 264	8 634
青海	1 726	1 575	2 221	3 259	3 720
宁夏	1 648	1 804	1 662	3 493	4 527
新疆	1 858	2 117	2 784	3 907	4 860
全国平均	1 936	2 120	2 596	3 741	4 661
国家标准①	2 500/3 000	2 500/3 000	2 500/3 000	2 500/3 000	2 500/3 000

(数据来源：根据教育部发展规划司各年相关数据测算而得)

(四) 中等职业教育师资队伍

1. 中职生师比

如表2.155所示，2014年民族地区各省/自治区中职生师比分别为15.83、38.33、33.32、23.02、17.11、31.50、33.09、22.26。以2007年为基准，内蒙古、贵州、西藏、宁夏的中职生师比分别下降了3.42、0.17、20.28、1.41，其中西藏减幅最大(54.24%)，说明这些省/自治区师资水平整体有所提升。广西、云南、青海、新疆分别增加了11.63、1.74、2.87、2.47，广西增幅最大(43.56%)。2014年民族地区各省/自治区中职生师比同全国平均水平相比，仅内蒙古与西藏符合国家标准，其他民族地区都达不到全国平均水平。

2. 中职专任教师中"双师型"教师比例

如表2.156所示，2014年民族地区各省/自治区中职专任教师中"双师型"教师比例分别为18.26%、35.68%、28.31%、21.69%、16.82%、33.71%、29.83%、27.68%。以2007年为基准，民族地区各省/自治区中职专任教师中"双师型"教师比例皆呈增长趋势，内蒙古、广西、贵州、云南、西藏、青海、宁夏、新疆分别增加了7.98%、11.75%、13.69%、9.85%、10.11%、8.79%、5.22%、0.32%。2014年民族地区各省/自治区

---

① 其他专业标准/工科与医药类专业标准。

【区域发展】
2013—2014 年区域职业教育发展报告

表 2.155 民族地区各省/自治区中职生师比

	2007 年	2009 年	2011 年	2013 年	2014 年
内蒙古	19.25	21.47	20.36	16.63	15.83
广西	26.70	29.98	40.85	40.19	38.33
贵州	33.49	35.53	32.65	33.19	33.32
云南	21.28	24.27	27.55	23.37	23.02
西藏	37.39	35.54	33.22	26.83	17.11
青海	28.63	30.80	31.41	30.30	31.50
宁夏	34.50	41.08	45.47	35.98	33.09
新疆	19.79	20.71	23.41	22.86	22.26
全国平均	24.75	26.09	25.75	22.97	21.34
国家标准	20.00	20.00	20.00	20.00	20.00

（数据来源：教育部发展规划司各年统计数据）

中职专任教师中"双师型"教师比例同全国平均水平相比，除了内蒙古、云南、西藏低于全国平均水平外，其他民族地区都高于全国平均水平。与国家标准相比，2014年仅广西与青海中职专任教师中"双师型"教师比例高于国家标准，其他民族地区皆未达到国家标准。

表 2.156 民族地区各省/自治区中职专任教师中"双师型"教师比例(%)

	2007 年	2009 年	2011 年	2013 年	2014 年
内蒙古	10.28	12.48	15.47	18.53	18.26
广西	23.93	26.57	33.70	36.54	35.68
贵州	14.62	19.00	24.90	25.09	28.31
云南	11.84	14.08	18.22	20.13	21.69
西藏	6.71	4.83	4.71	10.74	16.82
青海	24.92	23.99	26.36	31.20	33.71
宁夏	24.61	32.79	26.31	26.62	29.83
新疆	27.36	32.08	25.10	28.03	27.68
全国平均	15.79	19.05	23.71	26.31	27.64
国家标准	30.00	30.00	30.00	30.00	30.00

（数据来源：各年全国教育事业发展简明统计分析）

3. 中职兼职教师人数占专任教师比

如表 2.157 所示,2014 年民族地区各省/自治区中职兼职教师人数占专任教师比分别为 9.00%、20.00%、39.00%、26.00%、17.00%、57.00%、26.00%、34.00%。以 2007 年为基准,除了新疆中职兼职教师人数占专任教师人数比减少了 3.10%外,其他民族地区兼职教师人数占专任教师人数比皆呈增长趋势,内蒙古、广西、贵州、云南、西藏、青海、宁夏分别增加了 0.60%、1.10%、11.80%、5.60%、12.50%、45.00%、4.70%。与全国平均水平相比,除了内蒙古以外,2014 年民族地区其他各省/自治区中职兼职教师人数占专任教师人数比皆高于全国平均水平。与国家标准相比,2014 年仅内蒙古、广西与西藏三个自治区达到了国家标准,其他各省/自治区皆未达到国家标准,可见民族地区各省/自治区兼职教师比例较高。

表 2.157 民族地区各省/自治区中职兼职教师人数占专任教师比(%)

	2007 年	2009 年	2011 年	2013 年	2014 年
内蒙古	8.40	10.80	8.60	8.70	9.00
广西	18.90	20.30	20.60	19.60	20.00
贵州	27.20	29.40	31.60	35.80	39.00
云南	20.40	21.40	25.00	23.60	26.00
西藏	4.50	18.00	20.00	5.70	17.00
青海	12.00	18.60	20.60	44.10	57.00
宁夏	21.30	17.70	20.00	28.40	26.00
新疆	37.10	35.80	35.50	34.80	34.00
全国平均	15.30	14.70	14.80	14.40	15.00
国家标准	20.00	20.00	20.00	20.00	20.00

(数据来源:各年全国教育事业发展简明统计分析)

4. 中职专任教师中合格学历教师比例

如表 2.158 所示,2014 年民族地区各省/自治区中职专任教师中合格学历教师比例分别为 87.31%、86.47%、84.04%、86.95%、91.74%、77.27%、89.62%、84.59%。以 2007 年为基准,民族地区各省/自治区中职专任教师中合格学历教师比例都呈增长趋势,内蒙古、广西、贵州、云南、西藏、青海、宁夏、新疆分别增加了

15.17%、17.70%、11.39%、8.87%、16.99%、17.30%、10.33%、5.75%。与全国平均水平相比,2014年仅西藏、宁夏的中职专任教师中合格学历教师比例高于全国平均水平,其他民族地区皆低于全国平均水平。

表2.158 民族地区各省/自治区中职专任教师中合格学历教师比例(%)

	2007年	2009年	2011年	2013年	2014年
内蒙古	72.14	78.08	82.32	85.02	87.31
广西	68.77	73.36	82.35	83.98	86.47
贵州	72.65	75.28	78.32	81.47	84.04
云南	78.08	82.43	84.56	85.87	86.95
西藏	74.75	85.19	88.40	91.41	91.74
青海	59.97	67.90	69.91	73.67	77.27
宁夏	79.29	85.52	86.66	88.89	89.62
新疆	78.84	81.07	82.85	83.68	84.59
全国平均	76.67	81.26	85.39	87.94	89.29

(数据来源:各年全国教育事业发展简明统计分析)

(五)中等职业教育人才培养

1. 中职毕业生获取职业资格证书的比例

如表2.159所示,2014年民族地区各省/自治区中职毕业生获取职业资格证书的比例分别为69.55%、59.46%、86.24%、77.97%、29.53%、70.21%、65.47%、78.20%。以2007年为基准,除了广西的中职毕业生获取职业资格证书的比例下降了5.87%,其他民族地区均呈增长趋势,内蒙古、贵州、云南、西藏、青海、宁夏、新疆分别增加了28.57%、40.75%、34.04%、13.28%、17.71%、16.38%、38.73%。与全国平均水平相比,2014年仅贵州、新疆的中职毕业生获取职业资格证书的比例高于全国平均水平,其他民族地区皆低于全国平均水平。

2. 中职学生流失率

如表2.160所示,2014年民族地区各省/自治区中职学生流失率分别为12.60%、8.11%、11.89%、10.17%、18.19%、9.07%、7.01%、16.89%。2013—2014年,内蒙古、云南、宁夏中职学生流失率分别下降了0.65%、1.02%、9.40%,广西、贵州、

表 2.159　民族地区各省/自治区中职毕业生获取职业资格证书的比例(%)

	2007 年	2009 年	2011 年	2013 年	2014 年
内蒙古	40.98	49.22	47.69	75.11	69.55
广西	65.33	66.11	65.19	62.57	59.46
贵州	45.49	51.74	63.82	87.55	86.24
云南	43.93	47.31	62.51	69.42	77.97
西藏	16.25	36.69	29.84	78.96	29.53
青海	52.50	64.91	70.06	70.53	70.21
宁夏	49.09	56.38	51.41	67.51	65.47
新疆	39.47	49.89	59.03	67.98	78.20
全国平均	58.80	61.44	62.54	77.78	78.14

(数据来源：根据各年《中国教育统计年鉴》相关数据测算而得)

西藏、青海、新疆则分别上升了 0.37%、0.28%、13.11%、1.61%、4.25%。与全国平均水平相比,2014 年仅广西、青海、宁夏的中职学生流失率低于全国平均水平,其他民族地区皆高于全国平均水平。

表 2.160　民族地区各省/自治区中职学生流失率(%)

	2007 年	2009 年	2011 年	2013 年	2014 年
内蒙古	/	/	/	13.25	12.60
广西	/	/	/	7.74	8.11
贵州	/	/	/	11.61	11.89
云南	/	/	/	11.19	10.17
西藏	/	/	/	5.08	18.19
青海	/	/	/	7.46	9.07
宁夏	/	/	/	16.41	7.01
新疆	/	/	/	12.64	16.89
全国平均	/	/	/	11.90	9.46

(数据来源：根据各年《中国教育统计年鉴》相关数据测算而得)

【区域发展】
2013—2014年区域职业教育发展报告

（六）中等职业教育服务能力

1. 每万平方公里中职学校数

如表2.161所示，2014年民族地区各省/自治区每万平方公里中职学校数分别为2.18所、12.50所、11.88所、10.04所、0.07所、0.53所、4.97所、1.06所。以2007年为基准，除西藏、新疆每万平方公里中职学校数呈上升趋势外，其他民族地区皆呈下降趋势，其中西藏增幅最大（16.67%），广西减幅最大（27.16%）。与全国平均水平相比，2014年广西、贵州、云南每万平方公里中职学校数高于全国平均水平，其他民族地区皆低于全国平均水平。

表2.161 民族地区各省/自治区每万平方公里中职学校数（单位：所）

	2007年	2009年	2011年	2013年	2014年
内蒙古	2.33	2.55	2.39	2.23	2.18
广西	17.16	16.61	13.86	13.09	12.50
贵州	13.86	14.49	12.90	12.39	11.88
云南	10.41	10.57	10.44	10.17	10.04
西藏	0.06	0.05	0.05	0.05	0.07
青海	0.62	0.54	0.55	0.53	0.53
宁夏	5.27	7.38	5.42	5.27	4.97
新疆	1.03	1.12	1.11	1.08	1.06
全国平均	12.33	11.80	10.59	9.77	9.44

（数据来源：根据各年《中国教育统计年鉴》与《中国统计年鉴》相关数据测算而得）

2. 每十万人中职学校在校生人数

如表2.162所示，2014年民族地区各省/自治区每十万人中职学校在校生人数分别为928.35人、1 480.94人、1 554.62人、1 046.64人、565.96人、1 458.66人、1 432.97人、983.00人。以2007年为基准，其中广西、贵州、云南、青海、宁夏、新疆八年间增长幅度分别为30.63%、69.37%、26.92%、47.56%、30.20%、6.66%，呈上升趋势，内蒙古与西藏呈下降趋势，下降幅度分别为14.90%、13.72%。与全国平均水平相比，2014年内蒙古、西藏、新疆每十万人中职学校在校生人数低于全国平均水平，其他民族地区皆高于全国平均水平。

表 2.162　民族地区各省/自治区每十万人中职学校在校生人数(单位：人)

	2007 年	2009 年	2011 年	2013 年	2014 年
内蒙古	1 090.93	1 330.17	1 240.61	982.44	928.35
广西	1 133.71	1 295.07	1 812.60	1 742.41	1 480.94
贵州	917.90	1 093.77	1 095.15	1 357.83	1 554.62
云南	824.65	1 032.44	1 248.70	1 054.20	1 046.64
西藏	655.99	721.52	652.38	560.61	565.96
青海	988.51	1 323.66	1 409.45	1 345.74	1 458.66
宁夏	1 100.62	1 543.17	1 760.56	1 436.54	1 432.97
新疆	921.64	1 007.67	1 100.22	1 012.78	983.00
全国平均	1 225.97	1 333.72	1 317.33	1 129.10	1 035.45

(数据来源：根据各年《中国教育统计年鉴》与《中国统计年鉴》相关数据测算而得)

二、2013—2014 年度民族地区高等职业教育事业发展报告

(一)高等职业教育办学规模

1. 高职学校数

如表 2.163 所示,2014 年民族地区各省/自治区高等职业学校数分别为 35 所、37 所、29 所、37 所、3 所、8 所、10 所、26 所。以 2010 年为基准,除了广西减少了 4 所高等

表 2.163　民族地区各省/自治区高职学校数(单位：所)

	2010 年	2011 年	2012 年	2013 年	2014 年
内蒙古	30	33	33	34	35
广西	41	40	39	38	37
贵州	22	23	24	26	29
云南	35	37	37	38	37
西藏	3	3	3	3	3
青海	5	5	5	5	8
宁夏	8	9	8	8	10
新疆	21	21	21	23	26

(数据来源：各年《中国教育统计年鉴》)

【区域发展】
2013—2014年区域职业教育发展报告

职业学校、西藏无变化外,其他民族地区高等职业学校数皆呈上升趋势,内蒙古、贵州、云南、青海、宁夏、新疆分别增加了5所、7所、2所、3所、2所、5所,分别占到了2014年这六个省/自治区高等职业学校数的14.29%、24.14%、5.41%、37.50%、20.00%、19.23%。

2. 高职招生数

如表2.164所示,2014年民族地区各省/自治区高等职业教育招生数分别为57 061人、126 075人、73 764人、72 186人、3 190人、6 825人、13 806人、44 915人。2010—2014年,广西一直是民族地区高职招生数最多的地区,而西藏则持续最少,每年招生不足4 500人。以2010年为基准,除了西藏高职招生数减少了1 000人以外,其他民族地区的高职招生数都呈现上升趋势。具体而言,2014年内蒙古、广西、贵州、云南、青海、宁夏、新疆分别增加了178人、17 293人、28 080人、8 975人、1 465人、3 613人、5 633人,分别占到了2014年高职招生数的0.31%、13.72%、38.07%、12.43%、21.47%、26.17%、12.54%。

表2.164 民族地区各省/自治区高职招生数(单位:人)

	2010年	2011年	2012年	2013年	2014年
内蒙古	56 883	58 916	49 412	53 992	57 061
广西	108 782	107 616	109 818	110 139	126 075
贵州	45 684	49 216	60 263	52 930	73 764
云南	63 211	68 796	55 090	63 735	72 186
西藏	4 190	4 269	4 426	3 584	3 190
青海	5 360	5 968	6 181	5 957	6 825
宁夏	10 193	11 956	12 877	12 476	13 806
新疆	39 282	39 769	39 664	43 058	44 915

(数据来源:各年《中国教育统计年鉴》)

3. 高职在校生人数

如表2.165所示,2014年民族地区各省/自治区高等职业教育在校生人数分别为171 590人、345 934人、186 984人、197 833人、11 315人、18 587人、39 816人、135 313人。以2010年为基准,内蒙古减少了2 149人,西藏减少了113人,其他民族地区高职在校生人数均呈上升趋势,广西、贵州、云南、青海、宁夏、新疆的高职在校生人数分别增加了 39 787 人、48 080 人、14 579 人、1 712 人、10 829 人、23 507 人。其中,宁夏涨幅最大(37.36%),贵州次之(34.61%)。

表 2.165　民族地区各省/自治区高职在校生人数(单位:人)

	2010 年	2011 年	2012 年	2013 年	2014 年
内蒙古	173 739	173 018	169 561	169 161	171 590
广西	306 147	315 408	323 115	325 393	345 934
贵州	138 904	139 995	154 310	161 831	186 984
云南	183 254	191 689	187 456	189 663	197 833
西藏	11 428	12 475	12 876	12 174	11 315
青海	16 875	15 948	17 006	17 367	18 587
宁夏	28 987	30 898	34 378	37 082	39 816
新疆	111 806	116 956	122 379	127 104	135 313

(数据来源:各年《中国教育统计年鉴》)

4. 高职与普通本科在校生人数比

如表 2.166 所示,2014 年民族地区各省/自治区高职与普通本科在校生人数比分别为 0.73、0.97、0.68、0.52、0.51、0.54、0.56、0.87。以 2010 年为基准,除新疆高

表 2.166　民族地区各省/自治区高职与普通本科在校生人数比

	2010 年	2011 年	2012 年	2013 年	2014 年
内蒙古	0.88	0.82	0.76	0.74	0.73
广西	1.17	1.11	1.06	0.98	0.97
贵州	0.75	0.69	0.67	0.63	0.68
云南	0.72	0.65	0.58	0.53	0.52
西藏	0.58	0.63	0.63	0.57	0.51
青海	0.60	0.54	0.54	0.52	0.54
宁夏	0.57	0.54	0.55	0.55	0.56
新疆	0.80	0.83	0.84	0.84	0.87
全国平均	0.76	0.71	0.68	0.65	0.65

(数据来源:根据各年《中国教育统计年鉴》相关数据测算得出)

【区域发展】
2013—2014 年区域职业教育发展报告

职与普通本科在校生人数比增加了 0.07 以外，其他民族地区高职与本科在校生人数比都呈下降趋势，内蒙古、广西、贵州、云南、西藏、青海、宁夏七个省/自治区的下降幅度分别为 17.05%、17.09%、9.33%、27.78%、12.07%、10.00%、1.75%，云南降幅最大，宁夏最小。2014 年民族地区各省/自治区高职与普通本科在校生人数比同全国平均水平相比，内蒙古、广西、贵州、新疆高于全国平均水平，云南、西藏、青海、宁夏则低于全国平均水平。

(二) 高等职业教育经费投入

1. 高职教育经费占公共财政支出比重

如表 2.167 所示，2014 年民族地区各省/自治区高职教育经费占公共财政支出比重分别为 0.39%、0.33%、0.24%、0.17%、0.13%、0.09%、0.28%、0.32%。以 2010 年为基准，民族地区各省/自治区高职教育经费占公共财政支出比重都呈下降趋势，其中广西下降最多，五年间比重减少了 0.26%。2014 年民族地区各省/自治区高职教育经费占公共财政支出比重同全国平均水平相比，除了内蒙古高于全国平均水平，其他民族地区都低于全国平均水平。

表 2.167　民族地区各省/自治区高职教育经费占公共财政支出比重(%)

	2010 年	2011 年	2012 年	2013 年	2014 年
内蒙古	0.60	0.64	0.70	0.62	0.39
广西	0.59	0.47	0.53	0.53	0.33
贵州	0.47	0.38	0.43	0.31	0.24
云南	0.27	0.32	0.43	0.32	0.17
西藏	0.31	0.15	0.17	0.22	0.13
青海	0.15	0.15	0.14	0.14	0.09
宁夏	0.33	0.40	0.61	0.75	0.28
新疆	0.39	0.38	0.34	0.45	0.32
全国平均	0.54	0.55	0.61	0.55	0.34

(数据来源：根据各年《中国教育统计年鉴》和《中国统计年鉴》相关数据测算而得)

2. 高职生均教育经费支出占人均 GDP 比重

如表 2.168 所示，2014 年民族地区各省/自治区高职生均教育经费支出占人均 GDP 比重分别为 31.82%、57.63%、73.39%、108.79%、98.77%、57.08%、

57.00%、64.86%。以 2010 年为基准,内蒙古、西藏、青海高职生均教育经费支出占人均 GDP 比重呈下降趋势,五年间分别减少了 3.03%、11.77%、3.08%;民族地区其他五省/自治区则呈上升趋势,其中云南比重增加最多,五年间增加了 47.09%。2014 年民族地区各省/自治区高职生均教育经费支出占人均 GDP 比重同全国平均水平相比,除了内蒙古低于全国平均水平以外,其他民族地区的比重都高于全国平均水平。

表 2.168　民族地区各省/自治区高职生均教育经费支出占人均 GDP 比重(%)

	2010 年	2011 年	2012 年	2013 年	2014 年
内蒙古	34.85	29.83	31.85	31.05	31.82
广西	52.96	53.16	51.09	54.36	57.63
贵州	50.78	58.89	71.86	73.71	73.39
云南	61.70	69.29	100.17	74.56	108.79
西藏	110.54	122.89	86.03	103.52	98.77
青海	60.16	46.62	46.38	46.57	57.08
宁夏	45.01	44.45	79.12	81.96	57.00
新疆	48.26	52.49	42.29	51.39	64.86
全国平均	37.39	38.86	42.64	41.85	44.03

(数据来源:根据各年《中国教育经费统计年鉴》和《中国统计年鉴》相关数据测算而得)

3. 高职生均公共财政预算教育事业费支出

如表 2.169 所示,2014 年民族地区各省/自治区高职生均公共财政预算教育事业费支出分别为 9 301.94 元、5 093.57 元、5 806.59 元、5 764.48 元、13 983.79 元、6 865.29 元、8 984.41 元、9 463.67 元。以 2010 年为基准,民族地区各省/自治区高职生均公共财政预算教育事业费支出皆为下降趋势,五年间分别减少了 6 581.67 元、4 189.21 元、3 647.45 元、3 228.49 元、9 341.61 元、4 990.85 元、2 460.67 元、1 887.51 元,其中西藏减少最多。2014 年民族地区各省/自治区高职生均公共财政预算教育事业费支出同全国平均水平相比,除了广西、贵州、云南低于全国平均水平以外,其他民族地区高职生均公共财政预算教育事业费支出都高于全国平均水平。

4. 高职与普通本科生均公共财政预算教育事业费支出比

如表 2.170 所示,2014 年民族地区各省/自治区高职与普通本科生均公共财政

【区域发展】
2013—2014 年区域职业教育发展报告

表 2.169　民族地区各省/自治区高职生均公共财政预算教育事业费支出(单位：元)

	2010 年	2011 年	2012 年	2013 年	2014 年
内蒙古	15 883.61	14 746.01	14 333.23	10 243.48	9 301.94
广西	9 282.78	7 429.05	7 092.40	6 574.92	5 093.57
贵州	9 454.04	7 882.31	8 994.43	5 631.46	5 806.59
云南	8 992.97	9 570.28	13 456.57	7 736.48	5 764.48
西藏	23 325.40	16 048.31	15 493.33	16 564.15	13 983.79
青海	11 856.14	11 045.32	10 313.81	8 429.90	6 865.29
宁夏	11 445.08	11 069.78	16 941.76	17 922.46	8 984.41
新疆	11 351.18	13 456.08	10 279.74	10 396.76	9 463.67
全国平均	5 838.87	7 594.46	9 585.22	9 516.98	9 831.01

(数据来源：根据各年《中国教育经费统计年鉴》相关数据测算而得)

表 2.170　民族地区各省/自治区高职与普通本科生均公共财政预算教育事业费支出比

	2010 年	2011 年	2012 年	2013 年	2014 年
内蒙古	0.86	0.94	0.96	0.63	0.88
广西	0.63	0.45	0.45	0.53	0.63
贵州	0.61	0.41	0.65	0.44	0.55
云南	0.72	0.69	0.53	0.67	0.60
西藏	1.05	0.51	0.54	0.59	0.77
青海	0.85	0.58	0.43	0.34	0.54
宁夏	0.50	0.48	0.72	0.49	0.75
新疆	0.70	0.82	0.61	0.54	0.61
全国平均	0.63	0.55	0.55	0.60	0.60

(数据来源：根据各年《中国教育经费统计年鉴》相关数据测算而得)

预算教育事业费支出比分别为 0.88、0.63、0.55、0.60、0.77、0.54、0.75、0.61。以 2010 年为基准，仅内蒙古与宁夏高职与普通本科生均公共财政预算教育事业费支出比分别增加了 0.02、0.25，广西未变，民族地区其他都呈下降趋势，贵州、云南、西藏、青海、新疆分别下降了 0.06、0.12、0.28、0.31、0.09，其中青海降幅最大(36.47%)。2014 年民族地区各省/自治区高职与普通本科生均公共财政预算教育事业费支出比同全国平均水平相比,内蒙古、广西、西藏、宁夏、新疆五省/自治区高于全国平均水平,云南与全国平均水平持平,贵州、青海低于全国平均水平。

(三) 高等职业教育办学条件

1. 高职生均校舍建筑面积

如表2.171所示,2014年民族地区各省/自治区高职生均校舍建筑面积分别为31.85平方米、28.23平方米、27.30平方米、23.07平方米、25.78平方米、25.32平方米、24.23平方米、26.03平方米。以2007年为基准,云南、西藏、新疆三省/自治区高职生均校舍建筑面积分别下降了1.23平方米、34.96平方米、2.62平方米,内蒙古、广西、贵州、青海、宁夏分别增加了7.54平方米、1.55平方米、2.21平方米、0.46平方米、3.98平方米。2014年民族地区各省/自治区高职生均校舍建筑面积同全国平均水平相比,仅内蒙古、广西高于全国平均水平,其他民族地区皆低于全国平均水平。与国家标准相比,仅内蒙古高职生均校舍建筑面积达到了国家标准,其他民族地区同教育部《高等职业学校设置标准》所规定的生均30平方米存在着一定的差距。

表2.171 民族地区各省/自治区高职生均校舍建筑面积(单位:平方米)

	2007年	2009年	2011年	2013年	2014年
内蒙古	24.31	25.45	27.63	30.99	31.85
广西	26.68	26.14	28.34	29.23	28.23
贵州	25.09	24.30	24.80	24.69	27.30
云南	24.30	24.72	23.61	25.07	23.07
西藏	60.74	28.28	21.31	19.83	25.78
青海	24.86	23.68	23.45	22.69	25.32
宁夏	20.25	20.38	22.18	24.12	24.23
新疆	28.65	27.71	25.29	25.75	26.03
全国平均	27.59	27.22	28.41	28.74	27.74
国家标准	30.00	30.00	30.00	30.00	30.00

(数据来源:根据教育部发展规划司各年相关数据测算而得)

2. 高职生均图书册数

如表2.172所示,2014年民族地区各省/自治区高职生均图书册数分别为

64.53 册、62.82 册、59.20 册、53.48 册、77.95 册、56.99 册、59.57 册、62.14 册。以 2007 年为基准,除了云南、新疆高职生均图书册数分别减少了 5.60 册、4.26 册以外,其他民族地区高职生均图书册数皆为增长趋势,其中西藏增幅最大,2014 年比 2007 年增长了 23.36%。与全国平均水平相比,除西藏外,2014 年民族地区各省/自治区高职生均图书册数皆低于全国平均水平。与国家标准相比,2014 年仅有西藏的高职生均图书册数达到了国家标准,其他民族地区均同教育部《高等职业学校设置标准》所规定的 75 册还存在着一定的差距。

表 2.172 民族地区各省/自治区高职生均图书册数(单位:册)

	2007 年	2009 年	2011 年	2013 年	2014 年
内蒙古	58.08	54.51	59.35	66.79	64.53
广西	58.27	59.03	61.29	65.73	62.82
贵州	50.02	52.55	62.05	59.79	59.20
云南	59.08	57.04	51.69	57.87	53.48
西藏	63.19	95.13	65.13	64.90	77.95
青海	48.42	48.07	51.02	50.26	56.99
宁夏	54.15	54.05	53.84	54.21	59.57
新疆	66.40	66.04	67.95	61.78	62.14
全国平均	57.81	60.47	65.33	68.87	66.87
国家标准	75.00	75.00	75.00	75.00	75.00

(数据来源:根据教育部发展规划司各年相关数据测算而得)

3. 高职生均教学仪器设备值

如表 2.173 所示,2014 年民族地区各省/自治区高职生均教学仪器设备值分别为 9 825 元、7 906 元、6 149 元、7 874 元、6 870 元、6 129 元、9 186 元、7 341 元。以 2007 年为基准,民族地区各省/自治区高职生均教学仪器设备值皆呈上升趋势,内蒙古、广西、贵州、云南、西藏、青海、宁夏、新疆分别增加了 4 931 元、3 254 元、2 539 元、3 551 元、2 039 元、1 640 元、5 049 元、2 639 元,分别占到了 2014 年民族地区各省/自治区高职生均教学仪器设备值的 50.19%、41.16%、41.29%、45.10%、29.68%、26.76%、54.96%、35.95%。2014 年民族地区各省/自治区高职生均教学仪器设备值都已经超过了教育部《高等职业学校设置标准》所规定的 5 000 元。

表 2.173　民族地区各省/自治区高职生均教学仪器设备值(单位：元)

	2007 年	2009 年	2011 年	2013 年	2014 年
内蒙古	4 894	4 634	6 201	9 214	9 825
广西	4 652	5 195	6 284	7 109	7 906
贵州	3 610	4 343	4 710	5 482	6 149
云南	4 323	4 578	4 297	7 468	7 874
西藏	4 831	6 523	3 815	4 585	6 870
青海	4 489	4 138	5 552	5 745	6 129
宁夏	4 137	4 546	6 371	8 700	9 186
新疆	4 702	5 337	5 963	6 648	7 341
全国平均	4 969	5 655	6 634	7 673	7 897
国家标准	5 000	5 000	5 000	5 000	5 000

(数据来源：根据教育部发展规划司各年相关数据测算而得)

(四) 高等职业教育师资队伍

1. 高职生师比

如表 2.174 所示，2014 年民族地区各省/自治区高职生师比分别为 16.73、17.35、18.81、20.23、14.00、15.12、16.94、18.52。2013—2014 年，贵州、西藏、青海、宁夏高职生师比呈下降趋势，其中西藏减幅最大(22.31%)，说明西藏地区师资

表 2.174　民族地区各省/自治区高职生师比

	2007 年	2009 年	2011 年	2013 年	2014 年
内蒙古	/	/	/	16.04	16.73
广西	/	/	/	17.13	17.35
贵州	/	/	/	18.90	18.81
云南	/	/	/	18.26	20.23
西藏	/	/	/	18.02	14.00
青海	/	/	/	15.37	15.12
宁夏	/	/	/	17.58	16.94
新疆	/	/	/	18.19	18.52
全国平均	/	/	/	17.11	17.57

(数据来源：教育部发展规划司各年统计数据)

【区域发展】
2013—2014年区域职业教育发展报告

力量提升最大;内蒙古、广西、云南、新疆呈上升趋势,其中云南增幅最大(10.79%)。与全国平均水平相比,2014年仅贵州、云南、新疆高职生师比高于全国平均水平,其他民族地区皆低于全国平均水平。

2. 高职专任教师中"双师型"教师比例

如表2.175所示,2014年民族地区各省/自治区高职专任教师中"双师型"教师比例分别为31.76%、42.49%、29.66%、25.66%、0.33%、31.92%、27.62%、28.96%。2013—2014年,贵州、西藏、青海、宁夏高职专任教师中"双师型"教师比例呈下降趋势,其中西藏减幅最大(72.95%);内蒙古、广西、云南、新疆呈上升趋势,其中云南增幅最大(10.60%)。与全国平均水平相比,2014年仅广西的高职专任教师中"双师型"教师比例高于全国平均水平,其他民族地区皆低于全国平均水平。

表2.175 民族地区各省/自治区高职专任教师中"双师型"教师比例(%)

	2007年	2009年	2011年	2013年	2014年
内蒙古	/	/	/	31.21	31.76
广西	/	/	/	39.28	42.49
贵州	/	/	/	31.67	29.66
云南	/	/	/	23.20	25.66
西藏	/	/	/	1.22	0.33
青海	/	/	/	38.96	31.92
宁夏	/	/	/	30.54	27.62
新疆	/	/	/	28.46	28.96
全国平均	/	/	/	36.61	38.27

(数据来源:各年全国教育事业发展简明统计分析)

3. 高职专任教师中合格学历教师比例

如表2.176所示,2014年民族地区各省/自治区高职专任教师中合格学历教师比例分别为35.13%、35.46%、27.02%、34.86%、33.94%、24.71%、36.91%、26.63%。2013—2014年,仅青海高职专任教师中合格学历教师比例下降了1.81%,其他民族地区的比例皆呈上升趋势,其中,贵州、云南、西藏涨幅已超过了10%。与全国平均水平相比,2014年民族地区各省/自治区高职专任教师中合格学历教师比例都低于全国平均水平。

表 2.176 民族地区各省/自治区高职专任教师中合格学历教师比例(%)

	2007 年	2009 年	2011 年	2013 年	2014 年
内蒙古	/	/	/	34.47	35.13
广西	/	/	/	32.36	35.46
贵州	/	/	/	24.43	27.02
云南	/	/	/	31.20	34.86
西藏	/	/	/	30.49	33.94
青海	/	/	/	26.52	24.71
宁夏	/	/	/	34.02	36.91
新疆	/	/	/	26.33	26.63
全国平均	/	/	/	40.02	42.32

(数据来源:各年全国教育事业发展简明统计分析)

(五)高等职业教育服务能力

1. 每万平方公里高职学校数

如表 2.177 所示,2014 年民族地区各省/自治区每万平方公里高职学校数分别为 0.30 所、1.57 所、1.65 所、0.97 所、0.02 所、0.11 所、1.51 所、0.16 所。以 2007 年为基准,广西、西藏、青海无变化,其他民族地区每万平方公里高职学校数皆呈上

表 2.177 民族地区各省/自治区每万平方公里高职学校数(单位:所)

	2007 年	2009 年	2011 年	2013 年	2014 年
内蒙古	0.23	0.23	0.28	0.29	0.30
广西	1.57	1.65	1.69	1.61	1.57
贵州	1.31	1.25	1.31	1.48	1.65
云南	0.89	0.91	0.97	0.99	0.97
西藏	0.02	0.02	0.02	0.02	0.02
青海	0.11	0.07	0.07	0.07	0.11
宁夏	1.20	1.20	1.36	1.20	1.51
新疆	0.13	0.13	0.13	0.14	0.16
全国平均	1.22	1.27	1.33	1.38	1.38

(数据来源:根据各年《中国教育统计年鉴》与《中国统计年鉴》相关数据测算而得)

【区域发展】
2013—2014年区域职业教育发展报告

升趋势,其中内蒙古增幅最大(30.43%)。与全国平均水平相比,2014年广西、贵州、宁夏每万平方公里高职学校数高于全国平均水平,其他民族地区皆低于全国平均水平。

2. 每十万人高职学校在校生数

如表2.178所示,2014年民族地区各省/自治区每十万人高职学校在校生数分别为687.02人、654.56人、533.90人、422.09人、376.92人、351.36人、696.08人、606.03人。以2007年为基准,民族地区各省/自治区每十万人高职学校在校生数皆呈上升趋势,内蒙古、广西、贵州、云南、西藏、青海、宁夏、新疆的增长幅度分别为18.90%、28.15%、83.17%、50.46%、23.56%、32.78%、64.96%、40.14%。与全国平均水平相比,2014年民族地区各省/自治区每十万人高职学校在校生数都低于全国平均水平。

表2.178 民族地区各省/自治区每十万人高职学校在校生数(单位:人)

	2007年	2009年	2011年	2013年	2014年
内蒙古	577.80	705.05	697.09	677.19	687.02
广西	510.77	596.57	679.03	689.54	654.56
贵州	291.47	377.96	403.56	462.11	533.90
云南	280.54	365.43	413.93	404.66	422.09
西藏	305.05	368.01	411.72	390.19	376.92
青海	264.62	296.43	280.77	300.47	351.36
宁夏	421.97	467.49	483.54	567.00	696.08
新疆	432.44	493.59	529.45	561.41	606.03
全国平均	651.33	722.97	711.66	715.53	735.94

(数据来源:根据各年《中国教育统计年鉴》与《中国统计年鉴》相关数据测算而得)

三、2013—2014年度民族地区促进职业教育发展的主要举措

(一) 构建现代职业教育体系,加快职业教育发展

2013—2014年度,广西壮族自治区继续贯彻落实《广西壮族自治区中长期教育改革与发展规划纲要(2010—2020年)》和《广西壮族自治区新时期深化职业教育攻坚五年计划》精神,进一步畅通技能型人才成长"立交桥",不断完善现代职业教育

体系,加快发展五年制(含5学年一贯制、"2+3"学年制、"3+2"学年制)高等职业教育,推动中高职贯通。如防城港市理工职业学校与广西财经学院联合召开"2+3"直升高职工作会议,通过了2014年"2+3"五年制高职试点班中职直升高职录取方案,讨论了招送生及联合办学等事宜。防城港市理工职业学校与广西财经学院开通"2+3"高职直升班,进一步推进防城港市中高职教育衔接,畅通技能型人才成长"立交桥",加快防城港市现代职业教育体系建设,促进防城港市职业教育可持续发展。

2013年新疆开始试点中等职业教育优秀毕业生直升高职(专科)工作。招生对象为符合普通高考报名条件的自治区中等职业教育应届毕业生(不含定向生),并符合相关文件规定要求的考生。考生可向所在学校提出申请,由考生所在学校推荐填写《中等职业教育优秀中职毕业生直升高职(专科)申请表》。考生可登录新疆招生网,查询相关文件要求及具备推荐直升专试点工作资格的院校名单。

(二)改善办学条件,加强职业教育基础设施建设

2013—2014年度,宁夏回族自治区尝试打造西部职教高地,建国家级现代职业技能公共实训中心。宁夏出台《关于加快发展现代职业教育的意见》,提出到2020年,基本建成具有宁夏特色、符合国家标准的开放型、合作式、国际化的现代职业教育体系,全力打造"机制一流、特色领先"的西部职业教育高地。为确保上述目标如期实现,宁夏加大了职业教育投入,从2014年开始,自治区财政预算内职业教育专项经费在每年7 000万元的基础上,逐年增加1 000万元。同时,依托自治区职业教育基地内公共实训中心,建设"西部领先、国内一流、特色鲜明、成效显著"的国家级"中国(宁夏)现代职业技能公共实训中心"。

贵州省强调加快推进职业教育基础设施建设。如清镇职教城入驻和建设院校达18所,完成投资5.47亿元。全省中职"百校大战"项目学校完成建设面积309万平方米,完成投资63亿元。

云南省腾冲县第一职业高级中学与腾冲万福珠宝有限责任公司合作共建的"万福·职校"玉石加工与营销实训基地,已正式挂牌开业。总投资1.5亿元,建筑面积达6 175平方米,具备学校教育教学实训和企业生产经营双重功能的玉石加工与营销实训基地的建成使用,使之成为目前全国中职学校"航母级"的翡翠加工实训基地。

(三)推进职业教育集团化办学,加强校企合作

2013—2014年度广西壮族自治区继续加强校企合作。如柳州职业技术学院

【区域发展】
2013—2014年区域职业教育发展报告

2014年12月16日与英国瑞尔学徒制公司签署为期三年的《中英物流业现代学徒制项目合作备忘录》,引入英国现代学徒制,打造具有国际水准的系统化教育平台,按照"柳州市职业教育国际化发展行动计划"的总体要求,以财经与物流管理系物流管理专业作为英国现代学徒制的首个试点专业。

内蒙古自治区注重提升办学内涵,推进校企融合。如锡林郭勒职业学院按照"依靠行业、贴近产业、适应市场"的专业建设思路,学院与企业在发展规划共谋、专业建设共商、课程体系共构、专业师资共享、实习教学共管等9个方面开展全面合作,借助企业资金资源优势,吸引企业为学院发展助力,实现互利共赢,努力打造职业教育集团。与此同时,与地方政府建立起了"学院—地方政府—中职教育机构"立体交汇式合作模式,先后与盟内13个旗县签署合作办学战略协议,采取"2+3"的形式开展长期合作办学(即五年高职办学模式,前2年在旗县级办学单位进行,后3年职业教育在学院进行)。一方面使旗县职教中心、职业高中避免了高额实训设备投入,另一方面发挥了自身基础教育的职能,形成了区域联动的职业教育合作办学模式,实现了合作共赢。

贵州省推进职业教育集团化办学,提升办学实力。全省组建7个职业教育集团。推进"校政、校企、校校"合作,推广"产业园区+标准厂房+职业教育"的模式,共有54所职业院校入驻园区办学。组建校企合作实训基地50个,职教扶贫基地100个。

(四) 提升职业院校办学质量,加强职业教育服务能力

2013—2014年度,为促进教师队伍建设,贵州支持企业高级管理人员与院(校)长、技术技能骨干与骨干教师相互兼职、任职。各职业院校每年聘用一定数量的企业管理人员、工程技术人员、退休技师和能工巧匠担任学校专兼职技能型教师。在天津职业技术师范大学等省外高校和企业建立中职教师培养培训基地,在贵州师范大学、贵阳医学院等院校设立中职师资培养专业。2013年至2015年,全省每年补充8 000名以上中等职业学校教师;从2014年起,每年从省属高校中选派3 000名应届毕业生到中等职业学校实习、任教。

广西壮族自治区加强建设职业教育扶贫富民工程。实施"9+3"教育精准扶贫计划,建立贫困学生资助管理信息系统,组织职业院校定点定向招收贫困初中毕业生,帮助其接受三年免费中等职业教育,并对进入高等职业教育阶段学习者继续给予学费补助,帮助贫困学生顺利完成学业,实现就业创业。统筹扶贫开发和职业教育资源、扶贫、教育等部门联合建立 100 个职业教育扶贫培训基地,加强农村贫困劳动力短期技能培训,促进贫困劳动力转移就业。

青海省推进中职免学费政策,完善中职学校的助学金制度。从 2013 年春季学期起,青海省公办和民办中等职业学校的全日制正式学籍在校学生享受免学费政策,政府同时免费提供一、二年级国家规定的教材。为保证学校正常运转,对因免学费导致学校收入减少部分,由财政按照每生每年 2 000 元标准予以补助;免费提供国家规定教材,按每生每年 400 元标准予以补助。免除学费和教材的资金由省、州(地级市)、县共同承担。同时,学校可通过校企合作和顶岗实习等方式获取收入,用于弥补学费收入不足部分。民办学校和经费自收自支的公办学校,经批准的学费标准高于补助标准部分,学校可继续按规定向学生收取。青海省还进一步完善了中职学校的助学金制度,调整助学金享受范围,将全日制正式学籍一、二年级农村(含县镇)学生、城市家庭经济困难和涉农专业学生全部纳入助学金范围内。助学金标准继续按每人每年 1 500 元执行。

四、2013—2014 年度民族地区职业教育发展的主要特征

(一)中职规模整体缩小,高职规模整体扩大

2013—2014 年度民族地区职业教育办学规模呈现"中职规模缩小、高职规模扩大"的特点,与全国发展趋势基本一致。以 2010 年为基准,除了个别省/自治区在某些指标上的情况有所不同外,五年间民族地区各省/自治区中职学校数、中职招生数、中职在校生人数、中职与普高在校生人数比基本都呈下降趋势。可见,民族地区中等职业教育办学规模总体上正在不断缩减。与之相反,除了个别省/自治区,其他民族地区高等职业学校数、高职招生数、高职在校生人数都呈上升趋势,一定程度上说明了民族地区高等职业教育办学规模总体上正在逐渐扩大。这可能与全国性的中职规模萎缩、高职规模扩展、职业教育重心后移有所相关。当然,由于民族地区各省/自治区职业教育发展水平参差不齐,发展特点有所不同,因此也有个别省/自治区呈现不同趋势,如西藏 2014 年比 2010 年增加了 3 所中职学校,高职招生数却减少了 1 000 人;新疆高职与普通本科在校生人数比增加了 0.07 等。

(二)"投入"保障不足,"产出"质量堪忧

2013—2014 年度民族地区职业教育的"投入"保障尚且不足,"产出"质量也令人堪忧。在"投入"方面,2013—2014 年度民族地区职业教育虽有发展,但仍基本呈

现"经费投入相对减少,办学条件多未达标,师资质量有待提高"的特点。在"产出"方面,2013—2014年度民族地区职业教育在人才培养、服务能力方面整体上都落后于全国平均水平。具体特点如下:

其一,经费投入相对减少。民族地区各省/自治区中职教育经费占公共财政支出比重、中职生均公共财政预算教育事业费支出、高职教育经费占公共财政支出比重、高职生均公共财政预算教育事业费支出都呈下降趋势,这在一定程度上说明了民族地区各省/自治区职业教育的经费投入相对减少;而某些省/自治区出现中高职生均教育经费支出占人均GDP比重有所增加等现象,则可能与该省/自治区经济发展水平有关。

其二,办学条件多未达标。民族地区各省/自治区中高职生均教学仪器设备值已达到《中等职业学校设置标准》、《高等职业学校设置标准》所规定的标准,但在中职生均图书册数、中职每百名学生拥有教学用计算机数、高职生均校舍建筑面积、高职生均图书册数等指标上,民族地区各省/自治区基本都未达到国家标准,也多低于全国平均水平,一定程度上说明了民族地区职业教育的办学条件还相对落后。

其三,师资质量有待提高。民族地区个别省/自治区的师资队伍建设有所提升,如除了内蒙古与西藏外,其他民族地区中职生师比都高于全国平均水平与国家标准。但在中高职专任教师中"双师型"教师比例、中高职专任教师中合格学历教师比例等指标上,民族地区的大部分省/自治区都低于全国平均水平或未达到国家标准,而中职兼职教师人数占专任教师比却多高于全国平均水平与国家标准。可见,民族地区"双师型"、合格学历教师还不足,兼职教师却较多,师资质量有待进一步提高。

其四,人才培养效果堪忧。虽然以2007年为基准,民族地区大部分省/自治区的中职毕业生获取职业资格证书的比例都呈增长趋势,但却基本都低于全国平均水平,且其中职学生流失率也较高,一半以上的省/自治区流失率都高于全国平均水平。可见,民族地区职业教育人才培养还需加强。

其五,服务能力较为落后。民族地区各省/自治区每十万人高职学校在校生人数都低于全国平均水平;同时,民族地区大部分省/自治区在每万平方公里中职学校数、每万平方公里高职学校数等方面也都落后于全国平均水平。这在一定程度上说明了,虽然民族地区各省/自治区服务能力正在不断提高,但相对于全国平均水平而言,仍处于较低水平。

(三) 整体水平落后全国,各省/自治区之间差异明显

整体而言,与全国相比,2013—2014年度民族地区职业教育发展的整体水平仍较落后,民族地区各省/自治区之间也存在着较大差别。2013—2014年度民族地区各省/自治区职业教育发展水平参差不齐,在某些指标上省/自治区之间的差距也较大。总体而言,相对于民族地区其他省/自治区而言,西藏、青海、宁夏三省/自治区的职业教育发展水平或更低。如在办学规模方面,2014年云南的中职学校数最多,共385所,而西藏却不到10所,青海、宁夏也不足40所;广西和云南的高职学校最多,各有37所,而西藏仅有3所,青海、宁夏也不超过10所,可见各省/自治区的职业教育发展规模差异极大。这也在一定程度上解释了为何某些省/自治区在特定指标上比其他省/自治区水平更高,如西藏中职生均教学仪器设备值、高职生均图书册数都是民族地区中最多的,这可能与其相对规模相关。

(撰稿人:林玥茹)

【2013年度聚焦】
中国职业教育办学模式的改革与创新

随着国家经济体制改革、新一轮的产业转型升级的外在推动,职业教育办学模式改革成为职业教育发展的时代呼唤与现实诉求,也是实现职业教育发展新目标的根本动力。由于自2010年教育规划纲要颁布实施以来,各地区、各部门认真贯彻落实,职业教育工作取得了长足进展。为了构建现代职业教育体系,教育部于2010年公布了一批试点地区,通过改革职业教育办学模式,使中国职业教育进一步提高。所以我们将"中国职业教育办学模式的改革与创新"纳入《中国职业教育发展报告》,也是对我国近年来职业教育办学模式改革创新的阶段性记录。

1. 本报告编写团队组织专门人员对我国职业教育集团化办学、中外合作办学、园区办学、农村职业教育办学、东西部合作办学、民族地区职业教育办学进行了专题研究,力图从其背景、发展现状、主要问题以及未来发展对策等方面全面、准确地描述我国职业教育办学模式改革与创新的重要举措与发展成效。

2. 职业教育办学模式改革是职业教育实现跨越式发展、提升办学质量的根本保证。我国职业教育办学模式改革在不同主体、不同区域、不同层面、不同部门有着不同的意涵与政策举措。因此本报告囊括了"我国职业教育集团化办学发展报告"、"我国职业教育中外合作办学发展报告"、"我国职业教育园区办学发展报告"、"我国农村职业教育办学发展报告"、"我国职业教育东西部合作办学发展报告"、"我国民族地区职业教育办学发展报告"六大专题,对国家全面实施职业教育体制改革试点,深入推进改革创新进行了较为翔实的描述与分析。同时,这一阶段性的分析报告对于探索完善更为多元的职业教育办学模式,构建现代职业教育体系,了解近年来我国职业教育改革发展态势,全面推进职业教育科学发展提供了借鉴和参考。

我国职业教育集团化办学发展报告

一、我国职业教育集团化办学的发展背景

20世纪90年代以前,我国职业教育发展史中虽然没有关于职业教育集团的概念与意识,但是在职业教育发展历程中已经存在职业教育集团化办学模式的实践,只是并未上升到普遍的社会意识。随着经济社会的发展,职业教育集团化办学的实践日益成熟,经过20世纪80年代末、90年代中后期与新世纪的三阶段发展,职业教育集团化办学取得了显著的成效。

(一) 20世纪80年代末:职业教育集团化办学的萌芽阶段

20世纪80年代末,河北省和原国家教委先后提出了农村教育综合改革的设想和实验。在召开河北省农村教育改革实验区工作会议后,中国首次大规模的农村教育综合改革实验工作正式启动;随后河北省教委萌生了县级综合职业技术学校的构想,并在鹿泉市开展实践,在较短时间内把鹿泉市原来分散的农业中学、职业中学、技工学校、卫生学校等10所学校集中到新校址,标志着鹿泉市综合职业技术学校(后更名为职业技术教育中心)初步建成,这是职业教育逐渐探索、步步推进、资源整合的过程。随后县级职教中心的构想在全省范围得到了推广。河北省省长办公室会议提出"加强政府统筹,提倡一个县集中办好一所职教中心",90年代初开始在河北省县级层面全面铺开,到1995年底河北省139个县的职教中心先后分3批挂牌,实现一县一所职教中心的目标。[1]这种通过整合职业教育办学资源、集中财政经费投入的办法,优化了职业教育资源组合,促进了县域内职业人才的培养,取得了良好的社会效益。因此,县级职教中心可以被视为集中教育资源、扩大教育规模、提高教育质量的职业教育集团化办学的萌芽阶段。

---

[1] 王玉龙,刘晓. 职业教育集团化办学:历史、现状与发展策略[J]. 中国职业技术教育,2014(30):62—66.

(二) 20世纪90年代中后期：职业教育集团化办学的初步探索

国内公认的最早进行职业教育集团化办学探索的是北京市西城区。1992—1993年,北京市西城区成立了三家职业教育集团,第一家是北京蒙妮坦美容美发职业教育集团(1992年10月),这是我国最早出现的以"职业教育集团"冠名的职业教育机构。之后北京西城区旅游职业教育集团在两周后成立,西城区新技术职业教育集团于1993年4月成立。这一阶段,职业教育集团以自发产生、自主活动为主,尚未形成全国性的组建风潮。

职业教育集团发源于20世纪90年代初,正处于社会主义市场经济体制确立的时期。中国经济体制的改革之于职业教育的干预是极为关键的。社会主义市场经济制度的建立为职业教育办学模式设计提供了两种方法论——产业集约化和资源市场配置。社会主义市场经济体制确立之后,职业院校从企业的改制、重组、兼并中看到了资源市场调配以及产业集约发展的先进性,感受到"提高经济效益"带来的思想革命。职业教育集团跨部门、跨地域的形式正是师从经济领域的资源配置,而职业教育集团以专业为纽带的形式也正是效法企业的产业结构高度化、集约化,可以说中国经济的转型是职业教育集团化发生的孵化器,经济体制的改革成为了教育体制改革的启蒙者。

校企合作是职业教育集团产生的原发性动力。职业教育集团承载的是企业、职业院校合作发展的共赢机制。蒙妮坦是一家连锁企业,连锁企业最重要的指标就是质量统一的技术标准和服务规范,否则就没有品牌。非常特殊的是,蒙妮坦还是一家服务型企业,完全依靠员工的技能和服务占领市场,将统一的技术标准和服务规范推行到更广泛的人力资源培训上是其扩大市场份额的首要途径,因此企业得益于集团内部合作;而北京实用美术职业学校提供培训资源,也同时获得了企业的资源支持和学生稳定高薪的就业渠道。

从职业教育集团的发起者来看,当时的职业教育集团主要有3种模式：

1. 企业驱动模式

北京蒙妮坦美容美发职业教育集团即典型的由企业发起组建的。安徽新华职业教育集团是另一种较有代表性的民营连锁型职业教育集团,实行董事会领导下的院长(校长)负责制,在合肥、南京、北京、济南、长沙、南昌、贵州、昆明等地拥有18所全资分校,集团拥有高等教育、中等教育、网络教育、中外合作教育,形成了以高等教育为龙头,高职、中专、基础教育和职业教育为主体的教育产业新格局。

2. 学校主导模式

北京西城区旅游职业教育集团是典型代表。此外，江浙等地区也在 20 世纪 90 年代中后期开始了职业教育集团化办学的探索，如苏州于 1995 年成立了苏州旅游教育集团，这是苏州为适应旅游行业发展需要，以苏州市旅游职中为核心，组织相关的旅游职业学校而成立的。

3. 政府统筹模式

政府统筹组建职业教育集团的时间远远落后于企业驱动。2000 年，上海市卢湾区对辖区内职业学校进行布局结构调整，将原有 4 所中等职校合并，进行资产重组，组建了卢湾区职教产业集团。该集团将学校、企业、政府以及外资等多种办学力量通过股份制、董事会等形式有机结合起来，形成以多方投入为主体的职教产业运作模式。该集团创新教育经营机制，以市场为导向，构建合理的产业结构和专业群；探索民办转制、中外合作、股份制等多种办学形式；引入了部门领导负责制、岗位责任制、动态聘任制、课薪制等产业化的管理方式。①

(三) 新世纪：政府推动下职业教育集团化办学的新发展

长期以来，职业教育办学部门办学的模式造成教育资源的持有者之间相互缺少有效沟通，资源共享程度偏低，职业院校同质化现象非常普遍。国家教育行政部门认为要改变这种状况，必须进行办学模式改革，而改革的主要目的在于实现各个办学主体方在资源上的共享力度和共享水平。因此，职业教育集团化办学模式就是这一目标追求过程中的重要实践。基于此，国家教育行政部门在相关政策文件中均提出了改革职业教育办学模式，通过多种方式，推动职业教育集团化办学。

2004 年教育部在《关于进一步加强职业教育工作的若干意见》中提出"要充分发挥骨干职业院校的带动作用，探索以骨干职业院校为龙头、带动其他职业学校和培训机构参加的规模化、集团化、连锁式发展模式"；2005 年国务院下发的《大力发展职业教育的决定》中提出，要继续完善"政府主导、依靠企业、充分发挥行业作用、社会力量积极参与，公办与民办共同发展"的多元办学格局，"推动公办职业学校资源整合与重组，走规模化、集团化、连锁化办学的路子"。显然，国家教育行政部门首先还是把职业教育集团作为内部院校资源整合的方式。除此之外，教育行政主管部门针对职业教育集团化办学开展了多方面的活动，如 2004 年和 2005 年，教育

---

① 傅芦琬.上海卢湾区组建职业教育集团[J].职教论坛,2000(7)：41.

部高教司与全国高职高专校长联席会议分别在北京和上海召开"职业教育为地方经济服务集团化运作模式"研讨会;2006年时任教育部部长周济多次对职业教育集团化发展问题进行专门的阐述;2008年教育部工作要点中正式将"引导和推动职业教育集团化办学"作为一项重要的工作;2009年教育部发布《教育部关于加快推进职业教育集团化办学的若干意见》,正式出台专门的政策文件对职业教育集团化办学问题作了相应的规定,其中对职业教育集团化发展的意义、模式、相应对策以及制度保障等都进行了较为细致的阐述,明确了政府的责任。相应地,国家教育行政部门才把校企结合作为职业教育集团的关注点之一。

这一时期职业教育集团化办学呈现出如下特征:第一,新成立的职业教育集团数量大。据中国职教学会统计,至2009年,由"政府主导"已建和在建的职业教育集团数量达到444个,且每年均有新的职业教育集团挂牌成立,大多数省份均成立了一定数量的职业教育集团,职业教育集团的分布范围较广,成为我国职业教育事业发展中非常引人注目的现象。第二,职业教育集团类型多,覆盖面广。从现有成立的各类职业教育集团看,我国职业教育集团既有省级职业教育集团,也有地市级的区域性职业教育集团;既有各类专业性的职业教育集团,如现代农业类、护理类、交通类,也有各类综合性的职业教育集团,主要是区域性的职业教育集团。第三,政府在职业教育集团组建中的作用越来越明显。职业教育集团从最初的由各个职业教育机构的自发行为,逐步发展为由政府主导推动、各个机构配合组建,教育行政主管部门和其他相关的部门在这个过程中发挥了较为积极的推动作用。

二、我国职业教育集团化办学的发展现状

2013年,全国已建职教集团约700个,覆盖100多个行业部门,近2万家企业、700多个科研机构和50%以上的中职校、90%以上的高职校。[1] 相比2009年,教育行政部门批准成立的职业教育集团数量为444个,参与成员达到了21 826个,其中中职学校4 347个、高职院校1 153个、企业13 806个、行业协会989个、科研机构529个、其他组织1 002个。[2] 可见,仅3年的时间,全国职业教育集团数量又大幅增长。

---

[1] 白汉刚,刘宏杰. 集团化办学,职业教育改革"过河"摸到的"石头"[N]. 中国教育报,2013-01-17.
[2] 邢晖. 职业教育集团的路怎样延伸[N]. 中国教育报,2009-04-18.

【2013年度聚焦】
中国职业教育办学模式的改革与创新

从东部、中部、西部、东北部这四大经济区域来看（见图3.1），这四大区域分别于1992年、2003年、1995年以及2004年成立了首个职教集团，集团化办学实践的先后也反映出了各区域对职教集团的意识和重视程度的不同；此外，这四大经济区域中职教集团数量增长的速度也不均衡。东部地区发展时间最早，发展速度也最快，其职教集团的数量稳中有升，而其他三大经济区域职教集团数量的增长始于2006年，并且增长速度并不均衡。

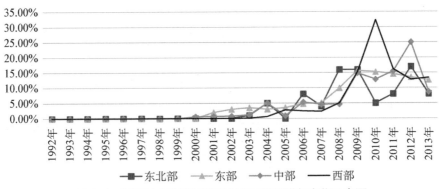

图3.1 我国四大经济区域职业教育集团增长变化示意图

如图3.2所示，四大经济区域的职教集团涉及的产业类型均包括第一、二、三产业。在第一产业中，东北部所占比重最大，远远超过其他三个区域，其次是中部地区，东部地区第一产业职教集团比重最小；在第二产业中，中部所占比重最大，东北部、西部以及东部地区所占比重大致相同，略低于中部地区；在第三产业中，东部所占比重最大，东北部与中部地区所占比重大致相同，西部第三产业比重略低于东部地区。在各区域职教集团产业类型中，以第一产业为主的职教集团数量最少，大部分职教集团都以第二、三产业为主。这表明，职教集团服务的产业类型比较均衡，各种产业类型均有涉及，尤其是第二产业在各区域职教集团的三个产业中所占比重最大，受到各区域职教集团发展的重视；以农业为主体的第一产业在职教集团服务产业类型中所占比重最低。①

（一）我国职业教育集团化办学的属性和功能

1. 职业教育集团化办学的"跨界"属性

---

① 付雯铮,刘辉.职业教育集团化办学省域发展现状调查——基于四大经济区域的分析[J].中国职业技术教育,2017(12)：63—67.

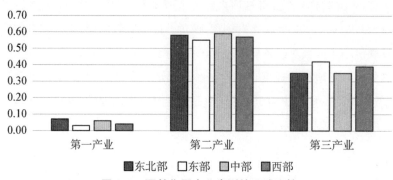

图 3.2　职教集团产业类型的区域比较

职业教育具有"跨界"属性,因此,"职业教育必须要有跨界思考"①。职业教育的跨界属性主要体现在以下两个方面:职业教育在办学模式上,强调校企合作;在培养模式上,强调工学结合。职业教育集团在职业教育本质属性的基础上实现了跨越的扩展与延伸,因此,职业教育集团的跨界属性是基于职业教育跨界属性的根本特征,并在此基础上进一步延伸发展:一是在学校与学校之间的跨界,一方面意在解决职业教育资源的有效利用与共享,另一方面是解决中高职贯通与衔接以及高等职业教育各层次的完善,还包括全日制职业院校与企业培训中心、社会培训机构的联动衔接,进一步构建职业教育体系;二是学校与社会的跨界,重点解决学校与企业之间的合作,实现社会资源的有效利用,提高职业教育的培养质量,并扩展职业教育的社会功能;三是各个区域之间的合作以及本地与外地之间的合作,主要是希望以品牌化连锁经营解决,树立职业教育品牌;四是突出职业教育集团的国际合作,目的在于为职业教育与培训树立一定的标准,实现标准化职业教育与培训。

2. 我国职业教育集团化办学的功能

第一,探索职业教育各层次之间的衔接。在国家职业教育体系尚未形成和完善之前,职业教育集团通过纵向上的跨界,同社会培训机构、行业企业培训中心、中等职业学校、高等职业院校、应用型本科、有专业学位授予权的普通高校等组织共同探索技术型人才和技能型人才的培养渠道以及成长模式。职业教育各层次之间

---

① 姜大源. 职业教育必须有跨界思考[EB/OL]. http://www.cvae.com.cn/www/zl/jdy/11-03-28/9372.html. 2011 - 5 - 23/2018 - 09 - 15.

的衔接功能的实现依托职业教育集团的三大特征：一是专业性，职业教育集团中各层次的院校以特定专业或专业群为纽带聚集。二是衔接性，各院校按照各校的层次和优势分工，确定各自在技术型人才、技能型人才培养方面的培养定位，针对特定专业有一套或者多套整体设计的培养方案。三是开放性，这种职业教育集团探索职业教育体系的整体构建，并不意味着无缝连接，只能从学校到学校；相反，虽然集团是衔接的，但是进口、出口应当都是开放的，学生及在职从业人员都可以选择各自进入的阶段和选择就业的时机。

第二，探索职业教育资源共享。在职业教育资源因部门限制、地域限制而隔断时，职业教育集团通过横向的集群和联合，达到成员间资源的最大利用。职业教育集团可以在如下方面实现资源共享：一是人才培养目标的共同确定，人才培养方案的制定；二是集团内教师资源的统筹和流动，包括跨校上课、集中培训、进修，开展教研活动；三是校内专业实训基地共享，整体安排实训基地工作计划，接纳集团各成员的学生完成实践教学和实训，提高设备使用效率；四是共同利用行业、企业资源，包括整体安排企业兼职教师，参与企业实习，接受行业企业指导；五是行业、企业将集团的学校成员作为自己的技术革新基地和员工培训中心；六是招生与就业统一平台。

第三，探索职业教育校企合作办学机制和工学结合的育人模式。探索职业教育校企合作办学机制和工学结合的育人模式理所应当成为职业教育集团的首要功能。校企合作机制就是企业全面参与办学过程、全面参与学校育人过程，包括在专业培养目标上企业参与人才规格的制定；在教学上企业协助学校制定人才培养方案（教学计划）；在课程内容上企业为学校引入职业标准；在师资上企业提供专业课兼职教师、帮助学校教师下企业进修培训；在生产性实习上企业为学生提供顶岗的机会；在就业上企业解决毕业生的出路。

（二）职业教育集团的办学主体

办学主体，即职业教育集团化办学的参与单位，一般来说，应至少有三个或三个以上具有独立法人资格的组织机构，包含来自政府、行业、企业、职业院校、科研机构或其他社会团体的多个成员单位，并且要具有核心主体。纵观我国现有职业教育集团，参与集团化办学的主体主要有六个，分别是政府、行业组织、院校、企业、科研机构及其他社会组织。政府、行业组织、企业、院校等多元主体在集团化办学中各自发挥自己的地位和作用，同时又相互作用、相互依存、相互融合，共同推动集团化办学的发展。政府是集团化办学的主导，承担着政策制定、工作推进、效果监督的任务。行业组织是集团化办学的指导,主要在办学方向、发展规划、资源建设、评价监督等方面指导集团化办学。企业与职业院校是集团化办学的两大主体,企业是技术技能人才的需求方,职业院校是技术技能人才的供给方。职业教育集团最大的功能就是将企业与职业院校联结到一起,实现供需结合、供需协调、供需合作,企业在集团化办学中的地位逐步提升,一些企业已经发挥出主体作用,有必要将企业与职业院校共同作为集团化办学的主体。相关的科研机构和其他社会组织,在各种类型集团化办学中以支持性力量存在。

(三) 当前我国职业教育集团化办学的实践内容

1. 办学类型

当前我国职业教育集团化办学的类型主要有 4 种划分依据:第一,根据各成员所处地理位置及其隶属关系不同,将职业教育集团分为区域性、行业性、区域性与行业性相结合;第二,根据各成员单位结合的松紧程度不同,划分为紧密型、松散型、紧密型和松散型相结合;第三,根据职业教育集团组成对象的不同,将其划分为校校联合、校企联合、多元重组三类;第四,根据各成员之间联结的纽带不同,可分为资产联结型、契约联结型、资产—契约混合联结型三类,第一种涉及产权的变更、拨款渠道的改变及管理体制的变革等,第二种在这些方面没有变化。

2. 合作方式

一是校企合作。我国目前职业教育办学中所通行的校企合作,重在如何调动企业参与职业教育,为职业院校发展提供有关资源,而职业教育集团下校企跨界不仅具备这一基本特征,还在校企合作关系深化、校企共同发展等诸多方面形成更明显的个性特征,体现了双向的利益获得,形成了持续发展的机制。职业教育集团化办学重在解决职业院校与企业在资源上的共享与利用,即职业院校更好地利用企业资源,提高人才培养质量和就业质量,企业利用职业院校的人力资本优势,在员工培训、技术研发等方面形成稳定的合作。在校企跨界的总体布局中,职业教育集团作为校企跨界的顶层性框架,发挥重要的协调与统筹功能,使得校企在职业教育集团的框架之上,形成利益共同体。在职业教育集团框架之下,校企跨界的成功与良性发展,从根本上说,还依赖于政府在法律、制度方面的设计,这是由职业教育集团自身的性质所决定的,也是校企跨界实现可持续发展的关键。

二是校校合作。学校与学校跨界突破了原有各种合作方式的单一性与表层性,是原有的校际合作的"升级版本",跨越学校之间的边界(主要是学校与学校之间的心理边界),强化了学校之间合作的针对性与专业性,扩大了校际合作在组织成员中的影响力,并提升了认可度。从组织运行上来说,作为职业教育集团的重要基础,学校与学校之间的跨界,是职业教育集团得以顺利运行和可持续发展的重要方式。由于学校在职业教育集团的总体中所占有的主导和关键性地位,这一组织的运作在很大程度上受到学校与学校之间在沟通与合作方面的深度的影响,换句话说,职业教育集团中各成员学校之间合作的深度,就在某种程度上决定了职业教育集团办学的高度。在这种良性互动之下,学校之间的合作具有可持续性,从而提高了职业教育集团的运行效率和运作水平。

三是区域合作。职业教育集团的区域合作主要是利用本地职业教育集团的优质资源,通过与外地职业院校或者职业教育集团形成或紧密或松散的合作关系,也可以是以本地职业教育集团的名义在其他地区开设相关的职业教育集团,形成资源扩散和品牌连锁效应。在这两者的基础上,通过对某一专门领域的职业教育集团所主导的职业教育与培训活动进行标准化,形成类似于行业标准的职业教育培训标准,并得以推广。职业教育集团的区域合作内涵主要在于:通过与异地职业教育集团形成跨区域合作关系,使职业教育资源能够通过跨区域统筹,分重点进行利用。这种方式在我国职业教育的"东西部合作发展"的相关实践中曾经形成相关经验。部分职业教育集团已经在规模、水平、质量上形成了一定的特点,并形成了一定程度的品牌效应,可以考虑通过资源扩散等有关方式,促进品牌职业教育集团在其他地区形成连锁,连锁的形式可以有多种,以上海为例,可以冠以"上海××职业教育集团(××分集团)"等名称。通过利用规模化和品牌化优势,在集团内有关专业的基础上,研究相关专业的培训标准。每个专业的培训标准涵盖的范围较广、内容较为全面,部分教育集团已经在这个方面积累了经验。

3. 专业建设与人才培养

专业建设包括设置专业与调整专业的过程,这也是调整学校与社会关系的过程。专业建设主要包括社会发展需求的追踪,制定专业培养目标与规格,制定专业教学计划,进行课程建设、教材建设、实训基地建设、教学方法革新,建立人才培养预警和动态调整机制,适时调整专业设置。集团化办学过程中行业企业的有效参与,使学校的教学链、经济的产业链和社会的利益链互相衔接,构成系统的人才培养、输出、聘用、培训网络,形成一体化人才培养模式,发挥职业教育集团的规模效能,不断提升职业教育服务区域经济发展的能力。同时,职业教育集团化办学还衔接了中高职课程,深化了校企合作,提高了学生质量,促进了学生就业,得到了社会的广泛认可。通过集团化办学深化校企合作,促进行业、企业深度参与人才培养的各个环节,包括专业与课程开发、实训基地建设、教育教学管理等;促进产业链、岗位链、教学链的深入融合,提高人才培养吻合度;创新中高职衔接的系统化人才培养,促进现代职业教育体系建设。

4. 社会服务

科技研发,这是以职业院校为主要成员单位的职业教育集团的一项重要办学活动。职业院校、企业、科研院所联合开展产品研发、技术攻关等,为行业、企业的发展提供技术与科技支持。社会服务,也是集团化办学的重要职能,包括积极开展社会培训,有效促进充分就业、提高就业质量。如面向集团成员单位开展员工在职继续教育与培训,面向农村年轻劳动力等人群开展职业技能培训。

三、我国职业教育集团化办学模式存在的问题和原因分析

目前,我国已组建的700多个职教集团,总体上还处于探索阶段,存在着一些问题与不足,主要表现在学校、行业、企业覆盖面不足,成员间合作关系不紧密,管理体制和运行机制不健全,支持与保障政策不完善,集团化办学的教育、产业和社会效益还没有得到充分发挥等。在现实工作中,职业教育集团"集而不团"的现象在各地普遍存在,最大的问题在于集团成立前后的差异很小,成员并没有感到职业教育集团带来的变化,特别是原来想通过集团解决的职业教育产学结合问题还是依然如故。产生这些问题的原因大致有三个方面:

(一)职业教育集团的产生出于"设计",而非"内生"

我国的职业教育在发展的过程中选择的是"设计模式",而不是"内生模式"。"设计模式"导致职业教育体系一直游离于社会体系之外,因此,职业教育要获得持续发展的动力,必须转向内生模式。[①] 在职业教育集团进行发生学分析的时候,职业教育集团的产生有其深刻的经济社会因素,也存在深刻的教育因素的影响,而且就单个职业教育集团的个体分析而言,职业教育集团的确是在各种因素的共同作用下,不断孕育而产生的一种新生事物。但是值得注意的是,如果对职业教育集团的产生和建设过程进行更为细致的考察,就会发现职业教育集团的产生,并非完全

---

① 徐国庆. 职业教育发展的设计模式、内生模式及其政策意义[J]. 教育研究,2005(8):58—62.

出自"内生",在很大程度上,它们的产生,也是一种"设计"的产物,尤其是职业教育集团在我国遍地开花的时候,其"设计"的特点更为明显。这种设计的特征带来了一系列问题。

1. 一些地方政府把建设职业教育集团作为发展职业教育的形象工程

中国职业教育发展到现在,关键的问题——"校企合作"机制还是没有根本破解,政府和学校都在急迫地寻找破题的办法。从模式设计上看,职业教育集团的确集合了资源整合、教产关系协调、资源共享、优势互补的特征,个别职业教育集团在发展的过程中,从总结材料和经验介绍的过程中,也让地方政府尝到了职业教育集团化办学这种模式的"甜头",因此也使一些地方政府认为职业教育集团是让职业院校与企业关系重新紧密的一种多快好省的办法和逻辑。但大多数情况下职业教育集团实际上并不能有效解决校企合作的难题。由于企业发展阶段的限制,中国的行业组织发育得也非常缓慢,因此,现在职业教育集团的主体基本都是学校,企业和行业参与职业教育集团更多都是礼节性和形式上的,没有机制性的保证。对行业性的职业教育集团的调查结果显示,牵头院校和参与院校在突破教产合作的问题上普遍感觉力不从心,区域性的职业教育集团更是这样。

2. 部分参与院校加入职业教育集团存在"搭便车"行为

由于职业教育集团的发展得到了教育行政部门的大力支持,政府也对参与职业教育集团的院校实施了相应的鼓励与激励措施,不少院校瞄着政府对职业教育集团的资金、政策推动,抱着"做加法可以,做减法不干"的心态参与职业教育集团,以此作为一种资源分配的途径。个别高职院校苦于生源稀缺,正好利用专业性职业教育集团找到一个免费搭建的招生平台。部分成员单位通常就是在职业教育集团的成立会上露个面,在后面相关的业务活动中签个到,而在具体的加强学校与学校的资源共享、学校与企业联系的工作中,却不做努力,坐等其他院校搭建合作平台、争取合作机会,渔"集团"之利。

3. 企业在参加职业教育集团前后对职教的积极性几乎没有变化

企业参与职业教育一定取决于企业发展的阶段和水平。从对职业教育集团的跨界性质的分析中我们知道,企业与学校之间的跨界,很大程度上是因为企业对于推广相关企业标准的需要,也就是人力资源的需求。但我国的企业仍然处于初级阶段,没有垄断,就不会有行业;没有行业垄断就不会出标准;而没有标准,就自然不会推销标准,因此企业联系学校的原动力普遍不强。再者,中国劳动力过剩的现状,让企业参与职业教育集团抢夺优质技能人才的可能性也大打折扣。更多的行业、企业只是在道义上给予职业院校一种支持,通常这种支持只是暂时性或阶段性的,没有机制作为支撑,一旦学校换了校长或是企业换了老总、行业协会换了理事长,情况就会发生变化。因此,这一现状的存在就不难解释本应是职业教育集团主角的企业,往往在较短的时间内,就会缺席职业教育集团相关活动的情况。也就是说,当前国内企业参与职业教育集团,缺乏可持续的机制。

(二) 职业教育集团运行规范欠缺导致运行效率低下

1. 职业教育集团的联系松散,缺乏组织约束力

从目前我国职业教育集团的组建方式和组建程序来看,缺乏具体的管理规范。现有的职业教育集团内部的关系处理方式,都是各个职业教育集团内部成员之间的一种关系连接的探索,而缺乏具体的管理部门的标准程序认定和各个主体之间联接方式的规范。这种状况主要可能在以下几个方面形成对整个组织的伤害。一方面,由于这种组织内部的连接非常不正式,相关运行规则的确定很大程度上带有不确定性和随意性,往往集团内部各方将如何来处理各自之间的关系,在不同的集团内部可能存在迥异的关系处理方式。同时,由于缺乏有权威性的关系程序认定和日常联系方式,在集团内部很有可能出现关系不对等的局面,即强势的个体主导了集团内部有关规则的制定,而弱势个体则只有遵守规则。另一方面,由于各个集团的单位之间基本上是以简单契约为纽带的连接,因此,不管是对于弱势个体还是强势个体而言,退出集团这一问题均可能会变得随意和简单。从各家职业教育集团的所谓"章程"或者"管理条例"的有关规定看,集团内部各个成员之间形成的契约多半局限在道义责任上,这种所谓的契约对成员来说没有约束力,更谈不上法律责任,即便违反了连民事纠纷都算不上。因此退出集团对集团成员来说没有负面影响,也不需要承担任何责任和风险。这也就是目前许多职业教育集团在刚刚成立时红红火火,过一段时间则连一次集团会议都无法开成的状况的根本原因。集团内部成员之间关系过于松散、组织缺乏约束力是主因。

2. 职业教育集团内部缺乏必须的利益关联,组织效率低

影响组织运行效率的最重要的因素就是组织成员之间的关系处理方式,即组织的维系方式。比对各类不同联系方式的组织效率可以看出,组织效率最为低下的就是通过契约进行维系的组织。首先,以简单契约进行维系的组织意味着组织内部各个成员之间的利益关系、联系不是非常紧密,各方的利益,尤其是经济利益,

并没有很好的结合点,一方的违约或者是异动,并不会影响其他方的利益关系;其次,契约型组织外部约束性不强,即来自政府或者其他管理部门的约束不强,在这一组织性质之下,最显著的表现就是组织涣散、效率低下。职业教育集团同样是以契约为连接方式的组织,各个组织之间事实上是不存在多大的利益联系的,因此职业教育集团内部各个成员之间的"原子化"状况,导致职业教育集团组织效率低下。没有利益即没有驱动力,失去了驱动力的职业教育集团,很难说有多大的作为。因此,不少研究者在考察职业教育集团的组织性质和困境之后,提出了建立校企之间"利益共同体"的观点,这是总体的方向与思路,但是,在操作过程中,利益共同体如何建立,各方的利益如何均衡与博弈,这是一个复杂而又长期的组织设计过程。

3. 职业教育集团目标模糊,责任不清

由于缺乏紧密的组织联系和清晰的利益关系,职业教育集团在运行过程中出现另一个问题,即组织目标模糊不清,各方的责任与权利归属不明,这将是阻碍职业教育集团顺利运转的最大问题。政府缺乏对职教集团的统筹、协调、监督和经费支持,行业企业参与集团化办学的积极性不强,集团院校服务功能定位仍主要局限于教学建设与人才培养,为行业和企业开展员工培训、科技开发等服务意识还不够强,能力相对较弱。对于很多职业教育集团组织内部的成员来说,对职业教育集团的功能、为什么要组建职业教育集团都还是不明不白。许多职业教育集团在组建时并未对组织中成员的权利、义务以及组织目标作出明确规定,这也带来了运行过程中责任不清、运行不畅等问题,缺乏责任与义务承担的组织自然无法为组织成员提供相应的权利,更无法获得有效的组织发展。

(三)深层次因素制约集团化办学整体推进

一是法规政策缺失。国家还没有出台集团化办学的指导性文件,缺乏集团化办学的发展目标和要求;在法律法规上没有明确职教集团的地位、运作权限和业务范围,对各行为主体的责任、权利和义务缺乏明确的定义。

二是发展经费缺乏保障。职教集团建设与运行的工作经费,大多来源于牵头院校的年度预算,经费来源单一,不仅影响了牵头院校的积极性,也影响了集团成员院校之间的平等合作关系;一大批集团化办学合作基地的建设与常态化运行,需要较大额度经费的持续投入,但国家层面还没有支持职业教育集团化办学的政策,各级地方政府缺少扶持集团化办学的相关制度。集团化办学经费来源渠道不通,影响了其合作组织的成长。

三是内部管理待健全。部分集团除理事会或董事会及秘书处等常规机构外，上层未设立发挥政府及相应产业部门主导职能的联合指导组织，下层未设立具体承担合作协商与实施工作的内部组织。不少集团运行制度不完善，大多数集团未建立完整的内部考核体系。

四是长效机制未形成。合作共赢是集团化办学的持久生命力之所在，目前，多数职教集团内部还没有形成共赢机制，这已成为集团化办学的严重障碍。职教集团所取得的成功经验未得到有关组织的示范推广，社会各界对集团化办学存在的疑虑未得到有效消除，也制约了全国范围内集团化办学的整体推进。

四、我国职业教育集团化办学的发展对策

（一）借鉴公司结构创新治理模式

治理包括外部治理及内部治理。外部治理即对集团组织使命的界定、权力分配及决策过程的规范，内部治理即是集团内组织的设定、运行、制衡。优化外部治理结构是规范和提升集团化办学的首要条件，一是赋予职业教育集团组织的法律地位，二是明确职业教育集团化办学的功能定位和基本规范，三是实施职业教育集团化办学的准入、退出和过程评价制度。优化内部治理结构是规范和提升集团化办学的基本路径，一是制定内部治理的集团章程，章程是集团治理共同认可的"宪法"，发挥着基础性、全局性的作用，应由集团成员审议通过，报行政主管部门同意，并报集团登记管理机关审核备案；二是搭建内部治理的基本架构，包括决策层、管理层和监督层。

创新治理模式是规范和提升职业教育集团化办学的综合措施。借鉴企业和公司集团治理结构的经验，结合职业教育自身实际，开展治理模式创新，将极大地改善职业教育集团的组织模式和运行方式，推进职业教育集团真正成为市场经济环境下的现代教育组织。目前，我国职业教育集团办学主要有三种治理模式：一是理事会治理模式。以理事会、常务理事会、秘书处、专委会为基本组织架构，理事会为最高决策机构，常务理事会为日常决策机构，秘书处为协调机构，专委会为执行机构。这一模式是我国目前集团化办学的主要模式。院校、行业或企业主导的职教集团多采用此类模式。二是管委会治理模式。由地方政府牵头，整合行政区域内的职教资源，对接产业发展需要成立职业教育联合体，以管理委员会、理事会、秘书处为基本组织架构，实行管理委员会领导下的理事长负责制。管委会治理模式在

北京交通职教集团、湖南湘潭职教集团的实践中已取得显著实效。政府主导的职教集团多采用此类模式。三是董事会治理模式。职教集团不利用国家财政性经费,而由各种社会力量运用股份制手段融合民间资本,投资组建而成,各投资者是职教集团的股东,并按照投资额来享受股东权利和承担有限风险。以股东会、董事会、执行层为基本架构,实行董事会领导下的股东决策制。股东主导的职教集团多采用此类模式。

(二) 建立有序高效的办学运行机制

运行机制是集团化办学过程中各种要素之间相互联系、作用及制约的关系,是集团运行自我调节的方式,可以使集团运行更加协调、有序、高效,增强内在活力和对外应变能力。职业教育集团化办学的运行机制主要包括:日常运行与决策机制、项目运行机制、利益协调与共享机制、政府引导与宏观管理机制、监督和绩效评价机制等。

日常运行与决策机制、项目运行机制是集团化办学的基本性机制。依据集团章程,理事会(管委会、董事会)行使最高权力,研究部署集团全局工作,审议集团重要议案,审议理事会年度工作报告,秘书处、专委会依职开展工作。项目运行机制是在日常运行机制基础之上,完成特定任务形成的运行机制,因其自由组合、灵活有效而普遍受到重视,可以突破原有运行机制中的樊篱,形成更加贴合项目内在规律的体制机制。

利益协调与共享机制是集团化办学的根本性机制。集团因"利"而"集"、因"利"而"团",其"利"包括经济利益和社会利益两个方面。经济利益主要有政府投入、项目运行收益、成员捐赠、交易成本降低等,社会利益包括成员之间的互信、成员的社会信誉与荣誉、成员的社会价值。集团化办学应兼顾和保护各个成员的基本利益,积极创造集团共同利益,公平分配既有利益,激励更多的利益创造。

政府引导与宏观管理机制、监督和绩效评价机制是保障性机制。政府加快职能转变,改革管理方式,扶持和培养社会组织自治,推动产学研相结合的职业教育集团化办学。把握集团化办学的导向,制定集团化办学规划,提供集团化办学的经费支持,促进行业、企业深度参与职业教育。由教育评价机构研究制定集团化办学标准和运行质量评价体系,推行集团化办学质量认证制度,推动集团化办学的品牌形成与竞争力提升。实施集团化办学的准入、退出和过程评价制度,试行职业教育集团的各类教育经费拨款和集团的办学质量与效益直接挂钩制度,培育一批示范性职教集团,发挥其引领、示范、辐射作用,不断将职业教育集团化办学引向深入。

(三)加大顶层制度设计

集团化办学是对职业教育发展模式的重要创新,是推动职业教育科学发展、校企合作的最佳途径。今后应把推进集团化办学作为职业教育改革发展的战略任务,科学勾画发展愿景、明确发展思路、完善体制机制、提供有力的政策支持,切实加强对集团化办学的领导。各级政府要把集团化办学纳入职业教育部门联席会议的重要议程,根据需要建立专门工作领导小组。骨干行业都要建立职业教育行业指导委员会,加强对集团化办学的指导与协调。

一是建立集团化办学的国家制度。一方面建立推进集团化办学的国家制度。建议在《职业教育法》的修订中,明确集团化办学在职业教育发展中的战略地位和功能定位;在国家税收制度中,明确企业法人的职教集团和参与集团化办学的企业可以享受的税收优惠;建议国务院尽快出台条例,明确集团化办学的法律属性,赋予其合法的身份和地位,建立产权联结、配置优化、权责明确、校资分开、管理科学、制度完善的职业教育集团产权制度。另一方面建立规范集团化办学的合作制度。建议有关部门尽快制定文件,规范集团化办学中六个主体的权利和义务,明确集团化办学的认定、评价标准,对集团化办学的组织体系提出要求,对行业、企业限定准入标准,对职教集团的办学绩效进行考核;建议教育部出台办法,对集团化办学的权限、管理运行机制等予以规定。

二是健全集团化办学的国家政策。一方面为行业、企业制定优惠政策。完善财政支持政策,制定实施专项经费、补贴、购买服务等财政政策,调动行业和企业积极参与职业教育、参与集团化办学。另一方面为集团化办学制定优惠政策。建议在国家公共财政支出政策中,对参与集团化办学的职业院校在共用型教学基础设施建设等方面给予资金扶持;将职前教育和各类公益性培训纳入基本公共服务内容,以政府购买服务的方式,优先安排职教集团承担;在国家人事制度改革中,为职教集团企业和院校间人才流动设置特殊政策。同时,鼓励地方政府出台并实施一系列具有可操作性的地方法规或政策,促进集团化办学发展。

三是加大对集团化办学的经费支持力度。以政府投入为基础、吸引多方面投入支持集团化办学。建议财政支持经费按照经常性经费和专项经费两种方式予以拨付,经常性经费由职教集团按照需求编入学校年度财务预算,成为职教集团日常运行经费的主要来源。专项经费由职教集团按照建设项目编制年度专项经费预算。经常性经费重点用于兼职教师聘用、教师企业实践岗位购置、学生顶岗实习岗位购置、学生实习管理、集团日常运行管理等；专项经费主要用于共享型基础设施建设项目、集团共享产学研中心建设项目、集团人才队伍建设项目、专业建设项目、公益性培训等社会服务项目、集团化办学体制机制改革项目等。

四是尽快启动国家示范性集团学校建设项目。制定标准、开展评估、设立财政专项资金，支持建设一批国家示范性职业教育集团，使其成为集团化办学中改革创新的示范、提高质量的示范、办出特色的示范，在集团化办学中发挥引领、骨干和辐射作用。

（撰稿人：张蔚然）

我国职业教育中外合作办学发展报告

一、我国职业教育中外合作办学的发展背景

我国职业教育中外合作办学模式是在一定的时代背景下孕育产生的,其中既有我国社会经济及教育事业发展带来的影响,也有国际社会变迁而产生的因素。国内局势与国际潮流是我国职业教育中外合作办学的二维发展背景。

(一)国内背景

1. "文革"后职业教育百废待兴

新中国成立后,我国对职业教育体系进行了全面的改造,职业教育事业取得了初步发展。据 1965 年统计,当时全国各类中等职业学校达 63 291 所,在校生达 516.34 万人。① 然而,随后"文化大革命"极大地破坏了我国的职业教育事业。1966 年至 1970 年期间,大批学校撤销、停办,在校生、毕业生骤减,大量校舍被侵占,许多教师、干部被下放或强制改造。直到 1971 年,在周恩来、邓小平力图抵制和纠正"文化大革命"错误的一系列重大决策和措施中,职业教育才逐渐有所恢复。1976 年,"文革"结束时,全国中等技术学院恢复到 1 461 所,在校生 38.6 万人,技工学校 1 267 所,在校生 21.1 万人。② 但各地发展很不平衡,而半工半读学校、职业中学、农业中学等仍未得到恢复,仍处于瘫痪状态。另外,"文革"对教育制度、教育思想和教育管理等一系列问题的冲击和影响,也并没有完全散去。

2. 改革开放与教育的"三个面向"

1978 年,党的十一届三中全会召开,标志着我国进入改革开放和社会主义现代化建设新时期。尤其是"对内改革、对外开放"的战略决策,为国内各项事业的改革创造了空间,也为各种形式的国际交流与合作创造了可能。与此同时,越来越多的

---

① 李蔺田.中国职业技术教育史[M].北京:高等教育出版社,1994:312.
② 闻友信,杨金梅.职业教育史[M].海口:海南出版社,2009:2.

国外机构和组织也来到了中国、了解了中国,并设想着与中国的合作。在教育领域,1983年邓小平为北京景山学校题词,"教育要面向现代化,面向世界,面向未来"。教育的这"三个面向"更加明确地指出了新时期我国教育事业改革和发展的方向。如上述,此时中国的职业教育急需改革,没有改革就没有发展。那么如何改革呢?在改革开放和"三个面向"的指引下,对外交流合作成了一条可选之路。职业教育中外合作办学模式,便是在这一背景下探索形成的。

(二) 国际背景

1. 世界贸易组织的成立加剧了世界教育竞争

世界贸易组织(WTO)于1995年成立,进一步促进了全球经济一体化趋势的发展。随着世界经济的一体化,市场竞争亦愈加激烈,市场竞争的实质便是人才的竞争,因而世界各国对技术人才的抢夺战也愈演愈烈。加速教育国际化,制定一系列有助于吸引留学生的政策成为世界各国吸纳优质生源、抢占人才市场的必要手段。美国、英国、德国、日本等经济发达国家的国际化办学已经步入正轨,并在不断地壮大,也积累了相当丰富的理论及实践办学经验。根据相关资料显示,近几年,国内留学机构及美国、英国、加拿大、澳大利亚等国的高等院校先后在北京、上海等国内主要城市举办国家教育展,寻求生源,抢滩中国教育市场,中国学生出国留学的机会和人数大幅度增加,我国每年约有2.5万人自费出国留学,并呈逐年上升态势,这对我国教育的发展无疑是一个极大的危机。[①]

2. 产业结构调整深化职业教育改革

全球经济一体化推进了科技革命,世界多极化、经济全球化深入发展,世界经济政治格局出现新变化,科技创新孕育新突破。国际资本、产业、技术流动趋势更加明显,全球和区域间的经济合作不断加强,[②]这不仅对职业教育培养人才的质量提出了更高的要求,更是对职业教育的发展提出了新要求。面对经济全球化给经济及产业结构带来的变化,各国积极地进行了职业教育改革。例如,德国在20世纪60、70年代以后,在生产领域以农业、工业为主导的经济部门,开始向服务领域转变,以通讯、服务为主的第三产业开始超越第一、二产业,[③]与此同时,德国在不断地开设新专业,调整旧专业来适应产业结构的变化,并且积极地发展应用科技大学和

---

① 淘霞.评析我国高职教育的中外合作[J].教育与职业,2006(24):11—12.
② 辽宁省人民政府.辽宁省国民经济和社会发展第十二个五年规划纲要[Z].2011年.
③ 占小梅,王辉.浅议德国职业教育体系结构与经济社会的适应性[J].职教通讯,2013(25):43—47.

跨国教育,德国的跨国教育不局限于教育机构,还包括西门子、大众等跨国集团。产业结构的调整必定带动职业教育的改革,各国在积极探索多种职业教育办学形式的同时,也在不断调整合作办学的专业,不断深化职业教育的改革。

二、我国职业教育中外合作办学的发展现状

职业教育中外合作办学是多维度的系统整合,本报告将从合作办学的主体、目的、内容、机制及组织保障等五个方面梳理我国职业教育中外合作办学的发展现状。

(一) 合作办学主体

职业教育中外合作办学模式的核心是合作问题,而合作是发生在不同主体之间的。要理解中外合作办学模式,首先要知道有哪些主体参与了合作。

从合作主体的国别上,显而易见,职业教育中外合作办学的主体包括中方和外方两大方面。比中外之分更为重要的是他们在中外合作办学中的角色地位,中方和外方分别代表了职业教育的输入国和输出国。这种角色地位上的差异,从根本上决定了中外双方在职业教育中外合作办学中目的诉求、贡献方式、利益回报等方面的不同甚至是矛盾。此外,还可以按合作主体的属性,将职业教育中外合作办学的主体分为政府、学校和企业三类。他们在中外合作办学中的目的、作用、利益也各不相同。再根据实际参与合作办学的主体,可以把职业教育中外合作办学模式分为校校合作、校企合作、政企校合作三种较为典型的类型。

(二) 合作办学目的

如上述,职业教育中外合作办学存在着不同主体,而不同主体合作办学的目的显然也不会相同,有时它们甚至是冲突的。

1. 中方合作办学目的

职业教育中外合作办学模式是在我国扩大开放、改革发展职业教育的大背景下产生的。从国家政策来看,职业教育是国家鼓励开展中外合作办学的重点领域。从中央到地方,各级政府都比较积极地参与了职业教育的中外合作办学。主要目的就是通过职业教育的中外合作办学,更新职业教育的办学理念,引进国外优质教育资源。

而从开展中外合作办学的职业教育机构来看的话,其目的主要包括:(1)改革人才培养模式。许多中外合作办学是以引进国外先进职业教育模式为主要目的开展的。事实上,许多国外先进职业教育模式也是通过中外合作办学才得以引进和

本土化的,比如德国双元制、加拿大 CBE、澳大利亚 TAFE 等。(2)补充办学经费。在有些职业教育中外合作办学项目中,外方直接投入了办学经费,从而部分地缓解了中方学校的办学经费压力。但在更多的职业教育中外合作办学项目中,学生较为高昂的学费,成了学校补充办学经费的主要渠道。中外合作项目的学费通常是普通学费的 3—5 倍,而在中等教育层面,随着中等职业教育免费政策的推行,这种学费差距还在进一步扩大。(3)拓宽毕业通道。为毕业生拓宽就业和升学通道,也是一些职业院校开展中外合作办学的重要原因。从就业上看,一些职业教育中外合作项目,提供了国际上较有竞争力的毕业证书或行业技能证书,这些证书能为毕业生就业增添筹码。还有更多项目将升学留学的机会,作为了吸引学生的重要方面。学生通过在国内获得受外方认可的证书或资格,从而获得毕业后直接进入外方学校留学的机会。(4)提高社会声誉。打"国际化"的牌子,通过开展优质的中外合作办学项目,提升学校整体形象,也是许多职业学校开展中外合作办学的重要原因。

2. 外方合作办学目的

在分析外方参与职业教育中外合作项目的目的时,首先有必要区分援助型、贸易型两类不同的合作。在援助型职业教育中外合作办学中,外方主要是出于国际交流援助以及文化输出的目的来参与合作的。这种模式主要发生在 20 世纪 80 年代初我国刚刚改革开放的时期。

当前,中外合作办学的主要类型则是贸易型的合作。它是在 20 世纪 90 年代后,随着国际教育服务贸易的扩大而在我国快速发展的。经济合作与发展组织(OECD)成员国政府主导的策略就是促使教育成为一种出口产业,把教育视为一种增加收入的贸易。[①] 以澳大利亚为典型,早在 1984 年,澳大利亚学者杰克逊就首次提出,澳大利亚应当将高等教育发展为"教育服务出口产业"。[②] 虽然《中华人民共和国中外合作办学条例》规定,"中外合作办学属于公益性事业",但在贸易型的职业教育中外合作办学中,不可否认外方更多是出于经济利益参与其中的。

(三)合作办学内容

1. 人才培养模式

人才培养模式的借鉴,是我国职业教育中外合作办学的重要缘起,故而也是我

---

① 陶书中,沈佩琼.高职院校中外合作办学的规范与引导[J].黑龙江高教研究,2008(10):80—82.
② 江彦桥.我国对外教育政策研究[D].上海:华东师范大学,2006.

国职业教育中外合作办学的主要内容。事实上,许多中外合作办学的职业教育项目,在名称上就清晰地指明了借鉴的人才培养模式,如"中澳 TAFE 项目"、"中德双元制项目"、"中英现代学徒制项目"、"中加 CBE 项目"等。此类项目往往属于深度融合的职业教育中外合作办学项目。

2. 课程、教学与教材

有的职业教育中外合作办学项目,虽没有全方位引进国外职业教育人才培养模式,但也采取了引进部分课程与教材、变革教学方法的手段,从而提供有外国职业教育特色的职业教育中外合作办学项目。

3. 师资队伍

部分职业教育中外合作办学的项目,以师资队伍的建设为主要合作内容。具体的合作形式包括聘请外方师资任教、外方师资专家到访指导、选送中方教师出国进修等。

4. 毕业、就业与升学

职业教育中外合作办学项目的合作,还体现在学生的毕业、就业与升学环节。在毕业方面,一些职业教育中外合作办学项目提供了外方的资格认证,即所谓"双文凭"的合作办学。在就业方面,一些职业教育中外合作办学项目,提供了境外就业的机会。另外,升学方面的合作,无论在中职还是高职层面,都是职业教育中外合作办学的重要内容,即学生毕业后获得进入外方国家留学深造的机会。这种合作办学,往往又被认为是中职学生或高职学生的出国留学"预备班"。

(四) 合作办学机制

1. 组织管理

《中华人民共和国中外合作办学条例》对中外合作办学机构及项目的组织管理作了比较明确的规定。主要内容包括:

(1) 具有法人资格的中外合作办学机构应当设立理事会或者董事会,不具有法人资格的中外合作办学机构应当设立联合管理委员会。

(2) 理事会、董事会或者联合管理委员会须由 5 人以上组成,设理事长、副理事长,董事长、副董事长或者主任、副主任各 1 人,中方组成人员不得少于二分之一,三分之一以上组成人员应当具有 5 年以上教育、教学经验。

(3) 具有法人资格的中外合作办学机构的法定代表人,由中外合作办学者协商,在理事长、董事长或者校长中确定。

（4）中外合作办学机构的理事会、董事会或者联合管理委员会行使的职权主要包括改选或者补选理事会、董事会以及联合管理委员会组成人员；聘任、解聘校长或者主要行政负责人；修改章程，制定规章制度；制定发展规划，批准年度工作计划；筹集办学经费，审核预算、决算；决定教职工的编制定额和工资标准；决定中外合作办学机构的分立、合并、终止等。

（5）中外合作办学机构的理事会、董事会或者联合管理委员会每年至少召开一次会议。经三分之一以上组成人员提议，可以召开理事会、董事会或者联合管理委员会临时会议。讨论聘任、解聘校长或者主要行政负责人、修改章程、制定发展规划等重大事项，应当经三分之二以上组成人员同意方可通过。

（6）中外合作办学机构的校长或者主要行政负责人，应当具有中华人民共和国国籍，在中国境内定居，热爱祖国，品行良好，具有教育、教学经验，并具备相应的专业水平。其主要职权包括执行理事会、董事会或者联合管理委员会的决定；实施发展规划，拟订年度工作计划、财务预算和规章制度；聘任和解聘工作人员，实施奖惩；组织教育教学、科学研究活动，保证教育教学质量；负责日常管理工作等。

（7）中外合作办学机构聘任的外籍教师和外籍管理人员，应当具备学士以上学位和相应的职业证书，并具有2年以上教育、教学经验。外方合作办学者应当从本教育机构中选派一定数量的教师到中外合作办学机构任教。中外合作办学机构的教职工依法建立工会等组织，并通过教职工代表大会等形式，参与中外合作办学机构的民主管理。

2. 教育教学

在不同的职业教育中外合作办学项目中，外方参与教育教学的机制和深度是存在较大差异的。首先，在人才培养方案方面，有两种做法比较普遍。一种是以专业建设委员会等形式，由双方专家、教师共同设计人才培养方案。单校园融合型的职业教育中外合作办学项目通常采取的是这种方式。另一种是由双方各自设计、执行自己的人才培养方案，仅通过教学协调小组等形式来协调两个方案。这种方式通常出现在双校园嫁接型的职业教育中外合作办学项目之中。

其次，在课程与教材方面，主要有三种中外合作的方式。一是直接引进国外课程与教材；二是对国外课程与教材进行本土化；三是共同选用、设计课程与教材。

再次，在师资与教学方面，《中华人民共和国中外合作办学条例》规定，外方合作办学者应当从本教育机构中选派一定数量的教师到中外合作办学机构任教，并且他们应具备学士以上学位和相应的职业证书,并具有2年以上教育、教学经验;在教学方面,以中文为基本教学语言的为主,也有不少学校设置了双语课程或直接用外语教学。

3. 资产财务

《中华人民共和国中外合作办学条例》中关于资产和财务的规定主要包括:

(1) 中外合作办学机构应当依法建立健全财务、会计制度和资产管理制度,按照国家有关规定设置会计账簿;并在每个会计年度结束时制作财务会计报告,委托社会审计机构依法进行审计,向社会公布审计结果,并报审批机关备案。

(2) 收费项目和标准应依照国家有关政府定价的规定确定并公布,未经批准,不得增加项目或者提高标准;收取的费用应当主要用于教育教学活动和改善办学条件。

在实际运作中,资产和财务的运作方式主要包括独立核算和非独立核算两种。独立核算的职业教育中外合作办学机构或项目,有独立设置的财务体系。非独立核算的资产和财务运作方式,只发生在一些项目式的职业教育中外合作办学模式中。在这些学校,中外合作办学的职业教育项目没有单独设立账目,而是将其融入学校整体的财务系统中。

就中外双方的合作而言,根据外方参与资金管理与获取资金回报的方式划分,资产财务的运作主要有三种。一种是在独立核算财务体系下,双方共同监管资金和财务,双方按协定分成比例取得回报。一种是在部分双校园的职业教育中外合作办学项目中,采取了双方独立收取学生在本方校园学习时期的学费、各自独立核算的方式。还有一种是,外方完全不参与资金财务的具体管理,而是按学生数收取一定金额的办学管理费用和办学回报。最后一种方式在实践中是比较普遍的。

(五) 合作办学组织保障

1. 国家层面

在国家层面,规范职业教育中外合作办学的法律规范主要包括《中华人民共和国职业教育法》、《中华人民共和国中外合作办学条例》、《中华人民共和国民办教育促进法实施条例》以及《中华人民共和国中外合作办学条例实施办法》。在此基础上,为进一步规范中外合作办学秩序,提高办学质量,促进中外合作办学健康发展,教育部重点推进"两个平台"和"两个机制"建设,加强对中外合作办学的监管。

(1) 中外合作办学监管工作信息平台

中外合作办学监管工作信息平台是依托教育涉外监管信息网设立的,它是我国教育部专门发布中外合作办学监管信息、对中外合作办学实施动态监管、向社会和广大就学者提供较全面和可靠的就学指导和服务信息的官方平台。目前该平台包含的管理与服务工作信息主要包括10个方面：经审批和复核的机构及项目名单、颁发证书注册及认证、办学机构及项目评估、招生简章及办学监管信息、监督举报渠道、热点在线问答、国外教育资源、就读注意事项、中外合作办学政策法规、省市地方监管职责。

(2) 中外合作办学颁发证书认证工作平台

当前，中外合作办学颁发证书认证工作平台是嵌于中外合作办学监管工作信息平台之中的。目前，教育部仅先试点建立了本科以上层次中外合作办学颁发境外学历学位证书认证注册信息库。认证工作主要分为三个部分：办学单位颁发证书认证注册信息、学生个人证书认证申请和个人申请认证注册号查询。认证程序及要求为：中方合作办学者负责证书认证注册信息的收集，中外合作办学所在地省级教育行政主管部门负责审核；中外合作办学颁发境外学历学位证书认证注册信息提交工作，应当在学生入学后的第一学期内完成；学生就读期间，注册信息发生变动的，中方合作办学者应将变动情况及时报经所在地省级教育行政主管部门审核后上报更改；属于姓名、身份证号等关键信息变更的，须提供相关证明材料；教育部留学服务中心根据中外合作办学颁发境外学历学位证书认证注册信息库提供的信息，对中外合作办学学生获得的境外学历学位证书进行后续认证并出具相应的证书。

(3) 中外合作办学质量评估机制

2009年7月，教育部出台了《中外合作办学评估方案(试行)》，但评估对象还仅局限于依法批准设立和举办的实施本科以上高等学历教育的中外合作办学机构和项目，以及实施境外学士学位以上教育的中外合作办学机构和项目。评估的指标包括办学宗旨、管理体系、资金资产管理、质量管理、师资队伍、教学设备、培养质量、社会效益与办学特色等方面。评估采用自我评估与抽查评估相结合的方式进行：评估对象对照"中外合作办学机构(或项目)评估指标体系"，按要求在规定时间内完成自我评估，提交自评总结报告和相关数据信息，整理备查的教育教学管理文件及资料等；在自我评估的基础上，以专家会议或通讯评议的方式对自我评估情况进行初评，确定重点考察的范围和内容；专家组对所确定的重点考察范围和内容进行实地考察评估，依据"中外合作办学机构(或项目)评估指标体系"，经过院(系)主管领导汇报、提问答辩、查阅管理、教育教学文件及材料、考察教学环境及条件、抽查毕业论文或报告、专家组听课、召开教师座谈会、学生座谈会、毕业生座谈会、毕业学生工作单位负责人座谈会等考察评估环节，完成对被评中外合作办学机构或项目的分项评价、总体评价及考察报告。教育部和地方主管部门把评估结果作为对合作办学进行管理评价的重要内容和依据，并依据评估结果对中外合作办学进行奖惩，提出合作办学者规范办学、改进办学的具体意见。另外，评估结果除了以适当方式向评估对象反馈外，还通过教育部中外合作办学监管工作信息平台等公开途径发布。

（4）中外合作办学执法和处罚机制

中外合作办学执法和处罚机制是结合中外合作办学质量评估机制建立的。根据《中华人民共和国教育法》《中华人民共和国民办教育促进法》《中华人民共和国中外合作办学条例》及相关政策法规，主要由省级教育行政部门对本地区中外合作办学机构、项目实施行政监管。

2. 地方层面

如上述，对本地区中外合作办学机构、项目实施行政监管的职责主要落于省级教育行政部门。当前，教育部规定的省级教育行政部门中外合作办学行政监管职责主要包括：

（1）对本地区所有实施高等专科以下学历教育和非学历高等教育的中外合作办学机构及项目（高等专科教育、非学历高等教育和高级中等教育、自学考试助学、文化补习、学前教育的中外合作办学项目），依法履行审批机关相应的管理职责；

（2）对本地区所有实施本科以上高等学历教育的中外合作办学机构、项目（以下简称办学者），根据法规、规章的规定对办学者招生、教育教学、内部管理体制、学历学位颁发、学校收费及资产等方面承担管理职责。

此外，一些地方还采取了规划或地方管理办法的形式来保障职业教育中外合作办学的开展。如浙江省出台了《浙江省高等职业教育中外合作办学五年发展规划（2009—2013年）》，提出的目标是到2013年，建成一批定位准确、规模适度、结构合理、特色鲜明的高等职业教育中外合作办学项目，争取在教育思想和办学理念上有新突破；在工学结合和人才培养模式上有新探索；在课程体系和教学内容上有新改革；在外语、双语教学方法和手段上有新变化；在师资队伍建设和学校管理水平上有新提高；全省基本形成主体多元、结构合理、形式多样、灵活开放的中外合作办学格局,使浙江省高等职业教育中外合作办学的整体水平位居全国前列。为此,规划从提高办学质量和办学效益、创新人才培养模式、加强专业和课程建设、提高管理队伍与师资队伍水平、增强学生就业竞争力等多方面,提出了诸多具体的工作任务与措施。

3. 院校层面

职业院校层面的中外合作办学质量保障机制与措施,主要包括成立专业指导委员会/专业考试委员会,严格规范考试流程与监督机制;外方定期来访,就专业教学、教学计划等开展专门培训;设立教学督导组,职能部门定期检查教学各环节;建立教师听课制度及学生评教反馈制度;双语教师受外方职业资格证书培训,并获得认证;完成年度工作计划与年度总结报告。

值得注意的是与澳大利亚合作的TAFE项目所采用的特色鲜明的质量保障机制。在这类合作机构或项目中,通常采用的是与澳大利亚国内一致的质量保障体系,即澳大利亚质量培训框架(AQTF)。澳大利亚通过2000年颁布的《海外学生教育服务法案》(The Education Services for Overseas Students Act 2000, ESOS 2000),实行世界上最严格的海外学生权益保障措施。根据该项法案的规定,拟招收海外学生的澳大利亚院校必须符合联邦政府招收海外学生院校及课程注册登记(Commonwealth Register of Institutions and Courses for Overseas Students, CRICOS)体系的要求。联邦政府对所有招收海外学生的院校和课程进行备案登记。经登记批准的院校必须符合国家通过立法确立的教学、学校设施和相关服务的标准。此《海外学生教育服务法案》还为学生所缴纳的学费提供保障,倘若学校不能提供学生所申请的课程,海外学生仍可选择就读澳大利亚其他院校合适的课程或者要求退还学费。该法案确保澳大利亚实行全国统一的招收海外学生院校及课程的注册登记程序,并保证政府对院校实施教育质量监管。违反该法案的院校将受到严厉处罚和/或制裁,包括追究刑事责任,取消学校的注册、招生资格等。在中澳合作办学过程中,澳方会派人员来根据AQTF标准进行质量审计(ISO),形成审计报告。

三、我国职业教育中外合作办学的主要问题

(一) 合作办学的目的不清晰

中方学校在选择中外合作办学时,时常存在一些认识偏差。中外合作办学成

了一些学校的短期套利手段或随意进行的尝试,缺乏长远的战略规划和定位。比如,一些学校仅仅因为政策倡导,就盲目追随,开设中外合作办学项目;一些学校认为有了中外合作办学项目,就可以给学校贴上国际化的标签,使学校"上档次";还有一些学校看中的是中外合作办学项目的高昂的学费收入,将中外合作办学视为学校创收的增长点。事实上,中外合作办学中存在的种种乱象,很多正是直接源自这些不清晰或有偏差的中外合作办学项目。比如中外合作办学项目的总体淘汰比率高,长期项目不多,许多学校秉着"打一枪,换一个地方"的想法办学;许多学校对外方合作机构的办学资质缺乏足够的评估,只注重外方的名头;虚假招生宣传、乱收学费、资金管理混乱等问题,也往往源于学校的短期套利目的。

（二）合作办学的领域窄、专业分布不合理

职业教育中外合作办学在专业分布上不均衡,专业重复率高。许多地方和学校更热衷于引进国外第三产业热门领域的专业,而对第一、二产业领域的专业缺少兴趣。例如,根据一份2012年的"江苏省高职教育国际化状况调研报告",在被调查的54所江苏省高职学院中,开设最多的三类专业为管理类、财务类和国贸类,三类专业数占所有中外合作专业总数的40.2%(参见表3.1)。

表3.1 2012年江苏省高职中外合作办学专业涉及领域分布表[①]

管理类	财务类	国贸类	建筑	计算机	设计	市场营销	机电一体化	软件工程	机械工程
19	17	13	10	9	7	6	5	4	4
电子技术类	金融	汽车	农科	数控	环境	社科	高尔夫	模具	化工
4	3	3	3	2	2	2	2	1	1
食品加工	工程管理	医学类	生物类	汉语言文学					
1	1	1	1	1					

职业教育中外合作办学专业在第三产业领域的扎堆,主要是因为第三产业专业所需办学成本较低,中方学校和外方机构往往出于经济目的而选择这些专业合

---

① 赵一标,单强,赵一强.江苏高职院校国际化的现状与路径研究[J].高等工程教育研究,2010(2):97—100.

作办学。实际上,第一、二产业领域中的专业其职业教育特征更明显,所需资源投入更多,更有合作的意义,然而在当前却不是中外合作办学的主要专业领域。

(三) 合作办学的模式单一,层次偏低

按中外双方合作的深度,职业教育中外合作办学模式可以分为融合型、嫁接型和松散型三大类。目前,嫁接型和松散型仍是职业教育中外合作办学的主要模式。在嫁接型中外合作办学模式中,学校以"2+1"、"2+2"等方式嫁接国内和国外两部分教育,国内教学的部分实质上仅是后期国外教学的预备,这类项目或学校也往往容易沦为学生国外留学的预备班,甚至仅是中介机构。在松散型中外合作办学模式中,学校引进国外课程教材或教师,也并没有系统的统筹和设计。因此,从严格意义上讲,这两类合作模式都没有真正起到学习借鉴国外先进经验、改革国内职业教育教学的作用,背离了我国开放职业教育中外合作办学的初衷。

(四) 合作办学的招生制度不利、生源差

当前,中外合作办学普遍都被置于招生的较后批次,比如,在高职层面,中外合作办学的招生批次通常为专科二批次,这就意味着中外合作办学项目通常只能招收到被本科第一、第二、第三批次以及专科第一批次招生后淘汰下来的学生。以第一志愿报考这类学校的考生极少,报到率也很低。为了招到足够的学生,中外合作办学的学校往往又继续降低录取标准,因此实际招收的生源质量较差。这种情况既容易造成学生入学后教育培养的困难,又不利于中外合作办学项目及学校的声誉,从而使中外合作办学的项目和学校陷入"招生难—教学效果不佳—学校声誉不良"的恶性循环中。

(五) 合作办学的教学实施存在难点

职业教育中外合作办学的难点主要存在于以下几方面。第一,国外课程与教材的本土化具有难度。虽然职业教育中外合作办学引进了不少国外原版课程与教材,然而鉴于国内外不同的产业需求、文化差异以及国内学生的现实基础,不少课程和教材是需要经过本土化的修改后才能有效投入使用的。直接投入使用,就会"水土不服"。而这种本土化的工作专业性强、难度大,中方学校往往又很难完成。第二,师资水平有限。不仅是能够承担课程与教材本土化这样二次开发的教师很少,更普遍的问题是能胜任引进的国外课程的教学工作或使用外语教学的教师也不多。第三,学生基础薄弱。如上述,职业教育中外合作办学的招生录取批次通常较后,学生的学习基础(尤其是外语)较差是普遍现象。因此许多课程,尤其是理想中的"外语"或"双语"教学,在许多中外合作办学项目和机构中,实施起来都非常困难,实际效果差强人意。

(六) 合作办学的联系平台有限

许多职业学校虽然有中外合作办学的意愿,却苦于没有渠道了解、联系外方机构,更缺乏判断外方机构资质的能力。我国许多省市都曾通过举办职业教育国际研讨会、洽谈会等方式宣传介绍国外职业教育的经验,但一项针对中国和澳大利亚职业教育合作的调查却表明,洽谈会等方式对促成合作的贡献并不大:在职工出访、澳方来访、行政部门牵线、洽谈会、留学生和中介机构等主要渠道中,行政部门牵线占45%、中介机构和职工出访各占20%,而洽谈会等另外三种方式只分别促成了5%的合作项目的建立。[①]

(七) 合作办学的管理体系仍有缺失

目前的管理和评估机制仍然存在缺失。第一,职业教育中外合作办学不仅涉及教育行政部门,还涉及劳动、金融、税务、外汇、民政、海关等多个部门,然而,目前各个部门各施其政,一些政策和制度壁垒还未能完全清除。第二,中外合作办学项目的收费管理方案与现实需要不符。我国法令规定了中外合作办学的公益性,现行收费标准较低,测算办学成本的方法未见合理,然而外方参与中外合作办学的市场化特征明显,这使得中方学校容易面临经济窘境,导致一些项目难以持续。第三,缺乏针对性的引导和鼓励措施。教育部在2006年《关于当前中外合作办学若干问题的意见》中指出:"开展中外合作办学,要密切结合国家、地方和区域经济发展对各类人才的需求以及学校学科建设的需要,鼓励在国内急需、薄弱和空白的学科领域与外国高水平大学以及具有优势学科的大学开展合作办学,引导中外合作办学逐步向中西部地区发展。"然而,引导和鼓励不能仅停留于文字,应有具体、可操作的措施。第四,当前对中外合作办学的评估仅限于政府层面的行政性评估,主体及方式单一,未能充分体现社会大众和专业组织的评价。

四、我国职业教育中外合作办学的发展对策

针对我国职业教育中外合作办学当前存在的问题,本报告从政府和学校两方面提出相应的改进建议。

[①] 刘琴. 职业教育中外合作办学难在哪儿? [N]. 中国教育报,2006-08-29(002).

（一）政府方面

1. 进一步加大鼓励职业教育中外合作办学的政策力度

职业教育是我国中外合作办学的重要试验田，反之，中外合作办学也是我国职业教育迈向国际化的突破口。职业教育中外合作办学的重要性显而易见。虽然自1995年的《中外合作办学暂行规定》起，我国就明确了"鼓励在职业教育领域开展中外合作办学"的政策导向，然而，"鼓励"的具体措施却不是很明确。要落实这种"鼓励"，有必要细化鼓励的措施。比如，对职业教育中外合作办学机构充分开放公共资源；消除教育、劳动、民政、税务等部门之间与职业教育中外合作办学相关的政策与制度壁垒等。

另外，应正视外方办学的合理利益诉求，允许适当利益回报。我们必须清楚地认识到，在WTO框架下，教育服务的对外输出也是一种贸易行为。在这种贸易行为中，外方的利益诉求是非常明确的，即需要获利。因此，我们有必要正视这样的诉求，在营利性与公益性之间寻找平衡点，适当放宽对教育机构获取经济回报的限制，通过合理的经济回报，提升外方的合作办学热情。

再者，有必要改革职业教育中外合作办学机构的招生制度。允许中外合作办学机构以其认为合理的方式自主招生；取消对招生对象的地理、年龄、毕业时间等限制，如外地生源、非应届毕业生等；以国内统考成绩投档招生的机构，不应仅以中外合作办学性质限制其招生批次。总之，为职业教育中外合作办学营造更加灵活、公平、自主的招生环境。

2. 搭建职业教育中外合作办学的联系及资质验证平台

我国当前已推行的"两个平台"和"两个机制"的建设，颇有成效。通过信息的公开透明，有效保障了中外合作办学的规范化，保障了就业中外合作办学机构学生的利益。然而，履行管理职责的同时，政府还应该承担起对中外合作办学的服务性职能。对于许多有意愿开展中外合作办学的中方职业教育机构来说，阻碍他们开展中外合作办学的首要障碍就是如何获取、鉴别国外优质合作办学对象的信息，并与其联系洽谈。这些信息的获得与鉴别，单从职业教育机构层面来完成，是比较困难的，而通过国家政府层面完成，则要容易得多。因此，可以利用强大的政府力量，以国际交流合作的方式，与合作国互换教育机构的资源信息，并以"中外合作办学的联系及资质验证平台"的方式，向社会提供此类信息服务。

3. 科学规划和引导职业教育中外合作办学的专业布局

在充分尊重中外合作办学机构自主权的基础上，政府应对职业教育中外合作办学的专业布局予以科学的规划和引导。但是，这里讲的规划和引导，不是粗暴的行政指令，而是通过机制制度建设，有效加以引导。其中有两项机制制度是基础性的。其一是中外合作办学年度报告制度。不仅中外合作办学机构应每年提交报告，政府更有义务在充分调查统计的基础上，出台全国性和地方性的职业教育中外合作办学年度报告，分析当前专业布局情况，并对未来的专业布局提出指导性建议。另一项控制专业合理布局的重要制度是专业预警和清退制度，即基于毕业生就业率及就业质量、办学项目/机构的社会声誉等信息，对连续一段时间（如三年）毕业生就业情况不佳或社会声誉负面的办学项目和机构予以预警，并向社会公开这些信息，仍不见好转的，予以清退。

4. 改革外部质量保障体系，突出职业教育特色

评估、审核和认证是当前国际上教育质量保障的三种主要模式：评估的主体主要为政府，其特点是具有强制性和规范性，关注学校或项目符合政府既定标准的等级程度；审核的主体是政府或非政府的第三方机构，其特点是关注学校或项目内部质量保障体系的有效性和完整性；认证的主体为非政府和非学校的第三方机构，其特点是关注学校或项目是否符合社会、行业既定的标准以及自身规划目标的达成情况，具有自愿性和激励性。[①] 以此为对照，目前我国在中外合作办学方面，外部质量保障的手段还比较单一，以评估和审核为主要方式，行为主体是政府，对认证及第三方机构的重要作用的认识还不够。而实际上，认证不仅能够成为中外合作办学教育质量保障的另一支重要力量，它还是推进中外合作办学达到国际化水准的重要助力。[②] 这里尤其应该发挥第三方机构的力量。虽然我国高层已经逐渐认识到认证的重要性，甚至一些地区已经试行开展了第三方认证的改革实践（如上海），但总体上仍然非常缺乏直接引入国外教育认证机构或支持本土自建第三方教育认证机构的制度和政策，工作开展的随意性比较大。因此，在国家或地方政府层面首先有必要制定出相关的具体政策，为引入或建设中外合作办学的第三方认证机构创造宽松的外部环境。

---

① 万玉凤. 质量：中外合作办学的生命线[N]. 中国教育报，2010－10－20(006).
② 卜焕芳，俎媛媛，赵烨. 中外合作办学认证：助力国际化进程[J]. 世界教育信息，2012，25(01)：59—60.

另外,现行的中外合作办学评估指标体系是面向所有中外合作办学类型的,它更多关注的是办学的规范性。然而,职业教育的办学规律与其他类型教育(如学前教育、普通中等教育、普通高等教育)的办学规律存在着较大的差异。如果不论职业教育本身的特点,就可能存在"打着职业教育中外合作的牌子,实际上是普通留学预备教育"的假职业教育中外合作办学项目和机构。因此,有必要针对职业教育中外合作项目,在评估认证指标上充分体现职业教育特色,以切实鼓励引自国外优质的"职业教育"办学资源。

(二) 学校方面

1. 以战略目光定位中外合作办学

学校首先应该端正中外合作办学的目的。学校是否开展中外合作办学、哪些专业开展中外合作办学、如何开展中外合作办学,对这些问题的回答应该基于学校的理性和战略思考。它与学校的自身定位以及未来发展方向高度相关。仅仅出于追赶时髦、让学校上台阶,或甚至只是为了提高学校经济收益和教师福利而开展中外合作办学,是非常冲动和短视的办学行为。从长远来看,这些目的不清或不端的中外合作办学行为,甚至会对学校的声誉和发展起到负面的作用。因此,学校在决定开展中外合作办学之前,应有充分的自我评估和未来规划,真正以办好教育、发展学校为战略思考出发点。

2. 大力推动教育教学改革

在中外合作办学的形式下,其实质应该是学校的职业教育教学改革。在开展中外合作办学的过程中,学校应特别注意吸取国外先进职业教育教学模式的优点与经验,从人才培养模式、课程教材教学、师资队伍建设等方面,深入改革学校原有的教育教学。借鉴国外先进人才培养模式,不应满足于"形似",更应达到"神似",直接把握其人才培养模式的精髓。也不应满足于直接引进国外的课程与教材,要学习国外成熟的职业教育课程与教材的开发技术,组织中方教师与外方专家一起研究开发课程。特别还应结合我国劳动力市场需求及生源的实际情况,做好课程与教材的二次开发工作,即课程与教材的本土化。还应抓住中外教师共事、外方专家指导、中方教师出国进修、考取外方教师资格认证等契机,充分提升我方教师素养。总之,中方学校不应仅满足于向学生提供出国留学预备教育,更应该触及本校职业教育教学的内核,以深度合作的方式,最终实现学习借鉴国外先进职业教育经验的目标。

3. 加强内部质量保障体系的建设

提升职业教育中外合作办学项目和机构的办学质量及社会声誉,除了积极开展教育教学改革外,健全的学校内部质量保障机制也非常重要。内部质量保障体系应从专业设置开始,覆盖招生、课程教学、考核认证、毕业跟踪等整个办学过程。每个环节都应该有相应的规范性要求及检查制度,并通过及时的信息反馈制度,形成办学质量不断提升的良性循环。此外,学校还应主动与外部质量保障体系相连接,尤其应主动寻求具有国际权威的办学质量认证,从而真正打好学校办学的"国际牌"。

(撰稿人:严世良)

我国职业教育园区办学发展报告

进入新世纪以来,为了促进职业教育快速发展,我国开始探索更为多元的职业教育办学模式。从2003年起,在充分借鉴工业园区、大学城建设思路的基础上,不少地区开始对辖区内的职业院校进行变革性调整,其目的在于实现区域层面优质职业教育资源的整合,进而提升职业教育办学的效率与效益。星星之火,可以燎原。在部分地区建立起职业教育园区之后,这种新型办学模式很快传播到全国,一批批高职园区、职教城等应运而生。在本报告中,职业教育园区①是指在政府、行业或企业、学校等多种力量的参与下,由多所职业教育院校集中在一个区域内并达到一定规模,与相应的科技生产园区结合,以资源共享为前提形成的人才培养、产业开发、社会服务为一体的城市生活教育综合体。

一、我国职业教育园区办学的发展背景

(一)传统职业院校办学模式问题重重

职业教育承担着培养技术技能人才的重要任务。2002年,国务院印发了《关于大力推进职业教育改革与发展的决定》,提出要大力发展职业教育。随后,我国职业院校招生计划数得以不断提高,在2004年至2006年间,职业院校招生数更是以每年100万的速度递增。发展至今,高等职业教育招生规模也达到高等教育招生规模的一半以上。在职业院校招生规模不断扩大的背景之下,我国职业教育资源不足的问题日益凸显。具体而言,主要表现在以下三个方面:第一,传统职业院校办学基础条件较差。与普通教育相比,职业教育的办学成本更高。但是,职业院校的办学条件却比普通教育差得多,表现为师资力量薄弱、实训设施简陋、教学资源匮乏等。第二,传统职业院校布局结构不合理。从布局上看,办学条件较好的职业院

---

① 在此需要特别说明的是,高职园区、职教城等与职业教育园区虽然有名称上的细微差异,但是在本质上的界限却是十分模糊的,因此也经常混用。为了表述便利,本报告统一采用"职业教育园区"的名称。

校多集中在中心城区,而较少分布于郊区及农村地区,但是从生源上看,职业院校却是以农村生源为主,职业教育资源在地区分布上的巨大差异造成不同职业院校发展差异的不断扩大,也使得不少来自农村地区的学生无法享受到优质的职业教育资源。第三,职业院校办学质量不高。无论是从硬件上看,还是从软件上看,传统职业院校均与普通院校存在较大差距。但更为致命的是,传统职业院校办学质量不高,直接造成职业教育缺乏一定的吸引力,更多时候沦为学生的"被迫教育选择"。以上种种问题,在无形之中推动了职业院校办学模式的改革,职业教育园区办学也就被提上了日程。

(二) 地方城镇化进程的不断推动

作为一种典型的跨界教育,职业教育跨越了企业与学校,跨越了工作与学习,一句话,它跨越了职业与教育的疆域,因此,职业教育不能只是在"围城"中办学。[①]与普通教育相比,职业教育具有明显的区域性特征,职业院校的毕业生是服务地方经济社会发展的重要力量。从地域分布上看,职业教育园区具有不同于大学城的外部环境。在此背景之下,职业教育园区多被看作是推动地方城镇化发展的重要抓手。也就是说,在统筹发展城乡一体化的建设过程中,以教育为重点要素的城市规划以及与产业对接的职教发展成为城乡一体化的重要组成部分,并由此引发了政府主导型、经济助推型、资源共享型等多种形式的职教城建设。[②] 因此,为了推动地方的城镇化建设,不少城市开始兴建职业教育园区。其理由主要有三。其一,城镇化的重要使命之一就在于拓展城市发展空间,而发展职业教育园区恰好可以在开发区或者郊区将多所职业院校聚集在一起,同时由于大量师生及其家属的进驻,势必要配套相应的生活设置,带动地方消费市场的发展。其二,建设职业教育园区可以大大刺激经济发展的活力,尤其是职业教育园区基础设施的建设,无疑会进行大规模的招商引资,这就能为地方经济社会发展开拓更为广阔的空间。其三,职业教育的发展与产业的发展密不可分,职业教育园区可以为地方产业结构转型升级提供所需要的技术技能人才,从而带动地方产业的发展。出于以上考虑,地方政府更加热衷于发展职业教育园区,并希冀以此为契机带动地方经济社会的全面发展,从而达到提高城市综合实力的目的。

[①] 姜大源.当代世界职业教育发展趋势研究[M].北京:电子工业出版社,2012:197.
[②] 徐健.职教城:整体怎样大于部分之和[N].中国教育报,2016-09-20(005).

(三) 职业教育基础能力建设计划的深入推广

为了进一步推进职业教育办学水平的提高,2005 年,国务院颁布了《关于大力发展职业教育的决定》,并明确提出要把发展职业教育作为经济社会发展的重要基础和教育工作的战略重点,并提出在整合资源、深化改革、创新机制的基础上,重点建设高水平的培养高素质技能型人才的 1 000 所示范性中等职业学校和 100 所示范性高等职业院校。其主要目的在于通过建设示范职业院校,带动周边地区职业院校的发展。随后,国家发展改革委、教育部、劳动和社会保障部与各地方政府一起共同编制了《中等职业教育基础能力建设规划(2005—2010)》。"十一五"期间,中央财政更是投入了 100 亿扶持职业教育的基础能力建设计划,再加上地方近 200 亿的配套资金,整个基础能力建设的投入将近 300 个亿。与此同时,还实施了"五项计划",即"职业教育实训基地建设计划(2 000 个)"、"县级职教中心专项建设计划(1 000 所)"、"示范性中职院校建设计划(1 000 所)"、"示范性高职院校建设计划(100 所)"、"中职学校教师素质提高计划(1.5 万专业骨干教师,80 个专业培训包)"。职业教育基础能力建设计划的推出,大大激发了地方发展职业教育的动力。为了把握这一发展契机,各地政府相继出台了提升职业教育发展水平的攻坚规划,建设职业教育园区就成为攻坚规划的主选模式之一。具体而言,我们以高职园区为例,该模式最大的优点在于:市场、政府与社会等多方力量投身于高职教育办学过程中,有利于高职教育的做大、做强、做优;多元办学有利于高职教育的体制创新、管理创新、科技创新与创新型人才的培养等。① 正是在此背景之下,不少地区开始大力兴办职业教育园区。

二、我国职业教育园区办学的发展现状

(一) 我国职业教育园区的办学特点

经过十多年的发展之后,我国大部分省市都已经建立起职业教育园区,也有部分省市开始筹建职业教育园区项目。截至 2013 年底,在建或已经投入使用的职业教育园区达七十余个,另有近二十个职业教育园区列入建设计划。虽然目前职业教育园区办学模式仍然处于初步探索之中,也缺乏可供参考借鉴的经验,但是大多

---

① 曹叔亮.高职教育园区的集聚效益及其实现途径——以常州高职教育园区为例[J].现代教育管理,2010(9):88—90.

数职业教育园区办学已经取得了初步的成效。总体来说,呈现出以下特征:

1. 职业教育园区多分布于二、三线城市

与大学城多分布于一线、二线城市不同的是,职业教育园区则多分布于二线、三线,甚至四线城市。原因主要在于,一线城市的城市化建设水平已经较高,或者已经完成了城市化建设,而且通常拥有规模较大的大学城。由于在同一地域范围之内,资源是相对有限的,在已经建设有较大规模大学城的情况下,职业教育园区建设就成了非必要选择。而与一线城市不同的是,二线、三线城市的大学城规模相对有限,甚至有些城市没有大学城,这就为职业教育园区的建设提供了契机,可以为职业教育园区办学提供更多可用的资源。

2. 职业教育园区多集中于工业园、产业园周边

由于职业教育发展通常与工业、产业发展有密切的联系,因此,我国大多数职业教育园区都会集中在工业园、产业园附近。在常州,随着全球制造业向长江三角洲大规模转移,区域经济的发展重点在于装备制造、化工、冶金和现代物流等四大产业,并且形成了沪宁沿线以装备制造产业为主的高新技术产业带和沿江基础产业带。常州高等职业教育园区正是位于两条产业带的中心位置,各高职院校所设专业涵盖了产业发展所需的机械、电气、信息、轻工、纺工、建材等六大行业。[①] 这种职业教育与工业、产业发展的密切联系,不仅可以实现人才培养环节的对接,也可以为校企合作提供充分自由的空间。

3. 职业教育园区具有多样化的功能

从本质上讲,职业教育园区不仅是一个具有教育功能的园区,而且是一个具有多样化功能的园区。也就是说,职业教育园区除了发挥最本质、最核心的教育实训功能之外,还具有展现产业开发、商业金融及居住生活、文化休闲、生态旅游等方面的综合性功能。在提供基本的教育服务的同时,职业教育园区还可以提供不同形式的社会服务。这种社会服务,不仅是指通过人才培养和科学研究等间接方式进行的,也是利用高校自身资源,通过产学合作、技术推广、技术培训等形式直接服务于社会。[②]

---

① 杨治华. 常州高等职业教育园区与区域经济的互动发展[J]. 常州信息职业技术学院学报, 2009(4): 1—2.
② 陈建录,蔺祖梅. 我国职业教育集团化办学研究综述[J]. 河北师范大学学报(教育科学版), 2015(4): 57—63.

(二) 我国职业教育园区的办学类型

从不同的标准出发,可以将职业教育园区划分为不同的办学类型。总体来看,职业教育园区办学主要可以划分为以下几种类型。

1. 基于办学主体的类型划分

根据办学主体的不同,可以将我国职业教育园区办学划分为政府主导型办学、职业院校主导型办学、行业或企业主导型办学三种。

政府主导型办学的运作主体是各级政府,各级政府将职业教育园区的建设列为城市发展经营的重要项目,由政府部门统一规划,提供价格相对优惠的土地、基础设施,以及一系列相关优惠政策。这种办学模式旨在通过吸引相关单位入驻,实现各自利益的最大化,进而实现资源的共享共用。在建设资金上,主要由政府经过市场化运作手段和多元化的投资方式来筹措,校区建设资金则主要通过各职业院校土地置换和贷款等方式筹集,这是目前我国职业教育园区办学广泛采用的模式。

职业院校主导型办学通常以一所办学实力强劲的职业院校为主体,迁入多所实力稍弱的职业院校进行整合,合作对象主要包括不同类型的企业和行业。其办学合作目的主要是通过构建学制上的立交桥,实现技术上的合作开发,来联合培养符合市场所需要的技术技能人才。在一般情况下,层次较高的职业院校往往具有较强的主导型。由于这种办学模式的主体通常是职业院校,所以建设资金往往以院校自筹为主,政府及其他社会团体资助为辅,但是政府通常也会投入一定的启动资金和给予一定的优惠政策。

行业或企业主导型办学主要是通过校企合作的方式实现的,它主要是一种职业院校入驻工业园区的办学模式,旨在依托工业园区的发展建设职业教育园区。通常而言,行业或企业主导型办学会以政府和行业指导委员会为纽带,建立相互之间的有效合作机制,并与工业园区进行经济层面的互动。园区内的职业院校在园区经济管理委员会或行业委员会的指导下设置相关专业、制定人才培养方案、开发课程内容、调整教学方式、安排实训实习计划。从现实来看,这一办学模式中的职业院校大多属于民办性质,在具体办学方式上更加灵活,也能够更大限度地满足地方劳动力市场的需求。

2. 基于办学层次的类型划分

按照办学层次的不同,可以将职业教育园区办学划分为以下三种类型。即中等职业教育园区、高等职业教育园区以及中高等职业教育混合园区。

中等职业教育园区是指以中等职业学校组成为主的职业教育园区。这种职业教育园区的规模通常比较有限，且多集中于三线城市。比如，云南楚雄全面构建了全州"1个园区、10所中职"的办学格局。楚雄州职业教育园区是省重点工程项目之一，于2007年9月正式开工建设。2010年8月，州属5所中等职业学校全部迁入园区办学，园区在校生规模达2.3万人。"十一五"以来的10年，楚雄的职业教育得到了长足发展，2014年与2005年相比，全州中等职业教育年招生量增长了1.8倍，增加了7730人；办学规模增长了2.3倍，增加了20740人；学校面积扩大了1.2倍，增加了1587亩。可以说，职业教育基础能力极大提升，办学条件显著改善，职业教育体系更加完善。

高等职业教育园区主要是指以高等职业院校组成为主的职业教育园区。这种职业教育园区相比于中等职业教育园区，通常规模更大，多集中在较为发达的地区，如常州高等职业教育园区。2002年，常州市委、市政府根据经济社会发展的需要，结合常州教育的实际情况和江苏省教育的统筹规划，在发展高等职业教育的过程中选择差别化竞争、错位式发展的道路，集中规划、建设高等职业教育园区。常州高等职业教育园区于2003年开始建设，2005年建成使用。园区占地5500亩，建筑面积205万平方米，全日制高职学生5万名。园区主要有常州信息职业技术学院、常州纺织服装职业技术学院、常州工程职业技术学院、常州轻工职业技术学院、常州机电职业技术学院等五所高职院校。

中高等职业教育混合园区主要是指由中等职业学校和高等职业院校共同组成的职业教育园区。这种职业教育园区在构成上更为丰富多元，也更易于开展中高职衔接，进而实现技术技能人才的联合培养。比如，广西柳州职业教育园区。该园区为柳州市"十一五"十大工程项目之一，项目位于柳州市柳东新区官塘教育用地片区。项目总体规划用地10014亩，总建筑面积为132.07万平方米，其中首批6所入驻院校规模为126.81万平方米，职教共享区部分建设规模为30万平方米。截至2010年初，项目一期已完成，进驻院校有柳州市第一职业技术学校、柳州市第二职业技术学校、柳州城市职业学院、柳州铁道职业技术学院。

3. 基于办学关系的类型划分

根据园区内职业院校办学关系的疏密程度，可以将职业教育园区划分为独立型、实体型、契约型三种办学类型。

独立型职业教育园区主要是指园区内的职业院校仅仅是由于地域的关系集中

在一起,但是各个职业院校在办学层面上基本是独立的。即便是合作,也仅仅是进行有限的合作。比如,天津海河教育园区内的北洋园职业教育园区。它主要有三个功能:一是成为集团化职业教育的聚集区,将天津市分散分布的部分职业院校陆续迁入园区;二是全国职业院校技能大赛的主赛场,大赛的主要赛事将永久在此举办;三是成为职业教育改革的试验区,为校企合作、工学结合、顶岗实习、劳动准入等职业教育改革提供平台。①

实体型职业教育园区主要是以资产整合为重要特征的职业教育园区。这种职业教育园区由政府规划组建,采取政府投资、资产置换等方式,将几所相关的职业院校全部搬迁至职业教育园区内实行管理一元化运作,即统一法人、统一管理、统一办学的实质性整合。比如,北京亦庄职业教育园区,该园区通过土地置换将4所中职学校、1所高职学院集中到经济技术开发区,合并成为一所中高职衔接的"航母学校"——北京电子科技职业学院。

不同于以上两种类型的是,契约型职业教育园区的院校保持人、财、物,以及法人资格的独立性,职业院校间从根本上而言不存在从属关系,公共资源利用社会化运作实现有效的共享,而且园区内的资源通过契约运作实现共享。这种职业教育园区通常是政府作为主体投资园区的公共设施,如道路、供电供水;学校主要投资教育(教学)科研设施;后勤设施利用市场机制采取开发性投资等,设立职业教育园区管理委员会协调、处理园区内相关事宜,如常州高等职业教育园区。该园区建设打破了传统的建校模式,院校之间没有围墙,在公共校区、场馆、设备设施、实训基地、竞赛基地、创业基地等硬件资源上实行统一规划、整体建设,实现"有形的开放共享";在专业共建、课程互选、学分互认、教师互聘等方面,探索"无形的开放共享"。

4. 基于办学性质的类型划分

根据办学性质的不同,职业教育园区又可以划分为校际结合型、校企结合型、城校融合型等三种办学类型。

校际结合型职业教育园区主要是指分布在园区内的成员以从事职业教育与培训的学校或机构为主。从广泛意义上讲,职业教育可以分为职业学校教育和职业培训。而且,现代职业教育理念越来越追求各级各类教育的相互渗透、协调发展。

---

① 北方网.7所职校将进驻"北洋园" 新园区肩负三大功能[EB/OL]. http://news.enorth.com.cn/system/2009/03/07/003919480.shtml. 2009-03-07/2018-09-15.

无论是职业学校教育,还是职业培训,大体上都可以分为初等、中等以及高等三个层次。这种校际结合型的职业教育园区入驻单位不仅仅包括职业院校,在一定程度上也包括技术本科院校、综合性院校。除此之外,还包括各种形式的职业培训机构。这些培训机构同样也具有多样的类型,不仅包括教育行政部门或劳动保障部门批准设立的机构,还包括其他部门,比如企业内部的培训机构。

校企结合型职业教育园区是最为典型的一种办学类型。顾名思义,校企结合型职业教育园区办学强调职业院校与企业的紧密结合。它的主要办学形式是企业入驻到相应的职业教育园区,或职业院校入驻到相应的工业园区。这种职业教育园区办学模式应用相对较为广泛,由企业和职业院校共同来培养技术技能人才,而具体的人才培养质量标准以及相关专业培养方式等,由校、企两方共同商议决定。目前来看,实际建设的职业教育园区大多是校企结合的综合体。

城校融合型职业教育园区办学主要是指城市与学校融为一体,校区为城市的重要组成部分,"城"中有"校","校"间是"城",如永川职教城。永川区委、区政府于2004年提出了建设"中青职教城"的构想。在永川城区的老成渝公路和成渝高速公路以北的10平方公里区域内,规划建设具有现代化水平和规模的职业教育示范基地——重庆职业教育基地。重庆市教委和永川区委在推进职教基地建设时,确立了"城市以职教为特色,职教以城市为依托,校区建设与城市发展融为一体"的"城校互动"的发展思路,以建校促建城,以建城促建校,所以又称"永川职教城"。

(三)我国职业教育园区办学的保障措施

为了保障职业教育园区办学的顺利实施,我国不少职业教育园区制定了多层次、多维度的保障措施。具体而言,主要包括以下几个方面。

1. 政府统筹规划

各个地区职业教育园区的建设基本上都是被列入市政府的重点建设项目,因此从规划到实施建设,再到建成使用通常都有较好的保证。第一,政府一般会根据当地的经济发展趋势、就业需求、职业教育发展状况,确定职业教育园区的功能及未来发展的整体战略目标,统筹协调职业教育园区规模、入驻的职业院校、专业类型等,园区建设项目统统列入政府建设规划项目。第二,由政府一把手或分管教育的副市长亲自负责,能有效地协调园区建设各利益主体的关系,解决园区建设中出现的各种实际问题,确实难以解决的实行"特事特办"。第三,政府激励政策,园区内院校之间的合作虽是一种自主行为,但政府对合作的推动作用不可替代。政府部门通过考核、奖励以及政策优惠等一系列办法来激励职业院校的合作行为,从而使各项合作得以稳定、持续地发展。

2. 职业教育园区管理委员会协调运作

我国的职业教育园区绝大多数是契约型整合的关系,职业教育园区内的院校一般没有隶属或者依赖关系。为了加强对职业教育园区的领导和管理,推动学校与学校、学校与企业、学校与社会组织、学校与区域之间的交流与合作,一般从筹建开始,除了由政府分管市长直接负责之外,还会下设职业教育园区管理委员会负责具体的协调工作,园区管理委员会成员由政府相关部门负责人和园区各职业院校校长等组成,以确保职业教育园区建设的进度、质量和效益,同时在协调各高职院校之间的资源共享问题上发挥一定的领导作用。在职业教育园区管理委员会下再组建中观层面的跨校工作领导小组(或分委会),负责协调园区资源共享的具体操作事宜,保障院校之间的合作有序,如"教学管理协作组"、"共享平台建设协作组"、"专业建设协作组"等。

3. 契约规章的制度保障

尽管由政府领导挂帅,但是在协调推进园区共享合作问题上,职业教育园区管理委员会有一定的权威性。而且,从长远来看,管理委员会与园区内的职业院校之间毕竟不是垂直领导关系,仅仅靠园区管理委员会的联席会议来协调、整合各校在办学中的利益,既效率低下,也不具有一定的可持续性。园区内院校一般通过协商订立相应的规章和契约来约束各方行为,同时保障各方合法权益,维系各方利益平衡。在常州高等职业教育园区内,园区内各个职业院校共同约定每所院校每年向园区管理委员会上交共享专项费用。这一专项基金制度有效保障了共享实训基地的可持续发展。一方面,利用资金杠杆作用激发了各个职业院校使用共享实训基地的动机,最大限度地为学生争取了实训机会,大大提高了实训基地的利用率,学生成了共享的最大受益者。另一方面,通过基金制度对在共享中贡献大的主体方予以相应的利益补偿,以及给予弱势学校一定的照顾,确保各共享院校都能够从共享之中获得利益。

(四) 我国职业教育园区办学的实施效果

经过长期的探索与实践,我国职业教育园区办学取得了一定的经验,也显现出一定的成效,综合来看,主要表现在以下两个方面。

1. 实现了职业教育的集约化发展

集约原是经济领域中的一个术语,主要是指在社会经济活动中,在同一经济范围内,通过经营要素质量的提高、要素含量的增加、要素投入的集中以及要素组合方式的调整来增进效益的经营方式。① 简言之,集约化是以效益为根本的要素重组,实现最小的成本获得最大的回报。职业教育园区办学促进职业教育的集约化发展主要表现在两个方面。一是土地的集约。通过异地规划重建,新建院校的空间设计和利用更加紧凑、有序以及高效,同时院校搬迁对城市土地进行置换,将城市中心区域的高价用地转向市郊的低价用地,开发新的土地价值,使城市结构更加优化,是实现土地集约利用的重要手段。二是资源集约。职业教育园区在地域上形成的集聚模式,使得使用频率相对较高的体育场地、图书馆等在各校区之间实现了共享,而商业设施、医院等的公共服务设施则是社区共享,这极大提高了教育资源的利用率。

2. 大大改善了我国职业院校的整体形象

传统的职业院校通常办学规模比较小,校园设施相对陈旧,而周边发展用地紧张,其发展自然受到一定程度的限制。职业教育园区办学可以使各院校的发展空间大为拓展,学校的教学设施水平、对外面貌等都可以得到较大程度的改观。与此同时,众多职业院校集聚在一起可以形成相对独立的文化氛围和地域风气,职业院校的学习环境也会由此得到很大的改善。另外,职业教育园区办学使得外界的干扰因素降低,便于帮助学生养成良好的学习、生活习惯,大大提高职业院校的社会认知度。更为重要的是,职业教育园区办学可以创建一批品牌职业院校和特色专业。通过职业教育园区的建设,在较短时间内可以有效达成职业教育资源整合和示范校建设的目标,从而实现职业教育的跨越式发展。

三、我国职业教育园区办学的主要问题

(一) 存在"重建设、轻运行"的错误办学理念

职教园区项目的建设解决了职业院校长期以来"多、小、散、乱"的格局,同时在

---

① 冀婷婷.高效集约与动态适应——渭南市职教园区发展的规划应对研究[D].西安:西安建筑科技大学,2010:4.

理论上解决了资源不共享、分散办学、规模太小等问题。① 但是,在实际的办学过程中,却出现了"重建设、轻运行"的错误办学理念。具体而言,主要表现为以下几个方面：

1. 在规模扩张的同时忽视了内涵建设

目前,我国职业教育园区办学存在盲目扩张的现象,不少地方政府从自身政绩出发建设职业教育园区,将大量办学资金投向了规模建设,出现了一味追求规模、不断扩容、相互攀比的现象,而恰恰忽视了对于职业教育园区办学至关重要的内涵建设。如此一来,不切实际的规模扩张不仅会造成土地资源的浪费,也会给职业院校带来资金运作上的沉重负担。无论是政府投资,还是职业院校筹资,投资主体总是追求一定的投资回报。就现实而言,不少职业教育园区未能收到预期"回报",很重要的一点就在于忽视了内涵建设。

2. 园区建成前后办学形式变化不多

在入驻职业教育园区之后,各个职业院校的办学规模、硬件设施相应地发生了巨大变化。然而,仍然存在不少职业院校固步自封,尤其是在办学理念、办学形式上并未有明显的变化,特别是原来想通过职业教育园区办学解决的资源重复建设、设施设备不足、实训基地封闭且利用率低等问题依然如旧。即便是职业教育园区规划建设的初衷就在于实现公共教育资源的共享目标,但是在一些职业教育园区最终没有很好地得到落实。举例而言,由于职业教育园区规模通常较大,园区规划建设的公共图书馆因位置过于偏远,不方便学生日常的借阅自习,于是就出现各院校又自建图书馆的尴尬情况。

3. 缺乏长远有效的运作机制

目前我国职业教育园区办学大多都是契约型组织,园区内职业院校相互之间的联系通常都是依靠共同订立的规章制度等简单契约关系来维系的。因此,对成员的权利与义务的规定只是原则性的,实际上并不具备可操作性,而且不具有很强的约束力。由于职业教育园区成员对园区的履责与贡献取决于对利益关系的判断,在没有外在的、稳定的制度制约和激励的机制之下,就会大大增加职业教育园区办学未来发展的不确定性与不稳定性。在现实中,很多职业教育园区在建设初

---

① 石曼,胡斌武."合并式"职教园区建设模式探究——以北京亦庄职教园区为例[J]. 职业技术教育,2014(2): 66—69.

期办得可谓是红红火火,各参与学校也是群情激昂,并且立志要干出一番大事业。但是,随着时间的流转,激情褪去之后,就会发现开展实质性的活动,以及进行深度的合作,协调好各成员之间的利益远比预想困难得多,结果就会导致各成员对职业教育园区内涵建设的支持和参与只是停留于形式上、礼节上,对职业教育园区的长远发展目标迷茫至极。

(二) 资源共享的效果未能达到预期目标

职业教育园区办学的初衷在于实现各种资源的共享,园区的功能规划上也是基于此目标而设计建设的,从理论上看,专家学者勾画了职业教育资源共享的美好蓝图。但是,在实际办学过程中,仍然出现了资源共享不高的情况。

1. 资源共享的意识普遍不强

在集中到职业教育园区进行办学之前,大多数职业院校并非是相邻关系,在长期的发展过程中,也未能产生交集,而且各自都有相当成熟的管理制度、运行机制、学校文化等,建立彼此间的共享意识就需要一个过程。在职业院校迁址到职业教育园区之后,大多数职业院校把自身的资源扩张放在了第一位,在扩大自身生存空间的基础上才会考虑资源共享。而且,职业教育园区各院校在办学水平上存在较大差异,办学实力上的差异及其由此产生的对优质职业教育资源的保护,使得资源共享的内动力不足。比如,有的职业院校是示范院校,而另一些则是一般职业院校,优质资源的拥有率不对称,使得一般院校能提供给示范院校的优质资源较少,如果利益得不到补偿,那么,职业教育园区的资源共享就会沦为一种奢侈的谈资。

2. 资源共享内容与形式单一

纵观国内各个职业教育园区资源共享的现状可以发现,职业教育园区资源共享虽取得了一定进展,但是仍处于低水平的重复建设阶段,各职业教育园区的资源共享主要集中在硬件资源上,且多数也只是限于体育、娱乐和生活等公共设施(运动场、会议中心等)方面,而对于软件资源(如职教师资、课程教学)的共享探索依旧很少。这就造成职业教育园区在整体上共享的层次相对较浅,共享的载体和内容也较为单一,几乎找不到完成规划建设之初的共享目标的职业教育园区。

3. 资源共享效率低且质量不高

职业教育园区资源共享要比想象中困难得多,目前来看,职业教育园区在对资源共享的考虑上,往往只会关注共享的数量,即在哪些方面实现了共享,而对于实际的共享效果即质量较少评估。比如,不少职业教育园区的院校都试行了课程资源的共享,但对已开展的共享课程却很少深入、系统地进行总结,而且对于教学中遇到的问题、师生的评价等尚未形成系统的管理体系,反而使得共享课程的教学质量管理游离于各大职业院校的管理系统之外。在教师"走教"的机制下,很少有教师会关注学生创新能力和专业能力的培养,导致部分学生选课只求获得学分,而并不关心能否学到需要的知识。还有学生认为,外校上课的教师,对自己没有约束力,所以缺课、逃课等成为普遍现象。此外,也有教师认为,听课的不是本校学生,所以并没有义务对他们负教学责任。

(三) 缺少受到广泛认可的园区办学文化

我国创建的职业教育园区大多时间不长,建成时间通常还不足十年,正处于文化建设的磨合期,成员间因原有文化差异所引起的摩擦、冲突,给职业教育园区办学带来极大的挑战。

1. 缺乏文化特色和品牌

就现实情况而言,在全国涌现出来的优秀职业教育园区并不多见。不少职业教育园区并未发掘独有的优势和特点,也未能形成文化特色和品牌。既显现不出不同地域职业教育园区可能会具有的办学特色,也缺少基于职业教育园区办学模式下特有的较为成功的创新实践办学典例,似乎有百园一面之感觉。事实上,职业教育园区的文化特色和品牌非常重要,它可以称得上是园区内各职业院校的"名片"。比如,职业教育园区内的一个精品项目、一项品牌活动,甚至一个标志性建筑,都可以增强园区内职业院校间的凝聚力,成为实现园区内部沟通的重要纽带,并能有效推动职业教育园区文化的形成。

2. 园区院校间独立有余而融合不足

遵循"院校相对独立、教育资源共享"基本理念规划建设的职业教育园区,是一个独立与融合兼备的矛盾组合体。所谓独立,是指园区内的职业院校、企业、政府机构等成员单位之间并不存在从属关系,各成员单位一般也都具有独立的法人资格。所谓融合,是指园区内各所职业院校、企业、政府机构等成员单位通过互相沟通和交流,形成了资源共享、文化融合的有机整体。目前来看,虽然职业教育园区把几所院校聚集在一起办学,但是各自独立性的结构特征,使得院校仍然习惯于"关起门办学"的发展思路,即只关注自身的发展,而并没有立足于整体而发展,很少主动提出转变自身的体制和机制,更不会以主人翁的姿态参与园区的整体建设发展。

3. 学生管理面临严峻的挑战

职业教育园区办学增加了不同院校学生间的接触、交流机会,同时也增加了文化碰撞、摩擦乃至冲突。职业教育园区文化并不是所辖区域内职业院校建设到一起就能形成的,而是在各个成员之间相互冲突、相互影响的基础上长期磨合而成的。目前,职业教育园区在应对学生管理方面还存在不少问题。一方面,园区或各职业院校联合组织的大型活动、精品活动比较少。园区内校际交流还是主要依靠学生社团或协会的自发活动,规模通常比较小,而且参与人数少、形式一般。院校学生之间沟通交流机会的缺乏,大大减缓了相互影响、相互融合的进程。另一方面,师生交流缺乏、心理疏导不畅的问题也较为严重,教师的教育引导作用存在一定的缺位。

四、我国职业教育园区办学的发展对策

(一) 坚守教育功能,科学制定园区规划

目前许多城市职业教育园区的建设正在如火如荼地进行中,与此同时,我们也应冷静地思考自身,认真地考察地方实际,科学合理地构建职教园区,兴建技术技能型人才培养基地。① 为此,必须坚守教育功能,科学制定园区规划。

随着职业教育园区办学的不断发展,开始衍生出更多的功能。但是,需要注意的是,无论职业教育园区办学的多样化功能如何拓展,都不能忘记最基本、最核心的教育功能。原因在于,人才培养始终是职业教育园区办学的中心任务。因此,从定位上看,应该首先明确职业教育园区的教育功能,而后才是职业教育园区的生活功能、产业功能。从理论上看,把职业教育园区规划成一个具有多种功能的共同体,是我们的美好愿望,也是职业教育办学应该努力的方向。但是,在现阶段,比较理智的做法仍然是将主要的精力放在教育功能的丰富上。如果在职业教育园区办学的初始阶段,就制定过高的发展目标,很容易造成主次功能的混乱,甚至颠倒,从而导致职业教育本质功能的丢失或者遮蔽。总而言之,开展职业教育园区办学,必须首先明确把教育功能摆在首位,并将为地方经济社会发展培养技术技能人才作为首要培养目标。

职业教育园区办学是一项长期的事业,万万不可急功近利,需要制定科学的发

---

① 罗娟丽. "互联网+"背景下职业教育的解构与重构[J]. 教育与职业,2017(7):12—17.

展规划。首先,要适度控制园区规模。如果一个城市之内的确有不少职业院校需要采用园区化办学模式,可组建若干个职业教育园区分散布局,每个职教园区内部集中几所规模适中且专业相容的职业院校组合建园,实现相互合作、共同发展。如此一来,无论是对城市建设与发展,还是对学校长远发展而言都有益处。其次,要优化园区专业结构。为了求得生存,不少职业院校的专业设置往往具有小而全的特点。如果职业教育园区建设采取优势专业的差别组合,加强专业结构优化重组,无疑有利于职业院校专业设置由"超市"走向"专卖店"。而且,这种专业设置上的互补局面,也会更加有利于提高社会服务的深度与广度。再次,要规范职业教育园区的选址。具体而言,要考虑该地区职业院校和其他相关机构的布局现状,要便于分散的职业院校集中和发展。最好也能和经济开发区或高新技术产业园区相交或相邻,从而实现职业教育与企业的相互支持。

(二)坚持政府主导,完善制度保障机制

从发展阶段上看,我国职业教育园区办学目前仍然处于起步阶段。因此,必须坚定不移地发挥政府在职业教育园区办学中的主导作用,进一步完善职业教育园区办学的制度保障机制。

在职业教育园区办学过程中,政府主导性主要表现在以下两个方面。一方面,职业教育园区建设应该以政府为主导,发挥政府对其他办学主体的领导力量。职业教育园区办学有多个主体,包括政府、职业院校、企业等,但还是要明确政府的领导作用。唯有如此,才能形成发展的合力。另一方面,政府要制定相应的监管与激励机制。在职业教育园区办学过程中,政府在合作办学的推动、组织、协调、激励等方面无疑发挥着不可替代的作用。职业教育园区所形成的契约规章大都也只有履行责任方面的规定,而缺乏处罚方面的规定。为此,政府部门需要通过考核以及政策优惠等办法,监督契约规章的执行过程,从而使各项合作得以稳定、持续以及健康地发展。

为了保障职业教育园区办学的长远发展,除了发挥政府的主导作用,还必须制定一系列促进资源共享的政策、措施等,并健全职业教育资源共享、合作共生的激励机制。在职业教育园区办学过程中,面临的最大障碍往往是各职业院校对自身利益的顾忌。如果缺乏有效的激励机制,那么,将无法实现各个职业院校之间的利益平衡。如果仅仅是寄希望于各职业院校的自觉转变,那么将很难避免利益冲突。基于上述考虑,必须充分重视各职业院校在利益上的独立性,正视利益竞争、矛盾甚至冲突的现实,并根据实证调查与研究的结果,协商制定可操作性的补偿方案。

(三) 加强共建共管,构建园区办学共同体

资源共享的前提在于建立有效的共建共享机制。所谓共建共管,是指在职业教育园区规划建设时,对共享的资源做出详细规划,由参与共享的成员单位共同出资建设,并由参与单位共同组建一个超院校的权威机构进行管理。

共建共管可以让职业院校之间的联系变得更加紧密,唯有如此,合作的基础才可能更加牢固。"只有在感觉到共同境况与后果的基础上,让社会成员的举止在某种方式上互为取向,在它们之间才产生一种社会关系,才产生共同体"。[①] 需要明确的是,"共建共管"所得资产必须归各个参与单位共同所有,统一的管理机构需要具备责权意识,明确共建共管的目标。另外,共建共管并不意味着各成员单位会由此丧失办学的独立性,必须将权力让渡给共同建立的机构,而是在共同协商的条例规则下有序运行,而且不能随意变更和扩大自身的权限。

共建共享的内容主要包括硬件资源和软件资源两方面。其中,硬件资源主要包括以下类型:一是实训基地、教学楼、图书馆、文化科技馆、对外交流中心等教育教学资源;二是体育场馆、游泳馆、学生活动中心等文体活动资源;三是师生公寓、餐厅、便利商店等生活服务资源。软件资源主要是指课程教学资源和教师资源,这方面的资源共享要比硬件资源共享更为困难。要想实现部分课程教学资源的共享,各职业院校可以让渡这部分课程的教学权,由职业教育园区内的专门机构来统一行使。比如,职业教育园区可以共建公选课的平台,打破职业院校之间的交流障碍,进而实现职业教育公共课程的资源共享。同理,教师资源的共享也可以通过职业院校让渡给教师的权力来实现,也就是说,鼓励教师更多地参与到院校之间公共课的教学过程之中,从而让更多学生从职业教育园区的办学中享受到优质的教师资源。

(撰稿人:郝天聪,叶肇芳)

[①] 【德】马克斯·韦伯著.经济与社会[M].阎克文,译.北京:商务印书馆,1997:78.

我国农村职业教育办学发展报告

一、我国农村职业教育办学的发展背景

(一) 新型城镇化进程中农村职业教育改革势在必行

伴随着工业化进程加速,我国城镇化取得了长足的发展。2014年中央城镇化工作会议提出,2013年我国城镇人口已达7.3亿,1978年至2013年,我国城镇化率从17.9%提升到53.7%,城镇化率基本达到世界平均水平。根据《全国城镇体系规划(2005—2020年)》的全国城镇化水平预测,我国城镇化率在2015年将达到51.4%,在2020年我国的城镇化率将达到56.5%,进入城镇化的高速发展阶段。如今,经济城镇化、社会城镇化和人口城镇化已经取得了显著的成效,成为了农村职业教育改革的重要驱动力量。

在经济城镇化质量的维度上,城市人均GDP是反映经济城镇化质量的主要因素。根据钱纳里的城市化率与经济发展水平关系学说来看,人均GDP在1 000美元以上,工业就业比重在36.8%,非农就业比重在87.8%,城市化率应在65.8%。根据《中国统计年鉴》的数据,2012年我国人均GDP为6 094美元,工业就业人数比重为30.3%,非农就业比重为66.4%。可见,我国的经济城镇化的质量仍远远落后于发达国家的水平。在社会城镇化质量的维度上,根据城镇失业人员的比重,可以用城镇居民恩格尔系数等指标来衡量。2012年我国城镇人口失业率在4.1%。按照恩格尔系数来看,我国城镇居民在2012年的恩格尔系数为37%,处于富裕水平。但是据统计年鉴显示,除食品支出以外,我国城镇居民的支出仍大部分用于基础支出,而非家庭设备、服务和娱乐。因此,事实上我国城镇居民的生活水平并未达到富裕的阶段。在人口城镇化质量的维度上,按城市户籍人口统计,中国的城镇化率仅为35%。农民工无法融入城镇完成身份上的城镇化是人口城镇化质量低下的主要因素之一。由此看来,我国的城镇化发展虽然十分迅速,但是事实上质量却并不

高,如何提高城镇化的发展质量,协调速度和质量将是之后城镇化发展的重中之重。

基于此,党的十八大提出新型城镇化战略,转变城镇化发展方式,以人的城镇化为核心,有序推进农业转移人口市民化。我国城镇化进程首先要解决的一个重要问题是如何提高农村人口素质,促进农村人口合理流动和跨产业流动。在城镇化的大背景下,无论是在农村劳动力转移还是就地城镇化上,教育尤其是职业教育起着相当重要的作用。农村职业教育由于位于输送地的原因,需要承担劳动力转移及就地城镇化的双重任务。因此,在新型城镇化进程中,推动农业转移人口带技能转移,推进农业转移人口市民化的农村职业教育改革势在必行。

(二) 城乡一体化进程中农村职业教育机遇与挑战并存

新型城镇化战略要求推动城乡一体化发展,促进城镇化和新农村建设协调推进。2013年,党的十八届三中全会明确提出必须健全城乡一体化发展体制机制。城乡一体化是指以城市为中心、以小城镇为纽带、以乡村为基础,形成的城乡间互相依托、互利互惠、相互促进、协调发展、共同繁荣的新型城乡关系。[①] 城乡一体化是从农村和城市来促进城乡一体化发展,将城市和农村看作一个整体,动态地整合农村和城市的资源。实现城乡一体化,也是我国社会的最终发展目标。与城乡一体化有所不同,城镇化更多地从农村角度来实现农村的发展,通过促进农村劳动力转移、农村经济发展实现农村向城市的转化,是实现城乡一体化的一部分,是城乡一体化必经的过程。

国家高度重视城乡一体化发展的时代背景,意在指明农村职业教育发展的方向。我国作为一个农业大国,"三农"的发展正面临着农村人才空心化、农业生产兼业化、农民留守老龄化等严峻挑战,面临一系列亟需解决的问题:一是数量萎缩。中国的城镇化水平在1978年仅为17.9%,但据国家统计局2012年公布的数据显示,中国内地2011年城镇人口为69 079万人,达到了51.27%,全国农民工总量达26 261万人,而且还在以每年900—1 000万的速度递增。二是结构失衡。留守农民以老人、妇女、儿童居多,出现了一种"少壮打工去,种禾叟与姑"的现象。据中国农业大学课题组对10个省市20个村的调查:四川、河北、山东等地农业劳动力中

---

① 褚宏启. 城乡教育一体化:体系重构与制度创新——中国教育二元结构及其破解[J]. 教育研究,2009(11):3—10.

(16—60岁)妇女占57.2%,60岁以上的老年人占63.05%,江浙务农农民平均年龄达到57岁。① 依据联合国相关机构制定的标准,45岁及以上的农业劳动力为老年劳动力。当这部分劳动力所占比重超过农业劳动力的15%时就可称为劳动力的老年型结构。而由于不愿种地的"代际传递效应"、农村公共基础服务环境差和二、三产业产出率较高的经济利益驱使,青壮年农民"宁可打工,不愿务农",高素质的年轻人成了"稀罕物"。三是后继乏人。农村新生代劳动力绝大部分在结束求学后选择"跳农门"。据调查,农业高校涉农专业毕业生到县城就业的占4.4%,到乡镇就业的占1.1%,到村就业的则寥寥无几。四是素质堪忧。据中央农广校对全国农民素质抽样调查结果显示,目前务农农民平均受教育年限为7.8年,初中学历以下占82.1%,高中学历占16.8%,大专学历以上占1.1%。农民成了国民素质的"低洼地带",高效率农业设施装备难以利用,高水平农业科技成果难以转化,成为制约现代农业发展的突出的瓶颈问题。这些问题都严重阻碍了城乡一体化进程,因此,有必要大力发展农村职业教育,提高农村人口素质和技能。2012年中央一号文件提出"大力培育新型职业农民",2014年教育部和农业部联合颁布了《中等职业学校新型职业农民培训方案》。因此,农村职业教育第二个目标是培养有文化、懂技术、会经营的新型职业农民。

　　城乡一体化发展为农村职业教育发展带来新机遇,表现在以下三个方面:第一,城乡一体化为农村职业教育带来新的发展理念。以城乡一体化理念指导农村职业教育的发展,将农村和城市看成一个整体,从促进城乡一体化发展的角度发展农村职业教育。第二,以城带乡带动农村职业教育发展。在城乡二元经济体制下,城市职业教育在资金、基础设施、实践基地等诸多方面都明显优于农村职业教育,导致农村职业教育处于不利地位,随着城乡一体化推进,为农村职业教育发展带来新的机遇,城市为农村职业教育提供资源、技术支持及大量的就业岗位,以城带乡促进农村职业教育走出困境。第三,把握市场需求,实现顺利就业。将城乡劳动力市场整合起来,城乡劳动力市场为农村剩余劳动力提供更为丰富的就业信息,农村职业教育要依据市场需求进行专业设置、课程建设,确保农村职业学校的学生顺利就业。因此,不论是农村经济社会发展的需求,还是服务城乡一体化发展的需求,都要借助于农村职业教育。

---

① 李剑平.培养职业农民 让农民过上体面有尊严的生活[N].中国青年报,2015-11-1(11).

(三)"四化同步"战略下农村职业教育大有可为

2012年,中共十八大提出"四化同步",即新型工业化、新型城镇化、农业现代化和信息化。"四化同步"发展战略的提出必将对我国经济社会发展产生深远的影响,也必将对与之联动的农村职业教育等产生全面而深刻的影响。

"四化同步"是指中国特色新型工业化、信息化、城镇化、农业现代化动态地组合成一定的相对组合关系,保持一定的相对速度,个体和整体都分别经历着由初级到高级、由不发达到发达的运动变化进程。"四化同步"既是我党"三农"理论的发展与创新,又是基于有效解决"三农"问题的重大战略决策,也是我国推进现代化的基本路径,也就是通过"四化同步"战略的推进与实施,达到推动信息化和工业化深度融合、工业化和城镇化良性互动、城镇化和农业现代化相互协调,促进城镇发展与产业支撑、就业转移和人口集聚相统一。

就"四化同步"的目的来看,最根本的就是要促进包括人的个性在内的全面发展,是要使所有城乡民众都能够在城乡的协调发展中过上和谐幸福的生活,要提高人们的生活品质和幸福指数。这在很大程度上颠覆了我们以往的单纯发展经济社会的目的观,也是发展经济、教育等目的的正本清源和价值的回归,体现了"四化同步"发展的主体价值观。就"四化同步"的实现路径来看,人是一切的关键,通过包括职业教育培训等路径,促进农民、农民工等人力资本的积累,从而使之成为新农民、新市民,推动"新四化"的实现。"四化同步"发展的本质是通过"四化"互动,实现整体发展、协调发展。就"四化"的运作机理来讲,工业化创造了供给,城镇化创造了需求,而信息化为工业化、农业现代化、城镇化创造了条件,农业现代化则是基础,它为工业化、城镇化发展提供了保障条件。"四化"相辅相成,正是通过它们的互动,实现了同步、协调发展,最终实现社会生产力提升和城乡的跨越式发展。

农村职业教育作为人才培养的供给侧,必须对过往的发展进行审视和反思,并根据"四化同步"发展的要求,对未来农村职业教育发展的定位、功能、发展模式以及服务体系等问题进行全面的改革与展望,制定出具体的行动纲领与策略。

二、我国农村职业教育办学的发展现状

我国农村职业教育在近年来的发展是喜忧参半。由于"三农问题"的长期性和严重性,且在近年来呈现了新的特点,为农村人口提供更优越的人力资本储备条件这一现实需求,使农村职业教育的发展受到前所未有的关注,取得了多方面的发展

成绩。然而,与农村的边缘性地位相对应的是,农村职业教育在城市化的进程中,体系被破坏,功能不断被弱化,面临着严重的"职能困境"与"生存困境",需外部力量与内部改革的共同支持。从农村职业教育的发展成就来看,主要有以下三个方面:

(一) 农村职业教育网络基本健全,体系初步完善

我国一直注重农村职业教育体系的建立与完善,早在1991年,中央政府就提出充分发挥农村职业教育的功能,进一步完善县、乡(镇)、村、户的科技推广网络和科技推广制度,并提出县(市)要集中力量办好一两所示范职业学校,办好农村广播函授学校;乡镇要办好农民文化技术学校;村要逐步建立农民业余文化技术学校等内容。到目前为止,已经基本上建立健全了农村职业教育网络。从现有的情况看,三级的职业教育培训网络基本建成,在面向农村人口的职业技术教育与培训以及农业技术推广中发挥着重要作用。

三级农村职业教育与培训体系的网络基础是以乡镇农校和乡镇成人学校为基础的,乡镇农校与乡镇文化站、图书馆等机构构成了农村职业教育体系中最为重要、最为基础的部分。教育部门的有关统计数据显示,2008年,全国共有农村成人文化技术学校13.78万所,县级成人学校1599所,乡镇成人学校1.99万所,村办成人学校11.27万所,初步形成了县(市)、乡(镇)、村三级农民文化技术培训网络。这一覆盖我国城乡的农村职业教育的最基础部分的体系,成为我国农村职业教育中与农民关系最近的部分,发挥着不可替代的作用。数据表明,教育系统的农村成人文化技术学校承担了90%左右的农村实用技术培训和50%左右的农村劳动力转移培训任务。2008年培训规模达到4 358.22万人次。从省一级来看,以河南省为例,从2004年起,该省用三年时间在全省重点建设100所省级示范性乡镇成人学校,目前已形成以县职教为核心和龙头,以乡镇成人学校为主干、村成人学校为基础的三级职业教育培训网络。在这个培训网络建成之后,经统计共有1.9万个培训学校和网点,其中县级成人教育中心有77个,乡镇成人学校有2 747个。湖南省岳阳县为了推动农村劳动力转移培训、就业和农业技术扩散,形成了在县级职教中心统筹下的每镇至少一所乡镇农校,联合村农技点、农村合作经济组织和兴农示范基地,直接联系农户,搭建了农村劳动力转移培训体系、就业服务体系等,形成新农村建设和劳动力转移服务网络体系。

从上述的数据与描述不难看出,一方面,乡镇农校和村组级农民文化活动站或

农业技术推广服务站组成了我国农村职业教育体系中相当重要的部分,在农民的生产生活中发挥着重要作用;另一方面,这也说明,完善这一体系对我国农村职业教育体系,甚至整个职业教育体系的完善,都是重要的。从某种程度上说,我们将它视为是村组级政权。这种村组级政权在我国政权体系中的地位与其他政权一样重要,直接影响我国农村职业教育体系的完善,以及是否能顺利运转。

农村职业教育三级网络最上层是县域职业教育层次,这一层次上,主要是各类公立、私立中等职业学校[1]以及技工学校等,或者是在这基础上形成的县级职教中心,其中县级职教中心是主体。2008年,全国县级职教中心、县级和县以下的各类中等职业学校共计4 032所,占全国中等职业学校总数14 847所的27.2%;县级职教中心有1 074所。全国县级职教中心、县级和县以下的各类中等职业学校招生166.97万人,占全国中等职业学校招生总数的20.9%;在校生274.91万人,占全国中等职业学校在校生总数的13.2%;2008年县级职教中心招生数、在校生数分别为51.04万人和158.42万人。县级中职学校和县级职教中心是农村职业教育体系中正式教育中的重要组成部分,形成了农村职业教育正式教育的基本内容。

在农村职业教育体系中职教中心的完善与建设的问题上,各个地方在原有模式的基础上,形成了自己的探索模式。如湖南省岳阳县建成了"135"职业学校及培训机构布局,这一布局的具体内容是"在全县创建1所国家级示范学校,3所市级示范学校,办好5个县级各类技能培训机构,通过利用政府部门的管理职能,运用多种方式,将全县各类职业学校和培训机构控制在9所以内"。此外,通过采取联合(连锁)办学、转变学校职能等有效措施,合并了县进修学校职教部、县电大工作站、县农机校,使其成为县职业中专的教学部,将两所民办职业中专发展成为县职业中专分校。这样,既控制了职业学校的数量,同时扩大了优质职业教育资源的影响,发挥了其主导作用。在职教中心的统筹下,形成了以农业技术、服务业为主的8个县域实训基地、多个校内实训中心以及包括深圳富士康在内的多家县外顶岗实习基地,健全了县职教中心的实习实训基地网络体系。该县原有的县职业中专,在这种县级职教中心模式下,办学规模迅速扩大。县级职教中心的办学效益明显提高,影响扩大。县级职教中心建设作为农村职业教育三级体系完善中的重要内容,对三级体系的建立与顺利运转意义重大。

---

[1] 在少数地区,尤其是东部的教育发达省份,可能会有高等职业技术学院存在于县一级行政地区。

(二) 农村职业教育规模基本稳定,普职比逐步合理

达到高中阶段普职平衡,在 20 世纪 80、90 年代是我国教育政策中的一个重要的政策取向,在多个国家和教育部出台的文件中都对普职平衡的问题进行了明确的规定。20 世纪末的高校扩招政策让这一政策事实上形同虚设,高中阶段职业教育迅速滑落谷底,招生急剧减少,生存日趋艰难。农村职业教育在这个过程中,所受的冲击尤其严重。到 2005 年,政府在"基本普及高中阶段教育"这一基本目标的导向之下,希望通过扩大中等职业教育招生,做大高中阶段职业教育,既达到基本普及高中阶段教育的目标,也同时实现普职平衡的长期追求。中央政府在 2005 年就提出要中职扩招百万,2006—2009 年的连续扩招,促使我国的中职招生数量和在校生数量都实现了较大的增长,至少从表面上看,高中阶段的普通教育与职业教育实现了基本平衡。从某种意义上来说,中职扩招政策对稳定中等职业教育的招生规模,扩大中等职业教育的影响力是有较大的正面意义的。

扩招政策对农村职业教育的积极影响。事实上,中职扩招政策的重点就是农村,各省在布置各自的具体招生政策时,一个导向性的政策现实就是"中职扩招重点是农村"。各省的招生数据也说明了这一问题,如民进中央调研组在河南的调研发现,2005—2007 连续 3 年,河南省农村职业教育招生数超过了普通高中,中等职业学校的在校生数达到 132 万人;广东省职业教育招生的规模达到 60 万人,比 2005 年净增 19 万人,普职比达到了 46∶54,二者已经基本持平;2011 年,云南省加快发展面向农村的职业教育,加强职业教育基础能力建设,确保中等职业教育的招生达到 25 万人,在校生达到 70 万人。甘肃、四川等省份也在扩大农村职业教育招生数量,稳定农村职业教育的规模。

(三) 农村职业教育办学效益逐步显现,影响扩大

一是农村职业教育与培训项目的实施效果渐显。上个世纪末期到本世纪以来,随着农民工问题对我国经济社会发展全局产生的影响越来越不容忽视,加强对农民工的职业教育与培训逐步成为政府的一项重要工作,各项政策,如"农村剩余劳动力转移培训工程"、"阳光工程"等陆续出台,并在全国范围内推广实施。2001 年教育部印发《关于中等职业学校面向农村进城务工人员开展职业教育与培训的通知》,提出按照"实际、实用、实效"的原则培训进城务工人员,内容涵盖职业技能、基础文化教育以及现代生产技术等。据统计,2002 年我国农民文化技术培训学校达到 37.91 万所,开展各类农民技术培训、劳动力转移培训等共 7 681.81 万人次,

2004年仅教育部门组织的农村劳动力转移培训就达到3 146万人次,农民实用技术培训达5 127万人次。2004年2月,教育部在成都召开全国农村劳动力转移培训工作经验交流会议,时任教育部部长周济要求教育战线尤其是农村职成教育要充分利用职业教育与成人教育资源,全力实施农村劳动力转移培训计划。同年3月,教育部印发了《农村劳动力转移培训计划》,在该计划中要求广泛动员组织各类职业学校和成人学校以及培训机构开展农村劳动力转移培训,不断扩大培训规模,努力提高培训率和就业率;要动用社会各类教育培训资源,开展进城务工人员的教育培训;同时成立了以周济为组长的教育部农村劳动力转移培训工作领导小组。成都会议以后,各省(区、市)教育部门也相继成立了由厅(局)长担任组长的农村劳动力转移培训工作领导小组,有28个省(区、市)教育行政部门通过召开会议、印发文件等各种形式的宣传,推动《农村劳动力转移培训计划》的实施。到2009年,仅教育系统开展的农村劳动力转移培训人数就达到4 249.31万人次,开展的农村实用技术培训为4 130.67万人次;技能性培训1 564.46万人次,占培训总人数的36.82%,转移后(进城农民工)培训791.62万人次,占培训总人数的18.81%。在完成的针对农村人口的培训中,相当一大部分的工作是在农村职业教育机构中完成的,其在整个培训计划中占主导地位。

二是面向农村的农村实用人才培训工程获得认可。在十六届五中全会上,中央政府正式确定了"建设社会主义新农村"的任务,围绕这一总体历史任务,出台了一系列的相关措施,确定了"培养有文化、懂技术、会经营的新型农民,提高农民的整体素质"的"新型农民"培养目标,围绕"发展农业农村、培养农民"的目标,农村职业教育在原有的基础上作出相应调整,多层次、多形式、多途径为农民提供技术服务和科技培训成为农村职业教育的重要功能。如2005年教育部下发的《关于实施农村实用技术培训计划意见》中提出了培训的目标和措施,包括开展绿色证书培训、实施"新型农民科技培训素质工程"、建设农民科技书屋、启动实施"百万中专生计划"、启动"高校农业科技教育网络联盟计划"、重点建设1 000所县级职教中心等6个方面的内容,将农村职业教育在农村实用人才培训方面的功能激发出来。各省针对这一计划,推出了相应的实用人才培训工程,如河北省组织实施"新农村建设双带头人"培养工程。省教育厅、省农村工作办公室和省委组织部推广了他们的经验,面向全省组织实施"新农村建设双带头人"培养工程,2009年各地招生超过10万人。湖北省实施"512工程"、"325工程"、"319工程",坚持大力发展农村中等职业教育。海南省举办"村官班",培养农村基层干部和种植养殖大户。虽然各省在培训形式、内容与方案方面各有差异,但是从核心上来说,都是围绕农村实用人才培养、农民素质提升之类的目标而展开的。

三、我国农村职业教育办学的主要问题

我国农村职业教育在以上几个重要方面取得不错的成绩的同时,仍然存在不可忽视的严重问题。温家宝在关于农村教育的讲话中,总结农村职业教育的问题时提到"农村职业教育办学条件薄弱、资源不足,农村职业教育和涉农专业教师数量严重短缺,国家中等职业学校资助和免学费政策有待完善,许多民族地区学生和家庭困难学生接受中等职业教育仍有困难"。[①] 这些问题的存在,影响了农村职业教育在农村经济社会发展、农村劳动力转移等问题中的作用与意义,准确归结了农村职业教育存在的问题。目前,我国农村职业教育存在以下几个方面的问题:

(一) 农村职业教育基层体系破坏严重

我国建成了农村职业教育与培训体系的三级网络体系,并在农村人口接受职业教育、农村劳动力转移培训和农村实用技术培训方面承担了较多的责任。但是,从目前看,由于经费、思想认识以及农村人口不断减少等方面的原因,农村职业教育体系的完善程度仍然不够,许多乡镇农校和村组级农村实用技术培训点基本上被废弃;事实上,乡镇农校和村组级农村职业教育与培训机构是与农民联系最多、最为紧密的,它们的废弃,意味着基层的农村职业教育体系功能不复存在。

课题组对某贫困县的走访发现,乡镇农校、乡镇农技推广站在 20 世纪 80 年代被基本废弃之后,就再也没有重新建立起来,场地也被占用,村组级农民技术文化学校则已经完全见不到踪迹。这种情况在偏远地区更为严重。虽然部分离县城较近的乡镇农校实现了复建,还获得了省财政的补助,但是建设的实际内容并不理想,对总体格局的改变也不大,无法从根本上改变农村职业教育体系目前的状况。由于体系的残缺,政府在推动农村发展和农民转移培训上的一些项目也无法在农村开展,影响了政策的有效性。

此外,在"四化同步",尤其是新型城镇化和农业现代化互动发展的背景下,现

---

① 温家宝. 一定要把农村教育办得更好[R]. http://www.aisixiang.com/data/44059.html. 2011 - 9 - 13/2018 - 09 - 15.

有农村职业教育体系的不适应性更是愈益暴露。主要表现为：一是城乡职业教育体系缺乏整体性，具有二元割裂性。二是与职前职业教育体系应该平行的职业教育培训体系是整个农村职业教育体系的"短腿"，与职业教育培训是当前和未来农村职业教育发展新的增长点明显不适应。就我国现行的农村职业教育体系而言，主要面向农村适龄人口提供正规职业教育与培训，为农业人口转移提供培训服务，难以与职业农民培养制度形成有效的整合与衔接。三是无论是农村职业教育体系或者是成人教育培训体系，都缺乏现代性，脱离了信息化时代职业教育与培训的先进性特点，比较典型的就是"互联网＋职业教育培训"发展滞后。四是非正规职业教育与培训体系没有得到应有的重视，作用发挥不够。

(二) 农村职业教育培育功能定位单一、短视

农村职业教育只有服务于经济社会才能体现它的真正价值。建设社会主义新农村需要职业教育为农村培养具有现代农业知识和技能的新型职业农民。关于农村职业教育定位问题，一直以来都有争论，在实践中也有偏颇。基于新型城镇化、农业现代化发展以及城乡一体化发展趋势的考量，农村职业教育定位存在的问题逐渐显露，主要表现在以下几个方面：一是面向狭隘的乡村教育，农村职业教育就是要为农村第一产业培养人才，为其他产业发展，尤其是为城镇培养转移人才，这便是"离农"教育。二是完全的"离农"教育。目前，农村职业技术教育以满足城市需求为标准，在教育机构的设置和教育目标的确定上缺乏对农村职业技术教育特殊性、差异性和不平衡性的思考，往往以城市职业技术教育为蓝本，纷纷开设服装设计、机械制造、机电维修、医药化工、电子技术、幼儿教育、酒店管理等潮流专业，这些专业甚至成了农村职业技术学校的必备专业，缺乏农业类的专业设置，使农村职业技术教育不断为城市建设输送人才，而满足不了农民发展现代农业对技术的需求。部分职业院校的领导并不是不知道农村职业教育应该为农村培养各类人才，而主要是因为为农业发展培养人才，办学艰难，不受人欢迎。所以，这些学校就主要进行面向城镇的农村劳动力转移教育，也就是为第二、三产业培养人才。三是"升学教育"，至今在一些地区，尤其是经济、职业教育不发达地区的部分学校，依然是行职业教育之名，务升学教育之实。按理根据职业教育"立交桥"的构建，职业院校部分学生通过对口升学等路径升学无可非议，这也是未来理想职业教育体系所要求的，但问题是相当一部分学校本末倒置，它们不是以就业为导向，而是将升学教育作为学校的着眼点和努力的方向。四是人才培养的短视行为。大部分职业学

校，在人才培养中，能够做到既为农村培养第一、二、三类产业所需要的人才，也为农村劳动力转移服务，但没有以前瞻性的视野，为"四化同步"背景下的新型职业农民、新市民服务。

(三) 农村职业教育中师资队伍相对薄弱

教师队伍建设落后是影响农民职业教育和培训发展的重要因素之一。目前，农民职业教育和培训师资队伍总体体现为"三多三少"，即传统型人才多，高新技术人才少；普通型人才多，产业化人才少；继承型人才多，创新型人才少。主要表现在：一方面，农民职业教育和培训机构的教师队伍不稳定。在调查中，关于"贵单位有无从事农民培养培训的专职教师队伍"的问题中，有23.53%的单位选择了无专职教师，这意味着部分学校的培训教师都是来自普通教育的或者已退休的兼职教师，数量与质量都无从保障。由于经费投入不足，农村职业学校的教师待遇远远不如城市，再加上条件相对艰苦，严重影响了师资队伍的稳定性。另一方面，在调研访谈中发现，对乡镇社区学校、成人学校等从已配备专职教师的人员质量上分析，还存在以下几个方面的不足：一是人员年龄偏大，甚至是老弱病残；二是文化层次偏低，50岁以上人员多为民办教师转正而来，本、专科学历人员很少；三是人员所从事的专业教学基本上不涉及社区教育，他们均从中小学教学岗位转岗而来，多从事初级中学基础文化课教学，对农业社会致富信息了解甚少，并且缺少专业技能的教学经验；四是有大多数人敬业精神差。他们多是在原中学不想承担教学任务，又不服从其他工作安排，他们到社区教育中心工作是临时的，工作主动性差，业务不熟，明显缺乏干事创业的激情和热情。

(四) 农村职业教育经费投入依然较少

经费投入不足是制约我国农村教育事业发展的"软肋"。英国成人教育的费用70%由政府提供，美国每年用于成人教育的费用达600亿美元，德国成人教育的投资占教育总投资的15.3%。而近年来，我国虽然逐步加大对教育的投入力度，但到2012年底，我国财政性教育经费投入才达到国民生产总值的4.28%，而农村成人教育的经费就更少，不超过2%，远远低于5%的世界平均水平。在"贵单位进行农民人力资源开发的主要经费来源是"问题的回答中，78.81%来源于政府拨款，32.45%来源于单位开展业务活动所得收入，19.21%来源于企业资助，18.54%来源于学员所交学费；在"贵单位开展农民人力资源开发所需经费是否充足"问题的回答中，完全能够满足需要的占总数的13.33%，基本能够满足需要的占54.67%，严重不足的达到了32%。在调研中发现,在江苏苏南的教育现代化中涉及的验收乡镇中保证了县级财政经费投入达到人均1.5元的标准,而苏中、苏北的很多农村地区连人均1元都达不到。我国职业技术教育实行的是"分级管理,地方为主,政府统筹,社会参与"的管理体制,中央财政对农村职业技术教育的转移支付和政策不够明确,地方财政困难,而学校又缺乏相应的筹资渠道,在这种情况下,维持职业技术教育机构正常运行的经费捉襟见肘。

(五)民众对农村职业教育的认同度整体较低

国家政策在分流上的引导与规范作用效果不明显。即使国家有关于农村中等职业教育方面的政策补助,但是愿意接受农村职业教育的初中毕业生的比例还是很低。一方面,愿意上中职的学生越来越少了。北京大学中国教育财政科学研究所于2008年4月—2009年12月在西部某省41个国家级贫困县的农村初中学校,对2 216名初中二年级学生的随机调查和跟踪调查后发现,虽然超过90%的学生表示继续学习,但是从教育分流意向来看,有七成的学生打算"上普通高中",仅有两成左右的学生初中毕业后打算"上中等职业学校"。就实际教育选择结果来看,只有1/4的学生上了中等职业学校,有四成的学生上了普通高中,值得注意的是,有13.8%的学生在复读,很明显他们是为了下一年能考入普通高中。另一方面,经过分流教育的筛选,学习成绩较差的学生被分流进入中等职业学校。因而,农村职业教育的吸引力的确不强,对农村人口不存在较强的吸引力,农村职业教育由于办学方向上脱离农村发展和农民个人发展的实际需求,专业设置和课程开设脱离实际,农村人口无法体验到农村职业教育对改变当前生存状况、个人命运等方面的重要意义。此外,在一些面向农民的培训项目上,即使是向农民声明免费培训,农民都会以各种理由而拒绝参与,造成农民不愿意参与培训的原因是多方面的,但说明的现实是,农村职业教育在农村人口中认可度很低。

四、我国农村职业教育办学的发展对策

(一)功能转型:服务城乡,适应农民人力资本和生活品质提升的需求

基于"四化同步"的新特点与新要求,农村职业教育只有顺应历史发展的需要,积极进行农村职业教育发展供给侧的创新与改革,才能真正成为经济社会发展和人民群众需要的职业教育。根据城乡一体化和协调发展的趋势与要求,农村职业教育首先必须在对自身定位进行反思的基础上作出相应调整。在农业现代化与新

型城镇化互动、协调推进的过程中,应建立"大农"发展的思维,将城乡职业教育置于一个新的区域概念范畴中进行整体思考,农村职业教育必须同时服务于社会主义新农村建设和城镇化发展;不仅要为第一产业发展培养多类型的新型职业农民,还要为城乡第二、第三产业培养人才;不仅要促进农村转移劳动力市民化,还要促进留守农民生活品质的提升,促进城乡社区民众和谐幸福生活的中国梦的实现。

1. 支援农民的职业化——新农民

培育新型职业农民是解决我国新型城镇化,促进劳动力转移后农村劳动力数量逐步减少与农业现代化对劳动力,尤其是高素质农业劳动者需求矛盾的根本。

首先,从农民职业化的过程看,职业农民代替传统农民的过程,是农民能力素质结构优化、提升的过程。农民职业化的实质是社会分工下的专业化生产过程。正是这种专业化的发展,要求人们具备相应的专门领域的职业技能。其次,从新型职业农民培育对象的现实状态及需要来看,必须通过适当的路径,提升农民的职业素质。在未来5到10年,我国需要培养1亿以上的新型职业农民,包括以专业大户、家庭农场主为主要对象的3 000万名生产经营型职业农民,以农业工人、农业雇员为主要对象的6 000万名专业技能型职业农民,以农业社会化服务人员为主要对象的1 000万名社会化服务型职业农民。① 值得指出的是,由于适度规模的家庭农场是未来农业发展的方向,所以培养大量的家庭农场主将是我们面临的巨大任务。这些新型职业农民培育对象的重点将锁定在农村留守青年、返乡农民工、农村"两后生"。这些培育对象虽然各有自身优势,而且整体素质较之于传统农民有明显提升,但与作为一个职业农民的素质要求还相去甚远。为了促进这些现实农民和未来农民成为真正意义上的新型职业农民,必须通过有效的路径来实现其职业农民素质的提高。

2. 转移农民的市民化——新市民

随着我国新型城镇化的快速推进,农业转移人口成为城镇新的群体,这个群体具有自身的特殊性。其一,他们需要逐渐放弃原来的身份、社会方式和习惯,转而认同、接受新的城市文明和生活环境,逐步融入城市社会,成为新市民。但是这个身份和角色的转化不仅需要一个过程,而且往往非常艰难。许多转移农民工正是因为不能真正融入城市社会、适应城市生活,因而成为游离于城乡之间的边缘人,

---

① 唐金权.城镇化发展视域下新型职业农民的创业培训[J].成人教育,2017(9):56—59.

难以真正享受城市文明和共享美好的都市生活。而要真正使之成为新市民,就必须通过职业教育以及成人教育培训等促进其由农村到城市的个体社会化的进程,逐渐适应城市生活,习得城市文明。

其二,农业转移人口市民化的另一个关键是必须具有良好的职业技能,拥有一份稳定的工作,以真正成为永久的市民,而不是无业游民。要稳定就业、高质量就业,具有再就业和可持续的职业生涯规划发展能力,那么,就必须具有足够的人力资本。这种人力资源开发、人力资本积累的过程,正是一个接受职业教育培训的过程。目前,许多转移农民既缺乏外在的物质资本,还缺乏内在的文化资本、社会资本,更缺乏就业发展的人力资本。要改变这种资本全面缺乏的状态,就必须通过职业教育、成人教育培训等进行多路径的资本提升。也就是说,通过职业教育培训,使得转移农民具有足够的就业资本,所以在未来,人们会倍感职业教育培训在转移农民市民化中的作用。

3. 城乡阶层自由流动——新阶层

城乡差距逐渐缩小,最终实现一体化的和谐发展,是人们对未来的理想和憧憬。然而,要使未来城乡的社区群众能够自由地流动,或者使长期处于社会底层的城乡民众有机会向上层社会阶层流动,关键还是要靠教育。客观地说,尽管我国高等教育大众化已经实现,在部分发达地区已经普及化,但许多人仍然难有机会通过普通教育改变自己的社会地位,而职业教育培训就其本原属性而言,属于真正的平民教育、大众教育,也可以说是真正公平的教育。通过这种具有补偿性的职业教育培训,使得农村社区民众获得实现阶层流动,改变命运的机会。作为农村职业教育与培训,应该坚持"四化同步"的人本性目标特征,以人的现代化为依托,通过职业教育培训,推进社会各阶层能够进行合理的双向流动,使得更广大的农村人口有更多机会向更高阶层流动。

4. 居民生活品质提升——新生活

农村职业教育培训在为培育新农民、培养新市民,促进农民全面适应,具有生存适应能力的同时,还应该充分考虑其在促进城乡社区民众生活品质提升方面的功能。这一功能将随着城乡人民生活水平的提高以及终身教育的发展而愈益显现出来。在未来,人们将不再只是满足生活的富足,而会越来越多地追求高品质的生活,希望在物质文明建设的同时,能够学会更好地享受美好的生活,特别是转移而来的新市民,盼着能够像城里人一样过着高质量的生活。要实现这些梦想,提升城乡民众的幸福指数,职业教育、成人教育、社区教育等义不容辞,它们将是最受城乡社区民众欢迎的教育与培训。

2013年的全国人才工作会议上指出"要以落实人才发展规划为主线,坚持服务发展、人才优先,为全面形成小康社会提供有力的人才支撑。要充分发挥各行各业的积极性、主动性和创造性,开创人人皆可成才,人人尽展其才的生动局面"。因此要以人为本,尊重受教育者的需要,使农村职业教育真正地成为一个可以为受教育者带来实惠,着眼于受教育者的发展和生活的教育方式。教育部原副部长鲁昕在2014年召开的中国发展高层论坛上曾提出,中国即将出台方案,实现两类人才、两种模式高考。针对技术技能型的人才,开放了不同的考评模式,也为职业教育的人才提供了更广阔的发展空间。

(二)体系统整：统筹规划,满足"新农民"和"新市民"接受职业教育培训的需要

1. 体系的理念

一是人本性,体现公平共享理念。以人为本,体现了哲学的最高层次,是对人的本原属性的追问与探究。在实现"四化同步"发展战略的过程中,必须将人作为首要的考虑因素,且要以实现人的全面发展以及和谐幸福作为根本宗旨。在农村职业教育培训体系的构建中,坚持人本性原则,就是要通过对职业教育培训体系的重构与完善,使之与人的发展需求相适应。就是新的农村职业教育培训体系必须有利于新型职业农民的培育和新市民素质的养成,有利于农民在城乡之间以及在城市社会阶层之间的自由流动;必须体现时代精神,也就是要让人们在接受多样化的自由教育中得到精神的升华;必须具有现代性,即现代职业教育体系必须是一个能促进人的全面发展、自由发展的教育体系,能够保证城乡社区群众在任何时间、地点接受需要的职业教育培训;必须体现公平精神和人道主义情怀,能够为城乡社区所有社会成员提供均等的接受职业教育培训的机会。二是整体性,体现城乡一体化目标。所谓体系的整体性,就是要根据未来城乡协调发展、一体化的趋势,将城乡作为一个区域整体,统筹构建职业教育培训体系,使得这一体系同时服务于城乡各类人才的培养。具体而言,包括统筹职业学校设置、统筹城乡输入地和输出地人才培养、统筹城乡职业教育资源配置和实现双向流动等。三是吻合性,体现经济社会需要。体系的"吻合性"主要是指一方面城乡一体化的现代职业教育体系结构,要与区域经济社会发展对职业教育人才培养的需求结构相吻合,总体满足产业结构和劳动力市场对各类人才的需求。教育部颁布的《中等职业学校专业目录(2010年修订)》,坚持以就业为导向,强调构建与产业结构、职业岗位对接的专业体系;另一方面就是现代职业教育体系必须有效地实现现代职业教育的经济和政治功能,能够动态地适应现代产业结构转型、升级的需要,最大限度地满足人们不断增长的自身发展和生活质量提高的需求。

2. 体系的重构

根据城乡一体化的趋势,基于新型职业农民培育的需要,笔者认为,现代农村职业教育体系应该形成以中高等职业院校及有关高校农科类专业为主体的、职前培养与中等职业学校和城乡成人教育中心(社区教育中心)为主体的、在职培训相平行的实体教育培训体系;以中高等职业院校农科类专业、农业广播电视学校和农业技术推广服务体系为主要依托,积极吸收科研院所、涉农企业、农村专业合作社等广泛参加的现代农村职业教育培训的新格局。高校、社区各类教育培训机构、中高等职业院校、涉农企业、专业合作社、相关科研院所等要树立共建、共享、共用的理念,全面合作,联合办学,提升合作水平和教育培训能力,积极开展基于新型职业农民、新市民以及社区民众生活需要的各类教育培训。从发展来看,在现代农村职业教育培训体系的重构中,主要应加强以下四个方面的工作:

一是完善职前学校职业教育体系,激发职业学校潜能。正规的职前学校职业教育培训体系是培育高层次新型职业农民的主体,它主要是由中高等职业院校以及高等院校组成,分别培育高层次经营管理型、专业技能型和社会服务型专业人才。就目前而言,为新型职业农民培养的体系中存在着"断头"、"断裂"现象。体系"断头"主要是指培养高层次新型职业农民的高等院校及高等职业院校积极性不高,缺乏设置农科类专业的热情,造成了事实上的新型职业农民培养的"断头教育";所谓体系"断裂"主要是指没有形成与职业农民培养体系相平行的培训体系,一方面两者自身均不完善,另一方面两者缺乏融通,没有体现一体化。所以,国家以及各省教育主管部门,应该采取特殊的激励政策,鼓励高校完善基于职业农民培育需要的培养体系,逐步开展培养新型职业农民的专业硕士研究生工作。

二是构建城乡一体的教育培训体系,凸显社区教育功能。城乡区域一体化发展,必然会逐步模糊城乡职业教育的界限,也必然要求城乡职业教育培训资源统筹、共享,和谐发展,教育资源使用效益最大化,所有这些反映到职业教育体系的建设中,就是必须构建城乡一体化的职业教育培训体系。新的城乡区域一体化职业教育培训体系必须既为现代农业发展培养新型职业农民，又要为农村劳动力转移以及转移后的农民工市民化服务，还必须同时为城乡民众生活品质的提升以及终身教育的发展服务。需要指出的是，随着城乡一体化的发展，在未来，城乡将构成新的意义上的农村社区，在这个大社区概念意义上，必须充分整合业已存在的社区教育功能，使其服务功能同时指向城乡民众发展的需求。在新型城镇化和农业现代化进程中，我们必须研究如何实现城乡社区教育功能定位的转型问题，探索适合城乡一体化的农村社区教育模式，使城乡社区教育功能最大化，使之在培养新型职业农民、新市民，以及丰富农村转移人口精神生活中发挥应有作用。

三是创建远程网络职业培训体系，强化"互联网＋"功能。我们已经进入互联网时代，"互联网＋"将是未来职业教育培训的重要形式，互联网将大大推进远程网络职业教育培训体系的建设。所以，在构建城乡职业教育培训体系中，必须充分发挥互联网的作用，将以互联网为关键载体的远程职业教育培训体系建设完善起来，以为新型职业农民的培育、新市民的训导提供新的更高的现代化教育培训平台。

四是深化推进校企合作培育体系，提升人才培养效能。在我国传统的职业教育体系建设中，一般都是注重教育培训内部体系的建设，只注意各级各类职业学校的发展，关注各类教育之间的衔接与沟通和渗透，鲜有将职业教育培训体系与为之服务的对象之间联系起来的。人们已经越来越多地认识到，企业是与职业学校共存的另一个职业教育发展主体。因此，构建职业教育体系时，毫无疑问应该将企业作为体系构建的对象。就城乡职业教育培训体系而言，就是要建立具有广泛性的校企合作职业教育培训体系，这样的体系才是真正完整的、高效的人才培养体系，也才能真正培养出高质量的新型职业农民以及经济社会发展需要的其他人才。

（三）模式创新：城乡合作，构建资源优化配置协同培育人才的职业教育培训模式

1. 区域统筹型模式

所谓城乡区域统筹型模式，是指基于城乡一体化的发展趋势和特征，以及集聚优质教育资源，实现人才培养效能扩大化的思想，而对城乡职业教育统筹规划与发展。它包括根据区域经济社会发展要求，统筹发展规划，确定培养规模；统筹专业设置，合理分工；统筹教师资源，有序流动；统筹基地建设，共享教育资源；统筹管理制度，规范管理运行。这种模式的最大特点是通过统筹，达成教育资源的集聚和集约利用，实现人才培养效能最大化。

2. 中心辐射型模式

区域中心辐射型模式主要是指城乡优势职业院校或专业,通过适当形式,对区域内其他各级各类职业学校、成人教育中心、社区教育中心人才培养过程给予全面支持,包括办学的指导、教育资源的共享、人才培养方案及课程和教材开发等等。这种中心辐射型模式可以是根据地区教育规划或政策而实行的结对子型的辐射,但更多的是以学校自主形成的职教集团或者合作联盟而进行的辐射。这种模式的最大特点是通过优势学校"中心"作用的发挥,对区域或者集团内的其他职业教育机构进行教学指导、办学示范以及资源利用的最大化。

3. 同城化都市圈型模式

我国城市化发展正在进行第二次甚至第三次转型,即城市化发展由以单个城市为主导向以城市群为主导转型,进而向同城化转型。这种以城市群为主导的区域空间结构转型的显著特征是区域空间结构向一体化方向发展,广域地提升区域的"城市性";相邻城市的资源共享程度和功能关联程度的不断提升,相邻城市也就会由空间上的"群散"状况逐步形成功能上的"群合"趋向,从而使居民在城市间的社会生活如同处在一个城市那样便捷,形成同城化新格局。① 城市群向同城化的转型,必然会对同城化区域内的经济社会发展结构产生影响,进而对城乡职业教育布局结构、发展模式等提出统筹规划、优化布局、合作联盟等的改革要求。建立同城化都市圈型城乡职业教育模式,主要精神就是根据都市圈的城市性特征以及由此带来的经济社会发展特点和城乡人民需求特点,通过建立区域城市群内联合机制,建立以优势专业等为主的职业教育办学联盟或集团,使得人才培养的供给侧结构与城市群发展的需求侧结构相吻合。这种都市圈型办学模式的主要特点是通过统筹、联合,达成新的城乡生态下职业教育培训的优组,以更好地为区域经济社会发展培养人才。

(四)制度配置:顶层设计,建设具有包容性的职业教育培训制度与政策

"四化同步"背景下农村职业教育培训创新发展的一个重要依赖路径就是,通过各级政府层面的顶层设计,进行制度配置与政策创新。在制度和政策体系的配置与创新中必须注意把握以下原则:

---

① 蒋晓岚,程必定. 我国新型城镇化发展阶段性特征与发展趋势研究[J]. 区域经济评论,2013(2):130—135.

1. 包容性

我国长期以来,存在的户籍制度以及由此导致的二元城乡社会结构,对"四化同步"背景下的城乡职业教育发展带来了负面影响,成为了城乡职业教育一体化发展的重要阻力。在未来"四化同步"的推进中,基于城乡一体化趋向而进行的农村区域职业教育培训制度的设计与实施,必须从制度、政策的源头逐渐消除原有歧视性和非均衡性的制度与政策,逐步形成和实施对城乡尤其是乡村具有包容性、倾斜性取向的职业教育培训政策和制度体系,尤其是在教育资源的分配、教育投资中,在坚持公平、公正、共享原则的同时,在现阶段要通过对乡村职业教育培训的倾斜、"偏爱"政策,达成城乡职业教育的均衡发展、一体化发展目标。"四化同步"战略背景下农村职业教育的培训实践,应该是一个具有包容性的、渐进的过程,其最终目标就是通过城乡一体化的职业教育培训体系的构建,促进城乡经济社会与职业教育互动发展,形成动态的调节机制,提升职业教育培训服务效能。

2. 整体性

"四化同步"战略的终极目标就是要改变城乡二元经济社会结构,形成城乡一体化发展,共享改革、发展的成果。城乡一体化发展,必然要求对区域职业教育培训体系进行整体的重构,通过新的职业教育培训体系的建设、政策和制度的创新,以及既有联合又有分工的城乡职业教育培训的功能定位,为新农民、新市民以及城乡人民生活质量的提升创造条件。整体性原则的核心是与城乡职业教育一体化发展相关的所有要素的统筹规划与建设,目标是服务效能最优化、最大化。

3. 区域性

城乡一体化背景下的农村是新的区域概念。在未来农村职业教育的规划与发展中,一方面必须建立新的区域农村职业教育概念,由此对城乡职业教育培训进行统筹规划与发展。另一方面又必须基于各区域的特殊性,建设具有区别性的区域职业教育发展制度和政策,构建相应的发展体系和具有区域适应性的农村职业教育培训模式。

4. 前瞻性

"四化同步"战略背景下的城乡职业教育,无论是其规划,或是实施措施,或是支持其发展的创新政策和制度都必须具有前瞻性。唯有如此,所建立的现代农村职业教育体系才具有现代性和更强的适应性,才能成为"四化同步"发展的教育依靠或者有力的依赖路径。

(五)成本补偿:机制保障,发挥政府的引导功能与推动职能

从经济角度讲,职业教育具有私人和公共的双重属性,是一种准公共产品。首先职业教育是一种弱势教育,选择职业教育的人大部分都是收入较低的底层阶级。而农村职业教育,由于地处农村等落后地区,发展条件有限,这就需要政府对其进行基本支撑性的扶植,保障农村职业教育具有基本的生存条件。而根据受益和投入主体一致性的原则,由于农村职业教育可以促进产业结构升级和提高农村转移劳动力的素质,并且还具有消除教育差别,促进社会稳定公平等作用,因此作为受益者的地方政府应该成为农村职业教育的投资主体。农村职业教育有成本高、收益率较低的特性,而农村职业教育的受益者包括农民、企业和政府。从分摊成本的量来看,成本的主要承担者不能是身为弱势群体的受教育者。而对企业来说,农村职业教育与企业距离较远,且培养出的人才存在与企业需求有差异的风险,企业出于自身的利益方面的考虑,不愿意主动承担这笔成本。这也就表明,政府应该在农村职业教育发展中作为成本承担的主体,因此在农村职业教育发展的过程中,尽可能发挥政府的引导功能和推动作用。政府的相关职能的发挥,是实现办学模式改革的有关措施顺利推行和改革成果得以实现的重要条件。

政治经济环境的特殊性和行政权力的特点,充分发挥基层政府在农村职业教育办学模式改革过程中的作用与意义,是决定办学模式改革成功与否的关键。从我国农村职业教育办学模式改革的制度变迁特征看,它具备典型的强制性变迁的特征,尤其是在办学模式的推广阶段。施行办学模式改革,在个别地区的实践可能是自发的探索,属于一种"诱致性变迁",但大多数情况下是政府根据经济社会发展需求和职业教育发展的不适应之处,对改进职业教育办学质量与办学水平所推行的改革。因此,很显然,办学模式改革过程中,发挥政府的引导功能和推动职能,主要包括以下几个方面的内容:一是有计划、有步骤地提出办学模式改革所需要的政策、制度及经费支持,政府应该在办学模式改革的过程中起到主导与推动作用。围绕办学模式改革的需求,出台相关的政策与制度,保证改革目标的实现和对改革成果的维护。此外,政府还应该根据农村职业教育办学改革的需要,提供必要的经费支持。二是对办学改革的过程进行有效的监管。改革的过程不总是那么顺利,并不是所有的利益相关者都支持改革,不仅存在希望"搭便车"者,也会存在因为既有利益被破坏而不支持改革者。因此,政府在农村职业教育办学模式改革的过程中需要对改革活动进行必要的干预与监督,以此保证改革的方向与有关改革措施的

实现。三是营造办学模式改革的良好环境。要通过各种会议、通知、宣传的方式，对农村职业教育办学模式改革的有关措施与方案进行推动，营造良好的公众了解、理解和支持改革的氛围；要对办学模式改革的成果进行必要的推介与宣传，在办学模式改革成效逐步显现，对职业教育基础能力建设和办学水平提高起到实际促进作用时，应该对有关改革经验进行总结、宣传与推广。四是要组织对办学模式改革绩效的评价与考核。虽然办学模式改革的主要动力是政府，而且政府是改革的主体，但是相应的工作由相关的代理人来完成，这就需要政府对改革的有关成果进行考核与评估，以保证改革举措落到实处。

（撰稿人：陈春霞）

我国职业教育东西部合作办学发展报告

近年来,我国职业教育在规模和质量上都得到快速发展,但东西部地区职业教育发展存在着严重的不均衡现象。为促进职业教育均衡发展,实现职业教育整体质量的提升,我国从国家政策层面,利用"行政主导、政策驱动"来推进东西部地区职业教育合作办学。尤其是在 2001 年教育部启动"对口支援西部地区高等学校计划",2003 年教育部、财政部、原劳动社会保障部共同颁布的《关于开展东部对西部、城市对农村中等职业学校联合招生合作办学工作的意见》,提出"充分发挥和利用东部地区和城市的优质职业教育培训资源及就业优势,推动职业教育地区间的联合招生合作办学"以来,东部地区与西部地区职业教育(主要是中等职业学校)之间在联合招生、合作培养、学生就业等方面开展了合作办学。通过统筹东西部、城乡职业教育资源,充分发挥东部地区城市教育资源和就业的优势,积极开展职业教育东西部合作办学,从范围到主体、从内容到形式、从机制到效果等方面都得到了深化发展,在教育、经济、社会等多方面产生了非常重大的实践价值。

一、我国职业教育东西部合作办学的发展背景

(一) 西部大开发进程中经济发展和产业升级对技能型人才的需求

1999 年中央提出西部大开发战略之后,党的十六大正式提出了"积极推进西部大开发,促进区域经济协调发展";十六届三中全会提出"要统筹城乡发展、统筹区域发展";十七大提出"推动区域协调发展,深入推进西部大开发,鼓励东部地区带动和帮助中西部地区发展"。区域经济合作成为重要的政策导向和实践探索。而随着西部地区经济发展和产业升级步伐的加快,其所需的大量技能型人才培养的重任落到了职业教育上来。职业教育承担的社会责任和历史使命显得前所未有的重要。在我国社会经济发展存在非均衡性,东西部的产业结构也在发生变化的大背景下,东西部职业教育开始合作办学。2010 年 8 月,国家下发了《国务院关于中

西部地区承接产业转移的指导意见》等文件,明确了我国产业转移的必要性及其总体方针。随着我国东部经济发达地区产业结构调整升级与梯度转移的加速,西部作为产业转移的承接地,需要大量的高端技能型专门人才,而职业教育是中高技能型人才培养的主要基地。由于西部职业院校原有基础较为薄弱,必须要有突破性的转变才能在人才培养的数量和质量上满足需求,这为西部高职教育的发展提供了良好的机遇,也助推了东西部职业院校开展对接与合作。

(二) 推进东西部职业教育均衡发展,促进教育公平的需要

由于社会文化、经济发展状况及其所处自然地理条件等资源禀赋的影响,我国西部地区的职业教育发展仍面临诸多方面的困难。东西部地区职业教育发展水平的差距不仅不会缩小还会进一步拉大,这就为东西部职业院校实现合作提供了可能性。职业教育对口支援,需要有条件的职业院校在力所能及的前提下无偿地投入一定的人力、物力和财力,使受援职业院校的教学、师资、实训、管理等水平有较大提高,增强西部职业院校自身的发展能力,缩小东西部职业教育发展的差距。东西部职业院校合作办学,有利于统筹职业教育资源,充分发挥和利用东部地区和城市的优质职业教育资源及就业优势,满足西部地区和农村学生接受优质职业教育的愿望,拓宽西部地区和农村职业学校毕业生就业渠道,推动区域职业教育协调发展和均衡化发展。在保证区域职业教育公平价值优先的情况下,也要体现效率价值,通过职业教育资源在空间的有序流动和合理配置,实现从"量变"走向"序变"和"质变",达到效益最大化,促进内涵式发展是重要的目的。由此可见,我国职业教育东西部合作办学的目标是在实现教育公平的基础上促进效益的最大化。

(三) 解决东西部职业院校在不同发展水平上面临的难题

大部分的东部职业院校因其地理优势,占有较为丰富的职业教育资源,在软件和硬件上比西部地区好很多。近几年,通过自身的改革和创新发展,业已形成专业结构合理、师资水平上升、专业实训基础设备精良、就业渠道畅通的良好局面,已初步实现了职业教育服务于当地经济建设的办学目标。然而,最近几年,东部地区的生源数量在逐渐下降,并有进一步下滑的趋势,东部地区的学校非但不能进行规模扩张,反而面临着生源减少的难题。相对而言,西部在职业教育办学上存在许多困难。诸如,区域经济特征不明显且具有单一性,使有些专业建设失去生命力,经济基础制约专业设备完善和提升,还有师资水平的问题等等,其中最主要的问题是培养的学生就业难和出口不通畅,这恰恰是制约职业院校发展的根本问题。通过与

东部地区对接与合作,"西生东输、东业西就",一方面可以使西部职业院校走出困境趋于良性的发展状态,有效解决生源和就业的结构性失衡问题,提高办学实力,提升人才培养质量。另一方面,通过联合招生、共同培养等方式可以在一定程度上缓解东部地区职业院校生源不足带来的困境。据当时的统计,东部高中段生源在 2008 年已达到最高值,到 2011 年后高考生源开始减少,到 2013 年,生源将大幅度下滑,预计大学适龄人口(18—22 岁)比 2008 年减少 50％左右。而西部地区职教资源短缺,很多学生接受义务教育后便辍学,如贵州 2011 年高中阶段教育毛入学率仅 58％,每年有 20 万左右的初中毕业生没有升入高中阶段继续学习。在东部地区职业院校面临着严峻的生源竞争甚至是生存竞争的背景下,尽早与西部职业院校开展多途径、多模式的合作,通过联合招生、共同培养来增加生源,不失为应对挑战的良策。

二、我国职业教育东西部合作办学的发展现状

(一)基本形成了"行政主导＋政策驱动＋协会指导＋学校主动参与"的职业教育东西部合作办学格局

在中等职业学校东西部合作办学大规模发展的基础上,国家层面出台相关政策,提出强化职业教育东西部合作办学的思想。如：2010 年发布的《纲要》提出,"强化职业教育资源的统筹协调和综合利用,推进城乡、区域合作,增强服务'三农'能力";2010 年教育部发布的《中等职业教育改革创新行动计划(2010—2012 年)》提出"推进东西部中等职业学校合作办学,加快西藏和新疆中等职业教育发展,扶持中等职业教育民族特色学校建设以及深入推进国家职业教育改革试验区建设",提出四项中等职业教育跨区域合作办学计划,特别提出"中等职业教育资源整合与东西合作推进计划",计划实施推进东西部中等职业学校合作办学,积极推动东西部中等职业学校开展学校管理、教学改革、教师培训与交流、联合招生和毕业生就业等方面的合作办学。并提出了"2010—2012 年,东部和西部省市职业教育管理部门之间基本建立稳定的对口合作关系,支持 3 000 所中等职业学校开展合作,每年东西部联合招生 60 万人"的目标。《教育部办公厅关于做好 2013 年高中阶段教育招生工作的通知》指出,各地要用足、用好农村中等职业教育免学费政策和资助政策,要完善职业教育区域合作机制,依托国家东西部对口支援的机制,把职业教育东西部合作办学纳入对口支援项目,给予经费和政策支持。在合作办学工作中要发挥优势资源的辐射效应和带动功能,使集团化办学成为跨区域联合办学的新模式。

要全力做好内地西藏中职班和内地新疆中职班招生工作。要加强中等职业学校保学控辍工作,进一步完善助学体系。

此外,2009年中国职业技术教育学会、全国中等职业学校联合招生合作办学协作会成立,这是全国各省、自治区、直辖市从事职成教育工作的相关部门共同倡议、自愿组成的非营利性团体。2012年,中国职业技术教育学会批准"全国中等职业学校联合招生合作办学协作会"为中国职业技术教育学会的分支机构。协作会由各省区市教育厅(委、局)职成处与职业院校和企业及职成教工作者参加。在教育部职教司和中国职业技术教育学会的指导下,协作会主要承担组织、调研、沟通、协调东部对西部、城市与农村职业学校之间、职业学校与企业之间联合招生合作办学工作,为推进东中西部职业院校招生与合作办学工作搭建平台,建立了中等职业学校联合招生合作办学网络平台,每年举办职业院校东西部联合招生合作办学洽谈会,加强了职业学校之间、职业学校与企业的合作。

(二) 职业教育东西部合作办学内容多样、形式丰富

从实践层面来看,目前我国东西部职业教育合作办学的驱动力主要来自政府、市场和人脉,多是学校行为。东西部合作办学在各省市间分布比较普遍,但各地分布不平衡;东西部合作办学的内容从最初的招生合作发展到以招生合作为主,师资队伍、实训设备、教学管理、教学、课程等多方面的合作为辅。东西部合作的形式多样化,如"0+3"、"1+2"、"2+1"、"对口支援"、"教育联盟",人、财、物的交流,知识、文化、技术的交流等。

从合作办学的规模来看,其合作规模日益扩大,以中职为例,从招生总数来看,2012年,各省区市共招收外地学生83.3万人,占在校生总数的6.27%。从各省区市的招生数来看,如图3.3所示,2012年招收外省生源数量超过3万人的有11个省区市:山东(10万人)、广东(7万人)、重庆(6.3万人)、河北(5.5万人)、福建(5.4万人)、陕西(4.2万人)、江苏(4万人)、四川(3.9万人)、湖南(3.8万人)、河南(3.6万人)、上海(3.3万人)。从合作学校来看,东部地区有200所职业学校招收西部学生超过150人。此外东部地区还有128所职业学校招收中部学生超过300人,中部地区有268所职业学校招收西部学生超过150人。十几年以来,东西部合作办学跨省招生涉及20个省区市,近3000余所学校。十余年累计合作培养200万人,其中有70%实现了在东部就业,30%回本省就业,为东西部地区的经济繁荣作出了重要贡献。

参考多年来在普通高中教育中实施的内地西藏班政策取得的经验,2010年起,

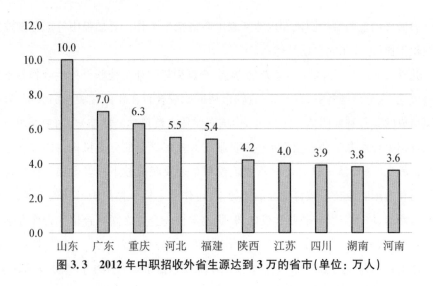

图 3.3 2012 年中职招收外省生源达到 3 万的省市(单位：万人)

教育部、发改委、财政部共同组织举办专门帮扶西藏自治区和新疆维吾尔自治区职校学子的内地中职班。内地西藏中职班分布在 12 个省、直辖市的 46 所办班学校。2010 年、2011 年各招生 3 000 人，2012 年招生 4 000 人，2013 年后每年招生规模稳定在 5 000 人，2015 年在校生规模达到并稳定在 1.5 万人，财政部为内地西藏班学生提供生均 8 500 元的生活补贴，并为招生学校提供一次性生均 5 000 元办学经费补贴；内地新疆班分布在 9 个省、直辖市的 31 所办班学校，中职班每年招生 3 300 人，到 2013 年在校生规模达到并稳定在 1 万人。

从合作形式来看，东西部职业学校合作办学形式主要有对口支援民族班、分段式人才培养模式、职教集团或职业院校联盟式、专业性联盟式以及异地订单培养式、订单培养式和主校—分校式、项目合作模式、内涵建设模式等等。其具体内涵如表 3.2 所示。

表 3.2 职业教育东西部合作办学的主要内容与形式

合作名称	合 作 内 容
对口支援民族班	由政府指令,规定学校接受新疆、西藏的学生,3 年都在东部职业学校学习,并推荐就业的形式。
分段式人才培养模式	利用东部中高职院校的品牌优势,支援学校与受援学校共同招生,按照统一培养目标,开展"分段式"合作办学。最初表现为"2＋1"模式,后来逐步也有了"1＋1＋1"、"1＋2"模式等。

(续表)

合作名称	合作内容
职教集团或职业院校联盟式	指各院校之间为了加强合作,促进共同发展,在"平等协商、互惠互利、交流合作、共谋发展"原则上成立的实体组织,发挥集团或联盟院校各自的优势,充分利用各院校教育资源,拓展办学空间,建立适应我国经济建设与社会发展需要的合作办学模式。
专业性联盟式	合作双方因专业结成联盟,东西部合作培养该专业的学生。这种合作模式可以是双方一个或几个院系和部门首先开展合作,用东部热门专业和优势专业带动西部院校对应院系的建设和发展,特别是在品牌专业、精品课程、课程资源以及合作招生等领域,深化合作内涵,充分发挥东部优秀职业院校的示范与引领作用。
订单培养式	东部职业院校按照企业订单培养要求招收西部学生开展委托订单式培养,既解决西部学生就业问题,也缓解了东部地区高技能人才不足等问题。
项目合作模式	一种基于某个或某几个项目或课题的合作模式,往往是双方合作之初的一种渐进式的合作方式。这些合作项目可以是课程建设、师资队伍建设、重大研究课题以及学生规模化顶岗实习等领域。通过这种局部的合作,总结双方合作经验,并探索双方合作领域和深化合作机制等问题,为今后双方长久和高效的合作奠定良好的基础。
主校—分校式	以东部学校为主校,在西部地区设立分校,送教上门,这种办学形式应该说可以起到较好的效果,但并不是太普遍。

(三) 东西部合作办学实现了从中央到地方的完善保障

从中央层面来看,国家出台了许多政策、法规来保障东西部职业教育合作办学的实施,如1991年颁发的《国务院关于大力发展职业技术教育的决定》,1993年印发的《中国教育改革和发展纲要》,1996年出台的《中华人民共和国职业教育法》,2002年7月颁发的《国务院关于大力推进职业教育改革与发展的决定》,2003年教育部、财政部和原劳动和社会保障部联合颁布了《关于开展东部对西部、城市对农村中等职业学校联合招生合作办学工作的意见》,2005年出台的《国务院大力发展职业教育的决定》,2010年发布的《纲要》,2010年教育部发布的《中等职业教育改革创新行动计划(2010—2012年)》等。

其次,作为一项政府推广的职业教育行动,政府作为主要的管理机构,也在一定程度上决定了合作办学经费的来源。尤其是在东西部合作办学中,部分西部贫困地区的学生仍然无力承担学费以及生活费,特别是到东部地区生活的费用。因此,教育部、财政部及原劳动和社会保障部的文件中明确要求,各地要建立针对贫困学生的助学制度,招生学校要适当降低贫困学生的收费标准,对特困生采取减免或者全部免除学费等措施,对一次性缴费困难的学生允许缓缴、分期付款。在地方政府层面,各省市也积极响应,相继出台合作办学管理办法、合作办学管理明细。不少地方以政府文件的形式明确合作办学的实施办法,这既体现了地方政府对合作办学工作的重视,同时,也推进了合作办学,使得合作办学的管理有章可循,有利于合作办学工作的开展。如,上海市教委发布了《关于本市中等职业学校对口支援地区开展中等职业教育联合招生合作办学工作的通知》、天津市教委颁布了《关于加强中等职业学校联合招生合作办学工作管理的通知》、陕西省教育厅颁布了《关于陕西省与东部省市、本省城市与农村中等职业学校开展联合招生合作办学工作的管理办法》等。规范的管理、明确的实施细则进一步保证了东西部合作办学的有序开展。

(四) 东西部合作办学取得了较为显著的办学成效

职业教育东西部合作促进了职业院校招生,促进了职业教育的体制和结构创新,促进了职业教育资源整合与区域间有效流动,促进了西部和农村剩余劳动力的转移,促进了区域之间职业教育的差距缩小,促进了合作育人及合作性外延和内涵的发展。

1. 提升了职业学校学生的技能水平

职业教育的本质属性是技术技能职业性,职业教育的本质决定了职业教育应"育人为本,以岗为纲"。因此,在教学中既要注重对学生"脑子"和"心"的训练,又要注重对学生"眼睛"和"手"的训练,培养学生的综合能力。通过东西部合作办学,引进先进教育模式,改善实习条件,强化实习实训,注重对最新行业知识和生产技能的接触和了解,使学生的专业技能得到增强,为学生的成功铺就道路。

2. 提升了职业院校教学质量

发挥区域优势,开展特色竞争,面向市场,做大做强。通过合作交流,引进先进的教学理念,使学校逐步确立起了以学生发展为本位的办学思想;在教学大纲设计、课程设置和教学管理中,充分考虑学生特点实施教学,并注重实现培养目标和人力资源开发相结合,培养学生的综合素质,提升学校的教学质量,强化特色优势,也打好基础。可以说,学生是开展东西部合作办学最直接的受益者。

3. 有利于促进西部劳动力有序转移

在职业教育东西部合作办学中,学生在西部学校进行一段时间的学习后,转到东部学校进行实习以及安排就业,他们大多数进入东部地区的企业,服务于东部地区的经济社会发展。

4. 促进了区域间职业教育的均衡发展

东西部中等职教合作办学在一定程度上平衡了东西部职业教育发展中的一些矛盾:生源缺乏与资源缺乏;经济发达与经济不发达。借用经济发达地区的资源,来"补充"经济不发达地区的资源;利用经济不发达地区的"生源"来突破经济发达地区的"生源缺乏"这一瓶颈。

5. 有利于促进社会公平

在当前,教育的筛选功能还十分明显,一些学生未能接受普通高中阶段的教育,只能提早进入社会、参加工作。职业教育东西部合作办学,让更多的西部地区的学生接受优质的教育,拓宽了西部学生的未来发展通道,让更多的西部山区的孩子也能走出西部、开阔眼界。

6. 提高了整体国民素质

东西部中等职教合作办学,有利于我国普及高中阶段教育任务的实现。普及高中阶段教育,提升国民素质,很大一部分任务落在西部地区。西部地区地域广大、人口分散,教育资源相对于东部地区落后,普及高中阶段的教育的重点和难点也就是在西部地区。通过东西部合作办学,让一些未能接受普通高中教育的学生接受中等职业教育。

三、我国职业教育东西部合作办学的主要问题

(一) 宏观层面

1. 政策目标与实际作用发挥尚存在一定差距

从目前各地职业教育跨区域合作办学的实际情况看,各地职业院校和机构与其他地区的院校和机构进行合作办学的热情并没有被真正或充分调动起来,国家希望通过出台政策来推进职业教育跨区域合作办学的目标和愿望与现状尚存一定差距。就政策执行而言,造成中国职业教育跨区域合作办学政策低效的原因除了"学而优则仕"的传统文化及其官本位思想的影响,社会地位因素、办学条件因素也都不同程度地影响了职业教育跨区域合作政策的效果。就政策本身而言,一是政府对职业教育的支持力度不够。二是缺乏有利于政策目标实现的配套措施。比如,促进职业教育发展、推动东西部合作办学的重要保证是职业院校毕业生的就

业。为此,国家出台政策规定了实行就业准入制度和职业资格证书制度。但事实上,我国的就业准入制度和职业资格证书制度长期以来并未真正发挥其应有作用,而基本都流于形式。一些没有接受过相关职业技能培训的进城务工人员挤占了许多技术性的就业岗位,影响了职业学校毕业生的就业,也严重制约了职业教育合作办学的发展动力和潜力。

2. 缺乏对职业教育跨区域合作特别是东西部合作办学的效益评估要求和措施

职业教育的任何合作都是为了职业教育本身的发展。东西部开展职业教育合作必定是为了双方或各方事业的发展,而不是为合作而合作。如果在东西部职业教育合作办学过程中忽视或放弃合作效益的评估,那么这种合作就有可能发展成为一种"为合作而合作"的形式。

3. 缺乏配套的对合作过程的监督机制

既然职业教育跨区域合作办学还没有成为学校、企业自愿进行的自主行为,而是政府主导的政府行为,那么,政府的政策中就必须有相应的对合作过程及成效的监督措施和机制,以及必要的奖惩措施。目前的合作办学质量基本依靠办学单位的自律。虽然教育行政部门在审批的基础上开展检查,但仅是合格与否的检测标准。东西部职业教育合作办学质量保证体系不健全,实施质量认证系统没有建立,使得合作办学只能保证办学的最低标准。

4. 合作经费问题成为办学瓶颈

目前,制约中等职业教育东西部合作的最大因素是经费:一些东部地区未给非本地户籍的学生提供人均经费补贴;现行的中职学生助学政策,每学年向每位学生提供1 500元生活补贴,中央财政补助一部分,另有一部分需要地方政府配套解决,如果东部地区招收外地学生越多,地方政府的配套资金就越多,财政压力影响了一些东部地区招收西部学生的积极性;教育部虽有东部学校招收西部学生的收费标准参照西部职业学校标准的规定,但多数东部学校没有执行这一规定,高昂学费及交通、生活等成本让西部地区的学生家长难以承担,制约了联合办学的深入开展。

(二)中观层面

1. 合作办学存在认识和动机上的误区

当前,很多学校认为东西部合作办学的一个直接效果就是提高学生就业率。但这又只是低层面上思考的问题。遗憾的是,一些学校恰恰看重于此,满足于此。优势互补,互惠互利,改革原有的以学科和文凭为导向的职业教育办学模式,以"就业有优势,创业有能力,升学有希望,发展有基础"为目标,培养社会需要的技能型人才,促进东西部职业教育持续健康发展,这才是我们开展合作办学的初衷。而在合作动机上,目前参与合作办学的学校良莠不齐,少数合作办学项目没有从根本上提高职业教育的质量和办学水平,更多地还是受到利益的驱动。如:有借帮助学生解决就业出路之名,把合作办学项目完全蜕变成劳动力中介所。这种急功近利的态度,必将影响到东西部合作办学的健康发展。

2. 合作招生困难,存在招生机制障碍

近年来随着各地生源的逐年下降,各省市的对外招生已经变得越来越困难。就西部而言,向东部输送生源会影响当地普职比的实现,很多地方生源保护现象严重,招生也变得市场化,应该说比较混乱。因此,教育主管部门和职业学校实施东西部合作的积极性不高,即使签订了合作协议,真正招到的学生只是其中的一小部分,甚至协议成为一纸空文。生源的不足,招生成本的增加,特别是现在很多外地合作学校对"1+2"合作办学模式的积极性不大,使本市学校以及合作地学校的合作办学积极性大大下降,已严重影响了学校的正常招生工作。

3. 合作内容比较单一,合作层次还不深入

职业教育资源包括职业教育人力资源、职业教育实训基地资源、职业教育信息资源和职业教育文化资源。① 在此基础上来分析,可以看出,招生合作与就业合作不足以构成合作办学,真正意义上的合作办学应该包括双方合作招生、培养学生的整个过程,以及贯穿在这个过程中的人力资源、实训基地资源、信息资源和文化资源的组织。当前,职业教育东西部合作办学更多的是合作招生,生源流向东部地区,但西部地区当地的职业教育却很少在"合作办学"中获得实质性帮扶和提高。

4. 合作办学成本高,学校缺乏动力和持续性

当前合作办学,更多的是以东部地区支援中西部地区为主要目的,虽然东部地区地方政府层面给予职业学校在对外招生工作上很多的经费支撑,但仍需学校付出更多的人力、物力和财力。特别是在专业课程建设、师资培训、管理队伍培训等方面的合作,对学校的办学提出更高的要求,相应的成本也支出较高,从而缺乏动力和持续性。

---

① 田秀萍.职业教育资源论[M].北京:光明日报出版社,2010:4.

5. 合作学生就业质量低,就业不稳定

东西部合作办学更多的是合作招生,生源流向东部地区,但西部地区当地的职业教育却很少在"合作办学"中获得实质性帮扶和提高。另外,第一代农民工精力旺盛时到沿海地区打工,贡献东部城市建设,当年老多病的时候又返回西部家乡,西部地区继续承担这个群体的养老和医疗负担。

(三) 微观层面

从微观层面上来看,合作办学所面临的问题主要是学生的心理、经济、学习、生活等方面的适应性问题。东西部合作办学学生存在的问题主要有四个:其一,心理准备不充分。要么"对当地情况了解不多",茫然迁移;要么"期望值过高,对学习和就业条件都很理想化",结果现实和理想总会出现落差,心理上有一定的失落感。其二,经济比较窘迫。无论在何处上学一律执行西部的收费标准,建立针对贫困生的助学制度,但一些政策尚未落实到位,即使落实到位,一些西部学生仍无法承担学习费用。东部学校招生越多,办学经费就越紧张。以天津市为例,中等职业学校的平均学费为2 300元,在贵州地区中职学校学生的学费平均为1 500元。再加之住宿费、学杂费,在天津每年的入学花费达到3 500元以上。而在调查的219名学生中,来自西部农村地区的学生所占比例为82.38%,家庭月收入在2 000元以下的学生占67.13%,有些学生无力承担高昂的学费,势必会对合作办学的发展造成影响。其三,学习上的不衔接问题。由于异地生在原籍学校的基础不同,教材内容和教学条件存在差异,到新的学校学习,在课程和教学的适应上或多或少会出现问题。单独编班、量体裁衣、独立计划和安排的情况稍好,而插班生则会感到比较吃力。其四,生活上不太适应。学生在气候、饮食、住宿条件、语言、习俗习惯、观念、人际交往、想家等方面,都或多或少存在不适应情况。少数民族地区同学到内地学习,语言是非常大的障碍。"金窝银窝不如自己的草窝",道出了职业教育小移民的思乡情结。

四、我国职业教育东西部合作办学的发展对策

东西部合作办学是一个跨区域、跨行业的系统工程,既需要政府政策上的支持,也需要两地教育部门和学校的真诚合作。只有在实践中不断总结经验,找准问题,及时解决,才能把职业教育办好。东西部地区间的职业教育合作,除了市场机制外,更多的还要靠政府的规范、引导和支持。为此,从现状和问题出发,特提出以

【2013 年度聚焦】
中国职业教育办学模式的改革与创新

下机制建议。

(一) 宏观层面

1. 推进制度建设,实现对合作办学的有效治理

作为一类"跨区域"合作,要有效解决东西部中等职教合作办学中面临的问题,推进合作办学制度建设,建立合作办学的制度基础。"区域合作是某一特定区域不同利益主体单位的合作,资源稀缺性的约束造就了区域之间利益矛盾或冲突的一面,但同时也迫使它们必须相互依赖才能够在资源稀缺的约束下使'享受得到增进'",即达成合作。但与"相互依赖"相对的,学校、公司等主体存在"利己"的本性,因此,要达成"相互依赖"的关系,形成合作,是需要有一定的条件的。从实践来看,在东西部中等职教合作办学的过程中,由于制度的缺乏,合作办学出现了一系列的问题。东西部中等职教之间的合作正是由于东西部中等职教资源之间的差异,这种差异从另一种角度来看,可以认定是东西部地区在职业教育资源与生源上存在着"冲突"。从由于东西部地区"资源稀缺"造成的"冲突"走向二者"相互依赖"且"享受得到增进"的合作关系中,"秩序"发挥着非常关键的作用,形成"秩序"是区域合作的制度基础。"从区域合作的本质来看,区域合作成败的关键是构建有助于目标实现的制度安排"。①

2. 建立推进东中西部地区间合作办学的信息化管理机制

一是督促各地政府高度重视,统筹规划教育部关于"东西部、城市农村联合招生,合作办学"的指导要求,协同各部门配合教育主管部门做好相关计划的实施工作,同时要建立区域政府分管教育领导和教育主管部门领导共同研究中等职业教育招生专业和招生计划的工作机制。二是东西部间研究制定以国家级重点学校和重点特色专业为主的合作方案,为合作范围中的学生提供经费资助和就业援助,使西部来东部就读学生享受和东部地区学生同样的资助政策和奖励政策保障。三是采取东西部合作办学双学籍制度,将东西部合作办学的职教生源纳入各自当地职普比的计划,以减少职教内部自身的牵制。

3. 建立职业教育东西部合作办学的经费保障长效机制

一是设立专项经费。充足、稳定的经费支持对于东西部中等职教合作办学的开展十分重要。按照中共中央、国务院《关于深入实施西部大开发战略的若干意

---

① 卓凯,殷存毅.区域合作的制度基础:跨界治理理论与欧盟经验[J].财经研究,2007(1):55—65.

见》"加大中央财政对西部地区均衡性转移支付力度"的要求,财政部设立"职业教育中东西合作办学工作"专项经费,为合作办学招生、资助和免学费等提供必要的配套经费,在缩小东西、城乡区域间职业教育发展差距方面起到表率作用。即国家采取定向招生、定向培养方式,通过对西部学生补生活费、提供交通费补贴,对东部学校招非本地户籍的学生,解决资助和免学费配套资金等政策措施,面向中西部地区跨省市、跨区域招生,培养东部地区急需的技术技能型人才,并为西部大开发或中部地区国家扶贫开发重点县、民族自治县和某些艰苦行业国家重点建设项目培养所需的专门人才。二是设立合作办学基金。为了保证合作办学的稳定开展,可以尝试建立合作办学基金,将基金作为合作办学经费的来源。基金的来源,既包括国家财政的资助,同时也包括地方财政,也需要西部地区地方财政的支持。这样,既能够保证合作办学的长期稳定开展,同时也能够提升双方合作的积极性与主体性。三是建立免费与收费支援相结合的双轨经费制。对于免费支援的项目,可根据项目的情况采取国家财政拨款、地方财政投入、院校自筹经费、专业专项投入等投入方式;对于国家统筹的对口支援项目,应对受援院校实行免费支援,给予支援院校一定的经费支持;对于辐射地方的对口支援项目,地方政府应予以立项,同时给予一定的经费支持。校校之间建立的对口支援联系和支援项目,如有创收的,院校可从创收中适当支出部分费用;专业与专业之间的对口支援交流和帮扶项目,可以从专业建设经费中支出部分费用。大量的对口支援工作可通过收费的方式来实施,通过微利或合理的市场化利润可以使对口支援工作长久地做下去。例如,可通过微利的方式向受援院校开展师资培训、联合培养学生等工作。同时,支援院校可将部分教育服务项目,如协助专业建设、实训室建设、师资培训、学生培训及就业等按市场价格定价,由受援院校向支援院校购买。四是对参与东西部合作办学的东部职业学校,发放一定标准的生均经费,以弥补学生免费后学校办学所需的经费,形成面向西部招生的动力机制。

4. 成立第三方组织,搭建信息化管理平台,构建合作效果评估机制

第三方组织以及由其建立的公共平台,是未来自主的东西部合作办学发展中的重要内容。第三方组织的成员组成应该是多样的,有政府人员、学校人员以及行业企业人员,这样对于建立起"政府—学校—行业—企业"四方的长效合作机制也是有利的。东西部职业教育合作在策略上要加快职教体制改革,建立"政府—学校—行业—企业"四方合作框架,这是提升东西部合作办学质量的必然要求,尤其

是在学校与企业的合作之中,通过这个合作框架,保证和提升合作办学质量。

而职业教育的区域合作由于受到地域等客观条件的制约,难免会影响合作各方开展工作的实效,同时,为了便于采集、存储和管理各方合作建设的大量信息,并实现信息的开放和共享,构建一套网络化、信息化合作平台是非常必要的。该平台既是各方信息沟通、互动的平台,又是各方开展协调工作的一个业务平台。该平台硬件和软件的构成主要包括计算机网络系统和数据库系统,它可以作为原有校园信息化系统的一个子平台,便于学院内部信息资源的采集和共享。需要重新建设的主要是院校间合作资源平台,重点是根据前面列举的各种指标属性,构建一套以软件和数据库为主的跨区域合作的信息化应用系统。这套信息化网络平台的建立,旨在打破合作各方地域的局限性,实现在线实时业务交互,为合作方持续有效地开展工作提供保障。

该平台可以在全国中等职业教育联合招生合作办学网的基础上进行改进和完善。至少应该具备信息服务空间、协作领域空间、资源共享空间、工作业务互动空间以及各方办学的特色资源等模块。随着多方的深入合作,该平台将逐步融合包含企业行业在内的大量资源信息,形成知识库和决策库,从而为提高合作质量和效益奠定基础。

(二) 中观层面

1. 把握合作办学的实质,推行真正的合作办学

对合作办学实质的把握,关系着合作办学具体的开展过程。真正的合作办学,既不是仅仅为了"顶岗实习",也不光是为了"推荐就业",而是应该关注到"办学"的整个过程。"授人以鱼不如授人以渔",从教育对口扶持发展到学校间的自主合作,未来的东西部合作办学双方之间应该有较为深入的调整,不光考虑联合招生、合作办学,同时为了落实真正的双方积极主动的合作,需要考虑如何能够为双方带来更加切实的收获。在职业教育东西部合作办学的过程中,在联合招生、合作培养的实践中,既为西部学生提供优质的教育,帮助他们为就业做好准备,同时在合作培养学生的过程中,帮助西部学校获得专业上的提升,以及师资力量上的提升,这对西部地区的职业教育来说是非常有利的一件事情。唯有如此,才能够从根本上实现东部对西部地区职业教育的支援。只有把握合作办学的实质,摆脱合作办学就是"顶岗实习"与"推荐就业"这两个误区,才能够真正帮到西部地区职教的发展,最大限度地发挥合作办学的效果,因此,在未来的合作办学发展中,需要加大学校这个

合作办学的"执行者"对合作办学实质的把握,落实真正的合作办学。

2. 提升合作办学的质量,增强合作办学的吸引力

增强职业学校的吸引力,这是职业教育研究中的一个长期的课题。增强合作办学的吸引力,对于合作办学的发展来说,也是非常重要的。早期的东西部合作办学,是在政策督促下促成的合作,但未来的东西部合作办学,必将是学校与学校之间以共同"利益"为基础的自主合作。在政策督促下,大多数地方以当地教育主管部门为主体跟对口地方教育主管部门之间达成合作协议,再由教育主管部门统筹,跟"计划经济时代"、"按需分配"类似;学校之间的自主合作则类似于"市场经济时代",东西部地区的学校需要以个体或者是组成园区、职教集团的方式,主动寻求与对方的合作。没有行政指令下的"分配",自主的合作靠的就是"吸引力"。无论是东部学校还是西部学校,如何提高自己在合作办学中的吸引力,吸引到西部地区的优质生源,吸引到东部地区的优质教学资源,都是学校需要切实考虑的。同时,在总体生源下降的现实情形之下,增强合作办学的吸引力,保证合作关系不至于断掉,对于合作办学来说更为重要。在东西部中等职教合作办学中,采取措施提升合作办学的质量也是保持合作办学未来发展的重要内容。合作办学质量的提升,主要需要在两方面加强,一是对学生在西部地区学习经验的认定,二是改进校企合作方面的内容。

3. 丰富合作办学内容,调整合作办学形式,进一步推动东西部合作办学深入发展

东西部合作办学的专业,大都以东部地区的需求为主,毕竟大部分学生会留在东部地区就业,因此,贴合东部劳动力市场需求的专业选择,是十分必要的。但当下外部环境发生了改变,例如,上海等地出现了对人员学历层次要求提高的现象,部分中职毕业生也不能在中职毕业后直接在东部地区就业。因此,在合作办学中,应该增加为西部地区培养回西部地区的学生。又比如,随着中部、西部地区的经济发展,部分工业、企业逐渐往内地迁移,许多岗位已经由东部地区迁往了中部甚至西部地区,合作办学需要创新其运行机制,对原有实践操作进行适当调整。在合作方式上,可以更多地到西部地区成立学校或者设立分校,通过与当地企业之间的合作,实现"订单式"的培养。这也是在为东部地区的优质职业教育资源开辟新的天地。

其次,东西部中等职教合作办学并不是单个学校的行为,还可以职教集团、职

教园区的力量,组团实现"东西部"之间的合作办学,更好地落实合作办学、提高合作质量。同时,在合办专业的选择上还应从宏观上进行调控,避免西部地区职业教育专业趋同化现象的出现。也要注意,避免抹杀西部职业教育自身的特色,可以考虑适当增加西部地区的特色专业,帮助西部职业学校自身获得发展。通过中央和地方项目审批和资金安排,打破部门、条块和不同所有制界限,促进地区之间、学校之间教育资源的优化配置,推动集团化、规模化、连锁化办学,进一步扩大合作办学规模,提高办学质量和效益。从根本上改变目前职业学校存在的"散、小、差",低水平、低层次重复建设,低效益运转的状况。

4. 合理设置专业及课程,适应东西部经济发展需要和学生发展需要

西部的学生来到东部学习,大部分的学生希望能够留在东部发达城市就业,因此课程及专业的设置一般以东部地区为主,使专业的发展适合东部地区劳动力市场的需求是很有必要的。但是随着东部地区对就业人员学历要求的不断提升,部分西部的学生可能无法实现东部就业的理想,这就要求在合作办学的过程中,增加对西部学生回乡就业能力的培养。首先,在专业的衔接方面,要注重学生专业方向的培养,调和学生在东西部地区所学专业不一致的现象。在招收西部学生时,尽量保证其跨区域前后所学的专业一致,若专业不一致,前期应该做一定的专业培养,以使学生能够尽早明确自己的专业方向。其次,在专业的设置方面,应设置一些与新兴农业技术类相关的专业,培养具有高新技术及技能的农业类专业人才。同时注重对专业设置的宏观调控,既要避免专业设置趋同化的现象,也不能一味地为了适应东部职业学校的需要,而抹杀了西部职业教育自身的特色。可以考虑适当地增加西部职业学校的特色专业,帮助西部职业学校自身获得发展。①

(三) 微观层面

1. 多方供给,提高学生的适应性

从生物学上来讲,适应性是生物体与环境表现相适合的现象,是通过长期的自然选择,需要很长时间形成的。也就是说,适应性的形成是需要很长时间的,同时也说明,在环境改变之后会有一定的不适应出现。一方面,应该正视学生到异地后适应的表现,另一方面,需要多方给力,帮助学生尽快适应异地的生活,以便投入到学习、实习中。"多方"包括学校、学生以及家长。学校可以通过活动的形式、课堂

---

① 翟悦. 东西部职业教育跨区域合作办学研究[D]. 秦皇岛:河北科技师范学院,2013.

的形式,为学生介绍当地的生活,鼓励学生积极面对不适应,尽快调整自己的状态;在生活上为学生提供便利;为学生派专门的生活导师等。学生包括两个方面,一是本地的学生应该友好对待来自西部的同学,二是合作培养的学生本身要努力去适应新的生活,态度要积极乐观。此外,家长的关心与鼓励也是非常重要的。

2. 关注学生的未来发展

从以人为本的角度出发,职业教育东西部合作办学正是考虑到为西部地区的学生尽量提供优质的职业教育,为他们提供更好的教育,提升他们的就业质量,最终帮助其改善家庭及家庭成员的生活。职业教育东西部合作办学本身,具有以人为本的特点。但是,从另外一个角度来看,绝大部分东西部合作办学的毕业生的未来道路都是就业,要么在东部地区就业,要么在当地就业,升学的比例比较小,并且在东部学校也是没有升学的资格,从某种程度上来说,东西部联合招生合作培养的孩子们,他们的"未来"已经被确定了!在这一点上,为了尽量在最大程度上帮助来自西部的学生,东部学校需要在教学过程中帮助来自西部的学生们树立长远发展的意识,学会对未来作合理规划,这一点在西部学校的教育中也应该渗透。毕业生们未来肯定是要"就业",但他们跟没有经过合作办学培养的"打工者"不同,合作办学培养的毕业生应该专业技能更扎实、综合素质更高,并且在个人发展方面有更加长远的规划。

(撰稿人:冉云芳)

我国民族地区职业教育办学发展报告

一、我国民族地区职业教育办学的发展背景

职业教育对民族地区经济社会发展具有重要的战略意义。民族地区总的来说是指少数民族聚集区,即在中国实行民族区域自治的地区。我国作为统一的多民族国家,第六次人口普查数据显示,全国少数民族人口约1.14亿人,占总人口的8.5%。民族自治地方占国土总面积的64%,西部和边疆绝大多数地区都是少数民族聚居区。目前我国共建立了155个民族自治地方政府,其中包括5个自治区、30个自治州及120个自治县(旗)。这一基本国情决定了少数民族和民族地区的发展在我国经济社会发展全局中占有极其重要的地位。加快少数民族和民族地区经济社会发展,离不开职业教育培养的各类技术技能型人才的支撑。

职业教育作为现代教育体系的一个重要组成部分,在民族地区小康社会建设的关键阶段具有重要的地位和作用。各级政府部门十分重视民族地区职业教育工作,多年来,相继出台了一系列有关职业教育的政策法规及相关文件,极大地推动了民族地区职业教育的发展。《纲要》指出,发展职业教育是推动经济发展、促进就业、改善民生、解决"三农"问题的重要途径,是缓解劳动力供求结构矛盾的关键环节,必须摆在更加突出的位置。长期以来,党和国家一直将发展民族地区职业教育作为国家发展战略的一个重要组成部分。发展职业教育的重点在农村,难点在民族地区。2014年7月10日教育部发布的《关于贯彻习近平总书记重要指示和全国职业教育工作会议精神的通知》,要求加大对民族地区职业教育的支持力度,促进区域协调发展。在职业教育整体发展中,民族地区职业教育总体水平还不高,是我国职业教育均衡发展的短板。可以说,民族地区职业教育的发展关系到民族地区社会经济的发展,关系到国家的稳定和各民族的共同繁荣。

(一) 民族地区经济发展对职业教育提出新的要求

民族地区经济发展与职业教育的发展密切相关,从总量、特色和劳动力技术技能水平的角度来看,民族地区经济发展对职业技术教育发展提出更高的要求。

1. 民族地区经济持续发展需要职业教育培养大量技术技能型人才

我国民族地区的经济发展一直比较滞后,据统计,2013年我国民族地区生产总值(GDP)达到64 772亿元,比上年增长10.6%,地方财政收支稳步增长。但从全国的人均收入来看,民族地区人均收入水平与发达地区相比还有很大差距。要改变民族地区经济总量不高、人均收入偏低的现状,职业教育必须针对性地为各行各业培养技术技能型人才。一是根据传统产业对技术技能型人才的需求培养、培训人才。民族地区的传统产业通常独具特色,而且有些产业所需要的人才具有独特性,不能依靠地区外的职业院校培养,必须结合本地区传统产业的特点和发展趋势进行专门培养。二是适应服务业和新兴产业对技术技能型人才的用人需求,及时调整专业结构,改造旧专业,设置新专业,培养这些产业发展所需的技术技能型人才。民族地区的经济社会快速发展必然带来人才结构的变化,因此要适应这种变化的要求,及时培养这些产业所需的技术技能型人才。

2. 民族地区特色经济发展需要建立特色人才培养机制

民族地区独有的特色产业在地区经济的发展中扮演着重要的角色。以西藏为例,西藏自治区的特色旅游、青稞啤酒、藏药生产等产业是自治区经济发展的亮点。以藏药产业为例,自治区藏药厂作为全国规模最大、历史最悠久、技术力量最雄厚的传统藏药生产厂家,目前有十多个品种列入国家基本药物目录,有多个品种列入国家基本医疗保险药品目录。该厂已在全国30多个省(市、区)建立了办事处,同时还积极开拓国际市场,表现出特有的活力。这种"特色"企业和相应"特色"产业对技术技能型人才的需求也是具有"特色"的,这些人才的培养离不开职业院校和"特色"企业及产业的共同努力,急需建立有效的"特色"人才培养机制。

3. 民族地区经济发展需要突破劳动力技术技能水平低下的瓶颈

由于历史和现实的原因,我国民族地区的职业教育办学水平不高,缺场地、缺设备、缺师资的现象还比较严重。培养出来的人才不能很好地满足地方经济发展的需要,一些地方存在着"招工难"和"就业难"并存的现象。由于职业教育发展滞后,技术技能型人才短缺,民族地区经济的可持续发展受到影响。要改变这种状况,需要加大职业教育的投入,配置发展职业教育所需要的各种资源,吸引高素质高技能人才加盟教师队伍,创新办学模式,高效培养高素质的技术技能型人才,努力突破民族地区经济发展缺乏技术技能型人才的瓶颈。

(二) 民族地区的职业教育对经济发展的作用

从教育与经济的关系看,总体而言是经济决定教育,但是教育也对经济发展产生了重要影响。民族地区的职业教育对经济发展的作用是非常明显的。

1. 职业教育专业设置衔接产业发展为经济发展注入活力

民族地区的各类产业发展,需要各种类型的人才。在各类教育中,职业教育与经济发展的联系非常紧密。主要表现在职业教育的专业是根据经济发展的需要来设置的。由于专业与产业发展衔接紧密,使职业教育培养的人才能够迅速地转化为经济发展的动力,从而为经济发展注入活力。

2. 职业教育课程内容紧扣生产过程为一线提供合格人才

微观而言,职业教育的课程设置与生产过程是密不可分的。职业教育的办学演变表明,脱离生产实际的职业教育办学缺乏可持续发展的后劲,因为它容易造成"学非所用、用非所学"的尴尬局面。职业教育的课程设置应该更多地考虑到生产一线的需要,从而更好地推动本地区产业的发展。

3. 职业教育的特色体现地区经济的特色,推动了特色产业发展

一个地区的职业教育的特色与这个地区的产业特色是密不可分的。以民族省份云南为例,云南的旅游业是其特色产业之一,因此云南省各地区职业院校普遍开设了旅游、酒店管理以及相关专业,这些院校培养的人才有力地推动了云南旅游业的发展。

二、我国民族地区职业教育办学的发展现状

民族地区职业教育既具有职业教育的一般特点,也具有地区的特色优势,从民族地区的实际出发,探索校企深度合作、校校合作、特色专业创新的办学模式,可以为民族地区的职业教育办学注入新的活力。民族地区的职业教育要很好地促进民族地区经济发展,必须要努力创新办学模式。民族地区职业教育办学也可以从不同的视角来分析,可以从学校的合作对象和特色专业建设的角度来探讨民族地区的典型职业教育办学模式。

(一) 深度融合模式——校企合作的视角

从课题组调研的情况看,民族地区的职业院校与企业的合作深度不够,由于缺

乏资金的支持,而合作双方尤其是企业可以看到的实际利益不明显,因此双方的合作意向不强烈。大都停留在安排学生实习这样的浅层次上。职业院校和企业的合作不能仅仅停留在安排学生实习这种层次上,要努力实现深层次的合作,实现校企深度合作。所谓校企深度融合模式,就是要在各环节上努力推进学校和企业融合:以专业建设为切入点,加强师资队伍的融合,课程内容融合,教学和生产融合。以新疆为例,位于新疆昌吉市的新疆农业职业技术学院是首批国家级示范性高职院校,是新疆农业职教园区牵头单位。该校在长期发展的过程中摸索出专业跟着产业走,教学跟着生产走的"两跟"模式。学校把课堂开设到"牛圈",开设到"果园",开设到"大棚",根据农业产业的特点来安排教学,真正实现了学校和企业的深度融合。这种深度融合培养出来的学生质量高,用人单位争先"抢聘"或"预订"。为此,新疆农业职业技术学院的毕业生就业率多年来一直在新疆高校中名列前茅。校企深度融合模式是职业教育发展的"根","根深"自然"叶茂"。

(二)借力融合模式——校校合作的视角

随着国家综合实力不断增强,中央对民族地区经济社会发展的扶持力度逐渐加大,不仅支持民族地区搞好经济建设,还支持民族地区大力发展文化、教育、卫生等各项社会事业。按照国家的政策,民族地区的职业教育基本上都有发达地区的职业院校对口帮扶,民族地区职业教育可以借此契机努力学习发达地区职业教育的成功经验,推进本地区的职业教育办学模式改革。以贵州省毕节试验区为例,在教育部的帮助和协调下,广东番禺职业技术学院与毕节职业技术学院,以及上海、浙江的6所优质中等职业学校分别与毕节市直属的6所中等职业技术学校形成结对帮扶关系;在中央统战部牵头、教育部参与、中华职业教育社组织实施的统一战线"同心温暖工程"职业教育项目中,试验区内15所职业学校与发达地区的27所职业院校采取"1+1+1"的办学模式联合办学。通过该项目的实施,毕节试验区的职业教育联合办学实现了由自主分散型向集中统一型的转变,办学实力明显提升。民族地区的职业学校要充分利用国家优惠政策,尤其是对口帮扶政策,努力探索校校合作模式,在发达地区职业院校的带动下实现跨越式大发展。

(三)特色专业创新模式——专业创建的视角

民族地区的经济发展都有自身的特色。职业教育的人才培养也可以围绕特色经济发展的需要来进行。职业教育的专业可以从特色的产业中培育;课程可以从特色产品的生产中去挖掘;师资可以从特色产业的从业人员中去筛选。以贵州为例,蜡染、刺绣、民族服装服饰等是贵州民族地区特有的产业。贵州省政府出台政策,将民族手工艺术等专业纳入中职教育教学重点专业范围,在职业院校增设刺绣、蜡染、民族服装服饰等特色手工专业,政府在政策上和经费上给予支持,通过职业院校大量培养相关人才,以促进这些地方特色产业的发展。新疆也积极探索边疆民族地区民族传统工艺专业人才培养模式。将喀什地区作为试点,确定民族木雕、民族乐器修造、刀具制作等民族传统类专业,明确这些专业的人才培养方案、专业核心课程和民族特色教材,积极引入民间的能工巧匠进入职业学校做兼职教师,构建"职业教育资源+维吾尔传统工艺的人才培养模式"。特色创新模式主要是为特色行业培养人才,这一办学模式可以借鉴发达地区的办学理念,但是专业的确定、专业课程的设计、专业教师队伍的打造等都体现了特色创新,是民族地区特色职业教育的重要办学模式。

三、我国民族地区职业教育办学的主要问题

《国务院关于大力推进职业教育改革与发展的决定》中提出要大力发展职业教育,大量培养社会需要的中、高职毕业生,为国家经济的不断发展服务。随着党和国家对职业教育的认识达到一个新的高度,全社会对于职业教育的关注与重视程度正在不断加强。但在民族地区,由于受特定因素的影响,职业教育的发展存在一定的难度。在全国多数地区职业教育发展日新月异的今天,民族地区职业教育发展存在着一系列问题。

(一)民族地区职业教育发展的经济基础薄弱、政府投入不足

民族地区普遍是经济不发达地区,从我国东、中、西三地区的比较来看,中西部地区的中等职业教育在校生比例的下降幅度远大于东部地区。同时,一些民族地区职业教育发展难,除了经济落后、人们的观念过于传统外,更多是因为这些地区的群众难以承受与当地经济发展水平极不相称的教育支出。对民族地区中等职业学校进行调研发现,除示范性职业学校外,各校都不同程度地存在校舍紧张、专业设施老化、设备短缺、实习基地严重不足等硬件设施落后问题。在师资队伍建设方面,由于民族地区职业学校的地理与人文环境相对较差,不少职业学校难以留住一些高水平的教师。随着社会经济的不断发展,国家对教育特别是民族地区教育的投入逐年增长,但主要倾斜于基础教育,而对职业教育只是基本维持。由于经济落后,地方经济发展难以支持当地职业教育办学条件的改善,地方财政除对职业学校

人员经费部分予以保证外,不但没有更多的资金投入,反而在原有基础上减少部分公用经费。职业学校只是靠自身力量已不能满足学校发展的需要,办学条件与普通高中和其他地区职业教育的差距越拉越大,校园校舍简陋、教学设备陈旧、育人环境不好成为学生不愿就读职业学校的又一重要原因。政府统筹、教委牵头、部门联办是发展职业教育的成功经验。但在这一过程中,联办单位多从自身的发展需要去考虑,而忽视了科研成果的社会效益和推广应用。加上部分推广项目的技术力量不足,对民族地区进行职业技术指导的力量十分薄弱。因此,一些在职业学校实验出的成功项目,推广到乡、村就断了线。此外,效益低、经费短缺也制约了职业教育服务网络的发展,加上近年为减轻农民负担,政府取消教育附加这一费用缺口使得职业教育发展更加举步维艰。

(二) 民族地区职业教育比较封闭,未能与市场接轨

民族地区的职业发展普遍存在着盲目性和随意性,多数地区尚未形成自己的骨干产业系列,一些具有资源优势的地区,或把握不住优势,或尚未形成开发格局。加之民族地区科技兴农意识不强,满足于自然经济的生产方式,发展经济存在投机性和随意性,职业教育在市场经济大潮中无所适从,职业学校尚未完成一个人才培养周期,进校时的某些"热门"职业技术,在学生尚未离校便已过时。民族地区普遍存在的社会组织化程度不高、生产经营分散且品种多样、文化水平较低等因素,决定了民族地区职业教育在服务方向、办学模式、教学模式、管理模式等方面的复杂性。各民族地区曾对职业教育如何高效地与当地民族经济、社会发展相结合作了不少探索,产生了一些典型和经验。如农科教结合、经科教结合、"学校+公司+农户"等等,但总体上局限于一时一地,既难以推广,也难以持久,根本原因就是缺乏一种双方或多方积极参与、合作发展的市场机制,政府行为过多地替代了市场行为。

(三) 民族地区民众观念落后,职业学校生源不足

由于民族地区主要是以农牧业经济和低水平、劳动密集型的简单工业经济为主,经济发展水平相对滞后,本地就业市场不足,人们习惯于在由国家财政发放工资的行政、事业单位就业,但在行政、事业单位就业毕竟空间狭小。在本地就业市场不足的情况下,历史遗留的"金窝银窝不如自己的狗窝"、"劳心者治人,劳力者治于人"的落后观念在民族地区广大群众中普遍存在,宁愿自己的子女在家闲着没有工作,也不愿将其送到"侍候人"的服务行业或"人生地不熟"的外地就业。调查表

明,学生本人认为,自己的意愿和家长、老师的希望主要是在初中毕业后能进入普通高中,这一比例超过了60%,而选择入读职业学校的比例在35%左右,选择就业的不超过6%。如果不受家庭经济条件和学习成绩的限制而能自由选择的话,有64.4%的学生愿意进普通高中学习。因此,从根本上讲,要彻底解决民族地区职业教育问题,首先必须解决好轻视职业教育低学历层次问题。这样的观念使许多人不愿就读职业学校,使本来人口就少的民族地区职业学校生源更少,多数职业学校根本无法完成招生计划。据调查,民族地区职业学校实际招生人数只占其招生指标的20%左右,个别学校甚至只占其招生指标的10%左右,规模1 000人左右的学校实际在校生只有100—200人,生源不足的学校谈何发展?由于招生困难,许多民族地区职业学校已开始与其他地区一些大专院校联办成人大专班以维持生计。

(四)民族地区职业学校专业设置不合理

首先,民族地区各职业学校专业设置雷同现象严重。这些重复设置的专业主要是一些较成熟、发展时间较长的专业(如计算机、电子电工等),还有一些近年来在民族地区新兴的专业(如旅游与酒店服务管理)。专业设置的雷同使得同一专业的毕业生过多,在就业岗位一定的情况下,毕业生就业面临巨大困难;同时重复设置还会导致职业教育资源配置的低效率、不合理。此外,民族地区职业教育还承担着民族传统工艺、民族传统文化传承的功能。但目前民族地区职业学校专业设置中缺乏民族特色元素。即使个别职业学校开设了一些民族工艺品加工专业,但由于缺乏相关方面的专业师资,再加上这些民族工艺品尚未市场化,学生对口就业难,使得这些具有民族特色的专业不得不停办。其次,专业设置与产业结构不相适应。目前职业学校专业设置主要集中在传统的第二产业,与第一产业相关的涉农专业和与第三产业相关的服务类专业开设得较少。调查显示,只有少数职业学校开设种植、现代农艺、园林专业,并且这些涉农专业也只涉及种植、园艺,而与畜牧、农产品深加工等相关的专业几乎都没有开设。从产业构成来看,以旅游业为主的第三产业占很大比重,而与之对应的与第三产业相关的服务类专业种类却很少,目前开设的仅有旅游管理专业,对于物流、中介信息、金融保险、电子商务等现代服务业专业,这些职业学校的专业设置中几乎没有涉及。这种专业设置与产业结构严重脱离的现象在其他民族地区也同样表现得较为明显。

(五)民族地区职业学校实习实训基地建设不足

第一,实习实训基地数量不足,质量不高。在调研的过程中发现,不少职业学校实习实训基地存在严重的数量不足问题,使得一些专业的学生没有机会参加实训,专业学习仅限于课堂和书本,严重影响了专业教学质量。此外,还发现现有的实习实训设施质量不高。从整个配备情况来看,其设备的系统性和完整性离国家配备标准有相当大的距离。第二,实习实训基地配置不均衡。配置不均衡体现在校内不同专业之间的实训基地(实训室)建设不均,主要表现是开办时间较长的专业实训设备相对较强,新开的专业实训条件严重不足。诸如汽车驾驶与维修、电子电工等老牌专业的实训场地较为充足,设备较为系统,而新办的专业如数控、机电、旅游、制药、食品加工、建筑、发电等实训设施较少。从而造成当前就业较好的专业,因学校没有实习、实训设施而使学生缺乏必要的技能训练,培养不出合格的人才。

四、我国民族地区职业教育办学的发展对策

发展职业教育已成为一项重要的扶贫开发举措。民族地区应抓住发展机遇,破解职业教育发展中的难题,使职业教育更好地服务于民族地区经济社会发展。发展民族地区职业教育的根本点是发展民族经济,这也是解决"三农"问题的重要手段之一。应该树立民族地区职业教育不仅仅是纯粹的教育问题,同时也是农业问题、科技问题、就业问题,是民族地区经济和社会发展的大问题的观念。对教育管理部门来说,民族地区职业教育也不仅仅是一般意义上的教育,它不同于基础教育,人才培养只是它的一个方面,它还与"三农"问题紧紧地联系在一起。对民族地区职业学校来说,应该面向农村、服务农业,把振兴民族经济作为学校发展的基本战略。就职业教育而言,虽然在促进农民增收方面更多的是一种间接行为,但离开了这一基点,学校的人才培养和职业技术推广就难以取得实际效果。

(一)民族地区政府科学规划并加大投入力度

民族地区现行的职业教育体系,是高度集中的计划经济体制下的产物,发展到今天,其弊端暴露无遗。主要体现在:在低水平基础上重复设置学校和专业,整体办学水平和办学效益低下。民族地区政府应根据本地区的实际情况,对本地区的职业教育布局认真地进行规划,建立起适应民族地区经济发展的职业教育体系。《国务院关于进一步推进职业教育改革与发展的决定》规定了"各级人民政府要加强职业教育的经费投入",民族地区政府应根据《中华人民共和国职业教育法》和国务院颁布的《国务院关于进一步推进职业教育改革与发展的决定》中的有关规定,

为职业教育的发展制定一些优惠政策和措施,并进一步加大对职业教育的投资力度,把职业教育经费落到实处,进一步改善民族地区的职业教育办学条件。一方面,政府必须为民族地区职业教育发展创造机会。一是通过制定发展民族地区职业教育的有关政策、法规,为民族地区职业教育创造良好的环境。二是明确并落实相关责任,把民族地区职业教育的发展计划纳入当地经济社会发展规划,经费纳入政府财政预算,基地建设纳入重点建设项目,工作纳入党政一把手重要议事日程,就业纳入人才市场及劳动和社会保障等。三是各级党委、政府要依据《教育法》、《职业教育法》、《民族区域自治法》的规定,增加对民族地区职业教育的财政投入,实行政策优惠和经费倾斜,保证民族地区的职业学校有稳定的经费来源。四是重视并加强舆论宣传,引导和奖励民族地区群众接受职业技能培训。另一方面,教育行政部门必须坚持"两统筹、一沟通"。一是坚持贫富地区教育统筹,援助民族地区职业教育这个薄弱环节。二是坚持各类教育统筹,加强民族地区职业教育这个薄弱环节。三是要加快职业教育与普通教育、成人教育的相互衔接、沟通,从体制上形成以县域中等职业学校为龙头、以乡镇农职校为主体、以职业学校为阵地的民族地区职业教育新网络。

(二)加强民族地区职业教育的基础设施建设

职业教育实习实训基地建设是职业教育基础能力建设的重要内容,《纲要》指出,要健全多渠道投入机制,加强实训基地建设,提升职业教育基础能力。职业教育资源不足和学生实训设施短缺落后,严重制约着民族地区紧缺的高素质技能型人才的培养,因此,建设一批高水平的职业教育实训基地,提高职业学校学生的实践能力和综合职业能力就显得十分必要和迫切。民族地区职业学校要严格落实职教专项经费,从有限的经费中拨出部分资金,用于学校实训条件的改善。职业学校在用好各项专项资金的同时,特别要添置一些专业紧缺的核心设备,确保专业课程的实训无空白。与此同时,民族地区各职业学校还要提高加强职业教育基础设施建设重要性的认识,建立校企合作、工学结合机制,强化校内基地和校外基地建设。根据企业技术标准和工艺变化确定并适时调整实习实训的项目与内容,聘请企业工程技术人员担任实习实训指导教师,定期选派教师到企业实践。定期送学生到合作企业进行实习实训,让学生在一个真实的职业环境下,按照未来专业岗位群对基本技术技能的要求进行实际操作训练和综合素质的培养,以此弥补校内实训基地的不足。

(三) 增强专业的民族特色和对产业结构的适应性

针对民族地区职业学校专业设置雷同的问题,可从以下两方面着手解决:首先,各职业学校自身要合理定位,明确自身的专业特点和专业特长,根据自己的所长开办相应专业,从而最大可能地发挥其潜能,避免职教资源分散于各校而造成资源配置的低效率、不合理。其次,为避免专业设置雷同,民族地区教育行政部门要做好科学的专业人才需求预测,为职业学校提供决策参考,引导职业学校错位发展、特色发展;在专业设置审批管理中要严格依据专业设置评估体系,执行严格的专业审批制度,进而从源头上防止专业设置的重复性。为了使专业设置与产业结构相适应,职业学校应紧紧围绕当前民族地区重点产业、支柱产业和战略新兴产业发展,建设一批具有影响力的职业教育品牌,使职业教育专业设置与产业发展相对接。各职业学校要适应民族地区产业转型升级的需求,调整专业设置,重点设置现代农业、民族文化传承、民族工艺品制作、油气生产加工和储备、矿产资源开发和加工、旅游等相关专业。由于民族地区第一产业仍占较大比重,职业学校应紧紧围绕"农"字做文章,设置一些诸如畜牧兽医、种植学、养殖学、农产品精深加工等涉农专业,进而促进民族地区特色农业、市场农业、现代农业的发展。当前民族地区正在大力发展以绿色生态旅游、民族风情旅游为特色的旅游业,随着旅游业的兴起,其第三产业服务业也会随之发展。职业教育应紧抓这一动向,开设一些与第三产业相关的现代服务业专业,以此引领民族地区以生态文化旅游为龙头的现代服务业的发展。

(四) 定向培养职教师资,保障职教师资队伍

定向培养是我国高校招生就业的一项重要制度,是指在招生时即通过合同形式明确学生毕业后工作单位的人才培养模式,学习期间的培养费用按规定标准由国家向培养单位提供。目前,免费师范生政策就属于定向培养研究的热点问题,免费师范生政策的实施有效改善了农村地区师资匮乏的现状。然而,免费师范生政策主要是为农村地区培养基础教育师资,并没有针对职业教育。当前,民族地区同样面临职教师资匮乏的严峻形势,要大力改善民族地区职教师资队伍现状,首要任务就是实施职教师资的定向培养。职教师资定向培养就是在高等学校开展免费职教师资培养工作,重点为民族地区职业学校培养能胜任教学任务的一线教师。其主要思路是按照定点招生、定向培养、定向就业的模式,选择条件较好的高等院校作为实行定向培养的学校。被录取的学生与当地教育局、人事局、职业学

校签订"定向就业协议书"后进入定向培养单位学习,在校学习期间免除学费、免缴住宿费,并补助相应的生活费。学生毕业后按规定获得相应的学历学位证书、职业资格证书,并按照所签订的协议规定,安排到民族地区职业学校任教,并且规定出最低服务年限。通过这种定向培养模式为民族地区职业学校培养一大批"下得去、用得上、干得好、留得住"的适用型职教师资队伍,从而解决职教师资匮乏的困境。

(五)更新观念,坚持以市场为导向办学

民族地区职业教育的市场有生源市场、资本市场、资源市场、劳动力市场等。市场的需求对职业教育的发展具有一定的决定性。一是民族地区职业教育要拓宽视野,从面向民族地区转到面向社会一体化的劳动力市场。民族地区职业教育在为本地的主导产业和当地有特色的专业市场服务的同时,要树立外向发展的理念,提高外向度水平。二是在注重就业教育的同时,高度关注升学教育。这不仅是现代社会人的全面发展和终身学习的需要,也是大量转移民族地区新生劳动力,延长就业年限,缓解就业压力的需要。三是要从为本地"积累"新生劳动力转到着眼于大批量向外地转移新生和剩余劳动力。职业教育既要培养当地留得住、用得上的实用职业技术人才,也要培养出得去、能上岗的各行各业的"打工仔"、"打工妹"。四是树立经营的理念,严格成本核算,在追求社会效益的同时也应考虑维持职业教育正常运转的必要经济效益。

(六)落实职教优惠政策以增强职业教育吸引力

要解决民族地区职业教育招生难的问题,就必须多管齐下增强职业教育吸引力。首先,继续实施职教免费、助学等优惠政策。将中等职业教育免学费范围由涉农专业学生和家庭经济困难学生,扩大到所有农村(含县镇)学生、城市涉农专业学生和家庭经济困难学生。同时,将中等职业学校国家助学金资助范围由一、二年级农村(含县镇)学生和城市家庭经济困难学生,分步调整为一、二年级涉农专业学生和非涉农专业家庭经济困难学生。这些免费政策可在很大程度上解决学生上学难的问题,有利于增强职业教育的吸引力,各职业学校应在实践中不折不扣地实施好这一政策。其次,要打破传统观念的束缚,重视挖掘中国传统文化中"重实践"的思想,借助传统文化的精华来改变社会上对职业教育的偏见。还可以充分利用网络、电视、报纸等大众传媒来共同宣传职业教育的意义,以通俗易懂的方式向大众解释有关职业教育的概念、种类、地位与作用、人才培养目标、职业教育的特点以及社会对其所培养的人才需求状况等,积极推介职业教育办学的先进典型和通过接受职业教育而成功成才的先进人物,不断加深大众对职业教育的了解,最终推动大家平等对待职业教育和普通教育,消除大众对职业教育的偏见。

(撰稿人:陈春霞)

【2014年度聚焦】
地方本科院校的转型发展之路

2014年,教育部组织专家成立课题组开展了应用技术大学的国际经验、实践研究,形成了《欧洲应用技术大学国别研究报告》《地方本科院校转型发展实践与政策研究报告》,在课题研究的基础上,专家组综合各方意见形成《关于地方本科高校转型发展的指导意见(征求意见稿)》(以下简称《意见》)。《意见》指出,按照建设现代职业教育体系、实行高等教育分类管理和建设学习型社会的要求,以培养产业转型升级和公共服务发展需要的高层次技术技能型人才为主要目标,以推进产教融合、校企合作为主要路径,通过试点推动、示范引领,引导和推动部分地方本科高校向应用技术类型高校转型发展,促进地方高等教育更加直接、有效地为产业升级、技术进步和社会管理创新服务。因此,我们将"地方本科院校的转型发展之路"纳入2014年的《中国职业教育发展报告》。

1. 本报告编写团队通过展望德国、英国、日本等国家和我国台湾地区的经验与做法,先后对德国应用科技大学、英国多科技术学院、日本技术科学大学和我国台湾地区科技大学的办学历程、办学现状、发展趋势进行总结与分析,并通过比较研究,挖掘其对我国地方本科院校转型的启示。

2. 除了国际和地区经验的展望,报告编写团队还立足实际,对上海电机学院进行了考察调研。该校明确提出以举办本科层次技术教育为主体,深化内涵建设,将"技术立校,应用为本"确立为办学方略,坚定不移地走高等技术教育发展之路,坚持育人为本、创新人才培养模式,致力于"建设特色鲜明的高水平应用技术大学"。面对我国高等教育大众化和上海高等教育普及化带来的激烈竞争,上海电机学院将抓住机遇、开拓创新,实现由合格本科向特色鲜明的高水平应用技术大学转型。因此,该校的建设经验对探索中国特色应用技术型高校的发展之路具有启示价值。本报告以上海电机学院为案例,通过详细阐述中国特色应用技术型高校的办学历程、办学现状以及发展趋势,提出了该校的发展经验对我国地方本科院校转型发展的启示。

德国应用科技大学办学发展报告

德国素有"工匠王国"的美誉,是世界上公认的职业教育强国。不同于绝大多数发达国家的是,德国适龄青年中仅有三分之一的人走进大学殿堂接受高等教育,而剩下三分之二的人均接受职业教育,德国职业教育在其经济社会发展中占据重要的地位。① 对德国职业教育而言,双元制是最能反映其特色的人才培养模式。一方面,学生具有双重身份,既是学校学生,又是企业学徒;另一方面,学习场所有两个,学生既可以在非全日制(部分时间制)职业学校接受与职业相关的文化理论教育,又可以在企业以学徒身份接受实践技能培训。二战结束以后,高等教育在欧美国家逐渐进入发展的黄金时期。在德国,自 20 世纪 60 年代以来,双元制延伸到高等教育领域,涌现出一批以双元制为重要特征的应用科技大学(德文名称为 Fachhochschule,早期曾被译为专业高等学校,英文名称被统一译为 University of Applied Sciences)。正如有些学者所言,在德国高等教育领域,存在这样一个融合了职业培训与学位项目的系统(所谓的"双元学习系统"),它的其中一个核心特征就在于将职业学习与系统学习融入工作过程之中,并将其整合为学位项目的一部分。②

一、德国应用科技大学的办学历程

二战以后,德国经济社会发展进入全面复兴阶段,并在 20 世纪 60 年代迅速成长为世界第三大经济体。伴随着经济社会的飞速发展,德国涌现出电子工业、计算机工业等一批新兴产业,不断扩张的新兴产业对掌握新技术和新工艺的应用型人才的需求量与日俱增。与传统的技能型和学术型人才相比,这类应用型人才的典

---

① 李继延,等. 中外职业教育体系建设与制度改革比较研究[M]. 上海:复旦大学出版社,2014:26.
② Ute Hippach-Schneider, Verena Schneider. Tertiary vocational education in Europe — examples from six education systems [R]. BonnFederal Institute for Vocational Education and Training, 2016:5.

型特征是,既要有扎实的理论知识,又要有较强的实践能力,亦即高层次的专业技术人员。

然而,要么局限于层次不够高,要么局限于类型不对口,德国传统的教育体系无力培养出此类应用型人才。在职业教育领域,20 世纪 60 年代,德国原有的高等专业学校(Höhere Fachschulen)和工程师学院(Ingenieurschulen),都属于中等层次的职业技术学校。[①] 在高等教育领域,由于德国深受洪堡高等教育思想的影响,大学被看作是培养少数社会精英的场所,纯科学性、无目的性一度被看作是大学的神圣办学宗旨。面对经济社会的变革要求,传统大学培养的学术型人才已经难以满足时代发展的需要。另外,不可忽视的一点是,二战后人们对接受高等教育的需求也不断增加,原有的崇尚精英教育的大学远不能满足广大工人阶级的需要,高等教育大众化已经成为一股不可避免的趋势。

1964 年,德国教育改革家皮希特在《宗教和世界周报》上发表了系列文章,并提出"教育灾难"的观点。他认为,教育的危机必然会带来经济的危机,德国教育已经到了必须改革的地步。皮希特所提出的"教育灾难"问题旋即引发德国社会对教育问题,尤其是高等教育问题的重新关注。1967 年,巴登符腾堡州文化部出台《达伦多夫计划》。计划中提出建立新的高等教育模式,将大学、师范类高校、艺术类高校和专业高校统一合并为综合高校(Gesamthochschule),目的是使高等教育更加灵活有效,能同时满足一部分学生尽快就业和另一部分学生希望继续从事科学研究的需要。[②] 虽然综合高校在当时仅仅是昙花一现,但却在无形之中间接推动了应用科技大学的诞生。随后在 1968 年,联邦德国各州通过了《联邦德国各州统一专科学校的规定》,要求各州合并工程学校和其他从事经济管理、社会管理、设计和农业等高等职业教育的学校,通过合并建立 Fachhochschule,[③]即应用科技大学。这种新型高等教育机构的出现,引发德国社会各界的普遍关注,很快在两年之内就发展到 130 多所,占到当时德国高等学校总数的一半。

20 世纪 70 年代,当战后各国经济逐步恢复并步入正轨之时,1973 年爆发的石

---

① Daniel Fallon. The German University: A Heroic Ideal in Conflict with the Modern World [M]. London: Colorado Assoeiated University Press, 1980: 45 - 48.
② Deutscher Bildungsrat. Gutachten und Studien der Bildungskommission [R]. Klett, 1977:13.
③ 黄建如. 比较高等教育——国际高等教育体系变革比较研究[M]. 北京: 社会科学文献出版社, 2008: 95.

油危机使世界经济再度陷入困境之中。1974年,德国实际国民生产总值仅增长了0.5%,1975年甚至还下降了1.6%;失业人数从27.3万增加到58.2万,失业率达到了7.6%;7%的通货膨胀率又居高不下。① 在经济危机之下,德国政府无力支付庞大的高等教育办学开支,只能缩减经费,人们也开始动摇了对高等教育的信心。与此同时,经济危机也进一步凸显了应用型人才的重要性,而培养应用型人才正是应用科技大学所擅长的事情。为了尽快渡过经济危机,也为了帮助人们重拾对高等教育的信心,德国从法律层面加大了对应用科技大学的权利保障。1976年,德国联邦会议为了改善应用科技大学的处境,通过了《高等教育总法》,明确应用科技大学是一种与综合大学等值的高等教育类型,也是具有与综合大学同等地位的、被国家重点发展的本科层次的高等教育。② 随后,应用科技大学又得到了快速发展,并逐渐成为德国传统大学之外的第二大高等教育机构。为了打消人们对应用科技大学办学水平和层次的疑虑,1985年通过的《高等教育总法》再次重申了应用科技大学的重要地位,并明确指出,应用科技大学与大学属于"不同类型,但是等值",③与其他大学并没有等级之分。1987年,德国再一次修订了高等教育法,要求不同类型的高校联合培养人才,这再一次巩固了应用科技大学的战略地位。

20世纪90年代以后,德国应用科技大学的发展逐渐进入成熟期。1990年,随着东、西德的合并,德国在分裂多年之后重新获得统一。同年,德国科学委员会通过了在90年代发展应用科技大学的报告,该报告总结了应用科技大学自诞生以来的发展状况,并对其发展前景作出了展望。1992年,时任德国教育部部长在向联邦内阁上报"德国高校现状"时提出:"要尽可能迅速地将应用型高校的学生数量提高到总高校学生数的40%。"同年,德国东部各州的应用科技大学也开始正式招生,进一步壮大了应用科技大学的发展规模。2000年以后,应用科技大学的发展开始更加强调实用、应用的特点,不少应用科技大学由此更名为应用技术大学(Technische Hochschule)。2015年,德国大学校长联席会议官方网站的数据显示,德国各类高校共有399所,其中综合性大学110所,艺术音乐学院58所,应用科技大学231所,

---

① 章红波.德国高等专业学院(Fachhochschule)研究[D].杭州:浙江大学,2002:16.
② Wissensehaftsrat. Empfehlungen zur Entwicklung der Fachhochschulen in den 90er Jahren [M]. Berlin: Wissensehaftsrat, 1991: 23.
③ 贺国庆,王保星,朱文富,等.外国高等教育史(第二版)[M].北京:人民教育出版社,2006:541.

占高校总数的 57%。① 由此可见,应用科技大学如今已经在德国高等教育领域牢牢占据了半壁江山。

二、德国应用科技大学的办学现状

(一) 办学定位

德国应用科技大学具有明确的办学定位,即培养地方经济社会发展所需的高层次应用型人才。多样性是德国高等教育体系的重要特征,德国高等教育体系主要包括以下三类学校。第一类是综合性大学,包括全科大学、师范大学、工程技术大学、医科大学、宗教大学和国防大学等,以培养综合性学术型人才为主;第二类是职业专科学校,这类学校通常具有较强的行业性与地方性特征,以培养从事一线操作的技能型人才为主;第三类即是应用科技大学,这类学校既重视理论教学,又重视实践教学,以培养高层次应用型人才为主。应用科技大学虽被称作大学,但实际上既不属于研究型大学,也不属于高职高专院校,是独立于二者之外、兼备学术性与应用性的新型高校,是沟通普通教育系统与职业教育系统的桥梁,是实现德国高等教育系统四通八达立交桥式结构的关键组成部分。② 德国应用科技大学坚持"为职业实践而开展科学教育"的办学理念,与综合性大学、职业专科学校形成了鲜明的对比,树立了自身应用性的办学特色。在上述办学理念的指导之下,应用科技大学要求学生达成以下三个培养目标:能借助理论科学方法,解决来自生产和生活实际中的具体问题;能完成新的科研与技术开发项目;在应用理论、科研方法的技术性生产中引进、优化和监控新方法、新工艺的使用。③ 正是在这种明确的办学定位之下,德国培养了大批支撑经济社会发展的高层次应用型人才,如工程师、企业经济师等。

(二) 专业设置

与综合性大学相比,德国应用科技大学的专业设置具有实用性、跨学科性等方面的特点。在专业设置依据上,综合性大学往往按照学科类别划分专业,遵循的是学科本身的发展逻辑,而应用科技大学则是依据专业领域来划分专业,遵循的是专

---

① 刘玉菡.德国应用科技大学创建发展、办学特色及其启示[D].石家庄:河北科技大学,2015:18.
② 同上注,第 14 页。
③ 李建求.德国 FH:为职业实践而进行科学教育[J].比较教育研究,2004(2):86—90.

业实用的发展逻辑。因此,应用科技大学设置的专业实用性通常比较强,且主要集中在便于就业的专业领域,如在工程学、社会服务、行政管理与司法服务、计算机技术、卫生护理、设计、通讯传媒等领域。① 而且,应用科技大学很少设置基础性的、纯粹的自然科学或社会科学专业,即便设置的话,也带有鲜明的实用色彩。如科隆应用科技大学下设有应用自然科学学院(设置药剂化学、技术化学等专业)、应用社会科学学院(设置社会工作管理、社会法律咨询等专业)。② 实用性还体现在,专业布局充分考虑到地方经济社会发展的需要,根据地方传统工业、优势工业等设置相关专业,从而做到专业结构与经济产业结构的接轨。跨学科性主要体现在,应用科技大学通常会设置一些跨学科或交叉学科专业(如经济工程、生物技术等专业),这种专业旨在向学生传授多学科领域的知识与技能,并培养复合型人才。原因主要在于,以应用为导向,注重解决实际问题是应用科技大学的办学宗旨,而随着知识经济时代的到来,现代社会的生产组织方式变得日益复杂与高端化,涌现出一批具有交叉性特征的行业、职业、岗位等,某一问题的解决往往需要用到多学科领域的知识与技能。为了适应这种变化趋势,应用科技大学将跨学科理念融入到专业设置之中。

(三) 课程设置

课程设置主要包括课程内容的选择与课程内容的组织两个方面。德国应用科技大学遵循统一性与灵活性相结合的原则,并严格根据职业的需要以及岗位能力要求选择与组织课程内容。应用科技大学是双元制职业技术培训教育的学术补充,学习过程立足于职业的实践活动而非专业,授课内容需要符合职业领域给定的标准。③ 也就是说,必须在职业领域标准指导下选择符合要求的课程内容。虽然国家发布了统一的教学大纲,但并没有要求使用统一的教材。实际上,授课教师会在参考教学大纲的基础上,根据培养目标、课程目标、企业需求、学生特点、个人对职业的理解等编写讲义,并自主控制教学进度。由于工作世界处在不断地变化之中,

---

① Sekretariat der Ständigen Konferenz der Kultusminister der Länder in der Bundesrepublik Deutschland (KMK). Das Bildungswesen in der Bundesrepublik Deutschland 2010/2011 [R]. Bonn: KMK, 2011: 145-146.
② Astrid Rehorek. Campus Leverkusen der Fachhochschule Köln [EB/OL]. http://www1.fh-koeln.de/imperia/md/content/www_f11/studium/camplev_studiengangsvorstellungen_20100129.pdf. 2017-2-15/2018-09-15.
③ 贺艳芳,徐国庆. 德国应用科技大学的兴起、特征及其启示[J]. 外国教育研究,2016(2): 20.

应用科技大学会根据就业需求变化及企业的发展趋势，不断调整课程体系，加强有关知识与技能的融合。① 在课程内容组织上，应用科技大学注重把握课程内容之间的横、纵向关系，并严格遵循技术技能的积累规律与学生的个性化成长规律，将模块化、阶段化与组合化的原则贯彻到组织过程之中。根据模块化的原则，应用科技大学旨在摆脱学科知识的束缚，将主题相似的知识整合成模块，按照知识性质的不同划分理论知识与实践知识，随后开设相应的理论课与实践课。课程内容的阶段化是指，在不同的教学阶段，会根据学生能力成长的需要选择层次分明的课程内容。每个课程模块既是课程体系的一部分，又是独立的教学单位，模块间的组合则可以满足不同的教学与个性化学习需要。

（四）师资队伍

德国应用科技大学师资队伍构成具有多样化的特征，具有严格的教师准入与评聘制度，以及完善的继续教育体系。在师资构成上，应用科技大学教师主要分为以下三类：专职教师、兼职教师和科研助教。其中，专职教师包括教学人员和教授。应用科技大学对教学人员的要求极为严格，要想成功入职，必须在师范院校进行四五年之久的专业学习，还要在企业实习四个学期，并经历多次考试的选拔。要想从教学人员升为教授，则标准更为严格。应用科技大学对教授聘用有着严格的规定，要求的教师岗位具有博士学位且有至少 5 年的职业实践，其中至少 3 年是在高等学校范围外进行，并在有关应用或科技开发方面取得特殊成就。② 而且，即便是具备了教授资格，仍然有很高的淘汰率。兼职教师一般来源于企业，且在应用科技大学占有较高比例。要想成为兼职教师，必须具备相应的毕业证书和职业资格证书，还要具有 5 年以上的一线工作经验，并学习超过 200 个学时的培训课程。科研助教一般是合同制的，要求具备硕士以上学位，但不要求具备博士学位，承担的主要是辅助性教学工作。德国法律规定，教师必须参加各种形式的继续教育与培训，如规定教授必须每四年参加一次为期半年的"研究休假"，鼓励其到校外甚至国外参加应用型科研工作，从而更新自身知识体系。为此，不少应用科技大学都建立了比较完善的继续教育体系。而且，为了保障继续教育的质量，还设立了专门机构对学校、教师等进行考核。

---

① 陈裕先.德国应用科技大学实践教学模式及其对我国应用型本科教育的启示[J].国家教育行政学院学报,2015(5)：85—86.
② 董大奎,刘钢.德国应用科技大学办学模式及其启示[J].教育发展研究,2007(Z1)：41—44.

三、德国应用科技大学的发展趋势

(一) 人口结构变化下招生范围与生源渠道的拓展

教育发展与人口变化有着密切关系,人口结构的变化不可避免地会影响到应用科技大学的发展趋势。目前来看,德国面临着人口老龄化、负增长的严峻挑战。在德国,每 20 个人中就有一个超过 80 岁,而且生育率仅为 1.4,明显低于欧盟平均生育率 1.6。德国联邦统计局报告预计,2060 年德国总人口数将下降至 6.5 千万—7 千万,主要劳动力(20—64 岁)人口数将下降至总人口数的一半。① 而且,据统计,到 2020 年,德国技术工人缺口为 180 万,到 2060 年则将扩大至 390 万。人口结构的上述变化无疑会带来高等教育适龄人口的减少,应用科技大学的招生也由此受到很大影响。为了改变应用科技大学的上述困境,德国主要采取了以下改革措施。其一,加强高等教育与继续教育的融合,为更多拥有实践经验的工作人员提供学习机会。起初,应用科技大学的招生以适龄人口为主。从 2009 年起,不少州开始规定,获得师傅、技术工人、专业经济师等职业资格的人,可以直接进入应用科技大学就读。以勃兰登堡州为例,在 2010—2011 学年秋季学期,通过非传统方式进入大学的学生人数达到 7.9%。② 与此同时,德国政府推出了"继续教育津贴"、"继续教育政府奖助"、"升级援助计划"等项目,用以资助工作人员参与应用科技大学的继续教育。其二,广泛设置国际性专业,提高国际生源的招生比例。以不莱梅应用科技大学为例。2011 年,该校招生目录中的 66 个专业中,明确标明是"国际专业"的数量为 29 个(占全部专业数的 44%),还有 8 个(占全部专业数的 12%)明确带有国际性内容的专业,以及 2 个明显具有国际关联性的专业,因此,具有国际维度的专业数量达到了 39 个(约占全部专业数的 60%)。③ 在设置国际性专业的同时,为了吸引更多留学生来德学习与工作,也扩大了这部分学生的招生比例。

(二) 博洛尼亚进程下学位制度与欧洲的接轨

20 世纪末,博洛尼亚进程成为响彻欧洲的一个教育改革符号。1999 年,为了建

---

① Olga Pötzsch, Felix Rößger. Germany's pupulation by 2060, Results of the 13th Coordinated Population Projection [R]. Wiesbaden: Federal Statistical Office, 2015: 5-6.
② BLBS aktuell. Sitzung des Bundeshauptvorstandes — BLBS stark vertreten [J]. Die Berufsbildende Schule, 2011(5): 146.
③ 孙进. 德国应用科学大学专业设置的特点与启示[J]. 清华大学教育研究, 2011(4): 98—103.

立统一的欧洲高等教育区,促进欧洲高等教育体系的一体化,[①]29个欧洲国家签署了《博洛尼亚宣言》。在随后的十多年中,在博洛尼亚进程的推动下,又签署了《布拉格公报》《柏林公报》《卑尔根公报》《伦敦公报》《鲁汶公报》等。

博洛尼亚进程将具体目标设定为两点:第一,引入更加便于国际间理解和比较的学位体系;第二,引入本科教育和研究生教育两个阶段组成的两级学制。[②] 德国作为参与国之一,自然也开始了高等教育学位制度改革。在此之前,德国传统的学位制度只包含硕士和博士学位两级,硕士学位分为理科硕士(Diplom)、文科硕士(Magister)和国家考试(Staatsexamen)三种,但缺乏本科层次的学位制度。为了寻求学位制度的接轨,德国修订了《高等教育结构法》,建立起国际上主流的"学士—硕士—博士"三级学位体系。在此背景之下,应用科技大学也参与到高等教育学位制度改革中来。并且,应用科技大学所授予的学士和硕士学位,原则上与综合性大学授予的学士和硕士学位没有质量等级的差别,而是具有同等效用。应用科技大学印发的学位证书上随之去掉了"FH"字样,真正实现了与综合性大学的学位等值,此举大大提升了应用科技大学的社会地位。长期以来,应用科技大学并没有获得独立的博士学位授予权,只能与综合性大学合作培养博士,这被看作是综合性大学区别于应用科技大学的"最后的堡垒"。但从2013年起,石勒苏益格-荷尔斯泰州拟突破原有限制,授予应用科技大学独立博士学位授予权。2016年底,黑森州正式授予富尔达应用科技大学博士学位授予权,其口号为"高层次而非大众化"(Klasse statt Masse),即能够考虑授予博士学位的仅限于应用科学大学中"能证明其研究优势"的专业方向。[③] 随着综合性大学"最后的堡垒"的沦陷,应用科技大学与综合性大学之间的界限愈发模糊,此举引发了很大争议,社会各界也是褒贬不一。

(三) 工业4.0背景下人才培养定位的战略调整

2010年,德国内阁通过了《2020高科技战略》,并在工业领域提出工业4.0概念,其目的在于提高德国工业的国际竞争力,推动德国在新一轮工业革命中占据先

[①] Anon. Universitäten halten Fachhochschulen bei Promotionen auf Distanz [EB/OL]. http://www.handelsblatt. com/karriere/nachrichten/debatte-um-promotionsre-cht-universitaeten-halten-fachhochschulen-bei-promotionen-auf-distanz/v_microsite/2808556. html. 2017 - 02 - 21/2018 - 09 - 15.
[②] 孙进. 德国的博洛尼亚改革与高等教育学制与学位结构变迁[J]. 复旦教育论坛,2010(5):68—73.
[③] 中华人民共和国驻德意志联邦共和国大使馆教育处. http://www.de-moe.edu.cn/article_read.php?id=12016-20161021-3939. 2017 - 04 - 02/2018 - 09 - 15.

机。2013年4月,在汉诺威召开的工业博览会上,德国正式发布工业4.0战略。2015年12月,德国联邦职教所发布《工业4.0及其带来的经济和劳动力市场变化》,报告指出,到2025年,工业4.0将创造43万个新的生产岗位,同时有超过49万个传统工作岗位将会消失。①在工业4.0的影响之下,一些技术含量较低、危险性较高的传统工作岗位将为机器所取代。随着ICT技术和CPS技术在工业领域中的不断普及,在机械、电子、通信等领域涌现出一批新型工作岗位。而且,新型工作岗位对人才的层次、综合素质等都提出了更高要求,这就需要应用科技大学培养更多适应工业4.0战略的高层次应用型人才。面对工业4.0的挑战,德国应用科技大学及时调整了人才培养方向与重点,着重从以下三方面作出变革。一是着重培养应用型人才的复合型能力。在工业4.0时代,这种复合型能力包括学习能力、沟通能力、团队协作能力、问题解决能力等。二是提高应用型人才的科学研究水平。德国之所以能够具备领先于世界的工业发展水平,很大程度上就在于其强大的科学研究实力。随着工业4.0的到来,德国应用科技大学敏锐地觉察到,科学研究在这次新型工业革命中的重要作用,于是更加积极地鼓励学生参与各种科学研究项目,并鼓励学生在与企业合作的过程中转化科学研究成果。三是致力于培养应用型人才的工匠精神。与之前相比,工业4.0时代更加强调产品生产的个性化、柔性化、精细化以及服务化,这就更加需要应用型人才具备精益求精、一丝不苟、追求完美、专业、敬业等方面的工匠精神。

四、德国应用科技大学对我国新建本科院校转型的启示

(一)厘清办学定位,明确高层次应用型人才培养规格

长期以来,由于办学定位的不清晰,不少新建本科院校办成了综合性大学的"压缩饼干",或者高职高专的"加强版"。在我国,大部分新建本科院校是由高职高专升格而成的。在本科层次"优越感"的驱使之下,不少新建本科院校急于撇清与高职高专的关系,并在办学定位上积极向综合性大学靠拢,人才培养模式也是照搬综合性大学,即愈发强调人才培养的综合性、学术性。然而,由于办学实力的差距,新建本科院校不仅未能赶上综合性大学,反而沦为高职高专的"加强版"。而且,由

---

① Federal Institute for Vocational Education and Training (BIBB). Industry 4.0 and The Consequences For Labour Market and Economy [R]. Germany: Bundesinstitut für Berufsbildung, 2015: 8.

于放弃了应用型办学特色,导致培养出的人才难以满足地方劳动力市场的需求。德国应用科技大学的办学经验启示我们,为了顺利实现转型,必须厘清办学定位,明确高层次应用型人才的培养目标。具体而言,可以从类型与层次两个方面来分析。在培养类型上,综合性大学主要培养学术型人才,应用技术型本科则主要培养应用型人才,这种人才通常面向实践性更强的工作岗位,并具有较强的技术应用与转化能力。在培养层次上,高职高专主要培养专科层次的应用型人才,而应用技术型本科主要培养本科层次的应用型人才,这种人才更加强调"高等性",对人才知识、能力等方面的综合素质要求更高。综上所述,转型后的新建本科院校应该培养服务于生产、建设、管理一线的,既具有较高理论基础,又具有较强实践技能,且具有复合型、创新型素质的高层次应用型人才。

(二) 健全劳动力市场预测制度,打造具有地方特色的专业结构

在专业设置方面,为了发展为综合性大学,转型之前的新建本科院校多是按照学科逻辑设置专业,并采用"大而全"的学科专业布局方式,并未充分依据劳动力市场需求来设置专业。即便是学校开展了劳动力市场预测,也多是以产业变化对人才的需求为其逻辑出发点,容易造成专业设置一哄而上的局面。人才需求的变化的确是由产业发展变化引起的,但一个产业的发展变化往往影响的是一组职业人才需求的变化,而不仅仅是某个专业的人才需求变化,人才需求的调研与预测应以职业、岗位的人才需求变化为分析点。① 事实上,劳动力市场预测是一项极为复杂的技术工作,仅仅依靠个别学校的力量是无法统筹全局的,容易造成专业设置的盲目性。与我国不同,德国建有完善的政府层面的劳动力市场预测制度,可以为应用科技大学的学科专业布局提供科学依据。为此,地方政府必须承担起区域劳动力市场预测的责任,为新建本科院校的特色学科专业布局提供参考。具体而言,可以按照"专业群对接产业链服务地方经济,特色学科对接区位优势产业推动地方产业发展"的思路,面向地方经济与社会发展的需要,调整学科结构,设置应用学科,使学科结构与区域内的其他本科高校错位发展,与地方产业结构匹配建设。② 而且,这种良性的学科专业结构强调"学科与专业相互匹配,学科建设成为促进教学、科研、社会服务协调发展的重要载体"。③

---

① 徐国庆.职业教育课程、教学与教师[M].上海:上海教育出版社,2016:14.
② 顾永安.关于新建本科院校转型发展的思考[J].教育发展研究,2010(3):79—83.
③ 张泰城,昌庆坤.新建本科院校学科建设的思考与探索[J].中国高等教育,2008(22):49—50.

（三）以现实主义能力观为导向，设计模块化课程体系

新建本科院校转型发展为应用技术型本科，难点在于课程体系的转型。转型之前，新建本科院校的课程体系是"以学科为中心、按照学科逻辑"组织与构建的。一般的，从纵向上分成公共课程（又称公共基础课程）、基础课程、专业基础课程、专业课程四类，从横向上分成必修课程和选修课程两类。① 在学科逻辑之下，课程多是为知识体系的完整性而设，导致学生无法获得真实工作岗位所要求的能力。从根本上讲，能力观范式的不同决定了不同导向课程体系设计理念的不同。以学科逻辑为导向的课程体系，强调要素范式的能力观，即能力的形成是学科知识演绎与内化的结果，因此赋予高度抽象的以要素形式存在的理论知识更高的价值。这种要素范式能力观想当然的将实践看作是理论的应用，按照从理论到实践的逻辑思路构建课程体系，而并没有将实践置于课程设计的中心。与此不同，德国应用科技大学课程体系的设计则强调现实主义能力观，即行动范式能力观，它强调在行动过程中结合现实情境的分析与描述能力，并以行动成果产出作为衡量能力高低的标准。实践证明，以现实主义能力观为导向，更符合应用型人才的成长规律。因此，在转型过程中，有必要以现实主义能力观为导向，设计模块化课程体系。模块化课程的灵活性，使得教师和学生可以根据需要选择个性化的课程组合。设计这种模块化课程体系的目的在于，帮助学生获得真实工作世界中的岗位所需的职业能力。在课程设置和组织上，模块化课程体系强调以岗位工作任务为中心，并将工作诀窍知识置于课程内容选择的核心地位。

（四）拓宽师资队伍来源渠道，实现教师培养体系制度化

自新建本科院校诞生以来，师资队伍的学术化倾向愈发明显，尤其是专职教师队伍多来源于综合性大学，缺乏企业实践经验，而来自企业的兼职教师比例又严重不足。为了尽快实现转型，不少新建本科院校提出加强"双师型"教师培养，提高"双师型"教师比例。"双师型"教师一般特指专业课教师，这一概念最初来源于职业教育领域，既擅长理论教学，又擅长实践教学。然而在当前，由于实然层面各种主客观条件的影响和制约，"双师型"教师发展取向不仅难以落到实处，反而有可能成为应用型本科教师队伍建设的羁绊。② 目前，对"双师型"教师的培养多是以短期

---

① 周川.简明高等教育学[M].南京：河海大学出版社，2002：94—96.
② 刘国艳，曹如军.应用型本科教师发展：现实困境与求解之道[J].国家教育行政学院学报，2009(10)：59—63.

项目化培训为主,这种速成式的培训方式缺乏"实践的滋养",教师可能在短期之内获得职业资格证书,但却不一定获得专业能力。原因在于,与文化课教师相比,专业课教师的成长是一个相对漫长的过程,专业能力的获得离不开长期企业实践经验的积累。如果"双师型"教师并不具备双师能力,那么培养"双师型"教师很可能成为"伪命题"。与我国不同,德国拥有健全的师资培养制度,无论是在职前师范教育阶段,还是在职后继续教育阶段,都强调在企业积累实践经验,培养专业能力。与此同时,大量来自企业的兼职教师也丰富了应用科技大学的师资队伍。鉴于此,在转型初期,需要适当增加企业兼职教师的比例。而从长远来看,需要彻底变革师资培养方式,从项目化培训转向制度化教师培养体系的构建,即构建职前、职后一体化的教师教育体系。需要注意,在整个培养过程中,都应该强调企业实践经历的重要性。

(撰稿人:郝天聪,许晓星)

英国多科技术学院办学发展报告

一、英国多科技术学院发展的时代背景

(一) 英国二战后产业与经济发展的现实需求

二战之后,战争给英国经济和产业发展带来了巨大打击,英国的经济力量被极大地削弱。到1940年末,英国的黄金储备几乎全部转到美国的保险箱,英国债台高筑,大英帝国的国际地位急剧下降。在资本主义世界的工业生产中所占的比例从1937年的12.5%,下降到1948年的11.7%,再下降到1953年的8.3%,英国沦为"二等国家"的地位。重新振兴产业、促进经济快速发展成为英国的当务之急。产业和社会经济的发展带来对技术人才的大量需求,而通过高等教育中的职业技术教育培养出的高素质技术型人才对于产业和经济的发展尤为重要。因此,技术教育开始受到人们的普遍关注。从20世纪60年代起,英国的经济逐渐恢复与发展起来,这也为多科技术学院的产生奠定了坚实的物质基础。[①]

(二) 人力资本理论的盛行带来对高素质、高技术劳动力的重视

1960年,美国著名经济学家舒尔茨提出了人力资本理论,该理论认为人力资本是促进国民经济增长的主要原因,经济的发展与高技术水平、高素质劳动力带来的高效益密不可分。投资对于人力资本的形成非常关键,其中教育投资至关重要。这一理论把经济与教育联系起来,给人们的思想带来了巨大的冲击,使人们认识到高素质劳动力对于促进经济增长的作用,进而也带来了教育领域,特别是技术教育领域的改革与发展。在二战之前,英国认为大学所培养的应当是有教养的绅士,而非在某个职业领域内的技术人才和专家。大学不但较少关注技术的发展,而且往往视技术为粗俗的事物,难登大雅之

[①] 魏芳芳.英国多科技术学院的发展历程及启示[J].河南科技学院学报,2016(12):53—56.

堂。① 但随着人力资本理论的广泛流行,人们深刻认识到经济水平的提高与技术教育发展联系的紧密性,也意识到高等教育不仅应当培养绅士,也应当培养满足社会经济发展需要的技术人才,高等教育也应当思考其对经济社会和科技进步的作用。国民开始意识到,只有当大学或技术教育可以不断地提供发展经济所需要的智力和技术支持时,经济的发展才成为可能。随着越来越多的人认可教育会带来显著的社会经济效益,政府也开始加大对教育的投入,特别是开始重视对技术人才的培养。而多科技术学院就是在培养社会发展所需要的技术人才,为社会经济发展作出贡献的思潮之下诞生的。

(三) 社会公平理念下国民高等教育需求的高涨

二战之前,英国高等教育是精英的教育,面向的是少数上层社会的人士,目的是为教会培养神职人员,以及培养有修养、有风度的绅士,而"实用的知识"的传授并不被重视。在那个时候,社会中下层普通家庭中的青年极少有接受高等教育的机会和可能性。但是,二战之后,"人人平等、社会公平"的理念逐渐深入人心。国民对于教育,特别是高等教育的意识和期待也产生了变化。国民希望能够扩大高等教育的受教育机会,为中下阶层的青年接受高等教育提供可能。

在这样的需求之下,英国面临着极大的高等教育有限的招生人数和不断增长的生源数之间的矛盾。当时随着基础教育和中等教育的普及,中学人数不断增加,但是由于大学招收学生数量的限制,许多中学生在毕业之后是无法进入大学继续接受高等教育的。此时,工商业的发展、科技的进步也对高等教育的人才培养提出了新的要求。这一时期英国高等教育固守"博雅教育"显然是难以满足社会需求的。英国人开始重视技术教育对于经济社会发展的价值和贡献。1963 年工党代表大会在以"工党与科学革命"为题的政策声明中指出,高等教育正面临一个空前严重的危机,必须采取强有力的措施。只有大学和技能教育迅速地和不断地扩充,提供必需的脑力和技能,经济扩张才能成为可能。②

随后《罗宾斯报告》也指出,"高等教育课程应该向所有具有适合的能力和资格,并且具有接受高等教育意愿的人开放",提出要扩大大学招生名额,并且建立新

---

① 张建新,陈学飞. 从二元制到一元制——英国高等教育体制变迁的动因研究[J]. 北京大学教育评论,2005(3):80—88.
② 魏芳芳. 英国多科技术学院的发展历程及启示[J]. 河南科技学院学报,2016(12):53—56.

型大学,以满足国民日益高涨的高等教育需求。但当时的学者们一致认为在当前以大学为主的一元制体制之下,大学之外的公共学院始终处于从属地位,无法促进两者在地位上达成平等。后来,教育大臣克劳斯兰德(Crosland)宣布了"两种高等教育"的原则,提出在现有的大学体系之外,正式设立一个以多科技术学院为主体,包括其他学院在内的公共高等教育部门,它与大学在地位上平等,二者构成高等教育双重体制。

1966年,教育与科学部颁布了《关于多科技术学院与其他学院的计划》(A Plan for Polytechnics and Other Colleges),把现有继续教育机构中的部分学院按地区进行调整和合并,成立具有综合性质的地区学术团体———多科技术学院,与其他学院组成公共高等教育体系。作为公共高等教育的主体,多科技术学院与大学在地位上是平等的。随着1969年成立了第一所多科技术学院,英国多科技术学院的创办正式拉开序幕。从1969年到1992年间,英国先后共创立了34所多科技术学院。①

二、英国多科技术学院的办学现状

(一) 办学理念

二战前,英国普遍认为大学的职能是培养绅士,而非专才。受这种思想的影响,当时的英国高等教育并不重视"实用的知识"的创造和传播,而是强调培养具有绅士一般的风度和教养的毕业生,几乎很少有对应用型技术人才的培养。受这种传统思想的影响,"学术本位"的教育理念不仅根深蒂固,而且还是各个传统大学追求与崇尚的核心办学理念。二战后,英国经济水平一落千丈,产业和经济的发展需要大量高素质、高技术水平的人才,随着"教育必须为社会经济文化发展提供价值"的功利主义、实用主义教育思想的兴起,多科技术学院逐渐产生与发展壮大,开始大量培养技术人才,为英国社会经济发展注入了鲜活的生命力。

多科技术学院的办学理念强调服务于地方工商业界,培养高技能人才,满足工商业界对技术人才的需求。在20世纪60年代到90年代,英国技术人才的培养大多由多科技术学院完成,而这些多科技术学院的办学与英国传统大学的做法存在

---

① 熊颖,孙博.多科技术学院的发展及消亡暨对我国发展技术本科的启示[J].职教论坛,2008(18):62—64.

着较大差异。它们并不过分强调学科知识的理论性、学术性,而是重视学生的实用技术能力与实践能力。为了促进产业和经济的发展,这些院校开始尝试与工商业界建立合作关系,试图寻找一条能把科技与产业联系起来的有效途径。因而,为了更好地实现其办学目标,多科技术学院通过加强与地方工商业的联系,实施共同培养技术人才的模式。与传统英国大学讲求高度自治,课程设置紧紧围绕人文科学以及自然科学等纯理论学科不同,多科技术学院的课程设置侧重于职业技术方面,主要培养社会经济发展所需的技术和科技型人才,在教育领域首创服务社会的理念。英国多科技术学院与产业界深度合作,其教育结构的调整与学科专业设置主要是根据地方工商业的发展而确定的,大多集中于市场运行模式中最热门的专业。其课程设置、招生名额是在详细的市场调查后制定的,充分考虑社会经济发展的需求,其招生数量是根据地方工商企业的实际需要和人才市场的供求现状来确定的,热门专业每年招生,其他专业隔一两年招生,如果发现劳动力市场某类人员过剩,立即报经上级主管部门批准停止招生。①

(二) 管理模式

1. 多科技术学院外部的组织与管理

在外部,地方政府(教育部门)、教育与科学部和国家学位授予委员会(Council for National Academic Awards, CNAA)共同对多科技术学院实施管理。对于地方政府与学校之间的关系,牵头"二元制"政策实施的教育与科学部官员托比·韦弗在1966年的《韦弗报告》(Weaver Report)中,将其表述为"寻求高等教育机构应该享有的办学自主权和民主选举的管理方理应执行的管理权之间的平衡",平衡的实现是基于地方政府、学校理事会、学术委员会和校长之间合理的责任划分。

虽然有全国性的政策出台,但每所学院的成立都经过了中央政府与学院所在地地方政府之间的协商,以确定各方权责,并形成针对每所学院的具体文本。在具体权责划分上基本一致的是,地方政府负责教学、招生、就业和管理等方面的原则性控制,以及多科技术学院在地方教育系统中的定位;学校理事会人员负责学校的经费及办学方针、系科设置、学校领导任免以及其他重大改革事项;校长则根据理事会决定的事项管理具体实施过程。学院的主要管理权由地方教育当局(Local Education Authorities, LEAs)掌握,但学院同时也受到教育与科学部和国家学位授

---

① 魏芳芳. 英国多科技术学院的发展历程及启示[J]. 河南科技学院学报,2016(12):53—56.

予委员会等机构的制约，以上机构是学院主要的外部管理机构。地方教育当局对多科技术学院的总体运作情况负责。它拥有学院的土地和建筑所有权、聘用教师的权利并对学院的财政和发展负责。国家学位授予委员会是皇家特许设立的为大学以外的高等教育机构授予学位的独立团体，它由一个管理委员会负责监管，具体事务由其常务委员会来执行。国家学位授予委员会的主要职能是审批多科技术学院学位课程并颁发学位，确保其所授予的学位达到大学的学术标准。教育与科学部主要负责收集资料、开展教育统计、制定宏观教育规划，通过地方教育当局对多科技术学院起到间接的影响。①

2. 多科技术学院内部的组织与管理

在学校内部，对多科技术学院的管理主要通过管理委员会、学术委员会以及学院校长这三方进行。地方教育部门负责任命管理委员会的主要成员，指定范围为50—80人。管理委员会成员又分为"独力理事"和"学校理事"两种，前者是来自外部社会各行各业的代表，后者则是来自学校的代表。管理委员会的主要工作是为学院研究、制定一些相关政策并监控这些政策的执行，它在当地教育部门和多科技术学院之间起着调节、协调的作用。与之相比，学术委员会的规模相对大一些，最小的也有50—80人，大的甚至超过100人。学术委员会的成员由多科技术学院的四组代表组成，即学校行政领导、教师、学生和图书馆馆员代表。学术委员会承担着对学院教学质量和学生的学习环境质量的监控。多科技术学院的校长可以说是扮演着特殊的角色，除了主要的身份——校长之外，通常还是学术委员会主席，又是管理委员会理事。校长主要负责学院内部组织、管理事宜和规章制度的制定，在使用、部署及分派现有的教育资源（房地产、教师、金钱等）上有着极大的权利，通过管理委员会的认可，校长享有提拔或任免教师的权利，但是无权任命或开除行政教职员工。多科技术学院内部的管理权主要在于上述的三个方面，它们相互依赖、相互协作，而当行使职权时又会受到当地政府的限制。②

(三) 课程模式

多科技术学院的成立和发展，始终与英国地方产业、市场保持着紧密的联系，其人才培养唯有面向市场、尊重现实需求才能生存与发展。英国社会当时对应用

---

① 孙敏. 英国多科技术学院调研报告（中）[J]. 世界教育信息, 2013(10)：31—33.
② 梁杰. 英国多科技术学院管理体制研究[J]. 广州职业教育论坛, 2014(05)：47—50.

型人才的需求正是多科技术学院确立培养目标的依据,也是多科技术学院生存和发展的强大驱动力。多科技术学院在专业课程设置上具有灵活多样的特点。学院既设有全日制课程、工学结合制课程,还设有夜校脱产短训班以及其他各种类型的部分时间制课程。由于是根据各地区的工业、商业和服务行业的实际需要设置专业,因此,多科技术学院的许多专业是传统大学所没有的。专业课程教授的内容精炼适用,并结合科技发展的最新情况不断补充和修订,具有跨学科性以及与工商业紧密联系的特点。多科技术学院的办学指导思想侧重于学生在应用科学方面的发展,特别强调理论联系实际,强调毕业生实际技术的运用能力,重视生产实践与劳动就业的关系,实习和实验课时占总课时的1/3以上。此外,多科技术学院每门课程的开设都需要得到地方政府和地区咨询委员会的认可,全日制课程的开设还需得到教育与科学部的批准。

多科技术学院有工学结合的传统,"三明治课程"(Sandwich Course)最早出现在桑德兰多科技术学院。"三明治课程"将学生的课程学习和与课程相关的工商业等领域的实际工作结合起来,既能使学校的课程设置和教学内容紧跟产业发展,又能提高学生的知识应用能力,这样明显的优势使"三明治课程"在多科技术学院很受欢迎,选择该课程的学生数量从1965年的不足1.1万人增至1991年的约7.7万人(统计数据不包含威尔士),占多科技术学院学生总数的比例由6%增至19%。

(四) 师资队伍

在多科技术学院升格为大学后,其师资结构发生了显著变化。升格之前,因为多科技术学院主要从事职业技术类教育,在教师聘任方面更加看重教师的实际经验,绝大多数教师都是从具有实际经验的工程技术人员和管理人员中聘请;升格之后,多科技术学院提高了办学层次,许多学院还开设了诸多非纯技术类课程,学院向多科性高校方向发展,新入职教师的学术背景与原教师群体相比有显著提高,但应用经验方面则相对较弱。发展过程中的"学术漂移"导致了多科技术学院逐步向大学靠拢,学位课程所占比例日益提高,这也必然使得学校在教师招聘过程中重学术而轻应用。与此同时,教师培训的重点也从教学能力转向学术知识和研究能力。尽管如此,多科技术学院教师的学术水平与大学相比仍然存在着显著差异。1989年,大学中获得一级荣誉学位和博士学位的教师比例分别为42%和69%,而多科技术学院的相关数据分别为16%和32%。然而,多科技术学院的教师中经过专业教师培训的人员比例显著高于大学。多科技术学院成立的最初几年,教师培训相对未受到重视。1974年,各学院的教师培训才逐渐系统化。各学院一般有较为明确的教师培训政策,教师培训的形式主要包括脱产学习、学术会议、研究咨询等,同时也会组织一些短期培训项目。一般由系主任对本系教师的培训情况进行完备的记录,部分学院还会开展年度教师培训工作评估。教师培训均由各学校自行开展,教育与科学部会根据需要安排皇家督学(Her Majesty's Inspectors of Schools,HMI)对多科技术学院的师资力量进行评估,评估报告显示,这些学院的师资结构和水平都达到了教育与科学部的期望值。①

(五) 质量保障

多科技术学院是在政府选定的技术学院的基础上通过直接升级或优化合并建立起来的,政府选择这些学院的参考因素包括办学水平、办学条件、学科专业、地域分布、产业需求等。于1968—1973年间建立起的30所第一批多科技术学院的前身是50所技术、艺术、商业或专长类学院,其中技术学院占36所。于1989—1992年间建立的4所多科技术学院则是以原有的教育学院为主体。政府对办学标准的控制体现在学校的课程设置上。如上文所述,多科技术学院的课程设置需要经过相关政府部门的批准,颁发高等教育文凭或学位的课程还需要国家学位授予委员会审议通过。

英国政府对多科技术学院办学质量的保障主要体现在对其课程质量的严格把控上。国家学位授予委员会审议通过的学位课程是多科技术学院学位教育的主要组成部分,在一定程度上,前者建立的目的就是为了保证后者的学位教育能够与大学的学位教育在质量上具备可比性,进而通过保障多科技术学院的办学质量来保证"二元制"结构的真正实现。国家学位授予委员会主要通过定期评估的方式来保障多科技术学院的课程质量。高等教育文凭或学位课程的设置需经国家学位授予委员会的评估、批准,评估的大致程序是:学院提交评估材料,委员会将材料递交相关评估组,评估组到学院与相应课程团队进行讨论。评估指标包括培养目标、入学标准、课程大纲、考核程序、师资能力等。每次评估的有效期为5年,5年后学院需接受委员会的再次评估。

各学科评估组的成员均来自多科技术学院和大学的相应专业,因此,国家学位授予委员会的评估可以说是同行评议。在成立的最初几年,多科技术学院学位教

---

① 孙敏.英国多科技术学院调研报告(中)[J].世界教育信息,2013(10):31—33.

育课程的主体部分是合作大学学位课程。从某种程度上讲,这些课程的开设可以说是为大学"代工",因此,相应的大学为了保证自身颁发的学位的质量,自然会对多科技术学院开设此类课程的所有环节严加控制。其他非学位课程的教学任务是帮助学生获得相关行业的资格证书,其办学内容和质量由相应证书颁发机构间接控制。①

(六) 经费机制

多科技术学院被视为地方教育系统的一个部分,相关经费划拨方式主要是由中央公共财政拨款,通过地方政府的渠道划拨。这一方式一直持续到1988年英国高等教育经费划拨方式发生整体改革为止。多科技术学院从政府获得的经费主要分为两部分:资产资金(Capital Funding)和经常性开支(Recurrent Expenditure)。资产资金主要用于校舍建设,多科技术学院每年的校舍修建和修缮计划均需通过地方政府上报于教育与科学部,获批的经费再经由地方政府划拨给学校;经常性开支则通过高等继续教育储备金(Advanced Further Education Pool)实现在不同地区之间的合理分配,地方政府依据各多科技术学院的实际授课量计算开支数额,再根据该数额申请本地区高等教育经费。

1988年的《教育改革法》颁布之后,多科技术学院脱离了地方政府的管辖,成为独立法人,其经费由类似大学拨款委员会的多科技术学院和其他学院基金委员会(Polytechnics and Colleges Funding Council)从中央直接划拨,不再经由地方政府这一渠道。这一模式仅仅维持了4年,就因学院升格为大学,经费划拨渠道与大学的拨款渠道合并而终止。②

三、英国多科技术学院办学的发展与变革

多科技术学院的建立具有显著的政策因素,但该政策的终结与学院后期的发展直接相关。20世纪80年代政府削减经费,使整个教育市场更具有"走向市场"的特点。多科技术学院和大学在学术研究、学科体系和教师资格等方面越来越相似。多科技术学院在采用开放式的教育模式培养人才、满足社会企业界用人需求、实现高等教育大众化和民主化等方面取得了显著成效,基本上达到了其成立之初的政

---

① 孙敏. 英国多科技术学院调研报告(下)[J]. 世界教育信息,2013(11):30—34.
② 同上注。

策目标。但学院后期注重科研、争取独立学位授予权等"学术漂移"(Academic Drift)现象却又超出了政府的预先设想,这也是导致这一政策终结的直接原因。

多科技术学院后期的发展与政府设想之间出现了严重的偏差,表现为以下几个方面:(1)生源类型发生变化。学院招收的全日制学生越来越多,部分时间制的学生数逐渐减少。(2)学科综合化。社会和人文学科不断发展,在学院攻读科学和技术学科专业的学生比例明显下降,在这一点上,学院越来越背离了它以职业和技术学科教育为主的初衷。(3)过于注重科研。在一些学术实力比较雄厚的学院,科研工作和研究生工作的地位日显重要,并且,在国家学位授予委员会的支持下,科研工作已经成为教师工作的重要组成部分。(4)不断争取独立学位授予权,包括争得大学头衔的努力等。

学院后期出现上述表象的根本原因在于:一方面,行政和学术上他治且分离的院校管理模式存在弊端。多科技术学院的行政和学术管理权都在社会,即分别在地方政府和国家学位授予委员会。这种社会管制使学院缺乏自治,更缺少学术自由;并且,地方政府虽然拥有对学院的行政领导权,但它无权决定高等教育的相关政策,如课程的设置及评价、学术学位标准的制定等,而这些权力都在国家学位授予委员会。这导致了两个分离的管理部门之间矛盾重重。另一方面,学院内部"学术上漂"、争取自治的努力从未间断过。类似英国多科技术学院这一层次的教育,在世界上同一历史时期其他的国家也都存在,如美国的社区学院、法国的短期技术大学、西德的高等专科学校、日本的短期大学和专门学校等,但他国这些类型的学校大都在地位和学术水平上低于(或隶属于)本国传统大学,并且不提供研究生层次的学位教育。与它们不同的是,英国多科技术学院不但在地位上与本国传统大学平等,而且还提供研究型硕士和博士课程,并授予和大学水平相当的学术学位。不言而喻,一个高等教育机构所授予的学术学位层次(水平)越高,就越需要科研。多科技术学院后期科研力量的增强,使它在生源类型、学科综合化、教师工作重心(从重教学转向重科研)等方面越来越像大学。①

多科技术学院的发展使它更像有着大学身份的高等院校。所以这两个部门之间不应该在结构和管理上泾渭分明。到了 80 年代后期,两部分高等教育的管理体制改革势在必行。1987 年,英国议会发布《高等教育——迎接新的挑战》(Higher

---

① 杨晓波.英国多科技术学院政策述评[J].比较教育研究,2007(4):73—78.

Education：Meeting the Challenge)白皮书,明确规定坚持科学基础研究、增进艺术和人文学科学术成就是高等教育的重要目标。1988年,《教育改革法》决定将多科技术学院归属中央政府直接管理。1991年5月,英国议会颁布的《高等教育：一个新框架》(Higher Education：a New Framework)建议废除二元制,建立一个单一的、融合的高等教育框架。时任首相梅杰认为,这场改革将主要结束大学与多科技术学院和其他学院之间日益严重的人为区分。1992年,议会通过了《继续教育和高等教育法》(The Further and Higher Education Act),建议成立"高等教育基金委员会"(HEFC)法人团体。依据这两个法案,政府裁撤了1989年才设立的"大学基金委员会"和"多科技术学院与其他学院基金委员会",改按地区设置"高等教育基金委员会"。同意多科技术学院申请改名为大学,具有和大学相等之地位,享有自行颁授学位之权利。同时,取消了国家学位授予委员会,把学位下放到各主要院校。这两个法案构成了英国高等教育体制结构变革的分水岭。最后,英国34所多科技术学院以及部分其他学院被改称为大学,一个统一的高等教育体制取代了运行20多年的二元制,实现了英国高等教育体制新的融合。[①]

多科技术学院在发展中回应国家及地方需要、培养应用型职业人才并逐渐兼顾人文科学,使其成为培养社会各行各业优秀人才的重要基地；同时,在发展中形成的"学术漂移"也导致了其自身的消亡与转型。统一的高等教育体制取代了运行了20多年的二元制,实现了英国高等教育体制的新融合,这场变迁被称作"英国高等教育史上从未有过的结构改革",是一场"静悄悄的革命"。[②]

四、英国多科技术学院办学对我国地方本科院校转型的启示

虽然英国多科技术学院已经升格为大学,但其发展过程中的诸多经验依旧可为我国当前地方本科院校的转型提供启示和借鉴。

(一) 准确定位院校的人才培养目标

办学目标决定一所高校发展的基本方向,它对学校的各项工作任务有着导向作用,明确办学目标与找准定位是高校发展的前提条件。英国多科技术学院自成

[①] 熊颖,孙博. 多科技术学院的发展及消亡暨对我国发展技术本科的启示[J]. 职教论坛,2008(18)：62—64.
[②] 陈新忠,卢瑶. 分流施教：英国多科技术学院应用型人才培养的经验与启示[J]. 教育与职业,2016(23)：23—27.

立之初的办学目标就是培养应用型人才,其定位也非常明确,突出应用型与地方性,这也是多科技术学院后期发展迅猛的原因之一。我国应用型本科院校应紧紧围绕培养应用型人才的办学目标,科学制定人才培养方案,提高对发展应用型本科院校的认识。

(二)强化应用型本科院校服务社会的职能

高校具有人才培养、科学研究与社会服务三大职能,各个国家都十分重视社会服务职能所发挥的重要作用。英国多科技术学院的建立主要是为了满足经济社会对应用型人才的需求,在教育领域开启了服务社会的理念。我国应用型本科院校应该以"服务地方经济发展需求"为主题,以培养应用型创新人才为切入点,积极主动为地方经济社会发展服务。地方性是应用型本科院校的重要特点之一,因而其在区域经济发展中占有特殊的地位。应用型本科院校应牢牢坚持服务地方的原则,进一步强化其服务职能,满足地方经济建设和社会发展的需求,根据地方经济状况适当调整专业设置结构,提高毕业生与未来就业的契合度,并且持之以恒。我国应用型本科院校的服务职能是区域经济发展的客观要求,也是高校赖以长久生存与发展的根本所在。

(三)合理设置灵活多元的模块化课程

英国多科技术学院为实现学生专业面宽广的教学目标,课程设置多元化,实现了学生文理知识交融与跨学科学习。我国应用型本科院校要想实施课程模块化教学,注重学生的实践能力和创新能力的培养,真正实现应用型本科院校的办学目标,就要对课程体系进行合理规划与设置,可以将课程分为通识课程、专业课程、能力训练三个模块。通识课程的主要任务是培养学生必备的综合素质与知识、能力;专业课程主要是培养学生将来从事某一项职业的专业素养与能力,提高学生的社会适应能力;能力训练主要是针对专业的具体要求,培养学生的实践能力,为学生将来步入社会做准备。总之,我国应用型本科院校应坚持模块化课程的培养模式,高度重视学生宽厚的理论知识、专业学习能力以及专业应用能力的培养,加强学生的人文素养与科学素养的融合,着眼于学生的未来发展,提高竞争力,增强学生的职业适应能力。

(四)明确各方主体的办学职责

要以政策和法规的形式明确政府、学校、企业和社会的办学职责。应用技术大学是为地方经济社会发展培养应用型人才的,其发展涉及政府、企业、社会、学校、家长等各个方面。因此,要以政策和法规的形式明确政府、学校、企业、社会、家长在应用型人才培养方面的职责,推动应用型人才的质量提高。一是明确地方政府的实践教育职责。政府是我国应用技术大学的宏观管理者,利益矛盾的协调者,发展方向的引导者。政府以政策法规的形式明确高校、企业、政府、社会各界及家长在应用型人才培养方面的责任;政府通过奖励政策的制定与实施,调动各方面参与应用型人才培养的积极性;政府通过惩罚规定的制定与实施,使各个方面不敢不履行职责;政府定期发布一定时期、一定阶段的经济社会发展规划信息、人才需求信息,为高等学校的学科专业设置和实践教育提供指向。二是明确高校的教育职责。高校是应用型人才培养实践教育的主体之一。负责实践教育师资队伍建设,协助实践教育基地搞好基地建设,协助企业搞好技术队伍、职工队伍的技能培训,协助企业搞好生产中的问题研究、技术攻关研究,与企业合作科研项目研究,研究企业的经营管理与发展,为其提供智力支持。三是明确企业的教育职责。校企合作联合办学,共同培养应用型人才是应用技术大学教育发展的必由之路。明确企业在应用型人才培养方面的责任。企业具有参与应用技术大学共同办学、共同培养人才的责任,为应用技术大学提供实习实践基地的责任,协助其共建"双师型"教师队伍的责任,协助其搞好实习实践教学的责任,协助其完成应用型科研技改的责任,管理好参与实习实践的学生的责任;完善企业实践教育体制,做到有机构、有人员、有厂房、有设备、有制度、有规划和计划、有师傅、有指导、有生产任务、有科研任务;产学合作攻关、互利双赢。

(五)强化分流施教的公正化、特色化和开放化

多科技术学院采用分流施教的方式,对英国适龄青年学子的高等教育机会、形式、任务、资源、层次进行合理分流,为英国工业社会培养了大量高级应用型人才,同时促使英国高等教育由传统精英教育转向职业教育和平民教育,优化了受教育者的阶层结构,提升了受教育者的社会地位。借鉴英国多科技术学院分流施教培养应用型人才的做法,我国应用型大学和高职高专院校应加强高等教育机会分流的公正化、学生分流施教的特色化、高等教育层次分流的开放化,从而培养应用型人才,促进我国社会的合理分层流动。

一方面,注重高等教育机会分流的公正化。对高等教育机会的分流实质上是对青年学子社会地位和社会资源分配的预备,公平的高等教育机会分流将给更多有意愿接受高等教育的学生提供理想的研究与探索的选择。借鉴英国多科技术学

院在对高等教育机会分流中注重公平的做法,我国地方本科院校和应用型大学要努力促进高等教育机会的公正化。一要创造条件,持续扩大自身教育规模,为促进有愿望、有能力者都能接受高等教育而努力;二要实施宽进严出的招生培养策略,由注重入学门槛向注重入学后教育质量转变,强化对教育过程的管理和监控,促使更多处于弱势地位的学生有机会参与再次分流;三要减少性别、年龄、阶层等方面的限制或歧视,适当照顾农村生源,不断优化生源结构。我国应用型大学和高职高专院校在教育机会分流上要注重分流依据的科学性和公平性,避免一次分流带来的不公平因素。

另一方面,强化学生分流施教的特色化。我国应用型大学和地方本科院校在人才培养过程中,尤其在办学目标和人才培养目标上存在趋同现象。学习英国多科技术学院的经验,我国应用型大学和地方本科院校要明确自身培养应用型职业人才的目标定位,走内涵式发展道路。一要坚持技术立足,促使每一名学生经过高等教育阶段的学习,掌握至少一门过硬的生产技术;二要坚持产学结合、知识的直接习得和间接习得相结合,推动学生的理论学习与生产实践互促共进,促使学生成为具有较高理论素养和文化修养的高级专业技术人才;三要推进办学主体多元化,使企业成为学校经费、师资和管理的主要力量,实现自我教育的可持续发展。

(撰稿人:张蔚然)

日本技术科学大学办学发展报告

第二次世界大战后日本经济高速发展,为了全面适应社会与经济发展的需要,日本高度重视职业技术教育所采取的各项具体措施,形成了一个多层次、多类型的比较完整的职业教育体系。日本的职业技术教育结构灵活多样,互为补充、互相促进。既适应了社会经济的高速发展和产业结构的变化需求,又为不同年龄、性别、学历的人提供了多种升学、培训、转业和提高的机会。特别是以制造业为核心的日本第二产业的发展,主要得益于以工业高中、高等专门学校和技术科学大学为代表的技术教育的形成与发展。因此,探讨技术科学大学在日本社会转型期所发挥的作用、基本特点和一般规律,对改革与发展我国的高等职业教育具有很高的参考价值和借鉴意义。

一、日本技术科学大学的办学历程与时代背景

(一) 技术革新对技术人才提出更高要求,促使职业教育改革

20世纪50年代后期,在国际日渐兴起的技术革新的潮流中,日本也急起直追,开始步入技术革新的时代,科学技术成为促进日本经济发展和提高国民生活的强大动力。此时,技术革新的重点是实现重、化工业的综合化和大规模化。由于大量的技术引进和大规模的设备投资,推动了技术革新的发展,所以,在迅速实现重、化工业综合化和大规模化的同时,日本的科学技术水平也很快接近了欧美各国。据推算,1950年日本的科技水平比美国落后20—30年,到1960年,这个差距已缩短为10—15年。进入60年代之后,日本的科学技术向大型化、高级化、综合化发展,其特点是半导体等电子元件的发展,带来了信息化的发展和科学技术的大型化。在生产设备、生产规模大型化的基础上,日本工业的国际竞争能力也大大增强了。

日本经济规模的扩大、产业结构的变化、生产设备的更新以及技术革新的深入发展,使产业界急需大量掌握现代生产技术的熟练劳动力,而且要求这些劳动力的

质量、层次不断提高。据1960年制定的《国民收入倍增计划》的估算,在计划期间,约缺17万大学理工科专业的科学技术人员、44万工业高中毕业水平的技术人员。此外,通过技能训练新培养的熟练工人约需160万,而需要重新培训的约有180万人。在这种形势下,产业界对教育改革的要求十分强烈,他们要求政府对教育采取果断的措施,以适应日本经济发展和技术革新的需要。如日本经营者团体联盟在20世纪50年代连续上书日本政府,要求改革教育。1952年10月16日提出《关于重新研究新教育制度的要求》;1954年12月23日提出《关于改革当前教育制度的要求》;1956年11月9日提出《关于适应新时代要求的技术教育的意见》;1957年12月25日又提出政府应通过从小学到大学的教育,做到有计划地培养适应技术革新和经济飞速发展的科技人员和技术工人。

(二) 职业教育的转型与升级催生高等专门学校

昭和35年(1960年)日本政府制定的《国民收入倍增计划》,带动了对人的能力的开发、科学技术的发展和对教育的重视。由于各类学校入学人数倍增,原有的四年制大学已经不能适应经济发展的需要,产业界不断传来要求设立专科性质的高等教育机构的呼声。在这种背景下,1961年修订的《学校教育法》中增设高等专门学校,旨在招收初中毕业生及同等学历者,培养学生具有高度的专业知识和一定的职业所需的必要能力。1962年,以工业高等专门学校命名,学制为五年的19所工业技术专门学校正式诞生。此后,于1967年富山县等地又创设了商船高等专门学校;1971年,工业高等专门学校中又增设了电波通讯学科。日本文部科学省对学校的基本调查结果显示,2004年共有高等专门学校63所,其中国立55所、公立5所、私立3所;共有学生数58 698人,其中国立学校学生数51 729人、公立4 673人、私立2 296人;同年招生数共计11 572人,其中国立10 162人、公立928人、私立482人。可见,高等专门学校具有很强的国家行政管理和一定的升学教育的性质。

(三) 高等教育大众化导致高等专门学校地位下降,技术科学大学应运而生

国民收入增加,人民生活水平提高,致使很多青年,甚至连一些农村青年也愿意升入高中普通科,然后升大学或短期大学。而高等专门学校升大学的门路过窄,这成了阻碍优秀的初中毕业生进入高专的一大障碍。同时,由于大学和研究生院不断得到充实,很多大学工学部的毕业生升入了研究生院,从而产生了一种新的趋势,即研究生院的毕业生将成为高级技术人员,大学毕业生将成为中级技术人员,而高等专门学校的毕业生则将成为初级技术人员。这样,就将相对地降低了高等

专门学校毕业生的社会地位,因此,使大量优秀的初中毕业生报考高等专门学校的积极性大大地降低了。

为了解决以上问题,在重视发展、以培养中级骨干技术人才为目标的高等专门学校的基础上,1976年10月,日本又在爱知县的丰桥市和新潟县的长冈市创建了一种新型的"技术科学大学"。它是一种以开发实践技术为重点的高等教育机构,招收工业高等专门学校的毕业生和具有同等以上学力的人入学,同时它还兼备对社会成人进行继续教育的职能。技术科学大学在1978年开始招生,本科学制为四年,一年级主要招收工业高中毕业生600人,三年级主要招收高专毕业生240人。1980年两所技术科学大学还开设了大学院(研究生院),其专业与本科保持一致。这种技术科学大学开辟了日本发展高等职业技术教育的新途径,为工业高中和高等专门学校毕业生继续深造提供了学校制度上的保证,从而也为巩固和发展中等、高等职业技术教育发挥了积极的作用。

(四)技术创新推动技术科学大学飞速发展,本科层次技术教育扎根日本社会

进入20世纪80年代,日本的高中教育接近普及,高等教育的入学率高达50%。日本的国民生产总值在世界国民生产总值中占10%,科技方面个别领域已达到世界先进水平,并提出了由"贸易立国"转向"技术立国"的发展战略。在科技上由"拿来主义"转向"创新、开拓",教育体制由以往的"模仿型"改为富有日本特色的"个性型"。在此背景下,高等职业技术教育除了确立短期大学的法律地位、创设高等专门学校和技术科学大学以外,力图改变传统高等教育重文法、轻理工、自然科学和工程技术教育发展缓慢的状况,使高等技术教育在大学本科教育和研究生教育中占有重要位置。

1990年创立的北陆先端科学技术大学院(研究生院)大学(位于北海道千岁市),作为日本为数不多的单设研究生院的独立新型大学,它既是教师和学生共同从事教育、研究工作的机构,又是国内大学最大的信息科学教育和研究基地。在先端的科学技术领域推进具有高水平的基础研究,有组织地进行高度职业人的培养和继续教育,积极开展与社会产业界的合作研究,共同推进产业技术的进步。

二、日本技术科学大学的办学现状

目前,日本的高职教育培养模式主要是短期大学、高等专科学校和技术科学大学。技术科学大学是20世纪70年代以来日本大学教育制度改革的产物,是在高等

专门学校的基础上,技术教育得以进一步提高的表现。根据日本国立学校设置法的修改稿,1976年新设丰桥技术科学大学和长冈技术科学大学,其80%以上的学生是从高等专门学校毕业的三年级编入生。

(一)人才培养目标与人才培养规格

1963年,日本经济审议会发表了《关于开发人的能力政策的咨询报告》,这份报告为20世纪60年代中后期的教育改革起到了举足轻重的作用。该报告明确提出了两条教育改革的建议,其中一条关于"实行产学合作和在学校教育中实行'能力主义教育'"的建议,为技术科学大学人才培养目标的确定指明了方向。

所谓的能力主义,就是在学校中尽早地发现具有高素质的高级技术人员并加以精心的培养。因此,日本技术科学大学成立之初就确立了"以培养具有高度创造能力和实践能力,对新技术有适应能力的技术指导者"的人才培养目标,实施技术科学专业知识和实践动手能力为主体的教育内容。与此同时,日本技术科学大学针对技术型人才的不同能力和知识需求,分别实施了本科、硕士、博士等不同层次和规格的技术型人才教育。

日本技术科学大学大都实行四年制本科教育、研究生教育一体化的教育。四年制本科教育新生以普通高中和工业高中的毕业生为招生对象,五年制高等专门学校的毕业生直接编入本科三年级学习,研究生教育招收其他大学和高等专门学校"专攻科"的毕业生。各阶段的教育目标分别为:本科教育培养兼备基础和专业知识的实践型技术者;研究生教育培养从事研究和技术开发的研究型技术者。通过在实践与理论交替进行的螺旋式提升的教育过程,强调培养具有优良品德、国际性视野、与自然共存共荣的、良好的技术开发能力和出色的研究能力的技术人才。

以日本丰桥技术科学大学和长冈技术科学大学为例。丰桥技术科学大学以技术科学的教育和研究为使命,并为实现这一使命,培养具备优良品德、面向国际、与自然共存共荣,具有实践性、创造性和领导性才能的技术人才;同时,进行具有先进性、实践性的技术研究。为此,技术科学大学以研究生教育为重点,培养学生形成解析分析能力、细腻温和的感性、多元性思考能力、全球化视野,同时开展以开拓技术科学新境界为目标的研究工作。学校还坚持与区域社会的合作,面向全国和国际社会实行大学开放。其每年招生计划定额本科一、二年级80人左右,本科三、四年级380人左右,研究生395人左右。长冈技术科学大学的办学层次与丰桥的情况基本相同。它坚持的培养目标为:对技术和科学抱有浓厚的兴趣,并具备学习所必需的基础学习能力;具有优良品德,有责任感,为人诚实;愿为社会贡献自身,积极投身于学习和研究;努力开拓新领域、创造新理论,热爱制造行业;拥有并能发挥个人丰富个性、特长的人。长冈技术科学大学以培养学生的创造性能力为基本理念,重视实验和实务教育,特别是企业实践,同时教育研究工作也围绕实践性技术的开发来展开。

(二) 学制结构

担负着先进科技教育与研究任务的日本技术科学大学与5年一贯制的高专相衔接,主要招收高等专门学校毕业生(占技术科学大学学生总数的80%以上),在其原来的基础上实施4年本硕一贯制(本科2年,硕士2年)的高等教育,着眼于应用技术开发的教育和研究,旨在通过长期的专业教育,培养具有创造力和研究开发能力的高级技术型人才,同时也兼有作为新生入学的工业高中毕业生。日本技术科学大学的建立在对大学阶段的工学系重新整合的同时,完善了与专业本科的新型接续体制,从而筑造了在9年义务教育阶段之上与普通教育轨并行的9年一贯制高等职业技术教育的另一轨,这意味着日本高等教育阶段"双轨制"体系的回归。

(三) 培养路径和教学方式

日本技术科学大学本科阶段的学制为两年,主要接收五专(主要以初中毕业生为主,接受五年的技术教育)和三专(主要招收高中毕业生,接受三年的技术教育)的毕业生(占其学生总数的80%)插班入学。

高专学校的目的是"深入教授专业知识、培养职业所必需的能力",依据这些学生的特点,日本技术科学大学制定了高层次的基础教育、专业教育与体验技术制作相互渗透、交叉进行、本硕一体化的方式,培养和训练学生工程思维和技术开发能力的教育方法,使学生入学就接受连续、系统的技术教育,以适应社会发展的需要并具有解决复杂课题的技能。这种一体化的培养模式从总体上保持了技术教育的连续性和一贯性。但对于不同入口的学生,学校按照课程的不同组合,实施不同的教育。不论是基础课还是专业课,日本技术科学大学都根据不同入口学生的差异设置了不同级次的课程,即使是同一级次的课程还分A、B、C不同的类型,其目的在于,通过这种分类、分级的课程组合,使不同入口的学生在毕业时统一达到本科技术教育所要求的目标。

由于实施的是本硕一体化的人才培养模式,日本技术科学大学在本科阶段开展的是高密度、综合化的专业基础教育。基础课程教学内容和体系不是直接采用自然科学的体系,而是从技术科学基础的视点出发,打破自然科学的界限,按照技术专业组织内容,实行跨学科的综合教育,创设新型的综合课程。无论是基础课还是专业课,必修课的学分很少,但却根据专业课的方向设置了大量的、多学科的选修课程,目的在于使本科阶段的学生奠定多学科的综合基础,为研究生阶段的深入研究作准备,这种综合化使技术教育与社会科学、自然科学建立起紧密的联系,突破了传统专业领域的局限。在教学方式上,日本技术科学大学广泛采用研究讨论会、课程轮讲等教学形式,专业课教学内容紧跟技术发展的步伐进行充实、丰富,使教学效果得以保证。

(四) 实践教学体系

突出实务能力的培养是日本技术科学大学培养技术型人才的显著特点。实务训练是学生通过与企业、社会的密切接触,陶冶作为技术领导者必要的人格和情操,领会技术的本质与意义。因此,日本技术科学大学建立了比较完整的实践教学体系。由于实施的本硕一体化的人才培养模式,在本科阶段主要以基础理论教育和专业基础理论教育为主,尽管如此,日本技术科学大学实践教学课时数仍占相当大的比例。据统计,在本科阶段,其理论教学占总学时的60%—70%,实践教学占总学时的30%—40%。日本技术科学大学的实践教学主要以实验、实训和实习为主。尽管实践的方式多样,但每一种实践都有明确的要求,如实验教学,一年级主要以验证性实验为主,到了二年级多为开发性实验,到了研究生阶段则70%为开发性实验,并且十分注重学科的交叉、专业的复合,十分注重学生的实践、创造能力的培养。

为了使教学内容与实际密切联系,日本技术科学大学基本都设置了实务训练环节。其中,丰桥技术科学大学在本科阶段的最后一个学期设置了为期2个月的实务训练,长冈技术科学大学更是长达5个月。在实务训练中,学生可以自己选定实习单位,学校也可根据学生专业学习的实际情况为学生选定相应的实习单位。在实习过程中,学生按企业正式员工的要求全面深入企业生产的各个环节,并根据实习情况完成实习报告。这种实务训练使学生学会了如何在现实社会中使用学习过的知识,进一步感悟、理解了技术的本质,提高了学生解决实际技术问题的能力。

三、日本技术科学大学的发展趋势

(一) 促进学生的全面发展

注重学生的品德、能力、身体等素质的全面培养已成为各国职业教育所追求的目标。日本技术科学大学的人才目标正在从简单的知识、技能传授向着重培养学生的个性和能力转变。主要表现在三个方面：

1. 重视学生综合职业能力的培养

科学技术的迅速发展使行业更新日益加快，狭窄的职业技术教育往往使学生定位于某一岗位、某一职位，不能适应频繁变换工作的需要，因而重基础、有弹性、具有广泛适应能力和迁移能力的综合职业能力培养成为21世纪高等职业技术教育人才培养的重要目标。综合职业能力既包括专业能力，如技术操作能力、技术管理能力、技术诊断能力和维修能力、技术创新能力等，又包括一般能力，如认知能力、表达能力、管理能力等。人才培养目标的变化使日本技术科学大学课程设置的重点亦逐渐发生变化，更加重视基础课程，一般教养课程范围逐渐扩大，职业课程群集化，为学生提供进入多种相关行业所需的知识和技能。

2. 注重培养学生的个性和创造力

1995年日本产学恳谈会提出《为创造性人才培养改善大学教育的紧急建议》，又于1996年提交《为培养理工科领域创造性人才的产学恳谈会报告书》，提出着力培养敢于和善于新技术开发的创造性人才。可见，创造性人才的养成不仅是人才培养的基本要求，也是产业界"需求动力"的推动。1999年3月，日本政府制定了《创造基础技术振兴基本法》，开始推进与创造技术振兴相关的政策计划。2000年5月，由内阁总理大臣主持的"创造恳谈会"强调，要不断听取、采纳为提高国民创造力的各种政策意见和提案，发动全国国民关注创造性的培养。因而，日本技术科学大学在未来的发展中，将更注重问题型学习及学生在实践中创造性的培养，促进学生的可持续发展，并通过加强与企业的联合或学生自主选择主题进行与创造相关的调查研究等方式，充实有深度的、实践性的创造性研究。

3. 重视学生人文素质的提高

重视人文素质教育是日本高等职业技术教育的一个重要特点，这一点在日本技术科学大学的课程体系中也有所体现。近年来，日本技术科学大学逐渐在课程体系中开设一般教养课程与专业课程，人文课程的学分比重也逐渐增高。课程涉及的领域非常广泛,包括政治、经济、法律、文化等各个方面,不仅使学生学到各种技术理论,加强实践能力,还培养学生学习专业知识之外的态度、价值等人文因素,使日本技术科学大学的毕业生不仅仅是单纯的技术劳动者,而且是一个能在政治、经济、法律、人类的总体框架下思考技术价值的技术人文者。

(二) 适应社会的变化和产业的动向

日本职业教育的目标非常具体、务实,旨在发展学生多方面的能力和培养其社会适应性,使其成为优秀的产业人员,为地方产业、经济发展服务。日本职业教育界始终认为,培养能适应社会发展变化,对未来充满信心的学生是职业教育的根本任务。因而,日本技术科学大学的发展首先要适应经济发展的需要。从20世纪70年代末起,日本开始调整产业结构,优先发展电子、新材料、生物工程等尖端技术,经济的信息化、软件化、服务化发展迅速。为了应对这样的变化,日本中央教育审议会提出:要在固定的学科区分中超越学科的界限,设置复合型教育内容,以适应当今社会情报化、国际化、高龄化和服务经济化的要求。同时,根据日本的产业、就业结构的变化重新改革学科制度。据此,日本中央教育审议会认为:为培养掌握专业能力的职业人,要开设能够适应社会变化和科技发展的学科,改革教育内容,推进课题解决型学习。为此,日本技术科学大学一方面在根据社会及产业的发展不断改编、充实现有的学科,不细分专业,重视学科的基础和基本内容;另一方面则根据技术发展的需要不断导入新的学科,使高等职业技术教育适应甚至超前于产业发展的需要。

(三) 加强与地区及产业界的联合

推进高等教育包括高等职业教育与地区、产业界的联合,是日本教育应对21世纪发展的《教育振兴基本计划》的重要内容。日本技术科学大学的地域性很强,为了适应地区发展的多样化要求,日本技术科学大学将不断面向地方、扎根地方、为地方的经济发展服务。日本技术科学大学中设有"高专合作室",以此加强了地方高等专门学校在教育与科研等各方面的合作,增强学校办学的灵活性与适应性,更好地发挥学校服务地方经济的职能。另外,日本技术科学大学还和地方企业合作,通过共同研究、委托研究等方式,让学校与地方的经济和产业发展紧密联系在一起,通过与企业的共同开发、奖学金支付、技术支持、委托实验等方式,使技术科学大学的研究成果、研究能力得到有效发展,为地方产业的发展和活性化发挥了重要作用。日本政府为推进高等职业技术教育与产业界的合作,动员学校既要与相关的各个行政领域通力合作,又要与产业界共同分担适当的功能,共同为地方的经济发展服务。这是日本《教育振兴基本计划》中一项重要的发展项目。

(四) 融入终身教育体系

日本非常重视终身职业教育体系的建立,早在1978年5月颁布的《部分职业训练法的法律》中明确提出终身职业培训及终身技能评价是职业教育的根本方向。1995年《关于在终身学习社会期待的职业教育》的咨询报告中提出,要构筑丰富的终身学习社会,把走上社会的学习作为人生体系的重要一环。目前,日本已建立了包括终身职业能力开发中心、职业设计指导中心及地方职业开发综合中心在内的面向21世纪的终身职业能力开发体系。日本技术科学大学是日本高等职业技术教育的重要组成部分,亦是日本终身教育体系中不可或缺的一员。目前,日本技术科学大学在终身教育体系中的职能正在发生转变,主要表现在两个方面的发展,一方面要为需要技术的社会人员提供服务,另一方面要为更广阔领域的社会人员提供教养教育。目前,技术科学大学除实行针对社会人员的特别选拔、课程结业生、旁听生等制度外,正在尝试进一步推进面向社会人员的正规课程。部分技术科学大学还设立了面向地方开放的各种教育中心,通过公开讲座、开放学校教育设施、特别公开讲演会等形式支持地方居民的终身学习。此外,为了适应职业教育、一般教养教育等更广阔领域的多样化需求,为社会人员提供更加多种多样的学习机会,日本技术科学大学通过卫星教室、昼夜讲课制、夜间研究生院等灵活的职业进修方式为全社会提供终身教育服务,使提高社会人员职业资格成为可能。总之,日本技术科学大学越来越成为社会终身教育体系中的重要组成部分,并将发挥重要的作用。

四、日本技术科学大学办学模式对我国地方本科院校转型的启示

日本技术科学大学延续了高等专门学校的办学模式,同时又在层次上有所提高,并一直延伸到博士层次,成为日本高等教育体系中一种不同于一般高等教育的类型。在实践中,形成了几个重要的典型经验:一是强调基础课与专业课教学的结合、实践性课程与理论性课程的结合。二是在相互衔接和沟通的技术教育体系中使技术本科教育与技术专科教育(高等专门学校),以及之后的研究生层次的技术教育之间自成一体。三是加强与地方性大学之间的合作。四是重视适应地方需要,与地方区域发展共生共荣。五是加强与企业的合作计划,积极推行产学一体的共同研究。这些经验对我国举办本科层次高等职业技术教育以及地方本科院校转

型与发展具有借鉴意义。

(一) 注重人才培养目标的实务性、创新性和国际化

日本技术科学大学人才培养的目标是：适应社会职业岗位需求、具有实践创造能力的指导型技术人员，即注重实务能力的培养。这一点在丰桥技术科学大学的培养计划中表现得十分明显，如在本科阶段，其理论教学占总学时的60%—70%，同时，十分注重在工作环境中培养实践能力，其学生实习时间长达2个月，而在长冈技术科学大学甚至长达5个月。突出实务能力的培养是日本技术科学大学培养目标中的显著特点。随着知识经济的日益成熟和日本科技创新立国发展战略的确立，日本对大学生探索与创新能力的培养要求极为迫切，并要求彻底改变"培养以死记硬背为中心的、缺乏主见与创造性能力的、没有个性的模式化人才"，强调把"创造性"当作个人在"今后急剧变化的社会里的'生存能力'的重要内容"。为实现科技创新立国战略服务，培养具有高品质、具有创造性的职业技术人才，丰桥技术科学大学低年级的实验主要以验证性为主，高年级则70%为开发性实验，并注重各专业的复合。

日本是一个地少人多、资源相对贫乏的国家，但科技水平处于世界前列。随着全球化进程的加快，日本海外投资越来越多，海外净资产庞大，高达1.5万亿美元，而且主要以技术输出为主。因此在日本的技术科学大学中，为了提高人才的国际素养，在注重外语学习的过程中，把海外实习作为开拓国际视野、理解异国文化的主要途径和有效手段。如丰桥技术科学大学要求其学生在校期间应有海外实习或在国外日资企业见习的机会，希望其毕业后能适应到海外工作的需要。

(二) 建构技术型人才具有独立而完整的培养路径

技术科学大学在日本尽管数量不是很多，但却是一种相对独立的教育体系，它有从专科到博士不同层次的学制。在这个系列中，专科主要以初中毕业生为主，接受五年的技术教育，部分招收高中毕业生，接受三年的技术教育。在本科阶段，学校主要接收五专和三专的学生，占其学生总数的80%，研究生有10%来自其本科毕业生，这种一体化的培养模式从总体上保持了技术教育的连续性和一贯性。对于不同入口的学生，学校按照课程的不同组合，实施不同的教育，使学生在毕业时达到统一的要求。

(三) 推进应用型技术本科与职业教育课程的交叉、复合

在过去相当长的时期里，日本一直是世界技术贸易中最大的买主。日本的现

状使技术科学大学长期注重开发应用型人才,其主要是对国外引进的技术加以应用,但随着发达国家普遍采取限制高科技转让的政策以后,日本在大量引进专利技术的同时,也在不断提高自身的技术开发和创新能力。这种发展趋势使得技术科学大学在人才的培养模式上发生转变,即在发展基础研究的基础上进行科技创新,注重培养本科生和研究生的创新能力,其课程设置也发生了变化。如在丰桥技术科学大学,高年级和研究生阶段的学生主要根据研究活动来安排学习内容。这些研究活动涉及多学科、多领域,其课程安排是多学科的交叉与复合。在丰桥技术科学大学的同步轨道辐射光研究中心,协助教授进行研究的就有不同专业和学科的本科生和研究生。

(四)科研注重实用性,同时也加大基础研究和前沿性研究

教师的科研水平是一个学校的实力,作为技术科学大学,不但要注重研究的实用价值,为社会服务,同时也要为科技创新奠定基础。在和歌山高专,学校鼓励教师积极开展应用型研究,如学校太阳能发电设备的研制,每年可以为学校提供10%的电量,既调动了教师从事科研的积极性,又为学校节省了经费。在丰桥技术科学大学,则建有世界最先进、日本三大同步轨道辐射光研究中心,使教师能参与到基础研究和前沿性研究之中。

(撰稿人:严世良)

台湾地区科技大学办学发展报告

我国台湾地区有着十分完善的职业教育体系,其已经形成了从中学到大学的完整体系,包含了中等及中等以上学校实施的职业教育,含有高级职业学校(相当于大陆地区的职业中专)、五年制专科学校(招收初中毕业生)、二专(招收高级职业学校毕业生的二年制专科学校),以及本科层次的技术学院和科技大学。作为培养技术师和工程技术师的本科层次的应用技术大学①(技术学院和科技大学),其不仅为台湾地区的经济发展提供了充沛的技术应用型人才,更是通过校企合作、应用研发为台湾地区产业结构的转型升级提供了强有力的智力支持,取得了较好的办学成效,它是一种同台湾区域的经济发展有着紧密的共生关系的教育机构。发展应用技术型高校将会是未来我国高等教育结构调整的重要战略方向,但地方本科院校向应用技术型高校转型并不是名称转变这么简单,其实质是办学模式的转型,涉及办学理念、教育教学制度、校企合作机制等多方面、多层次的转型。因此,在转型之前,必须首先对这一"型"有着较为充分的了解和认知,方能找到具体的转型策略的步骤。而台湾地区科技大学作为一种在台湾地区取得了较好办学成效的技术本科教育机构,其办学历史较长,积累了较为丰富的经验和教训,且与大陆地区同处于中华文化圈之内,其转型发展的经济、文化背景与大陆地区地方本科院校当前所面临的环境具有一定的相似性,其相较于经济和社会文化传统与我国差距较大的西方国家的应用技术高校的办学经验,对大陆地区地方本科院校的转型发展具有更为重要的借鉴和启示意义。

一、台湾地区科技大学的办学历程

台湾地区科技大学从诞生至今,已经有近 40 年的时间,根据其时代背景和政府

---

① 尽管本报告标题是以"台湾地区科技大学"为研究对象,但在具体内涵上主要是指培养本科层次技术应用型人才的教育机构,包含了科技大学和技术学院两类应用技术类高校,两者在人才培养类型上并无本质的区别。

政策措施的差异,可以将台湾地区科技大学的发展分为萌芽期、形成期、发展期、成熟期这四个阶段。在这四个阶段,台湾地区经济社会的可持续发展是台湾地区科技大学从萌芽走向成熟的根本动因,但在每一个特定的历史发展阶段,其发展的时代背景和政府战略举措以及学校的办学模式又各不相同。

(一) 萌芽期(1968—1970年)

20世纪60年代末期,台湾地区的加工业在国际上逐渐崭露头角,生产消费与全球经济发展间连接更为紧密。尽管美国对台湾地区的计划型经济援助于1965年停止,但由于政府采取有效政策,使得出口迅速扩张,1960年至1972年由1.6亿美元骤增至30亿美元,平均每年增加27.3%,且由入超转为出超,有效大幅带动投资(每年实质增长率16%),带动工业快速增产(每年增加17.4%),并创造大量就业机会。根据数据显示,制造业就业率每年增加7.5%,使失业率自50年代初期6%以上,到60年代末期降至2%以下,比工业国家充分就业标准4%的失业率还低;物价每年上升3.3%,与工业国家的3.5%相比,差距不大;平均每年经济增长率高达10.2%,较工业国家增长率4.6%高出一倍以上;而每人平均国民生产毛额成长接近四倍,由152美元上升至552美元。该阶段台湾地区达到快速经济增长与物价稳定的双重目标,在经济快速成长的过程中,储蓄大幅增加,弥补了美国经济援助停止后财源不足的缺口,同时完成了自立成长的任务。[①]

正是在这一时代背景之下,为了能够有效满足经济社会发展对技术应用人才的需求,台湾地区采取了如下措施来加强职业教育的发展,如1968年台湾地区教育行政主管部门增设"专科职业教育司",统筹技职教育的政策与事务;1970年,召开第五次全台地区最高教育会议,建议建立与大学平行的学制,包括职业学校、专科学校及技术学院一贯技术教育体系。尽管这一时期本科层次的科技大学还尚未出现,但专科层次高等职业教育已获得了较快的发展,并渐成气候,成为促进台湾地区经济发展的一支重要力量。加大力度发展专科层次的职业教育是60年代中期至70年代初国际职业教育发展的重点,亦是发展的重要趋势之一。随着这一时期台湾地区经济从劳动密集型向资本、技术密集型转型,其对职业教育人才培养有了更高的要求,已经不再满足于仅仅掌握简单操作能力的人才,单纯依赖中等职业学校培养技能型人才已经不能够适应社会经济发展的需求,大力发展专科水平的职

---

① 蔡万安.台湾究竟创造哪些经济奇迹[J].台湾经济论坛,2008(8):6—42.

业技术教育,以满足社会对更高规格人才的需求,成为这一时期职业教育发展的重要特征。据统计,1951年台湾地区只有4所专科学校,到1966年发展为50所,1971年又增至73所,学生人数达36万余人。

(二) 形成期(1971—1978年)

70年代可以说是国际经济结构转型的年代,1973年初国际金融制度崩盘,造成美元贬值、物价上涨,继而受气候变化的影响,全球粮食减产短缺造成粮荒;同年,10月中东再度爆发战争,波斯湾产油国家大幅提高油价,掀起了全球石油危机与恐慌,国际经济在一连串剧变下,工业导向国家出现了停滞膨胀,全球的经济出现衰退现象;而靠外贸起家的台湾地区也受到波及,台湾地区在60年代由于进出口的快速成长,对外依赖程度大幅提高,因此,国际经济的变化,对台湾地区经济产生重大影响。而为了应对外部环境的挑战,台湾地区除积极对外拓展贸易外,政府投入大量资金于电子、电机及机械等技术密集工业,传统产业开始转向资本、技术密集产业发展,经建人力规划也由量的扩充迈向质的提升。为了能够有效满足经济发展对工程技术人员的需求,政府大力举办工业教育,工商职校学生大量增加。除大量增设专科学校及调整高中职普人数比例外,第一所高等技职学府(台湾工业技术学院)也于1974年诞生,职业教育一贯体系(职高—专科—技术学院)终于成型,技职教育延伸至大学本科层次,私立学校比率亦大幅提升;同期,还成立了专属行政管理机关并改名为"技术及职业教育司",一直沿用至今。[①] 台湾工业技术学院的出现标志着本科层次职业教育的出现,自此之后,台湾地区本科职业教育进入快速发展期。

(三) 发展期(1979—1996年)

20世纪80年代,台湾地区开始进入科技工业及服务业发展并重时期,外汇存量快速增加,产业结构朝向精密高附加价值工业、高科技产业及促进传统产业升级方向发展。90年代后期知识经济时代的来临,伴随传统产业大举外移,台湾地区的经济发展面临国际化、自由化及产业升级的强大挑战,人才需求结构转变,高等职业教育人力需求大增。这一时期,经济发展带动社会的自由化,社会对于教育的需求与改革声浪高涨,职业教育顺应产业全面升级,高等职业教育定位较为明确,培育出具有较高就业机会的中、高级技术人才。自1979年至1986年,台湾地区教育

---

① 黄政杰,李隆盛.技职教育概论[M].台北:师大书苑,2001:77.

行政主管部门颁布了《工职教育改进计划》,一共实行了三期,大大提升了台湾地区技术本科教育的办学实力。

从1990年开始,台湾地区宣布利用四年时间逐步废除三年制的专科学校,原有的三年制专科学校改制为学院或技术学院,并于1994年三年制专科学校完全废止。1996年,台湾地区教育行政管理部门又颁布了《遴选专科学校改制技术学院并核准附设专科部实施办法》,主要目的是为了帮助那些办学成效较高的专科学校改制为技术学院,提升其办学效益。技术学院坚持以培养经济发展所需的各类专业高级人才为其办学目标,因此这些学校将办学重点放在了应用技术的研究和培养专门技术人才上。为了能够实现技职教育体系的完整衔接,技术学院尽管以招收专科学校和高级职业学校毕业生为主,但也开始设立硕士班和博士班,培养应用技术研发的高层次人才。到90年代,技术学院已发展到7所,各大学设立与技术相关的学系,建立了"高级职业学校—专科学校—技术学院"的一贯体系。

(四) 成熟期(1997年至今)

进入20世纪90年代,台湾地区经济发展进入全面的产业升级阶段,产业结构快速调整,高科技产业及高端服务业逐步取代传统的资源、劳动密集型制造业,这一变化对人才能力素质有了更高的要求,台湾地区技职教育发展的战略重心也随之转移到技术学院与科技大学。1997年,台湾地区教育主管部门核定台湾工业技术学院、台北技术学院、云林技术学院、屏东科技学院、私立朝阳技术学院五所高校更名为科技大学,自此拉开了技术学院向大学转变的序幕,并通过颁布一系列政策措施来提升技术学院和科技大学的教学质量。如1999年,台湾地区教育主管部门颁布了《技术学院改名科技大学审核作业规定》,该规定详细阐述了技术学院申请改名科技大学的条件、程序等;2002年,台湾地区教育行政主管部门为了推动科技大学服务区域经济社会的发展,成立了6个"区域产学合作中心",以此带动北、中、南台各区域科技大学和技术学院的产学合作,实现产学研协同推进、资源优势互补,改善学校办学绩效;2005年,为了能够保障科技大学和技术学院的教育教学质量,台湾地区第一所由政府部门资助的专业第三方评价机构——财团法人高等教育评鉴中心基金会成立,通过定期对科技大学、技术学院的办学绩效进行评鉴,有效促进了其办学实力的提升;2009年,基于对近10年技术本科教育办学成绩和问题的反思,台湾地区教育行政主管部门颁布了《技职教育再造方案》,并定于2010年开始实施改革方案,主要试图通过近十项策略达成"改善师生教学环境、强化产学实务连接、培养优质专业人才"三大目标。通过以上改革措施,台湾地区科技大学已经成为台湾地区高等教育不可分割的组成部分,为台湾地区的经济社会稳定发展作出了卓越贡献。

二、台湾地区科技大学的办学现状

台湾地区科技大学已经成为促进台湾地区经济社会发展的重要支柱。发展至今,台湾地区科技大学不断发展壮大,办学实力不断增强,截止到2014年11月30日,台湾地区共有高等职业本科教育机构75所,其中科技大学57所,57所中公立14所,私立43所;技术学院18所,其中公立2所,私立16所。[①] 在办学理念、专业设置、课程建设、师资队伍建设方面都取得了长足的进步。

(一) 办学理念:实务致用与博雅通识并重,促进学生全人发展

当前台湾地区科技大学的办学不仅十分重视学生职业能力的培养,更为重视学生的通识教育,因为在这样一个科技变革日新月异的时代,必须更加重视学生的学习能力和人文素养的培养,唯有具有较强的核心职业素养的个体才不会被时代所淘汰,才能够适应当前日新月异的职业世界。而"全人教育"正是为了应对如上挑战才提出的办学理念,全人教育理念是针对现代教育"过于注重人的知识和技术的培养而忽视道德情操、人文素养、人际沟通等的培养,缺乏对人的全面关注和更高境界的追求"的现状而提出的教育理念。所以,全人教育理念强调教育应回归为培养"完整的人"。

台湾地区科技大学通过丰富的办学实践纷纷践行着这一办学理念,例如,台湾地区龙华科技大学在其办学的历程之中,逐步认识到仅仅以市场需求为导向来满足企业当前岗位的需求已经不能适应当前社会对人才素质的需求,仅仅依靠技能来武装学生已经不够了,不应该把人培养成一个只会工作的"机器",应该培养出自由、活泼、开朗、关心社会、关爱他人、身心和谐发展的人。而要达成上述目标,仅仅依靠职业技能教育是不够的,必须要重视通识教育。因此,台湾地区龙华科技大学将办学宗旨定为"培养兼具专业技术及人文素养的博雅科技人才",该宗旨体现了其全人教育的理念,明确既要重视专业技术教育,也要重视人文素养等教育,要实

---

① 台湾地区技术及职业教育司. 公私立技专院校一览表[EB/OL]. http://tve.takming.edu.tw/All_Data_Pdf/103年技专院校一览表.pdf. 2014-11-30/2019-09-15.

现科技与人文的融合,要培养"博雅"的科技人才。台湾地区龙华科技大学的教育者们认为:全人教育就是对学生进行"知识"、"技能"、"态度"的教育,将专业知识和技能以外的教育内容概括为"态度",将全人教育的理念落实为"知识"、"技能"、"态度"的教育,并创造性地将全人教育量化为"核心竞争力=知识+技能+态度",提出"学校教育不能只谈专业教育,也应强调通识教育与职场伦理教育等",以及全人教育的愿景是"知识习得,态度养成"。①

台北科技大学为了践行"全人教育"的办学理念,也在学校内部成立了通识教育中心,台北科技大学的人文素养教育由学校专门成立的通识教育中心全权负责,其明确了通识教育的五大目标:提升学生在自然、社会与人文学科方面的学识,奠定学生学习专业学科的潜力;提高学生语文表达、思辨分析与亲近文艺生活的能力;培养学生健全完美的人格及优质的人文素养;为学生提供充足的社会科学知识,以奠定学生未来的社会适应及服务、领导能力,从而培育出具备人文、社会与自然关怀的科技专业人才。因此,根据如上办学理念,该校的通识课程分为了必修与选修两个大类,其中必修的课程以培养学生的人文与社会科学素养为目标,而选修课程以培养学生的博雅内涵为宗旨。② 按照科目内容性质,可以将通识课程分为自然、社会、人文三个类别,每个类别都会开设相应的课程供学生选择,每学期所开设的课程数量可以达到60门以上,总学分至少为33学分。课程开设总体上遵循着基础性、多元性和统整性的原则,注重深度与广度、理论与实际的结合,而常识性、工具性和休闲课程不属于通识课程开课范畴。

(二)专业设置:规范严谨与灵活适应并重,契合经济社会发展需求

专业设置是开展人才培养活动最为重要的组成内容,直接决定所培养的人才能否契合经济社会发展的需求。我国台湾地区科技大学的专业称为"系所别",其中"系别"为本科,而"所别"为研究生培养。科技大学的系所设置需要严格依据台湾地区政府颁布的《大学法》和《技术及职业院校法》的相关规定,以"学群"为基本单位,共分为了8个"学群",分别为海事技术、工程技术、农业技术、管理技术、医护健康技术、设计技术、家政技术、商业服务技术等。台湾地区科技大学的专业设置

---

① 王春生.全人教育理念在台湾高等职业教育的应用研究——以台湾龙华科技大学为例[J].现代企业教育,2013(16):95—96.
② 蒋宗伟.试论台湾高等技职院校的人文教育——以台北科技大学为例[J].职业技术教育,2010(04):24—27.

主要依据劳动力市场的职业分工及其对人才的需求,同时考虑学校师资、学生意愿、设备、校舍、劳动力市场供给状况等多种因素综合开设,注重专业开设的实用性,这是台湾地区科技大学区别于学术型高等教育机构的重要标志,是台湾地区科技大学的特色所在。为了能够紧密结合社会发展的需求,台湾地区科技大学开设了许多契合经济社会发展需求的新专业,其专业设置的范围已经超过了八大学群所能够涵盖的范围。例如,台湾地区嘉南药理科技大学的专业设置就有如下特征:

其一,紧密结合产业发展对人才的需求。台湾省政府在专业设置时所肩负的角色是调控、监督、服务以及自助者,在专业设置上,嘉南药理科技大学可以自我调整及规划专业设置,而为了保证专业设置能够契合经济社会发展的需求,其一般会建立专业设置筹备会,对需要怎样的师资、需要怎样的场所以及设备与重要仪器都要进行详细的规划。专业设置筹备会的成员一般包括了新开设专业的院长、相关领域的教师、业界专家等。评估的内容包括了专业设置是否具有潜在的发展性、是否符合整个社会经济发展的需求、学生毕业后是否能够就业。企业界的专家在这一过程中起到十分重要的作用,其建议具有十分重要的分量。

其二,专业设置具有严格规范的程序,保证科学性。台湾地区科技大学想要设置某一专业时,首先是开设与新出现的职业相关的一些课程,也就是学校会先开设几门有职业需求的选修课进行试验。当该职业已经发展到一定的规模,人才需求日益相对稳定后,再经过各方严格论证,进行专业设置。其主要程序如图 4.1 所示,由学校结合业界需求进行详细的专业设置规划,然后再将规划送到"技职司"进行审核,"技职司"再根据人力规划批准是否同意其进行专业设置。

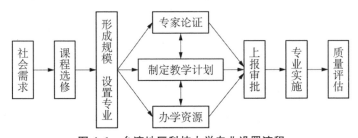

图 4.1 台湾地区科技大学专业设置流程

其三,健全专业人才培养质量保障机制,对专业建设进行动态监管。例如,嘉南药理科技大学除了进行自我专业质量评估外,还有政府所委托的专业机构进行第三方评估,其采用周期性的评估机制,评估内容涵盖了目标特色与自我完善、课程设计与教师教学、学生学习与学生事务、研究与专业表现、毕业生表现等五个项目。这个评估直接关系到评估专业是否能够继续开设,对于评估不合格的专业,会减少其招生计划人数,并限期整改,对于整改不合格的停止其招生甚至撤销,对于办学条件差、专业内容陈旧、改革成效不见好转的专业,给予警告并限期整改,直至撤销该专业。①

(三) 课程建设: 社会需求与学生需求并重,打造多元成长路径

台湾地区科技大学的人才培养目标是以培养科技工程及管理的高级专门技术人才为宗旨,其课程设置十分重视产业发展的需求,注重学生实务能力的培养,以符合企业需求为基本原则。台湾地区科技大学所开设的课程内容一般是由各个学校自己制定的,课程设计严格遵循着基于职场的工作需要和技职教育系统学生的学习规律,培养学生进入职场所需要的能力,促进学生职业技能和人格的均衡发展。课程开发坚持强调统整连贯、学生中心、实务致用等原则。台湾地区科技大学课程开发的方法一般遵循着"行业—工作—任务—技能—操作"的基本原则,以此来确定未来胜任工作所需要的能力目录和标准,然后据此制定教育目标,进行课程内容和活动的规划及课程质量评价活动。② 台湾地区科技大学的课程建设具有如下几个方面的特色:

其一,重视通识课程的开设,培养学生的人文素养。如台湾地区科技大学的分类通识课程中就设置了逻辑思考概论(人文、自然、社会)、法律与人文的对话(社会、人文)、两性平权关系与女权主义(社会、人文)、影音艺术与法律规范(社会、人文)、职业伦理(社会、人文)、科技与人文(自然、人文)等课程。

其二,实务课程在整个课程体系中占有较大比重,十分重视实务实践教学环节的设计与实施,且注重在实务中学习和掌握技术。例如,明新科技大学的"资讯安全"、"资讯安全导论"和"网络安全实务"等课程,既安排有理论课程,也有实践课程,真正做到理论与实践在教学中的有机结合,不但做到了"授人以鱼",而且力争做到"授人以渔"。如"资讯安全"课程就是做到每周理论教学时数为2学时,实习时数为1学时;实务专题更加注重实践教学,每周上课1学时,实习2学时。学生毕业不进行毕业设计或论文撰写,而是在第三、四学年安排"实务专题"制作课程。一个

---

① 应慧源.两岸高职院校专业设置比较研究[D].金华:浙江师范大学,2014:15.
② 李晓军.本科技术教育人才培养的比较研究[D].上海:华东师范大学,2009:7.

"实务专题"一般需要 1 年到 1 年半的时间才能完成,题目大多来自企业需要重点解决的实际问题,题目可由教师帮助学生确定,也可让学生自己获取。

其三,将证照内容融入课程之中。台湾地区科技大学为了能够提高学生的就业竞争力,还将证照课程作为课程体系中的重要内容纳入到课程体系之中,东南科技大学的资讯科技与通讯系就是将证照融入专业课程。其中 13 门课程与国际证照直接对应,如表 4.1 所示。因此,在学习专业课程获得毕业学分的同时,还可以参加国际证照考试,获得多张国际证照。实则就是将证照考试内容、标准等融入模块课程,学生通过学习既可以获取相关专业知识、提高能力、养成素质,也可以获得与就业、未来职业发展等紧密相关的专业证照及国际相关证照,提高学生的就业核心竞争力。①

表 4.1 东南科技大学的资讯科技与通讯系课程和证照的关系

课 程	证 照
计算机概论	IC3 计算机综合能力全球国际认证
物件导向程式设计(二)	SCJP 认证
多媒体元件设计	ACA Flash 认证
嵌入式系统	ITE 认证
WinCE 网站设计与建置	ACA Dreamwaver 认证
网络交换技术	CCENT 认证
企业网络	CCNA 认证
网络安全	SSCP 认证
影像处理	ACA Photoshop 认证
网络概论、资讯安全、网络资料库应用	Microsoft MTA 认证
开放式作业系统	LPIC、ITE 认证
电脑辅助电路设计	PCB 认证
游戏程序设计	3DMAX iCone 认证

其四,通过精心设计的模块课程,为学生的未来发展、就业方向提供多元路径。

---

① 尹宁伟.台湾地区科技大学课程体系与课程内容的特点及启示[J].现代教育科学,2015(01):172—175.

例如,东南科技大学的机械工程系就从大处着眼,立足学生的就业、升学来打造模块课程:一是就业,专业领域的模块课程主要分为精密机械技术领域、车辆工程技术领域和电脑工程分析领域等3个模块,每个模块可以考取多个专业证照,以此来获得就业机会。二是升学,不管选择哪个模块课程,都可以选择考取一般大学和技职体系大学,没有任何限制。如机械工程模块,可以考取如台湾大学、台湾清华大学等一流大学,也可以考取技职体系大学中的优秀大学。①

(四) 师资队伍:理论素养与实践能力并重,打造双师教学团队

为增强科技大学教师的教学能力,特别是实务教学能力,台湾地区教育主管部门不断通过政策措施来加强教师的实务教学能力,诸如通过鼓励学校聘请具有丰富实务经验的教师承担实践教学任务;鼓励教师报考技能鉴定考核;办理实务研习班及教师赴企业研习实务活动。以台湾地区龙华科技大学的师资队伍管理实践为例。

其一,其非常重视教师参与企业应用研究,为企业解决生产过程中的技术难题。龙华科技大学鼓励教师为企业(尤其是中小企业)解决技术问题,对正在执行大型的产学合作计划的教师,可以适当减少其课时量。如果教师的产学合作计划经费超过100万新台币,每周可减2课时;在此基础上,每超过50万新台币或增加一个经费超过50万新台币的产学合作计划,每周可再减1课时。

其二,启用企业兼职教师授课,并严把质量关。龙华科技大学兼职教师约占总教师人数的56%,多为企业一线的实践专家。为使学生在校所学技能与产业界需求实现"无缝对接",学校聘请企业专家授课有严格的制度管理规定。专家除需具备大专以上学历外,还应有5年以上与任教专业相关的工作经验;如果专家具备10年以上与任教专业相关的工作经验,则可放宽对兼职教师的学历要求。企业专家授课聘期为一学期一聘,授课也需接受学生评教,若评教分数低于70分,则第二学期不再续聘。聘请企业的兼职教师授课,既可以降低学校的运营成本,又可以积极贯彻"实务教学"的办学方针,是技职院校多元化办学模式的体现,也是技职特色的体现。

其三,学校出台相关政策措施鼓励教师考取专业技术证书,提升教师的实践能力。为了能够增强教师的专业实践能力,龙华科技大学出台了许多措施鼓励教师

---

① 尹宁伟.台湾地区科技大学模块课程的特点与启示[J].现代教育科学,2015(7):161—165.

积极考取专业技术证书。凡是考取了高级证书以及获得证书较早的教师都可以给予相应的奖励。学校为了能够鼓励教师考取国际证书,对于报考国际专业技术证书但未成功者,也会补助教师报名费的1/3。学校也专门设立了专业职能证照中心配合产业发展的需求,培训校内的"专业职能证照种子教师",促进教师专业发展,辅导学生考取相关的证书。[①]

三、台湾地区科技大学办学的发展趋势

为了能够化解当前台湾地区科技大学办学过程中遇到的"生源困境"和"质量困境",台湾地区通过颁布有关规定、政策支持、资金投入等多项举措来提升科技大学的办学质量,助其走出困境。

(一) 以"实务致用"为原则,推动课程教学体系改革

"实务致用"一直是台湾地区技职教育的核心价值取向,其目标主要是通过实务教学,培养学生个人的职业兴趣,使其毕业后能够胜任企业岗位的需求,其人才培养的质量直接影响着台湾地区经济社会发展的基础,这也一直是台湾地区科技大学相较于学术型大学的优势所在。但由于台湾地区科技大学发展速度过快,在向一流学术型大学模仿的过程中逐渐丢失掉了自身的技职特色,所培养出的人才在理论知识掌握的深度上同普通高校相去甚远,在实践操作上又丢失了自身的特色。因此,为了能够摆脱"二流高等教育"的标签,台湾地区科技大学亟待重新对其办学方向进行定位,找到自身的比较优势,实现办学质量的提升。

为了使培养的学生能够符合产业发展的需要,台湾地区教育主管部门积极推动了各项课程教学改革方案,主要包括以下措施:其一,推动系科本位课程,鼓励产业界同学校共同规划课程方案。这一课程开发主要是以学生就业能力为导向,联合产业界相关人士,定位于毕业生就业能力的提升,参酌校、院、系的培养目标和教学资源来规划课程。这一改革的主要目的是为了能够取代科技大学传统的教师本位课程发展机制,缩小科技大学人才培养与产业界人才规格需求的差距,均衡人才供给。通过对其课程开发模式的总结归纳,主要有以下几点特征:第一,通过对区域行业发展、毕业生就业发展以及本校优势特色的分析,经由产业专家的意见,确

---

① 汤晓,张慧波,陈亚东.台湾龙华科技大学师资队伍建设及其启示[J].职业技术教育,2012(20):68—71.

定本专业毕业生就业的区域、行业和岗位,找到课程开发的依据;第二,通过对毕业生的未来工作岗位进行工作能力分析,明确胜任工作岗位所需要的知识和技能,据此确定学生所应掌握的核心专业能力及其通识能力;第三,依据工作能力分析所确定的学生所需掌握的能力来规划课程方案,并依据课程方案来确定师资和教学模式;第四,坚持通过产学合作联合培养人才,充分利用企业资源,突破学校资源的限制,缩短毕业生就业适应的过程。

其二,开展"最后一哩学程"项目,提升学生岗位胜任能力。"最后一哩学程"试办计划运用学校联盟和产业公(协)会为合作对话的平台,是在教育主管部门、经济行政部门以及劳委会职业训练局的共同协助指导下,以多所学校整合各校科系特色提出学程的构想,借由相关的产业公(协)会平台寻求学程合作的企业,并通过华人竞争力基金会以视频会议的方式,定期举行产学交流的活动,达成该项目出台的目的。这一项目根据企业对人才能力规格的需求,对学生的知识、技能、态度以及创业和创新能力提出了需求,因此这一项目是培养学生"K+A+S+E",即"知识+态度+技能(基本及数种可操作的专业认证技能)+创业"4种能力的学程。

其三,推动"技专院校学生校外实习课程"计划。为了能够缩小科技大学学生就业能力与产业发展对人才能力规格需求的差距,增强学生的职业能力,2009年台湾地区公布的《技职教育再造方案》中明确将"落实学生校外实习课程"作为推进技职教育改革的十大策略之一。2010年又开始全面推动"技专院校学生校外实习课程",鼓励各个学校开设暑期、学期、学年及海外4种类型的必修或选修的职场课程,使学生能够在开始正式的职业生涯前体验职场,以此来培养学生学以致用的观念,为学生未来职业能力的提升打下基础。

(二) 以"双师结构"为目标,打造理实一体化的师资队伍

为了能够解决科技大学教师实务能力普遍不足、实务教学内容缺失等问题,近年来台湾地区教育行政部门通过多项教育改革措施来提升教师的教学实务能力,彰显技职教育的特色。其具体措施可概括为以下几个方面:

其一,在教师职称评定上,开通了以技术报告送审升格等途径。刚刚升格改制后的科技大学由于对学术型高校的一味模仿,在师资队伍的管理上(教师评聘、职称评定、考核评价等方面)与普通学术型高校并无实质差别,导致教师重研究轻实务,教师的实践教学能力和技术服务能力普遍不足。为了能够解决上述问题,彰显技职教育的独有特色,落实"实务致用"的人才培养目标。台湾地区教育行政管理部门开始推行"科技大学的教师可以通过技术或实务研发成果的送审实现升等"，以此来激励教师重视实务教学与研究。此制度颁布实施后，台湾地区科技大学已经建立起了学术、实务成果双轨的升等制度，教师同时拥有了双重的升等通道，一是传统的以学术著作成果来升等，二是通过技术研发成果代替学术成果实现升等，这一通道的打开极大地促进了教师的实务教学能力和技术研发能力。

其二，强化教师实务教学能力，聘任具有实务经验的教师。经台湾地区教育主管部门统计，2008年台湾地区技专院校不具备实务经验的教师占教师总数的66.8%，这直接影响到了科技大学所培养出的学生的就业能力。因此，从2010年起，台湾地区教育行政管理部门鼓励技专院校聘请具有实务经验的教师，新聘教师应具备所任教的专业领域内相关的实务经验（专职教师应具备3年以上，兼职教师则应具有6年以上），并将各个学校执行这一政策的情况纳入到教育主管部门对学校进行奖励补助的指标中。除了加强对新聘任教师实务能力的要求之外，在《技职教育再造方案》中还针对现任教师的实务经验提出了要求，提出了要建立技职院校教师在寒暑假及学期中到公办民营机构研习服务或带职带薪（半年或一年）深耕服务制度，以此来强化教师的实务教学能力，鼓励教师能够时刻掌握产业发展的最新动态，吸收先进技术、知识，并将习得的工作知识再反馈到教学之中，提高学生的实务教学能力。

其三，推广"双师制度"，聘请产业专家到学校任教。2009年9月，台湾地区教育主管部门发布了《补助技专院校遴选业界专家协同教学实施要点》，鼓励技专院校采用"双师制度"，聘任行业专家共同参与学校的课程开发、授课以及技术研发等工作，并指导学生的实务专题学习、校外技能竞赛、证照考试等，以此来推动课程教学与产业需求接轨，培养实务致用的人才。

(三) 以"应用研究"为主导，紧密对接区域产业升级需求

台湾地区科技大学培养了大量的技术应用人才，对台湾地区经济社会的发展贡献良多。然而随着知识经济时代的到来，产业结构的改变，人力供给与产业需求之间出现了不相匹配的情况。对于如何调整经营理念，实现资源共享、推动终身学习进而建立良好的产学合作关系，已经成为台湾地区各界需要解决的重要课题。

因此，为了能够实现产学深入互动，政府出台了多项措施来激励各方参与产学合作的积极性。其一，成立专门的组织机构平台推动产学合作。自2001年，台湾地区就成立了跨部门的"技专院校产学合作指导委员会"，研究制定了技专院校产学合作推动政策；2002年则开始推动产学合作计划，积极让学校研发能够和企业一线生产紧密地结合起来，提升技术研发的效益，在这一年共设立了6所产学合作中心，作为区域产学研资源整合与业务联系的平台机构，带动技专院校开展应用技术研发，提高研究成果转化率；2003年起又陆续成立了40所技术研发中心，到了2010年，为了配合台湾地区六大新兴产业的发展需求，台湾将40所技术研发中心合并为12所联合技术发展中心，进行跨校联合技术研发，并将研发成果运用于教学之中，提升学生的实务能力。

其二，台湾还出台了一系列规定来规范合作双方的行为，激发其合作积极性。2006年制定了《大专院校产学合作实施办法》，明确规定了大学办理产学合作的目标是促进知识的积累和扩散，发挥学校在技术研发服务上的优势，为经济发展贡献力量。2009年推动《产学合作绩效激励方案》，共补助了20所技专院校，建立了研发成果智财权管理机制，鼓励各个学校重视知识产权的管理，保护学校的研发成果，确保研发成果能够顺利实现技术转移，实现研发成果切实应用于生产。

其三，应用研究坚持贴近地方产业需求，推动科技大学的特色化发展。为了保证科技大学能够紧密贴合地方产业发展的需要，2001年起台湾地区就推动了"补助技专院校建立特色典范计划"，鼓励学校密切结合地方产业发展方向，配合区域产业发展政策，开展建教合作、技术研发，同区域产业形成紧密互动的格局。2005年台湾地区又进一步发布"补助技专院校建立特色典范计划要点"，通过资金补助提升学校的软硬件设施，改善教学环境，进一步通过鼓励技专院校在原有的办学基础之上，结合区域产业技术研发的需求，发挥技专院校的办学优势，推动学校和产业间在资源整合上的紧密合作，实现优势互补、资源共享的发展目标。

(四) 以"技职特色"为主线，完善技专院校质量评鉴制度

技专院校的评鉴制度起始于1975年，发展至今，已经成为引导技专院校良性竞争、提升学校整体办学质量的重要抓手。但过往的绩效评价往往过于重视绩效责任和行政督导的功能，而且在评价指标的设计上同学术型高校的评价指标设计同构性较高，难以体现出科技大学自身的办学特色，也无法体现出各个学校自身的办学特色。因此，为了能够改变传统的评价模式，提升教育品质，2009年发布的《技职教育再造方案》再次将"建立符合技专院校特色的评鉴机制"作为评鉴制度改革的重要内容。其中强调了"为突出技职教育务实致用的办学特色，考虑到各个学校的特色，未来的评鉴制度应朝着符合技职院校特色的方向进行改进"，提出了要通过以下措施改进评鉴制度:"其一,加重计分,加重符合技职教育特色评鉴指标所占据的权重,如产学合作、业界师资、学生实习及证照取得等;其二,增设特色指标,增设各个学校自身特色的评鉴指标,适度调整评鉴项目分配的权重,以符合各个系科发展的特色;其三,建立自评机制,鼓励技专院校依据各个学校的发展目标建立并落实自我评鉴机制,定期进行追踪考核,提升其办学绩效。"同时,提出了要"充实评鉴委员人才资料库,尽量遴选聘请了解技职教育特性并兼具评鉴理论与实务经验的评鉴委员"。总而言之,评鉴制度的改造都紧密围绕技职院校特色进行设计,以此带动科技大学的特色化发展。

四、台湾地区科技大学办学对大陆地方本科院校转型的启示

台湾地区科技大学经过多年的发展,已经积累了较为丰富的办学和教学经验,取得了较好的办学成效,已经成为促进台湾地区经济发展、社会发展的重要力量。然而大陆地区应用技术型高校的发展刚刚起步,在人才培养模式、产学合作、管理制度、评价体系方面,都与台湾地区科技大学存在着较为明显的差距。因此,基于对台湾地区科技大学办学现状、经验教训的梳理分析,针对大陆地区应用技术型高校发展的现实困境,提出了促进大陆地区应用技术型高校发展的对策建议。

(一) 构建高等教育分类管理体系,明确应用技术型高校办学定位

在精英高等教育阶段,高等院校的类型过于单一化,因此就无所谓分化或者趋同,整个社会也倾向于用统一的标准来衡量所有类型的高等院校。但随着高等教育逐步向大众化时代转型,传统的办学格局正在发生着较大的转变,各种新型的高等教育机构因为社会需求的多元化而产生。这使得高等教育机构已日益呈现出一种多样化的特征,高等院校在职能、结构、任务等多方面已经发生了极大的转变和分化。从理论上而言,大众化高等教育阶段,高等教育机构只是类型上的不同,而没有层次上的差别,它们只是在满足社会需求上存在着差异,各种类型的高等院校都可以办出符合自身定位特色的高质量教育。但在人们的传统观念中,新建的技术本科院校在地位上比研究型大学要低,这在客观上造成了某些学校可能会不顾自身的办学条件就盲目升格、攀比,造成趋同现象的产生。而且在对技术本科院校的管理上,对技术本科院校和研究型高校采用统一的评价标准,客观上会造成院校发展的日益趋同,另一方面,对高水平大学的重点资助可能会激发技术本科院校不安其位的心理,容易使其为了争取更多的资源而放弃自身所具有的特色优势,办学

行为向研究型大学看齐。而台湾地区科技大学在行政管理上隶属技职司,在评价上也充分体现出其技职特色,从而保障了台湾地区科技大学能够安于其现有的办学定位,没有出现"学术漂移"的现象。

因此,为了能够有效促进大陆地区应用技术型高校的发展,亟待建立高等教育分类管理体系,促进其办学的个性化发展。具体而言,应通过法律、政策等手段,构建科学合理的高校分类标准,使学校能够较好地找到自己的办学定位,对不同类型、层次的高校分别提出相应于其定位的高标准要求,执行相应的评价和奖惩标准,实行分类指导和管理;也可通过财政手段,形成相对公平的拨款机制,使不同类型的学术型高校和应用型高校共同发展;通过有效的考核评估手段,客观评价不同类型层次和类型高校的办学质量,促进学校的特色发展。具体而言,应通过行政手段,构建科学合理的高校分类标准,使学校容易找到自己的位置;对不同类型、层次的高校分别提出相应于其定位的高标准要求,执行相应的评价和奖惩标准,实行分类指导和管理;通过财政手段,形成相对公平的拨款机制,使同层次的学术型高校和应用型高校共同发展;通过有效的评估,客观评价不同层次和类型高校的办学质量,促进学校的特色发展等。

(二) 紧密结合区域产业发展需求,构建利益驱动的产学合作机制

台湾地区科技大学为了让学生能够学以致用,一直都十分重视其实务能力的培养,各科技大学都采取了措施推动产学合作,同区域企业进行联合研发和教学,不仅有效地解决了中小企业的技术研发问题,成为支持企业技术升级的有力后盾,更增强了教师的实务教学能力,培养出的学生也具有了较强的岗位胜任能力,达到了双赢的合作成效。例如,台湾地区科技大学研发的"钢骨高韧性梁柱接头设计",在地震来袭时能使地震能量消散,确保结构不致崩塌,此技术在台湾建筑技术上已具关键性领导地位,成功用于台北101大楼等;虎尾科技大学研发的叶绿素有机电池,沾水即可充电,十秒内提供电能,发亮时间可长达两天到一周,电池不会对环境造成破坏,并已在台湾地区和美国申请专利等。

然而,反观大陆地区当前大多数地方本科院校的发展现状,人才培养与地方发展相脱节,许多地方本科院校对市场需求反应迟钝,缺少与地方企业发展的互动与沟通,表现出明显的封闭管理特征。对于地方本科院校的转型发展战略而言,应该坚持服务地方经济社会发展,确立服务地方的办学理念,通过各种形式为社会提供多样化的服务,尤其要与区域主导产业建立紧密的合作关系。因此,为了能够促进

地方本科院校实现向应用技术型高校转型的目标,应整合政府、学校和企业的力量,借鉴台湾地区推动产学合作的经验,建立适合大陆地区的产学合作制度体系。首先,应健全产学合作机构,台湾地区的技专院校有一个专门负责产学合作项目的完整组织体系,也有一个能够对产学合作各方均能发挥领导与协调作用的工作机构。因此,对于应用技术型高校的产学合作,也应该建立专门的组织机构,整合政府、学校和企业的力量,坚持合作共享,推动区域性的产学合作机制,拟定管理规章制度,建立科学的产学合作绩效评价体系,直接对学校的产学合作过程进行监督考核,保障师生、企业、学校各方的权、责、利不受侵害。其次,则应进一步完善产学合作的法律法规,促使产学合作法制化、规范化,制定和完善有关产学合作成果转让的法律法规和实施细则,切实保障各参与主体的合法权益,维护健康的合作秩序,这是产学合作顺利开展的重要保障。

(三)加强"双师结构"师资队伍建设,提升教师的实践教学指导能力

师资队伍建设是实现应用技术型高校一切办学目标最为重要的保障。然而,当前大陆地方本科院校师资队伍最为主要的问题就是实践教学能力不足,服务地方经济社会发展的意识和能力不强,应用技术研发和创新能力薄弱,很难满足转型发展的需要。因此,应主动学习台湾地区"双师结构"师资队伍建设的基本经验,提升教师的实践教学能力和应用技术研发能力,实现应用技术型高校的办学目标。首先,在师资评价上,应改变传统的以科研指标为导向的评价体系,要对科研成果的类型进行细化,要把重视科研层次和成果数量的评价导向,转向重视经济效益和社会效益的评价导向,尤其应重视教师的应用技术研究成果,引导教师把科研视野从论文发表转向解决企业的实际问题,同时也要将课程建设成果、教学改革成果作为教师评价的重要内容。其次,在师资培训上,应彻底改变重学历、重理论水平,而忽视教师将理论转换为技术、将技术转换为现实生产力的专业实践能力的现象。应有计划、有组织地安排青年教师到企业实践,使其了解企业的新工艺和新技术,并将其反馈到教学之中。最后,应通过校企合作这一平台,积极引进行业企业专业素质高、实践经验丰富、教学能力较强的工程技术人员和管理人员作为兼职教师,构建灵活弹性的用人机制,努力打造一支"双师结构"的师资队伍。

(四)革新学科本位课程教学体系,确立以实践为导向的课改理念

课程教学体系是人才培养目标的具体化,规定了人才知识与能力的基本构成,不同层次和类型的高校应该具有不同的课程体系。向应用技术型高校转型的地方

本科院校的课程体系绝不能照抄照搬学术型高校的课程体系,应立足服务区域经济社会发展的现状,为区域经济发展提供适销对路的人才,彻底改变人才供给失衡的现状。与普通本科高校传授高深的、以知识自身逻辑为纽带而组织起来的学科知识不同,应用技术型高校传授的知识类型主要是以工作中所需要的、以工作任务为逻辑纽带而组织起来的技术知识。基于台湾地区科技大学课程教学体系的改革经验,应坚持以务实致用为原则,重点培养学生的技术应用能力。

基于台湾地区科技大学的课程体系改革经验,应用技术型高校的课程体系革新应坚持以下几点原则:第一,根据大陆地区经济社会发展的现状和劳动力市场对于人才类型的需求,应用技术型高校的人才培养目标应定位于应用技术型人才,即那些能够将科学家和工程师所设计的构思、设想付诸实践的人才。第二,在课程内容组织上,必须按照工作过程中知识的排列和组合方式,只有当学习顺序和工作过程中知识的排列顺序相一致时,个体才有可能掌握真实的技术实践能力,而不是传统学科课程体系传授的一些悬空的、难以运用到工作实践中的抽象符号。第三,在课程实施上,应用技术型高校课程的革新应该将工作本位学习作为课程实施的主导模式,强调将真实的工作过程转变并设计为学习过程,并在工作实践的情景中开展学习过程,学生必须在真实或仿真的工作现场进行学习,重点培养学生"做"的能力,让学生在"做"的过程中,培养对于技术实践过程的反思能力,通过反思实现技术理论知识和技术实践知识的有效整合,以此来使学生掌握较为稳固的技术实践能力。

(五) 建立应用技术高校评价体系,契合其发展定位与战略需求

经过多年发展,台湾地区教育评鉴日趋完善,促进了学校积极主动的改进,提升了教育质量,充分发挥了评鉴的功能,为科技大学长期稳定的发展作出了贡献,也强化了台湾地区科技大学在经济发展的历程中所扮演的重要且积极的角色。当前大陆地区的高等院校评估指标体系有两种类型,一种是针对普通本科院校的,而另一套则是针对高职高专院校的。现有的两套指标体系的主要特点是普适性和通用性,没能体现出特色性和差异性,这种评估模式只适用于计划管理和工业化社会的标准化管理,其主要弊端是不利于分类管理、分类引导,从而压抑了不同类型院校的特色发展和个性化发展。现行本科院校的评估指标是根据学术研究型大学的标准制定的,最为突出的特点是以科研规模、论文数量、博士点与硕士点的多少,作为评分和排名的主要依据,这就导致所有的高校都走向了唯一的一条独木桥。同时，重点高校与一般的地方本科院校之间无论是在办学水平还是在办学投入上都有较大的差异，国家投入不一样，水平必然也会有差距，不同层次的学校之间没有可比性，采取统一的标准既不科学，也不太公平。同时，也助长了高校质检盲目攀比、不切实际拔高的浮躁心态，失去了学校本身所固有的特色。因此，针对大陆地区评估制度建设的不完善，我们应该借鉴台湾地区高等教育的分类评价体系。应当按不同类型高校制定不同的评估指标，至少应按三大类型制定三种或更多的分类评估指标，使各类高校各安其位，开展公平的竞争。

（撰稿人：王亚南）

中国特色应用技术型高校的发展之路：
以上海电机学院为例

一、上海电机学院的办学历程及简介

上海电机学院（以下简称 SJ 学校）是一所以工学为主，相关门类或领域多学科相互渗透、协调发展的全日制普通高等院校。SJ 学校创建于 1953 年，前身为上海电机制造学校。2004 年 9 月，经上海市人民政府批准，升格为全日制普通本科高校，SJ 学校走上了实施本科教育的新征程。2010 年，SJ 学校的《中长期教育改革与发展规划纲要》又进一步将"培养和造就卓越的高等技术应用型人才"作为发展的核心理念；把培养在工作现场解决实际问题的"现场工程师"作为人才培养的基本定位。2011 年 10 月，SJ 学校被国务院学位办列为"服务国家特殊需求人才培养项目"专业学位研究生试点单位，开始硕士研究生教育。当前，"技术立校，应用为本"作为学校的办学方略，已经深深植入学校发展血脉。

针对定位问题，SJ 学校明确提出以举办本科层次技术教育为主体，深化内涵建设，将"技术立校，应用为本"确立为办学方略。立足上海，辐射"长三角"，服务区域社会经济发展，通过产学研深层次、制度化合作，努力打造符合上海社会经济发展需求、服务上海先进制造业及其相关服务业发展需要，具有技术应用型本科内涵实质和行业大学属性特征的特色型高等院校，致力于培养具有扎实的技术理论基础、较强的技术创新与技术实践能力、较强的国际交流能力，在生产一线从事技术应用、技术管理与技术服务的高等技术应用型人才。SJ 学校坚定不移地走高等技术教育发展之路，坚持育人为本、创新人才培养模式，致力于"建设特色鲜明的高水平应用技术大学"。

SJ 学校拥有临港、闵行两大主校区，占地近 1 180 亩，目前设有本科专业 34 个，全日制硕、本、专科在校生 12 900 余名，成人教育本专科生 3 200 余名。近年来，SJ

学校毕业生就业率连续保持在98%以上,人才培养质量享有良好社会声誉。SJ学校与美国、加拿大、巴西、澳大利亚、英国、德国、法国、瑞典、奥地利、荷兰、南非、日本、韩国等国家的60余所高校建立合作关系,现有23个国家的留学生在SJ学校学习、交流。

SJ学校现有各级各类重点学科10个,其中上海市教委重点建设学科2个(电力电子与电力传动、机械制造及其自动化),校级重点建设学科8个。上海电机学院大锻件制造技术工程中心被列入上海市协同创新中心,上海装备制造产业发展研究中心被列入上海高校人文社会科学重点研究基地,电力电子与电力传动学科被列入"上海一流学科"监测建设学科。SJ学校充分发挥行业优势,推进产学研合作向纵深发展。

SJ学校下设电气学院、机械学院、电子信息学院、汽车学院、商学院、外国语学院、设计与艺术学院、高职学院、马克思主义学院(人文社科学院)、数理教学部、体育教学部、继续教育学院、德泰学苑、中德智能制造学院等二级教学机构,并与上海电气共建李斌技师学院。SJ学校拥有1 000余名具有良好专业能力和职业素养的优秀教职工,通过引进与培养并举的方式打造技术应用型师资队伍,不断优化结构、提升水平,其中副高以上职称教师比例为32.6%,硕士学历以上教师比例为90.0%。拥有东方学者、上海市高等学校教学名师、上海市模范教师及上海市育才奖教师等一批具有良好专业能力和职业素养的优秀教师。

二、上海电机学院的办学现状及特色

(一) 办学理念

自1953年建校以来,SJ学校一直都在积极探索并努力实践"技术教育",致力于培养不同层次的技术人才,特别是在技术应用型人才培养方面累积经验、形成特色。从1958年刘少奇来校指示"学校工厂合一,教学生产并重",到20世纪60年代"边讲边练,讲练结合"的蔡德泰教学法;从1985年在全国首批试办五年制技术专科,到2002年被授予"全国职业教育先进单位"称号,列入"国家重点建设高职高专院校",SJ学校一直矢志不渝、锐意改革,积极探索中高等技术教育发展之路,并逐步形成具有自身特色的技术教育人才培养模式。

2004年,SJ学校根据国家提出的高等学校要"分类发展、合理定位,克服同质化倾向,形成各自的办学理念和风格,在不同层次、不同领域办出特色,争创一流"

的要求，走上了举办本科教育的新征程。在充分调研、深入研究、广泛讨论的基础上，综合世界高等教育发展趋势、上海产业升级转型对技术人才的需求、本校自身条件和发展潜力等诸多因素，明确以举办"本科技术教育"为主的办学定位，其中：

1. 办学类型定位——坚持举办高等技术教育，培养高等技术应用型人才。作为一所教学型高校，学科专业发展以工学为主，重点建设装备制造技术学科专业群，联动发展生产服务学科专业群和技术文化学科专业群。

2. 层次与规模定位——以本科技术教育为主体，适量保留专科教育，适当发展专业学位研究生教育，构建多元开放的高等技术教育新体系。SJ学校的办学规模基本保持稳定，全日制在校生控制在12 000人左右的规模，逐步调整招生结构。

3. 服务面向定位——面向高端装备制造业及生产性服务业，立足上海，辐射"长三角"，服务区域社会经济发展。

4. 人才培养目标定位——培养具有理想信念、公民素质和健全人格，理论基础扎实、应用能力突出、能适应工作变化并具有创新素质，在工作现场从事技术应用、技术服务和技术管理，解决实际问题的"现场工程师"。

（二）专业设置

"十二五"期间，SJ学校获得教育部"卓越工程师教育培养计划"专业3个，上海市特色专业6个，上海市应用本科试点专业2个，上海市中本贯通、中高职贯通培养专业5个，中外合作本科专业1个，全英语专业2个，专业建设呈现"国家级专业引领、市级专业试点、校级专业争先"的新格局。SJ学校还获批国家工程实践教育中心2个，上海市实验教学示范中心1个。

1. 专业建设多元发展

SJ学校传承历史，坚持"高等技术教育"办学定位和"技术立校，应用为本"的办学方略，积极强化专业内涵建设，凸显专业特色，专业建设呈现"国家级专业引领、市级专业试点、校级专业争先"的新格局。2013—2014学年，新增"机械工程及其自动化"、"材料成型及其控制工程"2个"卓越计划"专业，至此SJ学校国家级层面的竞争专业达到3个。此外，"计算机科学与技术专业"、"财务管理专业"等一批市级特色专业建设持续深化，"国际贸易与经济"等全英语专业建设、"软件工程"等创新实验区专业建设有序展开，SJ学校专业建设呈现多元化发展态势，专业内涵得到了显著提升。

2. 探索应用型专业建设新模式

SJ学校积极对接现代职教体系建设,探索创新应用型人才培养的新途径、新举措。目前,"自动化"、"机械电子工程"2个专业成功入选上海市首批应用型本科试点专业;SJ学校与上海大众工业学校等4家单位联合申报"自动化"、"机械电子工程"2个"中本贯通"专业;与上海市西南工程学校等3家单位联合开办"数控"、"数字媒体"、"国际商务"3个"中高贯通"专业;与临港科技学校等5家单位联合申报"机电一体化"、"计算机网络"、"电子自动化"、"物流"等4个"中高贯通"专业。

3. 以行业需求谋划学科专业布局

SJ学校结合上海产业结构调整、长三角产业发展,紧密贴近社会经济发展需求,认真分析区域产业结构发展趋势、学校办学传统和发展优势,结合上海"优先发展先进制造业及相关服务业,特别关注制造业的改造提升、战略性新兴产业的培育发展"的战略部署,将学科建设聚焦于能源装备制造技术领域,重点聚焦火电、核电、风电等能源装备关键技术,突出技术应用研究。

同时,SJ学校还积极探索建立专业建设市场的响应机制,完善招生与就业、人才培养与专业布局的联动响应。在人才培养质量的反馈机制上,学校建立了就业质量评价体系和发布制度,委托第三方每年发布《社会需求与培养质量年度报告》,通过学生评价和社会评价,尤其是对教学、就业等工作的满意度评价,为人才培养顶层设计提供量化评价反馈,为学科专业布局调整提供科学依据。

(三)课程模式

SJ学校课程体系由通识教育课程平台、学科基础课程平台、专业能力课程平台以及素质拓展课程平台组成,课程结构分为必修课程和选修课程。通识课程面向全校学生,由通识核心必修课程和素质拓展选修课程组成,共46学分。学科基础课程平台按学科大类设置,面向专业大类学生开放,理工类专业 70 ± 5 学分,经管类、文学类以及艺术类专业 65 ± 5 学分。各二级教学单位可根据学科本科专业基础知识的统一要求,构建专业共享必修基础课程平台和选修基础课程平台,强化学科基础教育。专业能力课程平台是为实现专业培养目标而设置的,面向专业学生开放,共54学分。素质拓展课程平台是为进一步适应高等教育大众化背景下受教育者日益多元的教育诉求,鼓励学生自主发展和个性发展而设立的,面向全体学生开放,共计5个学分,该平台课程的建设与管理参照学校通识课程标准由学校统一管理。学生参加的各类课余科研活动、创新活动、社会实践活动、各类竞赛项目等,以及经学生处或团委商请教务处审核认可的学生课外科技文化活动项目等,可以抵充部分选修课程的学分。SJ学校在课程模式上主要有如下特色:

1. 革新课程建设方式

课程是落实人才培养目标的关键,课程质量直接关系到人才培养质量。为进一步推进学校本科教学改革,2014年SJ学校采用"动态评估、立项与验收"的方式开展课程建设,重点建设促进学生成长、凸显专业特色的通识课程、学科专业核心课程、综合实验课程以及全英语课程,并制定《上海电机学院通识课程管理办法(试行)》等文件。2014年,SJ学校获批上海市精品课程1门、全英语课程2门,立项建设学校通识课程、全英语课程、学科专业核心课程共41门。

2. 拓展课程建设资源

SJ学校不断提升通识课程的授课数量和品质,选修课占比由原来的10%增加到20%左右。积极推行MOOCs课程、微课程以及翻转课堂等现代课程建设理念,提高教师的课程建设水平,拓宽教师的学术视阈。在加强学校自身课程建设的同时,引入上海高校共享课程13门,全学年计有1 423人次参加了共享课程学习,使学生不出校门也享受到了名校名师课堂。

3. 突出课程建设特色

根据人才培养目标,通过"学院培育、学校选优、市级精品"的方式重点建设促进学生成长、凸显专业特色的通识课程、学科专业核心课程、综合实验课程以及全英语课程,并积极引进上海高校共享课程、尔雅通识课程等,使学生不出校门也能感受名校名师课堂。"十二五"期间,SJ学校获得市级精品课程10门、全英语课程6门、重点课程19门,出版国家"十二五"规划教材2套、上海市优秀教材3套。

4. 打造"实践导向,应用为本"的多元化课程体系

在课程结构方面:基于多元整合的高等技术教育课程观,强调知识传授与能力培养并重,通过对行业需求、岗位描述、能力描述及专业核心技术的分析,每个课程模块具有特定的应用领域或对象,具备核心技术特征,辅以对应的项目综合训练,形成课程模块相互支撑、课程相互融合的格局,实现了课程内容与职业标准的有效对接。

在课程体系方面:强调课程目标的知行合一,课程内容要具备技术方向性,课程实施以实践活动项目为主线,课程运作方式以学习者为主体,课程评价上注重多元性和整体性,在促进知识、技能整合的同时,将职业道德、人文素养教育贯穿于人

才培养的全过程。

在教学方法方面：根据技术应用型人才培养特点，推行项目教学、案例教学、工作过程导向教学等教学模式，形成了大案例教学法、项目教学法等特色教学方法。

在实践教学方面：SJ学校尝试将多种实践教学项目有机地整合，校内外培养交叉进行。校内实践分四个层次；校外实践强调"企业培养四年不断线"，每学年学生都有在企业学习锻炼的经历，工程项目实验课程的所有案例均来自企业，企业的工程技术人员定期来校，为学生讲课、开设讲座或进行实验课程、实习辅导。

（四）师资队伍

教育事业发展的关键在教师，高水平的师资队伍是卓越的高等技术应用型人才培养的重要保障。SJ学校创设有利条件，特别重视已具潜力或比较有优势的研究领域，吸引、培养和留住杰出人才；扶持各类具有创新精神和较强科研能力的研究团队，为教师发展和贡献提供机会；改善教师来源，扩大具有行业、海外背景教师的比例；鼓励教师参与企业锻炼，引导学术与企业工作背景并重的"双结构"师资队伍建设；加强管理队伍建设，提升其为师生提供全面、专业化服务的水平和能力；积极发展创新文化，营造一个充满动力及合作精神的工作环境，让所有的教职员工得到持续发展。

1. 师资总量稳步增长，队伍结构进一步优化

截至2014年底，SJ学校共有专任教师732名，其中具有正高级专业技术职务的教师51名，占全部专任教师的比例为7%；具有副高级专业技术职务的教师178名，占全部专任教师的比例为24%；具有博士学位的教师256名，占全部专任教师的比例为35%；"双结构"型教师339人，占专业教师的比例为53%。

2. 高层次人才队伍建设初显成效

SJ学校实施人才强校战略，注重高层次人才的培养与引进。先后制定了"东海学者"、"临港学者"和"洋山学者"的聘任与管理办法，着力引进高层次人才。SJ学校先后聘任上海市东方学者特聘教授2名，上海市教学名师1名，洋山学者特聘教授3名。新增教授21名，副教授（具有博士学位）82名，基本完成了"十二五"师资规划的建设目标。

3. 改革创新人事制度，为师资队伍建设提供保障

"十二五"期间，适逢上海市事业单位绩效工资改革和SJ学校新一轮校内岗位聘任，SJ学校以此为契机，大力推进校内人事分配制度改革并完善校内二级管理体

系。目前SJ学校以教师岗位聘任、评价考核与奖惩激励制度为核心的各项人事管理制度已基本健全,执行规范有序,这一切都为"十三五"师资队伍建设打下了良好的基础。

4. 教师培养工程成绩斐然

SJ学校积极参与上海市教委教师专业发展工程,"十二五"期间,共有80名教师获得"上海高校中青年教师国外访学进修计划",91名教师获得"上海高校青年骨干教师国内访问学者计划",83名教师获得"上海高校教师产学研践习计划",103名青年教师获得"上海高校青年教师培养资助计划",50名实验技术人员获得"上海高校实验技术队伍建设计划",获得计划支持的教师数总计407人,约占专任教师总数的55.6%,共获得上海市教委教师专业发展工程经费2 300多万元。

三、上海电机学院办学的未来发展趋势

(一) 改革创新,着力培养卓越的高等技术应用型人才

牢固树立人才培养在SJ学校工作中的中心地位,主动适应地方发展需求,重点发展本科专业,调整优化专科专业,深入推进专业学位硕士研究生教育,形成以本科为主、多元开放的高等技术应用型人才培养体系;深化人才培养模式改革,以促进学生全面发展为重点,提高人才培养质量。到2020年,本科专业达35个,建设8个一流专业,参加8个专业的相关专业认证;建设30余门应用型本科人才培养特色课程;获教育部规划教材5本;示范性实验教学中心1个;省部级及以上教学成果奖6项以上(其中国家级教学成果奖1项以上)。

1. 提升学生思想道德和身心综合素养,促进学生全面发展

牢固树立"育人为本、德育为先"的理念,深入推进社会主义核心价值观和中华优秀传统文化教育,提高德育工作的针对性和实效性。拓宽德育渠道,完善德育方法,营造全员育人、全过程育人、全方位育人的环境和氛围。推进德育工作队伍的专业化建设,积极构建德育工作考核体系和学生德育成绩评价体系。加大以"易班"为代表的新媒体建设力度,打造大学生德育工作的新平台和优势载体。重视学生团体和学生组织作用,建设大学生自主性成长成才体系。加强体育、心理健康等工作,促进学生身心健康发展。深入开展在校学生学习状况全程跟踪评价和毕业生就业质量调查分析,建立全程职业生涯辅导体系,提高学生择业成熟度和就业质量。

2. 立足区域产业结构需求，优化专业结构布局

紧密对接产业链、创新链，根据区域产业发展规划以及上海市高校分类管理要求，在SJ学校现有本科专业的基础上，通过调结构优化存量，促发展保持增量，形成结构科学、内涵丰富、布局合理、特色鲜明、优势明显的专业建设新格局。对现有专业，注重发挥集群效应，做精做强优势专业；支持具备条件、符合学校发展定位及以新兴、交叉学科为基础的复合型新专业建设；完善行业和用人单位专家参与的专业设置及建设管理机制，积极开展校企、校地合作，推进产教融合、共建专业。

3. 深化教育教学改革，形成技术应用型人才培养新模式

以社会需求为导向，构建基于能力培养的人才培养方案，推广应用"卓越计划"、"试点专业"的改革成果，形成产教融合、协同育人的人才培养模式。统筹资源，完善实验室和实践教学基地建设，构建资源共享、运作高效的专业类或跨专业类实验教学平台，建立实践教学质量保障机制。以社会经济发展和产业技术进步驱动课程改革，构建以技术学科课程为主、特色鲜明的课程体系。以建设上海市应用技术型本科试点专业为契机，依托德泰学苑，开展"小范围、大动作"教学改革试点，以点带面，进一步深化全校教学改革工作。在制定统一的质量基准的前提下稳步推进学分制、弹性学制等各专项改革，为学生的自主学习提供时间和空间保障。

4. 积极开展评估与认证，提升本科人才培养质量

以迎接教育部本科教学审核评估为契机，全面落实专业定位。根据审核评估关注的"五个度"，各专业核心课程要根据课程矩阵图，优化课程教学大纲，同时加强学生学业指导，建立本科教学质量保障体系。以"卓越工程师教育培养计划"入选专业为突破，开展工程认证，确保"卓越计划"顺利通过教育部验收；加强专业建设质量保障体系建设，确保顺利通过专业评估，提升专业核心竞争力。

5. 加强创新创业教育，提高学生创新创业能力

加快融入区域经济社会发展，与区域行业企业人才培养和技术创新需求对接，创新人才培养机制，推进协同育人，强化创新创业实践，将创新创业教育融入人才培养全过程。将专业教育和创新创业教育有机结合，加强学生创新创业能力的培养，组建多层级、多形式的大学生科技创新或创新创业团队，建立较为丰富的创新创业课程菜单，探索学生创新创业活动与课程学分置换、休学创新创业与学籍管理等教学管理的方式方法，为学生创新创业提供更加多样化、个性化的服务，推进学生创新创业能力培养，为上海科技创新中心和临港国际智能制造中心建设提供人

才支撑。

6. 开展应用型人才贯通培养,完善人才培养体系

以提升质量为核心,在有条件的专业领域,试点深化教育教学改革,整合各类资源,整体思考和梳理包括专科生、本科生、专业学位硕士研究生在内的核心层教育体系,明确不同学段人才培养定位,推进各层次人才培养目标、专业设置、课程体系、教学过程等方面的衔接,为现代职业教育体系的构建作出积极贡献。

(二)校企地协同创新,提升学科及科研综合实力

牢固确立学科建设龙头地位,抓住上海加快建设具有全球影响力的科技创新中心和上海临港建设国际智能制造中心的发展机遇,主动瞄准上海乃至国家科技发展的重大战略需求,不断优化学科布局,校企地协同创新,突出重点,凝练特色,激发活力,不断提升学科竞争力和科技创新能力。到2020年,形成3个以上主要学科门类,2个学科达到省部级重点学科水平,3—5个学科具有鲜明特色,6个以上研究生学位点;建设1—3个高水平服务行业的科研创新团队;2个省部级重点实验室;国家自然科学基金项目年增长率10%,累计获得国家级项目50项;五年累计发表SCI/EI/CSSCI等源期刊论文300篇以上,发明专利授权300项,专利转让许可数100项,投资入股项目1项,省部级及以上科研成果奖20项以上(其中至少含国家级2项),科研到款总经费达3亿元。

1. 完善学科结构布局,分层次提升学科水平

对接中国制造2025、"互联网+"、一带一路等相关国家规划,瞄准新能源和先进制造业等行业发展需求,服务国家和上海市的产业发展,聚焦智能制造和装备制造等领域,进一步优化学科结构,形成"智能与装备制造学科群",重点建设工学、管理学和经济学等学科门类。

实施"进阶式"学科发展战略,引入竞争机制,实施绩效评估,分层提升登峰学科、重点学科、基础学科的建设成效,力争将机械工程和电气工程一级学科建成省部级重点学科;材料科学与工程、管理科学与工程、应用经济学建成国内外认可的特色优势学科;计算机科学与技术、工商管理、职业技术教育学形成自身特色。发挥理学、艺术学等学科的交叉渗透作用,推动交叉学科发展。加强统筹力度,积极培育硕士点,形成学科建设成果支持人才培养的良性互动局面。

2. 加强平台基地建设,协同创新提升科研实力

主动融入国家和上海市的科技创新体系,以经济社会发展重大需求为导向,集

聚优势学科，加强与政府部门、科研院所、企业的协同，力争获批1—2个上海高校平台建设项目，获批1个国家级平台建设项目。每年投入不少于500万元，重点支持五类科研创新培养计划：基础研究专项计划——每年计划支持5个；高新技术研究项目——每年计划支持5项；创新团队支持计划——每年计划支持5个；人文社科研究支持计划——重点支持国家级、省部级规划人文社科项目；科技奖励计划——重点支持国家及省部级奖励申报、专利申报、SCI等检索的高水平论文发表。加强应用技术和技术基础研究，积极承担重大科技项目，以转变经济发展方式、发展战略性新兴产业等方面的核心关键技术为主攻方向，集中力量、重点突破，取得一批有重大经济和社会效益的技术创新成果。

3. 发挥校企联合培养优势，全面提升研究生创新能力

瞄准产业先进技术的转移和创新，以创新人才培养与应用技术研究为目标，以实践能力培养为重点，以产学结合为途径，积极探索国内外行业企业参与专业学位研究生培养全过程的体制机制。试点行业高级技术人员进课堂，形成与学术学位研究生教育及本科生教育有明显区分度的课程体系。建立以"课外竞赛与项目研发相结合、学术交流和视野拓展相结合、创新活动开展和创业项目孵化相结合"为特征的专业学位研究生培养体系。依托重点学科、重点科研平台，高水平创新团队和重大科研项目，加强研究生创新能力培养。建立校企双导师制和基于行业企业实际需求的硕士学位论文双选机制，促进专业学位研究生教育更加面向市场需求。加强监控力度，建立以质量为导向的导师选聘、岗位责任和绩效评价体系。

4. 创新学科科研体制机制，增强和释放科研潜力

完善科研管理体制，搭建学科和科研共享平台，建立有利于促进学科交叉融合、有利于创新人才培养与汇聚、有利于增强基层学术活力、有利于资源交叉共享的环境和机制，不断突出二级学院在学科建设中的主体地位。发挥资源配置的导向作用，促进科研资源向重点学科和重大科研项目倾斜。创新重大项目的组织管理模式，制定以团队为基础的考核评价制度，推进创新团队建设。改革科研评价机制，实施分类评估，开展学科对标，设立学科科研特区，在科研成绩认定和绩效考核中加大学术性、应用性导向力度，注重与行业的结合度和对行业的贡献度，促进重大项目实施和重大成果产出。促进科技创新和成果转化，构建"知识创新—知识服务—科技成果转化和产业化"的技术转移管理体系，激发师生开展科技创新和成果转化的活力。充分发扬学术民主，倡导善于合作、积极探索的团队文化和科研精

神,形成全校尊重科研、热爱科研的学术氛围。

(三) 深化拓展战略合作,提升社会服务能力

大力实施"共建合作"战略,拓展与行业企业、地方政府、科研院所等的联系与合作,进一步发挥学校人才与智力资源优势,通过决策咨询、科技成果转化、学生创业等途径,为国家和区域的经济社会发展作出更大贡献,扩大学校的社会影响力。

1. 提升战略合作实效,增强对接区域产业链的能力

完善对接机制,做好校企合作、产学融合的组织制度保障,梳理和落实好 SJ 学校已签订的各类战略合作协议,提高战略合作实效。主动对接临港、浦东新区、上海电气集团等产业发展需求,有针对性地拓展与地方政府、大中型企业的战略合作,积极争取平台基地、资源投入、重大科研项目在学校集聚,在对接区域产业链和服务行业企业需求中实现联动发展。拓展与临港新城管委会的合作,探索开展国际化试点项目,通过"中德智能制造学院"的创设,对接临港国际智能制造中心的建设需求。

2. 聚焦重大战略主题,推进科技支撑产业发展

把握世界科技发展大趋势和国家创新发展、开放发展新战略,瞄准国家和东部沿海新兴产业发展需求,重点推进电机检测与维修、上海装备制造产业发展智库、上海市"2011 协同创新中心"——大型铸锻件制造技术中心等科技创新平台建设,加强行业共性技术和核心关键技术研发,加快科技成果的产业化进程,自觉服务制造业的转型升级。以科技工作站和科研成果转化中心为依托,加强与上海相关区县及周边省市县的合作,提升科研工作的针对性。成立学校科技发展专家咨询委员会,汇聚各类资源,建立重大项目、平台和成果动态储备库,对重大领域、重要地区、重点行业的科研项目和科研需求进行跟踪并组织承接,提升超前谋划和创造机遇的能力。探索建立科技产业园区,鼓励师生携手创业,为学校科研水平的持续提升、社会经济发展方式转变和自主创新能力建设作出积极贡献。

3. 面向区域经济社会发展需求,构建开放式的社会服务网络

自觉参与并推进学习型社会建设,充分发挥 SJ 学校已有的办学优势和社会影响力,与上海电气集团、上海临港集团等行业企业合作,为企业技术和管理人才的终身发展提供优质的教育资源和智力支持。完善体制机制,加强规范管理,整合教育资源,改善办学条件,利用现代化手段,构建培养培训相衔接的继续教育体系,提升教育培训的品牌和影响力,为各行各业输送应用型专门人才。构建开放式的社

会服务网络,深化与临港新城、浦东新区的合作共建,发挥 SJ 学校资源优势,全力支持"智慧临港社区"、临港"国际智能制造中心"等区域发展战略。

(四) 坚持人才强校战略,提升队伍建设整体水平

坚持人才强校战略,把人才队伍建设作为 SJ 学校发展过程中的重中之重,按照"规模适度、分类科学、质量提升"的总体思路,引进与培养并重,构建结构合理、充满活力,能够承担创建特色鲜明的高水平应用技术大学的人才队伍。到 2020 年,根据新的学生规模及生师比要求,争取在教职工编制总数上有所突破,专任师资达 900 人,其中,具有正高级专业技术职务的教师超过 10%,具有海外留学、研修经历的教师达 30%,具有企业经历的教师占专业教师总数的 60% 以上。

1. 开展引育并举人才工程,提升师资队伍整体水平

创新高端人才集聚计划,在部分岗位试行现有人才和新进人才的双轨运行制度。开展引育并举人才工程,完善高端人才及团队成员共同引进计划,在 3—5 年内引进或培养 10—15 名高水平学科专业带头人和 20 名左右科研与教学并重的优秀骨干教师,建成一支以 100 名骨干教师为核心的高水平教师队伍。建立 SJ 学校师资博士后制度,推进青年教师招聘与培养的多元化。深入实施中青年教师国外访学进修计划、青年骨干教师国内访学计划、教师产学研践习计划和青年教师培养资助计划,全面落实新教师岗前培训制度和教学科研启动资助工作,构建"培养—认定—提升"系统化的师资培养机制,推动教师专业发展。利用 SJ 学校背靠行业的资源优势和产学研基础,通过科研创新开发和应用技术实验研究,提升教师对新技术的了解和研究水平,形成具有应用技术教育特色的师资队伍。以教书育人为核心,加强教师教学能力培养,加强师德师风建设,切实提高教师思想政治素质、职业道德水平和业务能力。

2. 建立分类聘任体系,提升师资队伍建设活力

树立"不求所有、但求所用"的理念,打破单一人事聘用的体制机制瓶颈,建立具有行业需求导向、基于学科专业特点和岗位特性的分类聘任体系。打破校内沿用的人事聘用制度不适合外部人员的瓶颈,建立行业需求导向的新型聘用机制,部分岗位实施双聘制度,促进师资队伍建设的多元化和国际化。推动师资队伍建设工作重心下移,强化二级学院在人才聘任工作上的主动性和主导权。

3. 稳步推进晋升与退出机制改革,完善考核评价与薪酬体系

建立与分类聘任体系相适应的职务晋升多元评价体系,积极探索对人岗不匹

配现象的调整及退出机制。改革人员经费二级分配模式,突出团队考核与绩效激励,增强学科科研团队的薪酬分配主导权,建立投入、成本、成果和效益一体化的考核评价机制。完善包括协议年薪制、特区薪酬制、一事一议的项目薪酬制等在内的多元薪酬模式,突出以贡献取酬的高层次人才薪酬体系。

4. 建设高素质的管理和支撑队伍,提升服务能力与水平

把管理队伍建设放在和教师队伍建设同等重要的地位,建设一支结构合理、相对稳定、爱岗敬业、开拓创新的管理队伍。完善管理人员选拔机制,遴选德才兼备,具有开拓创新精神、熟悉高等教育规律、能够引领 SJ 学校改革发展的高素质优秀人才担任管理干部。有计划地安排管理干部参加岗位培训和在职学习,支持并鼓励其到国内外高校交流和研修,不断提高管理能力和水平。理顺管理体制,完善聘任制度,争取用五年左右时间,以提高专业技术水平为重点,建设一支科学素养高、操作水平精、服务意识强的高水平专业技术队伍,为教学科研提供有力支撑。加强对管理职员和专业技术职员的专业培训和工作锻炼,提高其素质能力和服务水平。

(五) 扩大对外开放,以深层次合作推动国际化进程

围绕建设特色鲜明的高水平应用技术大学的奋斗目标,以国际化技术型人才培养为中心,加快中外合作办学机构建设,创新中外合作办学模式,努力实现人才培养国际化、师资队伍国际化、管理服务体系国际化,加速 SJ 学校整体的国际化进程。到 2020 年,设立中外合作办学机构 1 个,新增中外合作办学本科专业 2 个,中外合作项目 1—2 个,具有海(境)外学习经历的本科生占 10%,外国留学生达 1 000 人,境外师资培训基地 3 个,具有海外留学、研修经历的教师占专任教师的 30%,全英文授课专业累计达 5 个。

1. 实施"队伍国际化提升工程",打造国际化优质师资

加大国际化项目经费投入,制定实施"海外访问学者计划"、"青年骨干教师海外培训计划"和"管理干部队伍培训计划"等措施,每年选送一定数量的教师和管理干部赴国外长期访学或进修;发挥海外名师项目平台作用,聘请更多国外优秀教师来校任教;鼓励教师将国外大学课程引入 SJ 学校或与国外教师联合开展教学和科研活动,增强教师的专业水平和国际交流水平。

2. 实施"学生国际视野拓展工程",培养国际化专门人才

建设"教与学"网络互动平台,有效提高学生外语水平和跨文化交流能力,推动

学生积极参加赴国际同类大学进行的短期实践交流和长期学习研修等，构建多途径、多方式的中外合作人才培养模式。以学生互换、学分互认、学位互授为前提，加大对学生赴海外学习的资助力度。吸收和借鉴国外对标大学的教育理念、教学方法、教学管理模式和评价模式，引入外方师资、课程和教材，建立国际化课程建设体系，推进教育教学国际化改革，努力拓宽学生国际视野，培育学生具备国际交流、理解、合作与竞争能力。

3. 实施"留学电机工程"，提高留学生教育质量

按照"扩大规模，确保质量"的基本原则，结合SJ学校学科专业的实际情况进一步加强同国外优质教育资源的合作力度，大力开拓不同层次、不同内容、不同模式的留学生项目，通过制定符合留学生特点的教学计划、推进全英文授课专业建设、实施留学生导师制、加大留学生教育经费投入、规范留学生教学管理，拓宽和改善留学生来源与结构，建立健全留学生教育质量保障体系。

4. 实施"中外合作办学推进工程"，提高中外合作办学质量

深化与国外优质大学的合作，拓展中外合作办学的专业数量和办学质量，充分发挥中外合作办学在专业国际化中的引领示范作用，带动相关专业的发展。积极推进1个中外合作办学机构——"中德智能制造学院"和2个中外合作本科专业的建设工作。对接国家"一带一路"政策，以优势学科和重点专业为基础，重点推进同"一带一路"沿线国家合作办学项目的拓展和建设工作，设立合作项目1—2项。以国际同类一流本科专业为参照，建设5—6个在课程设置、教学内容、教学方法等方面与国际同类专业相接轨的本科专业，开展学分国际互认和专业国际认证。

（六）构建具有技术教育特色的校园文化，履行文化传承与创新的重要使命

以培育与践行社会主义核心价值观为导向，坚持文化育人，塑造SJ学校精神品格，提升文化品位，大力推进文化建设，营造具有鲜明技术教育特色的校园文化，以提升SJ学校发展的软实力。

1. 弘扬学校精神，树立文化品格

弘扬"自强不息、追求卓越"的SJ学校精神，做好校史馆、档案馆、校友之家的建设，深入挖掘办学60多年来在负重前行中形成的迎难而上、开拓进取、追求卓越、科学发展的品格与精神，使之内化和传承为全校师生的精神支撑和SJ学校各项事业发展的文化推动力，为推动SJ学校建成国内具有一定影响的应用技术大学奠定坚实的文化基础。

2. 倡导行为示范,营造良好校风

立足高等技术应用型人才的培养需求,把技术文化建设贯穿于 SJ 学校人才培养的全过程。从传承到创新,从理念到实践,从第一课堂到第二课堂,从教室到寝室,从校内到校外,从线下到线上,从无形到有形,营造全方位立体式的文化氛围。同时,秉承"明德至善、博学笃行"的校训,深入研究,积极探索,构建学风建设长效机制;充分发挥名师典型的行为示范作用,引导广大教师争做有理想信念、有道德情操、有扎实知识、有仁爱之心的好教师;开展以提升教师教育教学风气、学生学习风气和工作人员管理服务风气为重点的"三风"建设,促进师生精神面貌和校园风气的显著提升。

3. 倡导人文教育,增强文化自觉

在技术文化教育理念的指导下,以文化为背景,以技术为主线,融人文素养、科学素养、技术素养和技术实践能力培养于一体,将技术教育、自然科学与人文社会科学教育相融合,着力提高学生的人文素养,培养和造就具有独特技术文化竞争力的高等技术应用型人才。发挥大学文化引领作用,不断培育崇尚科学、追求真理的思想观念,增强文化自觉,大力开展与现代化建设相适应、体现时代要求的文化传承和文化创新活动,增强文化育人功能,对社会形成广泛的影响。

(七)加强基本建设,创设开放、便捷的现代化校园

继续完善临港校区基本建设,做好闵行校区(主校区和西区)的调整和功能改建,全面提升 SJ 学校的信息化水平。到 2020 年,一个设施完备、功能齐全、形态优良、运行良好、开放便捷的现代化校园基本建成。

1. 完善校园整体规划,推进绿色可持续校园建设

完善校园整体规划,优化临港主校区基本功能,根据国家相关指标和学生培养需要,增建学生公寓、创新学院、中德智能制造学院,依据建设计划按期完成各项建设任务。系统地改扩建闵行校区,完善闵行校区的基本使用功能。引进优质社会资源,探索项目管理与校区运行的模式创新,充分发挥临港主校区的功能与效益,为新时期 SJ 学校奋斗目标的顺利实现奠定坚实的物质基础。以资源节约、环境友好、生态文明校园建设为目标,优化园林配置,建设校园景观精品,形成特色鲜明的绿色格局。

2. 全面提升信息化水平,建设便捷开放的智慧校园

以新一代信息技术为支撑,利用"云大物移智"等新技术建设"智慧校园"。通

过"校园网＋"(移动校园)建设,为师生提供更加开放、便捷的工作和学习环境。搭建基于混合云的信息化基础平台和基于物联网的校务公共服务平台;建设宽带网络提升工程、智慧校园建设示范应用工程、智慧教育资源整合工程、智慧课堂示范应用工程、校级数据中心功能提升工程、教师信息技术应用能力提升工程、校园网绿色净网工程和合作共建共享智慧园区工程。发挥信息技术在 SJ 学校改革发展中的支撑引领作用,推动教育理念、教育模式和学习方法创新,实现人人皆学、处处能学、时时可学。

3. 拓展图书馆功能定位,建设现代化文献信息中心

加强现代化图书馆建设,充分发挥 SJ 学校图书馆作为现代化的学习中心、情报信息中心、文化交流中心、文献资料中心的功能。提高图书资源的存储量,扩大外文、电子资料数据库的学科范围和层次,建立与 SJ 学校定位相适应、具有技术教育特色的文献配套与收藏体系;增强情报服务工作的实效性,及时发布动态信息,传递科学情报,为 SJ 学校的科研提供服务。开放研讨教室、培训教室、报告厅、公共空间,拓展师生课堂教学以外学术交流的时间和空间,为师生、生生之间的文化交流创设平台。加强图书馆工作人员队伍建设,建立健全学科馆员制度,全面提高管理和服务水平。

(八) 深化管理体制改革,建立现代大学制度

建立并完善现代大学制度,积极借鉴国内外高水平大学的管理经验,引入先进管理方式,创新管理机制,努力增强 SJ 学校的办学活力和自我发展的能力。健全议事规则与决策机制,改革管理模式,推动校院二级管理体制改革,管理重心下移,激发办学活力,提高管理效率。

1. 增强依法治校意识,完善学校治理结构

贯彻落实大学章程,坚持党委领导下的校长负责制,规范完善党委会全体会议、党委常务委员会议、校长办公会议议事规则与决策权限。建立多元主体参与的校务委员会,发挥其在讨论确定 SJ 学校中长期发展规划并监督贯彻实施、审议和质询 SJ 学校年度预算决算报告和校长述职报告等工作中的作用。梳理规范职能部门职权清单、责任清单和服务清单,完善二级学院党政联席会议基本议事决策机制,落实和突出二级学院的主体地位。

2. 推进教授治学,健全学术运行制度

根据现代大学章程及大学制度要求,更加科学地界定学术委员会与党委、行政

的关系,明确划分学术委员会的职能。坚持教授治学,按照有关章程和规定完善学术委员会议事决策程序与规则,统筹行使学术事务的咨询、评定、审议和决策权,提升学术治理水平。

3. 加强民主监管,保障师生权益和学校稳定

拓展党务公开和校务公开渠道,把教职工代表大会、学生代表大会、学校工会等组织作为民主管理与监督的重要形式,主动接受全校师生和社会各界监督,推进决策、执行、监督的相对独立和相对分离,构建有效制衡的监督与问责机制。关心教职员工的生活与专业发展,重视文化等非制度因素的保障和激励作用,激发教职员工的工作积极性。建立健全安全管理、突发事件应急处置机制,保障校园安全稳定。完善校内权利救济和纠纷协调机制,维护师生合法权益。

4. 推进两级管理,激发办学活力

对 SJ 学校二级单位进行分类管理,大力推进管理重心下移,形成校院两级管理体制。扩大下放给二级单位的资源和权力,推进职能部门回归服务和协调的基本职能,强化二级学院的主体地位,最大限度增强二级学院人、财、物的办学自主权和办学活力,形成以"学校宏观调控,二级学院微观激活"为特征的校、院两级管理体制。明晰职责分工,优化工作流程,建立灵活、规范、协调、高效的现代大学管理模式和运行机制。改善工作作风,强化服务意识,提高行政工作的执行力和服务质量,提升管理效能。

四、上海电机学院办学对我国地方本科院校转型发展的启示

2013 年,应用技术大学(学院)联盟成立,拉开了地方高校向应用技术大学转型的大幕。面对我国高等教育大众化和上海高等教育普及化带来的激烈竞争,上海电机学院将抓住机遇、开拓创新,实现由合格本科向特色鲜明的高水平应用技术大学转型。SJ 学校的发展经验对我国地方本科院校的转型发展有一定的借鉴作用。

1. 坚守定位,按高等技术教育规律办学

在充分分析经济社会转型发展、产业结构调整升级、科技革命日新月异的变革趋势下,SJ 学校始终坚守高等技术教育办学定位,深入探索技术学科、技术专业、技术人才培养的特殊规律,引领并推动了 SJ 学校各项教育教学改革。正是对形势的科学研判,对技术教育的继承和发展,才使"建设特色鲜明的高水平应用技术大学"成为全校上下的共同信念和奋斗目标。同时,SJ 学校按照高等技术教育规律办学

的成果也越来越得到社会的认可,为上海市高等教育分类发展的政策制定及其他地方本科院校的转型发展提供了经验借鉴,为 SJ 学校赢得了声誉。

2. 立足地方,走产学研协同发展之路

作为一所地方院校,SJ 学校始终强调走依托区域经济社会发展需求,植根行业、融入行业,在贡献中求生存,在服务中求发展的协同发展之路。SJ 学校从高等技术应用型人才培养规律出发,始终坚持面向社会办学,深入开展产学研合作,把融入区域经济社会发展作为 SJ 学校发展的重要突破口。充分发挥由行业与教育主管部门共建带来的资源优势,积极与上海电气集团深度合作,创建了校企共建的管理新模式,形成了产学研共建共享的柔性新机制,全方位、深层次、制度化的合作与交流持续深入。产学研协同发展之路为 SJ 学校争取教育部"服务国家特殊需求专业学位硕士研究生人才培养项目"、"卓越工程师教育培养计划"等重大特色项目奠定了坚实基础。

3. 自强不息,抢抓国家发展有利机遇

在 SJ 学校的发展历程中,"自强不息、追求卓越"的 SJ 学校精神作为一种思想瑰宝早已融入师生的精神内核,并指引着全校师生一次次攻坚克难、勇于创新,不断把时代变革带来的挑战转化为 SJ 学校发展的机遇。"十二五"期间,在财力、人力均不足的情况下,SJ 学校努力争创条件,抢抓机遇,完成了临港新校区一、二期建设,获得了"服务国家特殊需求专业学位硕士研究生人才培养项目",为 SJ 学校的可持续发展奠定了坚实的外延与内涵基础。这些关键发展机遇的把握和成绩的取得,凝聚着 SJ 学校无数人的辛勤汗水与智慧。"自强不息、追求卓越"的精神作为推动 SJ 学校可持续发展的内在法宝,始终激励着全校师生保持忧患意识,齐心协力,共创美好未来。

(撰稿人:申怡)

【特色发展】
中国职业教育办学经验的特色凝练

从历史经验来看,存在两种主要的职业教育模式:一种以选带学徒制为主,一种以学校形式为主。中国职业教育主要是依托于学校形式的职业教育,办学特色是衡量一所学校发展水平的重要尺度,以特色求发展是中国职业院校的生存基石。除了借鉴他国职业教育的发展经验,总结并分析本国优秀的职业院校办学案例也十分必要。因此,我们将"中国职业教育办学经验的特色凝练"纳入2014年的《中国职业教育发展报告》。

1. 本报告分别选取了义乌工商职业技术学院、齐齐哈尔工程学院、宁波外事学校三所院校作为样本,派出研究人员深入学校,了解学校办学情况,掌握了大量的信息资料。通过分析这三所院校的办学背景、改革举措、发展成效,力图以详尽的数据与案例全面、准确地描述三所院校特色的发展状况与成效,探索其对我国广大职业院校办学改革的经验启示。

2. 义乌工商职业技术学院的"创业教育"、齐齐哈尔工程学院的"混合所有制"、宁波外事学校的"TAFE学院"都依据学校自身状况,从办学实践中逐步形成遵循教育规律并适应社会经济发展的特色办学风格。这些院校的发展改革可以从一定程度上反映出中国职业院校在时代的洪流中开拓创新、奋勇向前的精神。

义乌工商职业技术学院"创业教育"现状调研报告

一、义乌工商职业技术学院的创业教育实施背景

(一)"三个面向"办学思想的确立阶段

在高职办学过程中,义乌工商职业技术学院积极探索高职办学模式。与本科学生相比,高职学生动手能力非常强,对实践活动的兴趣远远大于对理论学习的兴趣,实践操作能力比理论学习能力强。传统的本科办学模式对高职并不适合,义乌工商职业技术学院开始了改革探索。学院围绕市场需求办学,加大实训场地和实践基地的建设力度,形成了"以就业为导向,让学生拥有市场"的办学特色;学院将学生培养目标定位于应用型人才,将实践技能作为学业一部分,实践教学贯穿于整个人才培养过程。义乌工商职业技术学院学生在学习理论知识的同时,还积极参与志愿者服务、勤工俭学等社会实践活动。社会实践被老师巧妙地引入到课堂教学,教授"市场营销"课程的老师在课堂上给学生讲授销售技巧,联系厂家拿来实际商品,让学生在课后销售;设计专业的学生在完成设计课程后,老师布置的作业是企业的产品设计,如果学生的设计被企业采用了,还可拿相应报酬。这种教学方式在创造经济效益的同时,也增强了高职学生对相关知识的运用能力,教学效果获得了很大的提升。在加强实践教学的办学过程中,义乌工商职业技术学院逐渐探索出了"面向市场、面向学生、面向实践"的办学思路。

(二)"创学结合"办学思想的确立阶段

义乌工商职业技术学院将创业教育纳入正规教学体系之中,以大多数学生为创业教育目标,在教学过程中突出实践性与真实创业情境,以达到实践创业与理论学习的统一。工商学子在课堂上学习专业与创业相关理论的同时,积极参与电子商务、实体店铺、模拟公司等多种形式的创业实践活动,这种人才培养模式可以形

象地称为"创学结合"。创学结合教学体系将学习贯穿在创业实践活动的各个阶段,是高职"面向市场、面向学生、面向实践"办学理念在创业教育上的传承与创新。"同学同创,同创同学"表明创业实践与理论学习是有机结合的统一整体。仅仅只学不创,则创业教育流于形式,创业只是空想,不会付诸实际的创业行动;只创不学则只是一味地盲干,不善于总结思考,创业可持续发展力不强。创业本身就是一个不断学习、不断成长、不断提高的过程,创学结合是为了理论学习与创业实践更好地结合,以实现学生创业能力的提高,促进学生的成长。

(三)借力"大众创业、万众创新",助力创业教育新高度

在创业教育新的起点上,义乌工商职业技术学院将坚持以培养具有实战能力、创新精神的商务精英和高端创业人才为目标,以师生工作室为载体,搭建混合所有制办学平台和协同创新育人平台,立足"双元三维"培养模式,完善现代学徒制,深入推进专业国际交流与合作,努力开创创业创新教育新局面。为适应创业教育新形势,更好地支持创业教育发展,该校先后出台与修订了《义乌工商职业技术学院学生多元创业认定办法(试行)》、《义乌工商职业技术学院创业园管理办法》、《义乌工商职业技术学院创业导师管理办法(含兼职导师)》、《义乌工商职业技术学院创新创业竞赛项目管理办法》、《义乌工商职业技术学院创业班管理办法》等。这些规章制度与时俱进,能满足创业导师与创业学生的相关需求,对创业教育的发展起到了良好的导向作用。

二、义乌工商职业技术学院在创业教育上的主要举措

(一)以创学结合为理念,注重实践能力的培养

1. 创学结合理念的确立

创学结合源于"做中学",提倡"教、学、做"合一,是对"校企合作,工学结合"的进一步升华;强调理论学习与实际创业相结合,突出课堂教学和创业实践的统一,是对当前中国教育"有学历、没能力"的补充;突出实践性是高职院校"面向市场、面向学生、面向实践"的办学方针在创业教育中的具体化。创学结合的基本出发点是,创业能力是在创业实践中形成和发展的,但同时并不否认理论学习,能力的培养要以知识作为载体,否则能力就失去了进一步提升的空间;创学结合的核心价值理念是学生在创造财富价值的同时实现自身价值。在这种价值取向下,创学结合鼓励学生投身实际创业,并在实践中创造物质财富。脱离创业业绩去

空谈所谓的创业能力与精神是一种脱离物质而存在的能力与精神,是荒谬的、不可取的。

2. 打造实践教学体系

在探索创业教育的过程中,该校抓住互联网经济发展的时代机遇,鼓励学生从事电商创业。在课程体系上,创学结合遵循认知科学的原理,力戒空洞说教、纸上谈兵。该校创业学生在入学初就有自己的电商店铺,全身心地投入到企业创办与经营中。在实践过程中,学生对创业有一个感性的认识;消除了创业的神秘感和对创业的畏惧感;增强了创业的自我效能感。到高年级阶段,在积累了相当程度的实践经验的基础上再进行理论学习,这样的学习由原来的"要学生学"变成了"学生要学";学习成为一种学生自愿的、内在的行为;学生积极地走进学习、融入学习;基于实践基础的学习,学生更易构建自身知识体系。一项针对工商学院创业学子的调查报告显示:在实践基础上的理论学习更有效、主动、扎实。创学结合教学模式让学生有了足够的实践时间,实践教学在时间上有了量的保证。创业教育强调以实践性为主,与学术教育和职业教育相比,更加接近职业教育;在强调"从不知道到知道的过程"的同时,更加突出一个"从初学者到专家"的发展过程,创学结合强调创业实践性,有利于创业能力的形成和发展。

3. 建立原生态创业系统

该校在创学结合过程中,将实践教学置于真实的市场环境下进行,这种真实环境下的创业模式可称为创业原生态系统。在原生态系统中,学生成了创业的主导者,与创业形成了零距离关系。在真实创业情境中,工商创业学子拥有自己的电商店铺,负责进货、售货。在真实创业环境中,学生学会了如何和客户交流;社会经验普遍提高;综合技能得以全方位地锻炼,学生的创业自我效能感有显著的提高。在真实创业情境中,学生学会了与他人交流,完成了从学生到老板的华丽转身,在真实情境中的创业学习是一个能力不断提升的过程。课堂理论学习与模拟实践创业具有局限性,在创业原生态系统中,学生的潜能更易被激发。许多关键能力只能在真实创业情境中才能获得,这表明创业原生态系统是一个有利于创业能力提高的系统。

4. 完善高效的保障体系

学生缺乏人脉、资金、社会经验等与创业相关的重要要素,在创业原生态系统中创业,与市场共舞,必然存在诸多困难与风险。在创学结合的模式中,高校并不是放任学生,任其创业自生自灭,而是营造条件帮助学生解决创业与经营过程中的具体问题。高校要立足于学生、服务于学生,在学生创业过程中充当孵化器角色,为新创企业有控制地维持一种有利于其成长的环境,高校理应成为创业者的熔炉。为了扮演好孵化器的角色,高校必须意识到创业教育的重要性,同时在制度上为创业予以保障,并将其规范化。

(二) 以学分替代为推手,促进创业教育的发展

当前高校创业教育以课堂教学为主,而在创学结合的理念下,工商学院重视实践教学,学生忙于各种形式的创业实践活动,学院积极鼓励学生在真实的市场情景中投身创业活动。在真实的创业情境中,很多学生忙于实践活动,进行电商创业活动,不能兼顾课程学习而导致理论考试不及格,甚至有的创业学生不能顺利毕业。在创业教育的探索中,很多创业学生随着创业的深入,逐渐暴露出了学业上的缺陷。他们在创业方面表现优秀,但理论考试却不及格,甚至无法进行正常的课堂学习,伴随而来的是多门功课不及格,甚至面临退学的危险。优秀创业代表石豪杰创办了自己的公司,突破了千万元的销售额,为社会提供了多个就业岗位,但大一、大二期间,他已有六门课程不及格,根据《学籍管理条例》规定,学生出现这种情况理应被勒令退学。

当创业学生为了更好地创业,而无暇顾及理论学习时,平衡创业实践与理论学习之间的关系成为工商学院在深化创业教育改革中不得不面临的一个问题。在现有教育体制下,如何有效地考查、评价学生在实践活动中收获的知识和能力,进而更好地鼓励学生创业,成为工商学院在创业教育改革中不可回避的一个问题。在创业型大学试点工作的探索中,工商学院为适应新形势的发展与变化,为学生的个性化发展创造条件。经过对创业学生的充分调研与慎重的理性思考,工商学院提出了"理论课程是学习,创业实践也是学习"的观点,学分替代的设想就在这样的背景下诞生了。

1. 确立学分替代的基本原则

创业具有时间上的不确定性、急迫性以及特殊性等特点,针对创业学生的教学与管理体制要与之相适应,学分替代在于帮助创业学生更好地完成学业。为鼓励扶持与规范学生创业,促进创业教育更好地健康稳步快速发展,促进更多的创业型人才不断涌现,工商学院对不能顺利进行理论学习的创业学生实施学分替代。在学分替代中,创业学生课程的评定原则由理论部分和实践部分组成。对于因故不

能上课或考试不及格、缺考等情况的,理论部分由创业指导教师负责指导学习,并进行验收,验收可以采取灵活多样的方式,但验收资料需要存档备案。实践部分可用创业业绩替代相应的课程,从而帮助学生顺利完成学业。创业教育要引导激发学生的创业热情,而不是打击抑制创业热情;同时要使学生科学地认识创业,树立科学的创业观,引导学生在创业实践与理论学习之间作出合理平衡,科学处理好两者关系,让学生树立可持续发展意识,体现终身教育的思想;学分替代鼓励学生"创学结合",在学习过程中创业,在创业过程中学习,找到适合于自己的学习道路和发展道路。

2. 制度保障,严格把关

学分替代必须以一定的制度作为保障,必须严格把关,坚守原则。在工商学院,能够申请学分替代的学生必须达到规定的创业业绩,大一学年可以替代一门课程;大二学年可以替代两门课程。在此基础上,创业业绩超过规定基准,电子商务每1 000个信誉能够替代一门课程的实践学分。实行学分替代的学生,在教学期间必须保证从事科技创业、实体创业、网络创业等相关创业活动,并接受相关学院、相关教师或相关企业的指导和监督。如果发现学生利用创业名义逃课逃学,一律取消学分替代资格,并按照学校相关制度从严处理。

办理学分替代的学生必须提出书面申请,同时提供相关佐证材料,由班主任、学生所在分院、创业学院认真审核和严格把关,教务处批复同意后方可认定为允许学分替代。同时,学分替代具有一定的范围,不是所有课程都可以申请学分替代。创业学生只能对未修或正在修的课程提出学分替代申请;创业学生原有已修课程不及格,不得申请学分替代,仍需按照正常程序参加补考。为保证学分替代的科学性,工商学院各专业教研室主任在制定教学计划时,确定本专业创业学生能被创业业绩所替代的固定课程,创业学生每学期替代课程最多为4门。

3. 形式广泛,灵活多样

为鼓励学生更好地多元化创业,工商学院对学生创业的形式进行了广泛的界定。鉴于电子商务发展呈现多元化趋势,工商学院将电子商务创业的零售平台(淘宝、百度、易趣、拍拍等)、批发平台(阿里巴巴诚信通、慧聪网等)及外贸平台(阿里巴巴国际站、速卖通、敦煌、环球资源等)等全部计入创业方式。除电子商务外,工商学院承认的创业方式还包括自主开发平台、自主管理形式创业的独立平台创业以及经以本人姓名注册登记办理企业的形式的实体创业。其他有足够证据证明

【特色发展】
中国职业教育办学经验的特色凝练

并且经一定程序认定的创业形式也算作创业。

为了帮助学生灵活学习,工商学院在《学分替代管理办法》中明确规定:"创业学院学员,各专业教学计划中除公共基础课和专业基础课外,均可以创业学院所修成绩替代原课程;允许学生根据自己的兴趣和特长自由选择创业教育活动形式。创业活动的项目成果经认定后可以替代课程的学习并获得相应的学科成绩,并存入学生成绩档案。"同时,工商学院鼓励创业学生以自学、旁听、网络学习、远程教育等多种方式学习相关理论知识,以顺利修满规定学分。

(三) 以创业学院为载体,开创创业教育新局面

在2005年前后中国电商发展起步阶段,义乌工商职业技术学院的一些学生开始尝试电商创业。在创业学生的示范引领下,该校越来越多的学生开始从事各种形式的创业实践,创业学生成为学校的一个庞大群体,当时在校7 000余名学生中,有1 400名左右学生在从事各种形式的创业活动,创业学生的管理成为校方的重要内容。为了加强对创业教育的组织领导,校方于2008年12月在全国高校中率先打破专业界限与年级界限,成立了创业学院,协助各二级学院在学生的创业成果认定、创业课程学分替代等方面进行管理。

创业学院正式成立后,开始以职能部门的形式招收学员班。首批三十名学生均为正在从事真实创业活动的在校大二或大三学生,其所学专业不同,所从事创业活动也不一样,有从事电商创业的,也有运营实体店的。为挑选合适的学生,创业学院当时对入围创业班的学生设定了一定的门槛,从事实体经营的学生月平均收入须在8 000元以上,从事电商创业的信用等级必须在四颗钻(淘宝店铺获得2 000笔好评)以上。针对学员班学员,创业学院还专门开设市场营销、企业管理、工商税务、财务管理等相关课程,以提升学员的综合素质。在教学上,学员班采用开设讲座、学员交流等方式,同时聘请企业家授课,针对创业中遇到的问题,提供针对性的解决方案。

1. 招生上创新招生体制,打通创业学生的"进出机制"

根据校方的相关规划,创业学院主体部分由创业班与学员班两部分组成。创业班由创业学院自主招生与自主培养,课程设置、学生考核等方面由创业学院全权负责;学员班由创业学院与各二级学院联合培养,创业学院负责其创业成果认定、创业课程学分替代等与创业相关事宜。在实践过程中,灵活的招生制度赋予了创业学生更多的成长空间。

2. 以专业为依托进行"一次招生",将创业意向强烈的学生予以集中培养

随着校内创业群体的增加,创业教育影响力的提升,不少创业意向强烈的高考学生,直接为了创业而报考工商学院。为加强对创业学生的管理,校方决定将创业学院独立建制成基本教学单位,配备班主任及其他管理人员,对学生实行统筹管理。为了加强师资队伍建设,校方在学校内部招聘有志于创业指导的教师为创业班主任,还将部分经管等专业的教师纳入创业学院;校方在校外聘请了部分创业导师,定期来校作创业交流。

为深化创业教育改革,在成立第二年(2010年9月),创业学院在负责协助各二级学院管理创业学生的同时,还开始以"二级学院"形式,依托与创业较近的相关专业,每学年从录取的电子商务、市场营销、物流管理、国际贸易等专业新生中,根据学生的个人意愿、班主任面试等具体情况,选取合适的学生进入创业班进行培养,将这类学生直接定位于学生老板。与其他二级学院相比,创业学院的专业方向均为创业方向,即电子商务、市场营销、物流管理、国际贸易。创业班均实行小班化教学,每班招收三十名学生,每名学生均要求从事创业相关活动。

创业学院负责创业班学生的培养,同时对创业班学生进行考核。根据相关政策,在大一第一学期结束后,创业班可有少量学生(具体数目由班主任与学生双向决定,一般控制在5人之内)转出创业班,加入到其他二级学院完成学业。转出分为主动转出与被动转出两种情况:主动转出是指学生本人在创业班学习一学期之后,不适应或不认可创业班的教学模式,主观上想退出创业学院,经学生本人申请,可转到其他二级分院(通常是原专业或相近专业),这种情况通常会无原则转出;被动转出是指客观上学生创业业绩等不符合创业学院的要求,未获得相应的成长,班主任认为其在创业班不能学习相应知识,个人不能获得成长,创业技能不符合具体要求,其不适宜在创业学院学习发展,而更适合在其他二级学院发展等情况,可申请转出创业学院。针对转出创业学院、回到原专业(或相近专业)的学生,学校层面会对该类学生进行学业预警补习,为其配备专业课指导老师,确保其转出创业班后,能完成相应专业的课程学习。

在部分学生转出创业班的同时,其他二级学院有创业意向的大一学生(不分专业),依据相关创业业绩或其他佐证自己创业能力的相关材料,在大一第一学期结束后,也可申请转入创业学院。针对申请转入创业学院的学生,以"双向选择"为原则,其必须经过创业导师团的严格审核,确保有班主任接纳其加入班级,以补充"转

出"的学生。创业学院对学生的"转出"与"转入"之间设定一定标准,其主动权由创业班班主任来把握。"二次招生"尊重学生成长的自主权,确保创业学生的"进出通道"顺畅,保证"有创业意向的学生能有机会进入创业班学习,进入创业班的学生不想创业有退路"。

3. 依据学生在校的具体情况"二次招生",确保学生选择适合的路径发展

根据该校的相关政策,其他二级学院学生在大一上学期末均有机会从所在专业申请转入创业学院大一创业班,每个创业班转入的人数控制在5人之内。

除创业班外,创业学院还在其他二级学院招收学员班,学员班通常在新学期之初对外招生,由其他二级学院的创业学生组成。学员班招生不分年级、不分专业,主要依据其创业业绩。学员班可申请课程替代,同时,创业学院会根据学员班学生需求,开设与创业相关的课程,学员班的课程能抵相应课程学分。截止到目前,创业学院共招收了十二期学员班,每期学员班从二十余人到六十余人不等。

创业学院根据学员的相应层次,各专业教学计划中除公共基础课和专业基础课外,均能以创业学院所修成绩替代原课程;允许学生根据自己的兴趣和特长自由选择创业教育活动形式。创业活动的项目成果经认定后可以替代课程的学习,获得相应学科成绩,并记入学生成绩档案。学员班修完全院课程后,符合毕业条件的学生,发入学时所选专业的毕业证书。

4. 教学上体现实践导向,创业成果可替代相应课程学分

创业学院以实践教学为导向,定位于创业人才培养,其将创业作为学业的主要考核部分,以创学结合为核心理念,要求学生从事真实的创业活动。同时,学生的创业成果可进行相应课程的替代。实践导向在较好地培养了学生创业能力的同时,也成功培养了一批学生老板。

创业是一种有效的学习形式,其能让学生从能力训练、经验积累、社会资源获得等方面获得益处。没有真实的创业实践,很难让学生获得创业能力;学生不参与创业实践,不可能有创业的成功。当前很多院校的创业实践局限于模拟,创业模拟活动有其局限性,不能有效培养学生的创业能力;实施真正的创业教育,必须让学生从事真实的创业实践活动。随着创业教育地位的提升,很多院校都开设了普适性的创业类课程,但其仍然以理论教学模式为主,其教学模式局限于课程上的理论讲解。

在教学内容上,创业学院注重学生对创业内容的体验,以"创学结合"为创业学

院课程开设的核心理念,其在课程设置上以"五五开"为原则,确保学生能有机会进行创业实践。创业实践就是实现学生学业向创业转化的桥梁,大学生要实现"学业"到"创业",必须要经历勤工俭学、创业尝试等实践活动。在创业实践与创业能力的培养上,创业学院主张在创业实践中发展创业能力。在创学结合的实践中,创业学院将实践教学贯穿于教学全过程。在人才培养计划中,将实践教学提升到重要地位,秉承"先实践后理论,创学相结合"的原则,鼓励学生在实践中积极锻炼,提升自己的创业能力。在真实的创业情境中,学生对创业有一个感性的认识,消除了创业的神秘感和对创业的畏惧感,增强创业的自我效能感。在积累相当程度实践的基础上,再进行相应的理论学习,这样学习由原来的"要学生学"变成了"学生要学";学习成为一种学生自愿的、内在的行为;学生能积极走进学习与融入学习;基于实践基础的教学,学生更容易主动构建自身的学习体系。

(四)管理上加强对学生创业过程的监督,对创业学院管理模式进行创新

实践教学导向下学生忙于各种创业实践活动,这给创业学生管理带来了新的挑战。为了确保创业活动的有序开展,创业学院在注重对创业学生创业业绩考核的同时,加强过程监管;积极转变角色,将对学生的创业管理提升到创业服务。

1. 在以结果考核为导向的同时,加强对学生创业的过程监管

尽管创业学院以实践为导向,注重对创业学生创业的结果考核,但"结果导向"并不表示校方放松对学生的教育,并不意味着学生的创业过程可脱离于学校视野之外。通过课题组调研获悉,与非创业学生相比,创业学生在外居住安全、人身安全、财产安全、财产纠纷等方面存在更多潜在隐患,一些学生假借创业之名,游离于正常的教学活动之外。为规范创业学生的行为,创业学院制定了详细的规章制度。校方先后制定了十余个相关文件,包括《关于鼓励与扶持在校学生创业的若干规定(试行)》、《在校学生创业认定办法(试行)》等,并在实施过程中将一些规章制度不断完善。

以课程替代为例,为确保其科学性与合理性,校方制定了课程替代的具体实施细则,并在管理中严格执行。第一,申请课程替代的学生,其创业业绩须为本人创业实践所获取,严禁采用非本人创业成果,否则按作弊论处;第二,学生在教学期间须保证从事科技创业、实体运营、网络创业等法律许可范围内的相关活动,并接受学校各部门的指导与监督;第三,课程替代有一定范围,并非所有课程都可课程替

【特色发展】
中国职业教育办学经验的特色凝练

代、思政类、体育类等公共课程原则上不能申请课程替代;第四,鼓励创业学生采用旁听、个人辅导等形式完成课程学习,在证明其学习能力的情况下,审核后可申请课程替代。

2. 积极转变管理角色,为创业学生提供优质服务

当各高校都在为如何进行创业管理而苦恼时,创业学院则转变教育理念,将"以创业学生成长"为本,将针对学生的"创业管理"理念提升到"创业服务"理念,努力提升其对创业学生的服务水平。创业学院近年来除了不断完善创业教育相关制度外,还努力吸引校内外资源,加大对大学生创业的扶持力度,努力扮演好创业孵化器的角色。为解决创业学生的资金难题,学院设立了"短期、无息、公益"的同创基金;同时,引进校外创业贷款,联合金融机构设立"大学生创业基金"。

创业学院在课程设置上围绕学生创业的需求,开设相应的创业指导课程,在日常管理上体现服务学生导向,教学与管理均围绕学生创业而进行。传统师资与创业导师间的要求与标准存在较大差异,美国百森商学院创业部中有62.8%的教师具有创业经历,这些创业导师的专业知识严谨、商业头脑敏锐、具有很好的创业意识,使高校创业项目和课程设计更符合创业教育规律,高校教师能主动对接社会市场需求。创业学院鼓励教师从事相关创业活动,以提升教师的创业指导能力,更好地服务学生创业。

三、义乌工商职业技术学院创业教育的主要成效

国务院总理李克强、原国家副主席李源潮、前团中央书记处第一书记秦宜智等先后到该校大学生电商创业实验室视察,对该校电商创业教育给予高度评价。"专业+创业"课程体系搭载协同开放平台实践,全程贯穿创业创新教育,三维立体人才培养模式已然成型,涌现出以"全球十佳网商"何洪伟为代表的大批创业典型,创业业绩破10亿,2013届毕业生叶永伟毕业后被聘请为创业导师,负责校企合作项目"原字弹工作室"的运营,目前除了在运营"梦娜袜业项目"外,还在推广"斐济国礼级化妆品项目",以"小电商助力国家大外交"广受赞誉。2014届毕业生倪祥新放弃高薪,主动返乡创业。返乡后带动了镇里的电商、来料加工行业,还从零开始发展起30多人的电商之家,大大促进了镇里兰溪杨梅的销售。2015届毕业生马吉玲受吉林省妇联邀请,与学校创业导师等前往长春参与吉林女性电商"千姐千店千社(企)千品"项目启动暨女大学生创业导航报告会。报告会上,马吉玲受到了明星

般的待遇,被称为"创业花木兰"。2016届毕业生龙有根在大二时,就从贵州老家带来两个人来义乌创业打拼,还发展起了"义乌—贵州"的来料加工,带领家乡的父老乡亲一起创业致富。2018届毕业生林宏远在入学两个月后的"双11"出了130单,大二时的"双11"当天出单近1万单……

学校始终秉承"尚德崇文,创业立身"的校训精神,努力将创新创业教育改革红利惠及每位创业学生,努力实现5个方面的效应。

一是育人效应。通过创新创业实践培养,锻炼了学生的四种品质:吃苦耐劳是基础,"忙"成为学生的口头禅;诚实守信是根本,与客户保持良好关系成为学生的金守则;求新求变是法宝,主动学习新知识、新理念成为学生的必修课;遵纪守法是前提,使学生树立市场规则意识。

二是引领效应。一个专业引领一个产业,一个产业带旺一座城。学校创新创业教育模式形成了以学校为中心的电商产业新经济业态,有力地推动了义乌"淘宝村"的规模化、集群化发展,其中最具典型的就是学校的近邻、被李克强总理称为"中国网店第一村"的青岩刘村。

三是带动效应。创业成功的学生不仅为自己"造饭碗",还为社会人员创造了就业机会。尤其是"校园互联网+创业"的内生动力极大地带动了专业创业、创意创业,校园创业呈现出百花齐放、百家争鸣的新态势。

四是衍生效应。学校在浙江省率先开设了网络时尚模特班,培养新一代能展示、能代言、能创业的电商模特标杆(全国电商网络模特集聚中心、全国电商网络模特培训基地),其中有1个留学生班。建立了海峡两岸青年创业基地,台湾地区的大学师生到校"插班"学习电子商务创业。

五是品牌效应。创业教育已成为学校的一块响亮"招牌",是学校特色发展的"台柱子"。原国家副主席李源潮、前团中央书记处第一书记秦宜智曾到学校的大学生创业实验室视察,对学校的创业教育工作给予高度评价。国家级媒体(中央电视台《新闻调查》、《实话实说》等栏目)、凤凰卫视都曾做过学校创业教育专题报道,《人民日报》、《光明日报》、新华社、路透社等进行了追踪报道。学校每年接待来访交流、考察调研300余批次,为外省、市举办专题电商培训班(浙江省第一批电子商务方向专业技术人员人才继续教育基地、浙江省大学生村官电子商务示范培训"定点单位")。

四、义乌工商职业技术学院创业教育的未来展望

(一) 深化体制机制改革,促进管理水平上台阶

1. 建立健全管理制度体系

进一步发挥学校创业管理处的作用,统筹协调创新创业教育发展各项事宜。不断探索校院二级协同创新创业机制,明确相关单位工作职能,调动二级学院推进创新创业教育的积极性。全面梳理已有的创新创业教育相关政策,结合创新创业教育发展新趋势和新特点,根据学校实际情况对政策制度进行补充、修订,逐步解决学生多元创业认定、创业班考核、创业学生进退机制等难点,完善创新创业教育学生学籍再处理办法、教师离岗创业管理办法、鼓励与扶持在校学生创业的若干规定,制定"专业＋创业"工作室指导性意见,二级学院创新创业教育考核办法等,形成科学的创新创业政策体系,保障师生创新创业。

2. 推进创业学院特区试点工作

继续按照"一校两制"的思路做强做大创业学院,不断深化创新创业人才改革试点,探索多元主体混合所有制学院建设,形成相对稳定且能够在兄弟院校间推广的有特色、有示范效应的机制或做法,建成浙江省普通高校示范性创业学院。进一步创新创业班和特色班的教学管理和学生管理模式,健全创业学生培养的"实践为主、理论为辅"课程体系、学分积累和转换体系等。推进师徒制创业工作室建设,建立健全创业工作室管理办法,建立新型的创新创业能力训练体系。继续做好创业精英班的招生和教学管理工作,在校生规模达到150人左右。

(二) 升级人才培养模式,培育创新创业新亮点

1. 丰富电子商务创业的形式

继续发挥在淘宝、1688、E-bay、Aliexpress、Wish 等电商平台的创业优势,办好网络时尚模特班,拓展商品摄影、网店设计等电商服务类创业形式,鼓励学生在移动电商、农村电商、直播网红等领域大胆开展创业实践。引导学生从事跨境进口创业,校企合作建立进口商品O2O展示分销中心,培养进口分销人才,服务义乌进口贸易发展。

2. 开展"专业＋创业"培养模式改革

在保持电子商务创业优势的基础上,从"单创"向"双创"转变,将专业领域的创新、创意理念融入到创业教育中,推动创业教育内容与形态的同步升级。探索推进

"专业+创业"试点,建设专业创业工作室,开设特色教学改革班,开展"2+1"、"1.5+1.5"等不同形式的创新创业人才培养改革。到2020年,建设20个左右专业创业工作室,各类创新创业教育改革试点班人数累计达到2000人。

(三) 开展创业教学建设,推进理论研究出成果

1. 建设创新创业教育课程体系

根据人才培养定位和创新创业教育目标要求,强化专业课程设计和专业毕业论文的创新导向。各专业开设创新创业类通识课程,加大创新创业教育课程的选修比例,实现创新创业教育全覆盖,50%的学生参与创业培训和教育,三年不少于10个学分。在专业实践教学中增加设计性、综合性、创新性实验和工程实践训练环节,突出创新、创业能力培养。开发建设或引进创新创业类通识课程10门,开展创新创业教育平台课程建设,大力推进慕课、微课、在线课程等网络教学资源建设,建设创新创业社会培训课程10套,新增省级创业类课程1—2门,省级以上创新创业类教学成果奖1—2项。

2. 改革创新创业教育教学方法

推进教学改革和课堂创新,扩大小班化教学,采用讨论式、头脑风暴式、项目式、沙盘模拟等教学模式,实施分层分类教学,努力构建优质高效课堂,不断增强课堂育人的时代性、针对性和时效性。鼓励各专业为有意愿、有潜质的学生制定创新创业能力培养计划,继续完善竞赛集训、工作室、创业俱乐部、创业团队等实战训练模式。

3. 优化创新创业教育教学管理

完善学分制管理办法,落实学生创新实验、发表论文、获得专利、竞赛获奖、自主创业等情况折算为学分的相关规定,进一步完善同步自修、网创实践学分制等。全面推行弹性学制,推行创业学分积分卡制度,允许学生休学创业,扩大学生学习自主选择权。进一步完善形成性评价与终结性评价相结合的创业学生学业评价办法,注重对学生的知识运用、实践能力、创新创业素质的考核评价。

4. 深化创新创业教育理论研究

强化创新创业教育研究所职能,整合师资力量,建成学校创新创业工作的"智库"。重点负责高校创新创业教育的理论研究、案例研究;组织各类高层次创新创业教育研究活动;开展大学生创新创业调研分析,为学校领导重大决策和各部门工作提供咨询和信息服务;参与地方创新创业研究工作,承接政府和企业委托项目,

【特色发展】
中国职业教育办学经验的特色凝练

服务区域经济创新发展。

(四) 加强创业导师培育,增强导师队伍活力

1. 加强专任创业导师内培力度

实施创业导师培育工程,建立健全创业指导教师选拔培养激励机制,分批分类培育一批创业指导名师和优秀创业指导教师团队。成立创业导师发展中心,完善创业导师培育跟踪体系,开展"创业导师＋创业项目"行动计划,做到一导师一项目一档案。进一步推进"一师一品"工程,鼓励创业导师特色发展。充分利用校内外创业基地资源,建立创新创业教育专职教师到行业企业挂职锻炼制度,探索创业导师协同培养机制。进一步加强对离岗创业教师的管理,不断完善教师创业反哺教育教学机制。改革教师评聘制度,对指导学生创新创业、服务区域经济社会发展等方面成绩特别突出的教师予以低职高聘。力争每年外出参加创业学习培训交流的教师不少于30人次,累计培养100名创业指导教师,其中卓越创业导师5名以上,优秀创业导师20名以上,部分成为电商创业领军名师。

2. 选聘优秀人才兼任创业导师

规范兼任创业导师选聘流程,明确权利义务,进一步发挥兼任创业指导教师队伍的作用。依托优秀创业毕业生联盟,选聘优秀创业毕业生担任兼职创业教师,树立良好的创业传帮带氛围。充分利用义乌的国际化优势,选聘义乌各国商会会长、优秀创业商人、海外回归义商等参与创业指导,拓宽学生的国际创业视野,为学生国际化创业提供强有力的支持。到2020年,累计选聘100名具有较高理论水平和丰富实践经验的知名学者、创业成功者、企业家、在义乌的外商等作为兼任创业导师。

(五) 搭建创业实践平台,探索协同育人新机制

1. 打造特色校内大学生创业实践平台

结合新校区建设,规划新的创业学院园区,启动功能集约、资源优化、开放充分、内外融通、运行高效的"一站式"大学生创业园建设工作。完善大学生创业园进出管理机制,建好二级学院创业孵化基地,打造学生众创空间(创客平台)、创客吧等特色创业实践平台,完善学生创业项目培育机制,解决学生在不同创业阶段的创业难题。继续发挥义乌市创意园的创意创业孵化功能,强化园区与创新创业人才培养的互动。充分发挥"互联网＋众创"指导服务中心、校园创客信息平台(创业微信平台)功能,为师生创业提供信息与技术服务支持。每年孵化在校学生创业团队

（项目）100 个，累计孵化与国（境）外合作创业团队 10 个。

2. 构建政校企协作的创业孵化机制

积极与省内外高校、地方政府、企事业单位、研究所对接，促进校际、政校、校企、校所合作，充分整合优质资源，对接高端异地孵化器等创新平台，探索多元主体共同孵化育人机制。继续建好"中国网店第一村"大学生创业实验室、龙回国际电子商务村、佛堂智创园、浙江省妇女创客园等多个校外平台，重点将"中国网店第一村"大学生创业实验室建设成有影响力、有特色的创业基地。建立国（境）外合作专业基地 3 个以上，尤其注重与"一带一路"国家合作共建创新创业教育平台，进一步加大创新创业教育国际化的深度和广度。建立校外创业实践基地 50 家以上，其中深度合作现代学徒制合作单位（校企合作人才培养）10 家以上，新增混合所有制创业基地 1—2 个，逐步构建"专业创业工作室—学院创业孵化基地—学校创业实践平台—社会共创孵化器"四级孵化机制。通过多元主体协同获取更多开放、优质的外部资源，争取建立省级"创新实验室"和"创业实验室"等平台。

（六）丰富创新创业活动，提升创业服务影响力

1. 拓展创新创业教育活动载体

成立校大学生创新创业竞赛领导小组，做好校内外各类创新创业竞赛的组织工作，鼓励学生参加省级以上高水平、高规格创新创业大赛，争取省级以上创新创业大赛获奖累计 100 人次。开展"创新创业先锋"评选表彰活动，评选一批优秀创业导师和自主创业典型学生，发挥先锋典型的示范带动作用。做好创业公益大讲堂、春晗学子讲坛、凤鸣论坛等，邀请校内外的优秀创业师资进校开设讲座，每年开展讲座 30 期以上，覆盖全校师生。继续举办全国高校电子商务创新创业教育研讨会、创业沙龙和论坛等高层次活动 10 次以上。利用现有海外资源，力争开展暑期创新创业夏令营（游学）活动，选送优秀师生赴海外交流交换，增进创新创业教育的海外互动。

2. 推进创新创业教育社会服务

助力义乌"大众创新、万众创业"国家战略推进，主动与"一带一路"沿线国家开展在电商创业技能培训等方面的合作，促进学校特色教育对外输出。继续做好义乌市电商指定培训单位、浙江省专业技术人员继续教育等电商创业培训基地工作。

积极参与浙江省创业导师培育工程,为全省培养千名创业导师作贡献。依托现代新媒体技术,尝试创新创业教育网络直播培训,创立社会培训品牌,充分发挥文化的育人功能、辐射功能。

(撰稿人:徐玉成)

齐齐哈尔工程学院"混合所有制"现状调研报告

齐齐哈尔工程学院是一所典型的混合所有制职业院校。从某种意义上说,齐齐哈尔工程学院的发展是我国混合所有制职业院校发展的一个缩影。在治理结构上,齐齐哈尔工程学院既遵循了传统,又进行了创新。说其传统,是因为它采用董事会领导下的校长负责制;说其创新,是因为它实行"专业法人"制。因此,对齐齐哈尔工程学院的分析,对改善混合所有制职业院校的治理具有典型意义。

一、齐齐哈尔工程学院的发展阶段

根据办学资本的来源不同,可将齐齐哈尔工程学院的发展分为两个阶段,即民办期和混合期。

(一) 民办期(1991年3月—1993年6月)

1991年3月,曹勇安开始着手创办一所具有助考性质的民办培训学校,这就是齐齐哈尔工程学院的前身。曹勇安当时担任齐齐哈尔第一机床教育处的副处长,坐着"铁交椅"。那么,曹勇安为何放弃待遇优厚的职位而创办培训学校?曹勇安解释说,"我这个人对领导职务既不热爱也不追求,我就想做个受学生欢迎的好老师,但在体制内很难做到这一点"。[①] 学校创立之初比较艰难,曹勇安描述说,"校舍是租的,广告是赊的,教师是聘的,校牌是借的"。尽管如此,学校的发展速度惊人。1993年,学校在校生人数已经由8人激增到2 000人,办学规模位于黑龙江同类学校的前三名。可见,学校已经赢得了市场的高度认可。1993年4月,这所没有校牌的学校有了自己的校名——"黑龙江东亚大学"。

(二) 混合期(1993年7月至今)

1993年7月,原黑龙江东亚大学兼并齐齐哈尔第一机床厂职工机电学院,开始转变为一所混合所有制职业院校。通过这次兼并,原黑龙江东亚大学的办学资本

---

① 曹勇安. 从春天里出发——三次托管教育的心路历程[J]. 齐齐哈尔工程学院学报,2014(1):1—5.

不仅有了私有资本,还有了国有资本。原黑龙江东亚大学进行这次兼并,主要是因为职工机电学院已经成为齐齐哈尔第一机床厂的包袱。① 鉴于学校资本来源的复杂性和产权制度的重要性,在齐齐哈尔市政府的支持下,1999年曹勇安开始进行产权制度改革的尝试。历经多年的努力,2005年学校的产权制度改革基本完成。2012年齐齐哈尔国有资产监督管理委员会在《关于齐齐哈尔工程学院国有资产存量的函》中确定:学院国有资产已经达到10 085.74万元,占学院法人净资产的33.96%,学院集体资产为19 428.93万元,占学院法人净资产的65.42%;教职工个人资产为182.82万元,占学院法人净资产的0.62%。② 与此同时,在黑龙江省教育厅的支持下,2001年原黑龙江东亚大学更名为齐齐哈尔职业学院,2011年升格为齐齐哈尔工程学院。

二、齐齐哈尔工程学院的治理结构

齐齐哈尔工程学院的管理实行的是科层制。在学校的横向治理上,齐齐哈尔工程学院实行的是董事会领导下的校长负责制;在学校的纵向治理上,齐齐哈尔工程学院实行的是"专业法人"制。可见,齐齐哈尔工程学院治理的重点已经由横向分权向纵向分权转移。

(一)横向治理:董事会领导下的校长负责制

齐齐哈尔工程学院实行董事会领导下的校长负责制,建立了"五权分立"的治理结构。根据该校章程,董事会由股东大会选举产生,是学校的决策机构;校长由董事会负责聘任,负责学校的行政工作,院务工作委员会是其常设机构;党委会主要由具有党员身份的院务委员会成员担任,是学校的政治核心,保证社会主义的办学方向和国家教育方针的落实;教职工代表大会由全体教职工选举产生,对院务工作委员会进行监督,民主管理委员会是其常设机构;学术委员会负责学术事务的处理,是学校的学术审议机构。

齐齐哈尔工程学院还通过制定《齐齐哈尔工程学院章程》(以下简称《章程》),明确了董事会、校长、党委会、教职工代表大会和学术委员会的构成、任期、职权和

---

① 李一文.民办高校产权制度改革研究——以齐齐哈尔职业学院产权制度改革为例[D].厦门:厦门大学,2007:15.
② 席东梅,刘亚荣.混合所有制:职业教育活力所在——齐齐哈尔工程学院多元化办学探索之路[J].中国职业技术教育,2014(28):44—52.

议事规则等具体事务。根据规定,董事会的成员为7—9人,由举办者代表、院长、教职工代表等人员组成,每届任期5年,对学校的发展方向和办学方针等重要事务进行决策,遵行少数服从多数等议事规则。校长每届任期5年,可连聘连任,通过院务工作委员会负责学校的日常管理工作等事务。党委会的成员为7人,参与学校重要事项的决策,负责党的建设和思想政治工作,领导工会、共青团、学生会等群众组织。教职工代表大会参与民主管理和监督,对事关教职工切身利益的事务进行审议,实行代表票决制,赞成人数超过应到会人数的三分之二方为通过。学术委员会负责处理学术事务,其议事规则是:实际到会人数达到应到会人数的三分之二方可召开,采取表决制作出决定,赞成人数超过应到会人数的二分之一方为通过。

(二) 纵向治理:"专业法人"制

齐齐哈尔工程学院实行"专业法人"制,是其在院系治理上的创新。所谓"专业法人"制,是对学校内的各专业组织按照"法人方式"实施市场化经营所必须遵循的各项规范的总称。① 可见,"专业法人"既是齐齐哈尔工程院系治理的一种尝试,也是学校的各专业进行市场化经营的必要条件。2003年原齐齐哈尔职业学院开始建立"专业法人"制,2006年该制度基本成型,取得了较好的效果。据有关资料显示,齐齐哈尔工程学院通过实行"专业法人"制,提高了管理效率,提升了教师地位,锻炼了教师队伍,加强了专业和市场的联系,创办了一批专业公司。

齐齐哈尔工程学院实行"专业法人"制,目的是使专业更加企业化、市场化,调动教职工参与专业建设。那么,"专业法人"的责、权、利是怎样的呢?对此,原齐齐哈尔职业学院制定的《专业法人条例》进行了明确。第一,"专业法人"承担的教育责任。"专业法人"承担的教育责任包括编制人才培养方案、组织教学指导委员会、负责建立实习实训基地、指导学生职业发展、承担学生就业安置、组织教育科研活动、创办与专业相关的经济实体等。第二,"专业法人"享有的教育权利。"专业法人"享有的教育权利包括招生计划权、课程设置权、教学组织权等。第三,"专业法人"获得的利益。专业法定代表人享受讲师的工资待遇,其考核结果与晋升、奖励挂钩。"专业法人"在运行过程中,接受系和职能部门的双重领导。可见,齐齐哈尔工程学院已经将权利下放到专业,使学校成为一个"底部沉重"的扁平化组织。

---

① 任志新.齐齐哈尔职业学院"专业法人"制度的多学科视角研究[D].厦门:厦门大学,2006:7—13.

三、齐齐哈尔工程学院治理的制度环境

齐齐哈尔工程学院在治理的过程中,受到制度环境的深刻影响。我们发现,影响齐齐哈尔工程学院治理的制度环境主要有以下几个方面:

(一)产权明晰

产权明晰为齐齐哈尔工程学院的治理提供了经济基础。如果产权不明晰,就很难发挥其应有的功能。事实上,产权问题一直困扰着我国民办教育的发展。那么,齐齐哈尔工程学院的产权问题究竟难在何处呢?简言之,齐齐哈尔工程学院明晰产权缺乏法律依据。从事实的角度看,齐齐哈尔工程学院的财产来源是清晰的。根据齐齐哈尔工程学院的发展历史,我们可以发现它是举办者白手起家,通过学费滚动发展起来的。然而从法律的角度看,齐齐哈尔工程学院难以明晰产权。长期以来,我国坚持出资者捐资举办民办教育的逻辑,法律上"重视民办学校的法人财产权,忽视出资者的所有权"。[①] 这种立法逻辑具有两个基本缺陷:第一,它没有看到我国民办教育的事实。邬大光教授指出,投资办学是我国民办教育的基本特征。[②] 换句话说,出资者举办民办教育,不仅主张所有权,还主张收益权。第二,它没有看到产权对民办教育的正向功能。一般认为,产权具有激励、约束、资源配置等多种功能。在投资办学的条件下,如果不能承认出资者对民办学校的所有权,就很难对出资者进行激励和约束,也很难对资源进行优化配置。

法律上的缺陷,不仅难以发挥产权应有的功能,还导致齐齐哈尔工程学院明晰产权经历了艰难的过程。根据有关资料显示,原齐齐哈尔职业学院的产权改革从三个方面展开:放弃全民身份,工龄置换产权;以置换出来的产权为基础,成立教育股份有限公司;划股到人,使产权人格化。然而对于学校办学积累的资产归属,黑龙江省国资委和学校的意见还是发生了分歧,导致产权改革一度搁置。2005年黑龙江省人民政府颁布了《关于促进民办教育发展的若干意见》,为解决原齐齐哈尔职业学院的产权问题带来了契机,黑龙江省教育厅最终批复:"依法确定曹勇安为学院原始创办人。曹勇安等23人为初始出资人。学院出资人由1993年的23名初始出资人和1999年至2003年的25名新增出资人共48人构成。至2004年学院净

---

① 万卫.论我国独立学院产权政策的调整[J].江苏高教,2014(5):78—81.
② 邬大光.我国民办教育的特殊性与基本特征[J].教育研究,2007(1):3—8.

资产1.08亿中集体资产与出资人的个人资产比例为64.43%：35.57%。"[1]换言之,政府最终承认了出资者对原齐齐哈尔职业学院的所有权。产权明晰为学校治理奠定了经济基础,促进了齐齐哈尔工程学院的发展。

(二) 市场竞争

市场竞争为齐齐哈尔工程学院的治理提供了重要动力。一般来说,齐齐哈尔工程学院面临的市场竞争主要包括生源的竞争和师资的竞争。首先,生源的竞争。从学校的发展历史看,齐齐哈尔工程学院主要是通过办学积累发展起来的。换言之,如果不能获得足够的生源,齐齐哈尔工程学院就很难生存下去。20世纪90年代末,在多种因素的作用下,我国开启了高等教育大众化的进程。一方面,高等教育大众化增加了人民群众接受高等教育的机会,缓解了青年劳动力的就业压力,增强了经济发展的内需;另一方面,高等教育大众化导致高等教育开始从卖方市场向买方市场转变,生源不足逐渐阻碍着民办高校的发展。其次,师资的竞争。"大学者,大师之所谓也",一所大学的核心竞争力,主要源于高质量的教师队伍。在卖方市场阶段,民办高校主要依靠校园建设获得核心竞争力;在买方市场阶段,民办高校只能依靠教师队伍获得竞争优势。当前,许多高等学校通过高薪聘请高质量的教师。然而鉴于民办高校办学经费不足,只能另辟蹊径。可见,如何在激烈的市场竞争中取胜是齐齐哈尔工程学院必须解决的难题。

齐齐哈尔工程学院通过建立"专业法人"制,在激烈的市场竞争中获得了一定的优势。"专业法人"制是在曹勇安的主持下制定和实施的。那么,为何设计这样一项制度？原齐齐哈尔职业学院在《专业法人条例》第一条开宗名义："为使支撑学院发展的专业更加企业化、市场化,更好地调动起全体教职工积极参与学院专业建设。"换言之,"专业法人"制的目的有二：一是专业与市场相对接。这是职业教育专业建设的基本要求,意味着专业教学标准与产业标准相衔接。在这样的条件下,学生能够更好地胜任工作任务,形成良好的就业能力。无疑,这既有利于学生适应竞争激烈的就业市场,也有利于增强齐齐哈尔工程学院对学生的吸引力。二是调动教师参与专业建设的积极性。教师是专业建设的主体。换言之,如果没有教师的积极参与,职业教育的专业建设就没有生命力。教师之所以缺乏参与专业建设的动力,是因为教师的责权利没有统一。据介绍,齐齐哈尔工程学院近年来创建了14

---

[1] 李才,曹勇安.民办高校产权制度改革的实践与思考[J].教育发展研究,2006(18):31—38.

个专业公司,为学生在真实的工作环境中实践创造了条件,为教师的职业发展提供了平台。[①] 从院系治理的角度看,齐齐哈尔工程学院将权力下放到专业,使专业成为办学的主体,能够更好地适应工作世界的快速变化。

(三) 政府控制

政府控制是齐齐哈尔工程学院治理的政治环境。阿什比曾说,"任何大学都是遗传和环境的产物"。从遗传的角度看,大学具有自身的逻辑,如大学自治、学术自由等;从环境的角度看,大学离不开世俗社会的支持,如办学经费。大学如果秉承自身的逻辑,就应该远离世俗社会;大学如果需要生存与发展,就无法拒绝世俗社会。可见,自由与控制是大学在处理与政府的关系时,永远无法回避的矛盾。当前,政府离不开现代大学。正如卡斯特所言,"大学已经由社会的边缘步入社会的中心,是社会的发动机"。随着知识社会的来临,大学在国家的地位变得日益重要。因此,政府必然通过各种手段介入大学。在现代社会,政府对大学的控制方式主要有法律、政策、财政等。首先,政府可以通过颁布法律,赋予或者收回大学的权力。例如,我国政府颁布《中华人民共和国民办教育促进法》(以下简称《民促法》),赋予了民办高校多项办学自主权。其次,政府可以通过制定政策,规范大学的办学行为。例如,政府通过制定招生政策,对民办高校的招生"乱象"进行整治。再次,政府可以通过财政手段,激励大学的办学行为。例如,政府实行税收优惠政策,鼓励出资者举办民办教育。

政府控制约束了学校管理层的行为,对齐齐哈尔工程学院的治理发挥了重要作用。一方面,齐齐哈尔工程学院基本完成了学校层面的分权制衡。《民促法》对学校组织和活动进行了较为明确的规定。根据《民促法》的规定,齐齐哈尔工程学院实行董事会领导下的校长负责制,建立了"五权分立"的治理结构。其中,董事会是决策机构,校长及院务工作委员会是行政机构,党委会、教职工代表大会及民主管理委员会是监督机构,学术委员会是学术事务的审议机构。另一方面,齐齐哈尔工程学院正在积极探索院系治理。通过实行"专业法人"制,齐齐哈尔工程学院将权力下放到专业,使专业法人成为办学的真正实体,学校成为"底部沉重"的组织。应该来说,这符合现代大学发展的基本规律。齐齐哈尔工程学院的治理行为,其背

---

① 蒋春艳,曹勇安.专业法人制度——民办高职院校教师队伍建设的制度保障[J].国家教育行政学院学报,2007(1):42—45.

后的逻辑为何？一方面,这是适应政府控制的需要。如果齐齐哈尔工程学院不能完成学校层面的分权制衡,就很难符合法律的相关规定。另一方面,这是学校发展的需要。如果齐齐哈尔工程学院不能积极探索院系治理,就很难在日趋激烈的市场竞争中立于不败之地。

(四) 文化认同

文化认同为齐齐哈尔工程学院的治理提供了合法性。从本质上说,齐齐哈尔工程学院的治理是一次制度变革。任何制度变革不仅需要动力机制,还需要取得合法性。如果说市场竞争为齐齐哈尔工程学院的治理提供了重要动力,那么文化认同就为其提供了合法性。所谓文化认同,就是指对人们之间或个人同群体之间的共同文化的确认。[①] 其中,文化认同的核心依据是文化理念。大学是一个有着悠久历史传统的组织,秉承着特有的价值观,如学术自由。改革开放以来,"效率"的观念在我国深入人心。基于经费来源的匮乏与提高办学质量的双重压力,提高效率成为混合所有制职业院校的重要价值取向。在这样的条件下,混合所有制职业院校的改革者如果能够遵循学术自由,坚持效率优先,就能牢牢把握学校改革的话语权。

通过文化认同,齐齐哈尔工程学院的管理层为治理凝聚了共识。一方面,齐齐哈尔工程学院遵循学术自由。为此,学校设有专门的学术委员会以处理学术事务,其基本职责包括审议论证学院的学科和专业设置的规划及相关的重大事项等。当前,学术委员会的成员主要由学校的行政人员组成,教师在学术委员会中并不占优势,但教师一直在试图改变这种局面。尽管如此,学校对学术自由传统的认同,获得了教师对治理变革的支持。另一方面,齐齐哈尔工程学院坚持效率优先。学校实行"专业法人"制,既是积极探索院系治理的重要成果,也体现了效率优先的基本理念。原齐齐哈尔职业学院通过制定《专业法定代表人聘任与考核办法》(以下简称《办法》)对专业法定代表人进行严格的考核,奖优罚劣。《办法》的第三条第四款规定:"考核结束后,由专业法定代表人所在系提出续聘、解聘、晋级的意见,由人事处审核,报院长办公会批准。"

四、齐齐哈尔工程学院"混合所有制"探索的基本经验

齐齐哈尔工程学院的治理不仅是一个内生性行为,还受到制度环境的深刻影

---

① 崔新建.文化认同及其根源[J].北京师范大学学报(社会科学版),2004(4):102—104.

响。通过以上分析,我们可以得出以下基本结论:

第一,齐齐哈尔工程学院的治理既遵循传统,又有所创新。说其传统,在学校的横向治理上,齐齐哈尔工程学院实行的是董事会领导下的校长负责制,建立了"五权分立"的治理结构。说其创新,在学校的纵向治理上,齐齐哈尔工程学院实行的是"专业法人"制,实现了重心的下移,使其成为一个"底部沉重"的组织。

第二,齐齐哈尔工程学院的治理受产权明晰、市场竞争、政府控制、文化认同等多种制度环境的影响。其中,产权明晰为其治理提供了经济基础,市场竞争为其治理提供了重要动力,政府控制是其治理的政治环境,文化认同为其提供了合法性。从某种程度上说,产权明晰、市场竞争、政府控制、文化认同在相当程度上形塑了齐齐哈尔工程学院管理层的治理行为,使其既符合传统,又能有所创新。

第三,齐齐哈尔工程学院的治理既受制度环境的约束,也是行动者实践的结果。从本质上说,齐齐哈尔工程学院的治理是一种制度创新,这就离不开行动者的积极参与。齐齐哈尔工程学院治理涉及的行动者有股东、管理层、教师、学生、社会人员等。只有收益大于付出的成本,行动者才会参与齐齐哈尔工程学院的治理。因此,为了改善齐齐哈尔工程学院的治理,应该提高行动者的收益。例如,学校应该严格落实《章程》的规定,完善董事会的构成、职权、任期和议事规则。

(撰稿人:万卫)

宁波外事学校"TAFE 学院"现状调研报告

一、宁波外事学校"TAFE 学院"的创建背景

（一）通晓国际规则的区域国际化技术技能人才缺乏问题

1. 外向型区域经济发展的人才需求。外向型经济的发展需要大批通晓国际规则的高素质国际化技术技能人才。引进世界一流的职教资源，组建中外合作职教办学机构，培养具有国际视野的应用型技能人才，能更好地为区域经济社会发展提供人才支持。

2. 宁波教育国际化的内涵发展需求。自 2005 年以来，宁波教育不断拓展中外合作办学领域，积极借鉴和吸收国外先进的教育理念和育人模式，探索本土化、国际化人才培养模式，成为教育国际化由量向质内涵式发展的重要课题。

（二）国际 TAFE 项目人才培养的现实困境

1. 忽视学生的态度和习惯行为的塑造。大部分中外合作办学项目，在引进国际教育资源后，过分强调专业知识与技能的学习，特别关注满足行业需求的实务性工作技能，却忽视了学生的品格、态度情感、习惯行为以及职业素养的培养。

2. 英语学习能力与专业技能提升的冲突。TAFE（Technical And Further Education）项目专业教学采用全英文授课模式，需要学生具备较强的英语能力。但国内高职生源英语基础较差，入学后集中学习英语的时间有限，学生英语能力的不足，已经成为 TAFE 项目人才培养的瓶颈。

3. 国际化课程的本土化程度低。TAFE 课程体系立足于澳大利亚本国学生的实际水平，中方对于澳方课程包的利用，出现了"照搬照抄"或者"完全汉化"的极端情况，无法基于中国学生的原有知识体系和基础，对课程包进行本土化处理，导致人才培养过程中出现诸多问题。

4. 缺乏与国际化课程相配套的教学方式。在课程实施上，大多数 TAFE 项目

依旧采用传统的教学体系,以"知识"、"教师"、"讲授"为中心,注重书本知识的灌输,忽视了学生在学习上的主动性、积极性与创造性,在教学方法、评价方式以及组织形式上都难以真正发挥 TAFE 课程培养国际化人才的优势。

5. 缺少具备国际化课程执教能力的教学团队。TAFE 项目的师资队伍由中澳双方共同组成,虽然有澳方资深教师参与教学,但整体上,中方教师团队仍缺乏具有海外留学背景的高素质英语教学和专业教学师资,在缺少国际视野和西方文化的背景下,教师难以有效执行 TAFE 国际课程。

二、宁波外事学校"TAFE 学院"的主要特色

(一) 开展三方合作、五年一贯的国际化人才培养

1. 三方合作创办宁波 TAFE 学院

宁波 TAFE 学院是在宁波市教育局与澳大利亚新南威尔州教育部战略合作的背景下,由宁波城市职业技术学院、宁波外事学校和澳大利亚西悉尼 TAFE 学院三方合作组建,经省人民政府批准、教育部备案的非独立法人的中外合作办学机构。由宁波外事学校(中职)承担五年一贯制教学计划的制定和组织实施,实现一校一地五年全程培养。宁波 TAFE 学院以"立足国际视野、培育国际化人才"为办学理念,致力于培养具有国际视野和全球意识、能熟练运用外语、具有良好的跨文化交流沟通的能力,了解国际交往礼仪和惯例,具备专业知识和技能,能够尊重别国的意识形态、文化、价值观、风俗和宗教信仰,拥有比较广阔国际视野的复合型人才。

2. 五年一贯制国际化人才培养模式

宁波 TAFE 学院采用中高职一体、中澳合作、初中起点五年一贯制人才培养模式,旨在培养国际化技术技能人才。学院全套引进澳大利亚 TAFE 课程和证书,在澳方人才培养规格的基础上,根据本区域国际化人才需求标准,进一步修订完善了人才培养规格要求,人才培养采用"2.5+2+0.5"模式,前两年半为高中阶段教育,入学标准英语单科 85 分以上,重点强化英语;后两年为专科教育,英语水平达到澳方 Cert3 级后,学习 TAFE 文凭课程和国内高职课程;最后半年为毕业实习。

(二) 构建中外融通、中高职一体化的课程体系

TAFE 学院在整体引进澳大利亚职业教育优质课程资源的基础上,根据中高职阶段的知识能力标准开发中高职贯通的课程,制定专业基础课程与专业课程的衔接方案,对引进的澳方课程包进行本土化改造与提升,形成了集知识、技能、情感和

态度塑造、思维训练和个性培养、跨文化能力于一体的课程体系。该课程有效解决了中澳课程融合、中高职课程衔接等问题。

1. 本土化改造：对引进的澳方课程进行优化

一是大幅增加英语课程比重，强化学生英语应用能力。由于澳方课程包内的英语课程并不是专门针对国内职高学生的英语水平设计的，无法直接进行教学，为此根据学生英文能力，开展多种中方英语课程，中方英语课程和澳方英语课程在前两年半以英语学习为主的课程中比例约为 2∶8，以补充和协调澳方英语课程。主要补充的中方英语课程为：

（1）咖啡英语时间，每周每班开设咖啡英语两节课（共计 2 小时），使用校本教材《来杯咖啡聊宁波》，进行配合澳方英语教学的项目化教学，使用学生熟悉的关于宁波的生活话题展开，以咖啡为引子，涉入西方文化。澳方教材初级阶段能力要求较低，教材《have a go》对宁波初中毕业生而言较为浅显，咖啡英语有效地补充了学习内容。

（2）英语沙龙，每周开设英语沙龙时间（不少于 3 小时），请外教、中教轮流主持，每次针对一个话题，在短时间内给予学生相关的单词、句型、话题背景等储备，再由学生自由发表对该话题的观点、建议或意见等，话题涉及校园、生活、时政、新闻、娱乐等等。英语沙龙创造了一个英语口语的平台，让学生在实战中学英语，让英语从嘴里念出来、说出来，在生生交流、师生交流的过程中，提高口语和听力的能力，弥补国内学生听说能力的不足。

（3）定期举办跨年级、分年级的英语辩论赛、配音赛、演讲比赛、词汇大赛，辅导学生参与各项赛事，如 21 世纪报英语演讲比赛、全国英语技能大赛。在校、市、省、国赛中，取得优异成绩的学生，可以获得相应的奖励或学分奖励。以活动、赛事带动学生学习英语，辅助澳方的英语教学，实现学生的英语能力目标。

二是学院将澳方 TAFE 课程包与宁波外事学校、宁波城市职业技术学院的专业核心课程进行重组整合，形成中澳融合的专业核心课程体系。以市场营销专业为例，目前共有专业课程 29 门，其中，澳方英文专业课为 16 门，占专业课总数的55.17%，中方课程 13 门，占专业课总数的 44.83%。

2. 一体化培养：中高职课程的衔接与融合

中职课程与高职课程的有机衔接是 TAFE 学院五年一贯制人才培养的核心内容。根据人才培养方案及宁波城市职业技术学院中澳合作职业与继续教育学院章程,重点是做好宁波外事学校的专业基础课程与澳方和宁波城市职业技术学院的专业核心课程的衔接。澳方与宁波城市职业技术学院是高职阶段课程的实施主体,外事学校是中职课程的实施主体,双方通过对相关专业人才的需求分析,根据中高职阶段分别应该具备的知识能力标准开发中高职贯通的课程,制定专业基础课程与专业课程的衔接方案,使中高职课程有机衔接。如"市场营销基础"与"市场调研"专业课程的有机衔接,两门课程在知识和能力目标上是递进关系,"市场营销基础"是学习"市场调研"课程的基础性课程。"市场营销基础"的课程目标是完成市场要素分析、市场调查实施,完成目标市场选择、营销策略选择、市场推广实施等基本业务操作;"市场调研"的课程目标是能运用调研的设计方法,实施市场调研、整理和分析调研数据、撰写调研报告。因此,在课程内容上是前后衔接的关系。

(三)实施"学生为中心"的项目化教学

1. 树立以学生为本的教学观

宁波 TAFE 学院注重教学理念的转变:基于学生生涯发展的教学定位,始终坚持"以生为本"的教学观,在教学实践中更加关注学生个体成长和素养提升。尊重学生的个性特点,充分发挥学生的自主能动性,关注学生学习习惯的养成与学习能力的提升,培养学生较强的创新意识、批判思维能力、合作学习能力以及国际化的视野和胸怀。

2. 融合专业课程的项目化英语教学

项目化英语教学构建了"基于工作过程的项目导向"的内容体系,采取能力倒推法,根据实际岗位英语技能点对教学内容进行筛选或补充、整合,将每个单元设计成一个总项目或几个小项目,使项目技能点与职场情景相结合,采用 TAFE 教学所强调的"互动——合作"的教学方式,组织学生进行合作学习、解决问题,培养学生的合作意识与独立思维能力。始终贯穿重难点的词汇、句型、语法,让学生在小组讨论时有词可说、有句可讲、讲得准确,并及时通过课后练习加强、巩固。教师综合学生的自评、互评进行点评并补充相关知识,做到"学中做,做中学"。

3. 全英文环境下的项目化专业教学

按照国际化人才规格标准,在参照国外学院格局及布置的基础上,结合本土文化,学院重新设计学生教室、学生休闲区、教学走廊、语音实训教室、环幕教室等教学实训场地,耗资百万打造全英文环境的 TAFE 教学区,创设岗位模拟情景和原生态英语学习场景,实现全真化语言教学,为师生提供了一流的教学与学习体验。

TAFE专业课程实施项目化教学模式,以情境学习理论为基础,以真实的或模拟的工作场所为情境,引导学生利用多种资源,采用多元方式参与活动,并在与教师、同伴相互合作的过程中,掌握知识、培养和提高工作能力。

(四) 借鉴国际标准,开展多元评估

1. 评价的主体多元化

师生家长共同参与,成为改进和促进课堂教学的有力保障。在传统的高中课堂上,教师牢牢掌握着"教学评价"的主动权,只有教师才有资格对学生的学习表现作出评价,然而在TAFE,教师在掌握主导权的前提下,尽可能地让学生和家长参与到教学评价中来,力求从不同的角度和侧面完善教学评价,为学生的学业表现呈现最为客观的评价和反馈。

2. 评价的标准多元化

舍弃对标准答案和分数的推崇,以学生在动态学习过程中展示的学习态度和学习能力为主要评价依据。在TAFE的教学中,非常注重学生对能力的掌握。因此,TAFE并不提供试题库或范本供学生机械操练,完全摒弃了传统的以分数高低来评价学生学业成绩的做法,选择用一些非常具体的学习生活片段为评价依据,用叙述性的语言来评价学生的学习状态。

3. 评价的方式多元化

改变大考决定学生学业水平的做法,通过多阶段测试,客观评价学生的英语能力。TAFE三级英语能力测试,形式活泼、有趣别致。这些评价方式,使学生在日常的学习生活中开阔视野、接受新鲜知识、锻炼思辨和信息整合能力。TAFE的教学评价体系在悄悄引导学生们发生质的变化:勇敢抬头、自信说英语是我们的基本要求;了解中西文化差异、学会思辨表达是我们下一阶段的目标。

(五) 打造国际化品质的教师团队

多年来,学校通过引进、培训、选聘等方式,不断提升学校师资建设的国际化水平。培养了学术带头人1人,骨干教师3人,新增"双师型"教师13人。邱盛老师获得"宁波市名师"荣誉称号,王婉宇老师获"宁波市学科骨干教师"荣誉称号。

1. 全员海外培训,获取TAFE教学资质

派送中方教师赴澳洲TAFE学院进行教师在职培训和学历进修,打造由澳方专家、本校教师、企业技术专家共同组成的专业教师队伍,组织开展规模化、层次化的教师专业进修。目前获得澳大利亚TAFE四级教学评估证书的教师人数已达

23 名。

2. 引进海外留学背景的高端人才

学校从北京外国语大学、浙江大学、宁波诺丁汉大学等国内著名高校招聘了英语专业硕士研究生共 9 人，从美国哥伦比亚大学、英国帝国理工学院、维也纳经济管理大学、英国华威大学、英国威尔士大学、香港中文大学和澳大利亚西悉尼大学等国际知名大学引进 10 名硕士研究生。目前，学校具有海外留学背景或有短期海外培训经历的教师已占外语教师的 75%。从学历来看，具有硕士研究生学历的 24 位教师占所有 41 位 TAFE 教职员工的 58.5%；另有 3 位教师入选宁波市教师"卓越工程"的中外合作博士班，正在在职攻读博士学位。

3. 培养中外合作的紧密型教学团队

中澳双方共同打造 TAFE 学院教师队伍，教师队伍由澳方专家、中高职院校教师和企业技术专家共同组成。通过建立导师制、集体备课、合作教学等机制，打造了一支中西文化融洽的合作型教师团队。学院建立之初就设立导师制度，帮助新教师尽快适应 TAFE 教学模式并步上教学正轨。TAFE 学院的每个班都由中教和外教共同执教，中、外教师会根据澳方教材的内容进行块状合作教学。外籍教师在执教中所共同显现出的"快乐教学"思想深深地影响了中教们的教学理念，他们主张创设多种教学情境，将每堂课的要点知识渗透在教学情境中，摆脱语言学习的负累感，从而逐渐培养起学生对英语学习的兴趣。

三、宁波外事学校"TAFE 学院"的办学成效

（一）培养了一批具备国际视野的技术技能型人才

尊重、个性、开放、以人为本的教育氛围，重塑了学生自信、阳光的心态；塑造了"优雅"、"文明"的形象，养成了专注的学习态度、自觉有序的学习习惯，以及融入中西方文明的教养，形成了"批判"、"包容"、"多元"、"创造"、"合作"等国际化素养。学生的学习能力也有了明显的提升。学生英语单词拥有量从入学时平均 1 500 个，到高三时平均 4 500 个，最高达 8 500 个。相当于雅思 5.5 分水平的 TAFE 三级通过率为 98%，大学英语四级通过率 95%，高四学生能接受外教全英文的专业知识授课。2011 年至 2015 年，学生参加三届全国中职英语技能大赛，获金牌三连冠。2015 年参加全国创新创业大赛获唯一的特等奖。TAFE 首届 127 名毕业生中，50 名升入本科阶段学习，25 名前往澳大利亚、美国、英国、日本等国家留学继续深造，

52名学生实现就业,得到用人单位的广泛好评。

(二) 形成了全新的中职英语教学模式

TAFE英语教学打破了传统语言教学以词汇、语法、精读为核心内容的编排形式,采用项目教学法,重置内容体例,还原真实的语言环境,强化合作、交流和互助。建立高效的教学质量保障体系与多元化学生评价体系,澳方对考核进行全程监督。在参照国外学院格局及布置的基础上,结合本土文化,重新设计教学实训场地,打造全英文环境的TAFE教学区,创设岗位模拟情景和原生态英语学习场景。

(三) 打造了一支"三双特色"的国际化教师队伍

中澳双方共同打造TAFE学院教师队伍,培养了一支教学理念新、具有国际视野、个性鲜明,拥有海外高学历背景、掌握国际课程执行力的精良的教师队伍,并形成"三双"特色:(1)双证队伍:80%的专业教师拥有澳大利亚TAFE教师资格证书;(2)双语队伍:60%的专任教师能用英语教授专业课;(3)双师队伍:80%的专业教师拥有行业技能证书。

(四) 成为TAFE海外项目唯一续办的办学机构

2015年11月,澳大利亚技能质量管理局、中国教育部职业教育与成人教育司、西悉尼TAFE学院三方联合对宁波TAFE学院进行了办学质量审计评估,评估方高度肯定和赞赏了宁波TAFE学院的教育质量。宁波TAFE学院是本次国内TAFE项目评估中评价最高的一所,成为TAFE海外项目唯一续办的办学机构。

(撰稿人:何新哲)

附 录

附录1 2013—2014年中国职业教育发展大事记

2013年

1月

1月8日 中国职业技术教育学会与高等教育出版社全面合作协议书签字仪式在北京举行。

1月9日 2013年全国教育工作会议在北京召开。

1月11日 教育部推进"中等职业学校专业教学标准制订工作情况通气会"在北京召开。

1月18日 全国扶贫开发工作电视电话会议在北京召开。国务院原副总理、国务院扶贫开发领导小组原组长回良玉出席会议并作重要讲话。教育部原副部长鲁昕出席并发言。

1月23日 教育部职业教育部分专业教学标准开发试点工作汇报会暨论证会在天津举办。教育部原副部长鲁昕出席并讲话。

1月25日 教育部召开全国行业职业教育教学指导委员会工作会议。教育部原副部长鲁昕出席并讲话。

1月31日 首届全国教育科研工作会议在北京召开。教育部原部长袁贵仁出席并讲话。

2月

2月20日 教育部在北京召开首场新闻发布会介绍职业教育改革创新进展情况。

2月23日 中国职业技术教育学会第四次会员代表大会在北京召开。教育部原部长袁贵仁出席并讲话。

2月27日　中国职业技术教育学会发布《2012中国中等职业学校学生发展与就业报告》。

3月

3月16日　全国食品药品职业教育教学指导委员会工作会议暨专业教学指导委员会成立大会在北京召开。

3月18日　教育部2013年度职业教育与成人教育工作视频会在北京召开。

3月22日　全国电子商务职业教育教学指导委员会2013年工作会议在北京召开。

3月26日　人力资源和社会保障部新修订《全国技工院校专业目录》颁布。

4月

4月2日　教育部召开职业教育系统"中国梦"主题教育活动座谈会。教育部原副部长鲁昕出席并讲话。

4月3日　全国政协民族和宗教委员会召开的加强民族地区职业教育座谈会在北京举行。教育部原副部长鲁昕出席并介绍了教育部在促进民族地区职业教育发展中的具体措施。

4月12日　全国职业教育教学改革创新视频工作会在北京召开。教育部原副部长鲁昕出席并讲话。

4月13日　中国成人教育协会第五次会员代表大会在北京召开。教育部原部长袁贵仁出席并讲话。

4月24—27日　全国政协民族和宗教委员会组织调研组到广西就"加强民族地区职业教育"进行专题调研。

4月25日　教育部职业技术教育中心研究所、宁波市教育局和宁波职业技术学院三方合作建设的发展中国家职业教育研究院正式成立。

4月26日　教育部职业教育与成人教育司组织的"职业教育改革成果推广研讨班"在山东开班。

4月26日　中国职业技术教育学会年度工作会议在郑州召开。

附录 1
2013—2014 年中国职业教育发展大事记

5 月

5 月 3 日　共青团中央学校部主办的全国中职学生"彩虹人生——我的中国梦"活动在北京拉开序幕。

5 月 3 日　中华全国供销合作总社和教育部共同举办的"全国供销合作社系统职业教育集团化办学试点工作座谈会"在北京举行。

5 月 8 日　财政部发布 2012 年中央财政支持教育发展情况。

5 月 13—16 日　全国政协教科文卫体委员会组织调研组到陕西就"现代职业教育体系建设的途径"进行专题调研。

5 月 14 日　习近平主席到天津人力资源发展促进中心和天津职业技能公共实训中心,了解就业和培训情况。他说,就业是民生之本,也是世界性难题,要从全局高度重视就业问题。

5 月 18 日　教育部与江苏省政府在苏州签署共建教育现代化试验区协议。教育部原部长袁贵仁、江苏省原省长李学勇出席。

5 月 18 日　全国高等职业院校林业职业技能大赛在辽宁举行。

5 月 22 日　教育部、发改委、财政部联合制定并印发《中西部高等教育振兴计划(2012—2020 年)》。

5 月 23—28 日　全国政协原主席俞正声在新疆调研期间参观了喀什市巴楚县职业技术学校。俞正声强调就业是民生之本,也是确保新疆稳定的基础,要大力发展职业教育,注重发展劳动密集型产业,努力解决好少数民族群众就业问题。

6 月

6 月 5 日　全国政协教科文卫体委员会在北京召开"现代职业教育体系建设的途径"协商座谈会。全国政协原副主席苏荣出席。教育部原副部长鲁昕,财政部党组成员、部长助理余蔚平,人力资源和社会保障部原副部长王晓初分别通报了我国职业教育体系建设情况。

6 月 12 日　2013 年全国职业院校技能大赛高职服装设计与工艺技能大赛在南通开幕。

6 月 16 日　2013 海峡两岸职业教育合作发展论坛在厦门举行。全国政协原副主席张榕明、教育部原副部长鲁昕出席并分别讲话。

6 月 26 日　2013 年全国职业院校技能大赛组委会新闻通气会在天津举行。

6月27日　由教育部、共青团中央共同主办的全国职业院校"我的中国梦"主题演讲活动在天津举行。

6月28日　2013年全国职业院校技能大赛在天津闭幕。国务院原副总理刘延东出席并讲话。

7月

7月4日　全国中医药职业教育技能大赛"天堰杯"中医护理竞赛在株洲市举行。

7月10日　教育部关于贯彻教育规划纲要促进民办教育创新发展座谈会在北京召开。教育部原副部长鲁昕出席并讲话。

7月16日　《2013中国高等职业教育人才培养质量年度报告》发布。

7月17日　第六届全国职业院校外贸技能竞赛在南宁举办。

7月17日　中英职业教育现代学徒制暨现代职业教育体系研讨交流会在北京召开。

7月22日　教育部在北京召开专题座谈会，邀请来自社会各界的部分全国人大代表、政协委员共同研讨"加快发展新型职业农民中等职业教育"问题。教育部原副部长鲁昕出席并讲话。

7月31日　教育部与广西壮族自治区人民政府在北京签署《深化共建国家民族地区职业教育综合改革试验区协议》。

8月

8月16日　教育部发布2012年全国教育事业发展统计公报。

8月18日　全国城市职业教育教学研究协作会第二十届年会在长春召开。

8月20日　教育部在西安召开中等职业学校招生工作座谈会。

8月21日　中国职业技术教育学会"推进职业院校传承与创新民族文化座谈会"在昆明召开。

8月22日　人力资源和社会保障部在北京人民大会堂举行第42届世界技能大赛参赛总结大会暨首届中国青年技能夏令营开营仪式。人社部部长尹蔚民出席并讲话。

8月27日　教育部"职业教育助力现代服务业发展座谈会"在北京举行。教育

附录1
2013—2014年中国职业教育发展大事记

部原副部长鲁昕出席并讲话。

8月29日 国家科技教育领导小组第一次全体会议在北京召开。教育部作关于教育改革发展重点工作的汇报。李克强专门听取汇报并发表重要讲话。

8月29日 中国职业教育与粮食行业发展对话活动在北京举行。国家粮食局原副局长徐鸣出席并讲话。教育部原副部长鲁昕作书面讲话。

9月

9月3日 以"发展现代职业教育,服务经济转型升级"为主题的2013中国—东盟职业教育联展暨论坛开幕式在南宁举行。教育部原副部长杜占元出席并致辞。

9月10日 国家教育体制改革领导小组召开会议审议并原则通过《现代职业教育体系建设规划(2013—2020年)》。

9月10日 人力资源和社会保障部致全国技工教育和职业培训教师的慰问信。

9月11日 教育部《高等职业学校专业目录》修订工作启动会在北京召开。

9月25日 全国邮政职业教育教学指导委员会网站正式上线运行,英文域名www.yzhzw.cn。

9月29日 中国职业教育与粮食行业发展对话活动在北京举行。

10月

10月13日 2013年全民终身学习活动周全国总开幕式在天津举行。

10月13日 全国首个"航空职业教育与技术协同创新中心"成立大会在长沙举行。

10月16日 教育部、水利部联合召开的全国水利职业教育工作视频会议在北京召开。教育部原副部长鲁昕、水利部原副部长胡四一出席会议并分别讲话。

10月18日 第五届民办职业教育高峰论坛暨亚太地区民办职业院校合作论坛在济南举行。

10月19日 以"信息技术带动职业教育现代化"为主题的2013年"凤凰创壹杯"全国职业院校信息化教学大赛在南京开赛。

10月21日 首届国际学习型城市大会在北京召开。国务院原副总理刘延东出席并致辞。

11月

11月5日　教育部定点联系滇西边境山区扶贫交流会在云南省大理州召开。教育部原副部长鲁昕、云南省原副省长沈培平出席并分别讲话。

11月12日　教育部、人力资源和社会保障部、财政部联合组成的专家组到镇江高等职业技术学校"国家中等职业教育改革发展示范建设"进行实地验收。

11月14日　教育部组织人民日报、新华社、光明日报、中国青年报等中央媒体记者到沈阳，对沈阳推进现代职业教育改革与发展情况进行采访与调研。

11月18日　黄炎培职业教育思想研究会2013学术年会在南京召开。原中华职业教育社理事长、原黄炎培职业教育思想研究会会长张榕明出席并作主旨演讲。

11月20日　人力资源和社会保障部、欧盟委员会举办的亚欧青年就业促进国际研讨会在重庆召开。人力资源和社会保障部原副部长信长星、重庆市原副市长刘强出席并分别致辞。

11月21日　教育部在东莞市召开学习贯彻十八届三中全会精神促进民办教育发展座谈会。教育部原副部长鲁昕出席并讲话。

11月23日　全国民政职业教育教学指导委员会老年服务与管理专业教学指导委员会成立大会在北京召开。

12月

12月1日　中国职业技术教育学会2013年学术年会在武汉召开。

12月15日　民办教育发展大会暨民办教育协会2013年年会在无锡市召开。

12月16日　农业部和教育部在北京共同启动新型职业农民教育培养重大问题研究。该研究由农业部副部长张桃林和教育部原副部长鲁昕担任总顾问，中国社会科学院学部委员张晓山研究员担任首席专家。

12月19日　2013年全国民族技艺传承创新职业教育与产业对话会开幕式在黑龙江举行。

12月20日　第十届全国中等职业学校"文明风采"竞赛总结座谈会及颁奖典礼在北京举行。教育部原副部长鲁昕作书面讲话。

12月23日　中央农村工作会议在北京举行。国家主席习近平、国务院总理李克强出席并分别发表重要讲话。

12月23日　国家中等职业教育改革发展示范学校建设现场交流会在上海召开。教育部原副部长鲁昕出席并讲话。

12月29日　中国职业教育产学研联盟成立大会暨首届中国职业教育产学研合作高峰论坛在北京举行。

2014 年

1 月

1月8日　教育部办公厅提出关于进一步加强职业院校关心下一代工作委员会建设的若干意见。

1月24日　全国民族技艺传承职业教育与产业对话活动在黑龙江民族职业学院举行。

2 月

2月10日　全国首个少数民族技术文化数据库上线运行。

2月17日　教育部官员微信问计：职业教育发展政策如何制定？

2月24日　教育部职业教育与成人教育司原副司长刘建同做客"微信教育"，谈职校实习生权益。

2月25日　教育部职业教育与成人教育司原司长葛道凯做客搜狐教育会客厅，解读职业教育发展相关问题。

2月26日　国务院召开常务会议，部署加快发展现代职业教育，其中特别提到"引导一批普通本科高校向应用技术型高校转型"。

3 月

3月3日　国务院常务会议以"部署加快发展现代职业教育"为议题，李克强总理提出"职业教育改革要跟上时代步伐"，会议审议并通过了《事业单位人事管理条例（草案）》。

3月24日　教育部副部长提出建设现代职教体系解决就业矛盾的重要举措。

3月26日　教育部职成司发布职业教育与成人教育司2014年工作要点。

3月26日　2014年度职业教育与继续教育工作会议在北京召开。

3月27日　教育部原副部长鲁昕谈加快构建现代职业教育体系——为促进经济提质增效升级提供人才支撑。

3月28日　中国发展高层论坛在北京召开,教育部原副部长鲁昕带来事关中国教育未来的大新闻——中国的高考要改革,分为普通高考和职业高考,同时中国的普通大学(除去中国官方定义的"211"、"985"重点高等学府外)将会有700多所转为以职业教育为主。

4月

4月1日　两部委联合培养新型职业农民适应现代农业发展。

4月1日　教育部发布《高等学校辅导员职业能力标准(暂行)》,对高校辅导员职业概况、基本要求和各级能力标准进行了规范与要求。

4月3日　75所教育部直属高校发布毕业生就业质量年度报告。

4月8日　由澳大利亚驻华使领馆商务处主办的"中国职业教育和培训现状与展望论坛"在成都举行。

4月12日　高职院校章程建设研讨暨全国高职高专校长联席会议主席团(扩大)会议在温州职业技术学院举行。

4月18日　教育部部署2014年高校科技改革重点工作。

4月23日　教育部、国家发展改革委、财政部、审计署、国家新闻出版广电总局联合出台《关于2014年规范教育收费治理教育乱收费工作的实施意见》,对2014年教育乱收费等行风突出问题治理工作作出全面部署。

4月23日　中国和英国在北京举行2014年中英教育峰会暨中英高级别人文机制。

4月24日　教育部五司局共推深化课改,强调立德树人。

4月28日　职业院校中国梦宣传教育研讨班在北京开班。

4月28日　全国高职院校素质教育工作委员会在杭州成立。

4月30日　首个中等职业教育专业委员会在广州成立。

4月30日　中德两国共同设立中德职教合作示范基地。

5月

5月2日　印发了《国务院关于加快发展现代职业教育的决定》。

5月5日　上海3万名中小学生走进职校体验职业项目。

5月7日　教育部和新疆联合部署新疆内职班就业工作。

5月7日　第四届黄炎培职业教育奖颁奖大会在北京举行。

5月10日　中国职教学会院校技能竞赛工作委员会成立。

5月12日　开展校企联合招生联合培养的现代学徒制试点。

5月12日　第四届全国职业核心能力研讨会在广州召开。

5月14日　北京高职院校首次招收定向培养直招士官。

5月19日　原中共中央书记处书记、原全国政协副主席杜青林率领全国政协特邀常委视察团到湖北,就深化产教融合、加快高等职业教育发展,进行考察调研。

5月20日　全国政协民宗委调研民族地区职教发展问题。

5月21日　职教系统第二批教育实践活动推进工作座谈会在北京召开。

5月22日　教育部办公厅公布首批《中等职业学校专业教学标准(试行)》,目录涉及14个专业类的95个专业教学标准。

5月25日　中国职业技术教育学会科研工作委员会办学模式研究会在唐山工业职业技术学院成立。

5月26日　李克强在内蒙古自治区考察时强调职业教育要坚持稳中求进,努力奋发有为,推动经济稳定增长、民生持续改善。鼓励职校学生:"学好技术走遍天下都不怕。"

5月29日　山西拟遴选10个高职特色专业进行重点建设。

6月

6月2日　2014年国际工程科技大会在北京召开。

6月13日　2014年全国职业院校技能大赛拉开帷幕。

6月22日　国务院新闻办公室举行新闻发布会,教育部原副部长鲁昕介绍全国职业教育工作会议和《国务院关于加快发展现代职业教育的决定》的有关情况并表示,"十二五"以来中央财政每年投入150亿,地方也投入大量财力,实施示范校建设、实训基地建设、中职基础能力建设,打造具有较高水平的示范学校、重点专业和"双师型"教师队伍,职业教育办学面貌为之一新。

6月23—24日　召开全国职业教育工作会议。

6月24日　六部门编制印发《现代职业教育体系建设规划》。

6月26日　教育部原副部长鲁昕表示,教育部即将出台22个配套文件,协调多个部委一起落实《国务院关于加快发展现代职业教育的决定》,多种措施推进职业教育改革,提升职业教育的吸引力。

6月26日　"职业教育改革与发展"新闻发布会上,教育部职业教育与成人教育司原司长葛道凯表示,目前我国本科职业教育和研究生职业教育的相关政策正在制定和讨论之中。

6月27日　《国务院关于加快发展现代职业教育的决定》单行本,已由人民出版社出版,在全国新华书店发行。

6月27日　职教系统培育和践行核心价值观座谈会召开。

7月

7月1日　教育部财务司负责人就职业教育财政投入答记者问。

7月2日　习总书记对职业教育重要指示:一个论断五项任务要求。

7月8日　深圳市召开学习贯彻全国职教会精神宣讲会,教育部原副部长鲁昕出席会议并作宣讲报告:共同推动职教改革发展。

7月8日　高等职业院校科研能力建设研讨会在深圳召开。

7月9日　教育部下发学习贯彻习近平总书记重要指示和全国职业教育工作会议精神的通知。通知要求,教育战线要深刻领会总书记重要指示和会议精神,把思想和行动统一到重要精神上来,加快发展现代职业教育,为广大青年打开通向成功、成才的大门。

7月15日　《2014中国高等职业教育质量年度报告》发布。

7月22日　教育部"全国职业教育工作会议精神宣讲活动"在北京举行。

7月31日　全国中职共青团工作交流研讨会在浙江杭州召开。

8月

8月13日　国务院印发《关于取消和调整一批行政审批项目等事项的决定》,取消11项职业资格许可和认定事项。

8月13日　教育部关工委职业院校联系点"沧狮杯"演讲总决赛举行。

8月15日　职业技能鉴定国家题库技能实训项目研讨会顺利举行。

9月

9月4日　教育部发出通知,要求各地和各级教育行政部门,积极开展"招生即招工、入校即入厂、校企联合培养"的现代学徒制试点工作,扩大试点院校的招生自主权。

9月5日　教育部关于开展现代学徒制试点工作提出意见。

9月12日　教育部职业技术教育中心研究所就《职业教育法》修订召开座谈会。

9月15日　教育部要求各地各级教育行政部门进一步完善和规范中职学校招生秩序,加强对中职学校的招生资格审查。

9月19日　2014国际职业技能培训项目展示与对接会在北京召开。

9月24日　西藏和四川藏区中职教育推进会在兰州召开。

10月

10月9日　全国机械职业教育会议在大连召开。

10月13日　《全国职业院校学生实习责任保险工作2013年度报告》公布。

10月20日　创新发展高等职业教育暨全国高职高专校长联席会议2014年年会在江苏泰州召开。

10月21—22日　第八届职教集团化办学研讨会和职教集团化办学统计培训班在北京召开。

10月24日　2014年全国职业院校技能大赛总结工作会在天津召开。

10月24日　2014年世界职教院校联盟大会在北京召开。

10月27日　2014年地市高职教育论坛暨研究中心联席会议在江苏徐州举行。

11月

11月3—7日　2014年第二期全国中职学校团委书记培训班举行。

11月5日　全国高职高专党委书记论坛在天津中德学院召开。

11月6日　2014中国—新西兰现代职业教育发展论坛在海河教育园区开幕。

11月10日　国家职业教育改革试验区座谈会在重庆召开。

11月17日　第九届全国高职高专"发明杯"大学生创新创业赛举行。

11月17日　首届"职业教育新思维"博士论坛举行。

11月21—22日　全国高等职业教育"校企一体化"创新联盟成立。

11月24日　全国职业院校宣传部长联席会议年会举行。

11月25日　中国职业技术教育学会2014年学术年会在济南召开。

11月27日　中央财政下达现代职业教育质量提升计划专项资金40亿元,比2013年增长23.5%,用于支持地方建设中职学校实训基地、维修改造校舍、购置教学仪器设备和图书资料等方面,改善中职学校基本办学条件,提升中等职业教育基础能力。

11月28日　财政部、教育部提出关于建立完善以改革和绩效为导向的生均拨款制度加快发展现代高等职业教育的意见。

12月

12月5日　教育部公布《关于深化职业教育教学改革全面提高人才培养质量的若干意见(征求意见稿)》。

12月7日　全国职业院校职业指导工作经验交流会在浙江宁波召开。

12月9日　产教融合发展战略国际论坛(IFIE)2014年秋季分论坛在宁波闭幕。

12月9日　"十三五"教育发展规划战略研讨会在上海举行。

12月15日　第四届高职教育文化建设与可持续发展论坛举行。

12月15日　全国职业教育现代学徒制试点工作推进会在唐山召开。

12月16日　"中国高等职业院校实践育人对接会"在成都召开。

12月19日　"职业教育与城市发展高层对话会"召开。

附录2 2013—2014年中央部委出台的主要职业教育管理文件

2013年

1月9日　教育部发布了《教育部关于开展国家级农村职业教育和成人教育示范县创建工作的通知》,提出了示范县创建活动的指导思想和目标任务,要求以县、市及涉农区人民政府为创建范围,5年内创建300个国家级农村职业教育和成人教育示范县,以引导地方各级政府切实履行好发展面向农村的职业教育职责,推动县域职业教育和成人教育又好又快发展。(教职成[2013]1号)

1月28日　教育部发布了《教育部关于印发〈全国职业院校技能大赛三年规划(2013—2015年)〉的通知》,明确了全国职业院校技能大赛的发展方向、主要任务、赛项计划、服务与宣传工作等,强调构建大赛体系、完善赛事制度、提升赛项水平、健全赛事组织。(教职成函[2013]1号)

1月30日　教育部发布了《教育部关于成立2013—2015年全国职业院校技能大赛组织委员会和执行委员会的通知》,公布了大赛组织委员会和执行委员会人员名单。(教职成函[2013]2号)

3月18日　教育部办公厅发布了《教育部办公厅关于召开2013年度职业教育与成人教育工作视频会议的通知》,决定于2013年3月18日下午召开2013年度职业教育与成人教育工作视频会议,总结回顾2012年职成教工作,交流推动职业教育与继续教育改革创新的思路措施和发展经验,并部署2013年度职成教工作。(教职成厅函[2013]6号)

3月25日　教育部办公厅发布了《教育部办公厅关于印发〈中等职业学校德育课贯彻党的十八大精神教学指导纲要〉的通知》,就中等职业学校德育课程教学中贯彻党的十八大精神提出指导性意见,涉及经济政治与社会、哲学与人生、职业道德与法律、职业生涯规划四门德育必修课和心理健康选修课,要求各地组织本地区中等职业学校在德育课教育教学中执行。(教职成厅[2013]1号)

3月25日　教育部办公厅发布了《教育部办公厅关于印发〈中等职业学校公共艺术课程教学大纲〉的通知》,要求各地教育行政部门认真组织实施教学大纲。(教职成厅[2013]2号)

3月25日　教育部办公厅发布了《教育部办公厅关于公布第五批全国社区教育实验区名单的通知》,公布了第五批全国社区教育实验区名单。(教职成厅函[2013]8号)

4月1日　教育部办公厅等六部门发布了《教育部办公厅　中央文明办秘书局　共青团中央办公厅　全国妇联办公厅　中国关工委办公室　中华职业教育社关于组织开展第十届全国中等职业学校"文明风采"竞赛活动的通知》,决定2013年以"我的中国梦"为主题举办第十届"文明风采"竞赛活动。(教职成厅函[2013]9号)

4月7日　教育部办公厅发布了《教育部办公厅关于召开全国职业教育教学改革创新工作视频会议的通知》,决定于2013年4月12日下午召开全国职业教育教学改革创新工作视频会议,总结近年来的经验和做法,研究确定新形势下推进中高职衔接、深化职业教育教学改革创新的目标、任务、政策与措施。(教职成厅函[2013]10号)

4月24日　教育部办公厅、文化部办公厅、国家民委办公厅发布了《教育部办公厅　文化部办公厅　国家民委办公厅关于公布首批全国职业院校民族文化传承与创新示范专业点的通知》,遴选确定了首批100个全国职业院校民族文化传承与创新示范专业点,要求各相关职业院校要主动适应区域经济社会发展和民族文化产业发展的需要,全面提高专业建设整体水平。(教职成厅函[2013]12号)

5月8日　教育部发布了《教育部关于积极推进高等职业教育考试招生制度改革的指导意见》,提出了高等职业教育考试招生制度改革的总体要求,强调建立健全以省级政府为主的管理体制,建立完善多样化的高等职业教育考试招生方式,包括:建立以高考为基础的考试招生办法、改革单独考试招生办法、探索综合评价招生办法、完善面向中职毕业生的技能考试招生办法、规范中高职贯通的招生办法、实施技能拔尖人才免试招生办法。(教学[2013]3号)

5月23日　教育部发布了《教育部关于举办2013年全国职业院校技能大赛的通知》,决定于2013年6月举办2013年全国职业院校技能大赛。(教职成函[2013]5号)

5月24日　教育部办公厅、财政部办公厅发布了《教育部办公厅　财政部办公厅关于印发〈职业院校教师素质提高计划中等职业学校专业骨干教师培训项目管理办法〉等三个文件的通知》，分别明确了职业院校教师素质提高计划中等职业学校专业骨干教师培训项目管理办法、中等职业学校青年教师企业实践项目管理办法、高等职业学校骨干教师培训项目管理办法。（教师厅［2013］3号）

5月27日　教育部办公厅发布了《教育部办公厅关于举办2013年全国职业院校信息化教学大赛的通知》，决定2013年10月19—21日在南京举办2013年全国职业院校信息化教学大赛，要求各地做好参赛教师遴选和参赛组织工作。（教职成厅函［2013］13号）

5月27日　教育部、文化部、国家民委发布了《教育部　文化部　国家民委关于推进职业院校民族文化传承与创新工作的意见》，就推进职业院校民族文化传承与创新工作提出了18条工作意见，包括充分认识推进职业院校民族文化传承与创新的重要意义、指导思想和总体目标、重点任务、工作措施、组织保障五个方面。（教职成［2013］2号）

5月30日　教育部办公厅、财政部办公厅发布了《教育部办公厅　财政部办公厅关于申报2013年中央财政支持的职业教育实训基地建设项目有关事项的通知》，明确了2013年中央财政支持的职业教育实训基地建设项目的申报条件、项目评审、设备采购、材料上报等有关事项。（教财厅函［2013］16号）

5月30日　教育部办公厅发布了《关于公布第二批中等职业教育改革创新示范教材名单的通知》，公布了遴选产生的第二批129种中等职业教育改革创新示范教材。

5月31日　教育部办公厅发布了《教育部办公厅关于做好全国职业教育工作会议筹备工作的通知》，要求抓紧筹备全国职业教育工作会议，提出各地区报送会议相关材料的内容应包括各地区职业教育改革发展交流材料、改革创新实践案例、专项经费投入情况，并明确了提交材料的要求。（教职成厅函［2013］14号）

6月3日　教育部办公厅、财政部办公厅发布了《教育部办公厅　财政部办公厅关于做好职业院校教师素质提高计划2013年度项目申报工作的通知》，提出了2013年度中等职业学校专业骨干教师国家级培训项目、高等职业学校专业骨干教师国家级培训项目、中等职业学校青年教师企业实践项目、职教师资培训专业点建设项目等申报工作的具体要求。（教师厅函［2013］6号）

6月9日　教育部发布了《教育部关于开展〈高等职业学校专业目录〉修订工作

的通知》,决定开展《高等职业学校专业目录》修订工作,以2004年印发的《普通高等学校高职高专教育指导性专业目录(试行)》所列专业及经教育部备案的目录外专业为基础,重新调研论证,在基本框架、专业体系、专业简介等方面进行全面修订。(教职成函[2013]6号)

7月2日　教育部办公厅发布了《教育部办公厅关于做好2013年高中阶段教育招生工作的通知》,要求切实落实高中阶段教育普职招生大体相当要求、加强招生工作统筹管理、积极拓宽服务面向和生源渠道、严格规范招生行为和办学秩序、推进中等职业教育改革和发展、扎实做好招生宣传工作,以加快普及高中阶段教育,促进普职协调发展。(教职成厅[2013]3号)

7月8日　教育部办公厅、财政部办公厅发布了《教育部办公厅　财政部办公厅关于做好"国家示范性高等职业院校建设计划"骨干高职院校建设项目2013年验收工作的通知》,决定对2010年启动建设的国家骨干高职院校建设项目进行验收,依据"地方为主、中央引导、突出重点、协调发展"的建设原则,按照"院校总结、省级验收、两部验收"的程序进行。(教职成厅函[2013]19号)

7月11日　教育部发布了《教育部关于印发刘延东副总理在2013年全国职业院校技能大赛闭幕式上讲话的通知》,刘延东副总理提出要重点抓好以下工作:以筹备召开全国职业教育大会为契机,加强顶层设计;以服务经济社会发展为宗旨,以解决青年就业为导向;以重点领域和薄弱环节为突破口,深化综合改革;以素质教育为核心,提升人才培养质量;以可持续发展为目标,完善保障机制。(教职成[2013]4号)

7月24日　教育部办公厅等三部门发布了《教育部办公厅　人力资源社会保障部办公厅　财政部办公厅关于开展国家中等职业教育改革发展示范学校建设计划第一批项目学校验收工作的通知》,决定启动对第一批276所项目学校的验收工作。(教职成厅函[2013]20号)

7月25日　教育部办公厅发布了《教育部办公厅关于做好2013年现代远程教育试点高校网络高等学历教育招生工作的通知》,要求做好2013年现代远程教育试点高校网络高等学历教育招生工作,提出明确网络学历高等教育招生性质、加强招生计划和专业管理、加强校外学习中心监管等。(教职成厅[2013]4号)

7月26日　教育部发布了《教育部关于确定职业教育专业教学资源库2013年度立项建设项目的通知》,决定2013年立项建设"作物生产技术"等14个职业教育

专业教学资源库,要求各项目主持单位坚持"共建共享、边建边用"原则,完善资源库建设方案。(教职成函[2013]9号)

8月15日　教育部发布了《教育部关于公布2013年全国职业院校技能大赛获奖名单的通知》,公布了获奖选手、优秀指导教师及所在学校名单。(教职成函[2013]10号)

9月10日　教育部办公厅等三部门发布了《教育部办公厅　人力资源社会保障部办公厅　财政部办公厅关于下达"国家中等职业教育改革发展示范学校建设计划"第三批补充项目学校建设方案及任务书的通知》,正式启动该项目的建设工作。(教职成厅函[2013]25号)

10月8日　教育部办公厅、财政部办公厅发布了《教育部办公厅　财政部办公厅关于做好高等职业学校提升专业服务产业发展能力项目验收工作的通知》,决定对"高等职业学校提升专业服务产业发展能力项目"进行验收。(教职成厅函[2013]26号)

11月19日　教育部办公厅等六部门发布了《教育部办公厅等六部门关于做好2013年全国职业教育先进单位和先进个人表彰工作的通知》,教育部、国家发展改革委、财政部、人力资源社会保障部、农业部、国务院扶贫办决定联合表彰一批近几年在发展职业教育事业中作出突出贡献、成绩显著的先进单位和先进个人,拟评选先进单位300个、先进个人300名。(教职成厅函[2013]31号)

12月5日　教育部办公厅发布了《教育部办公厅关于召开国家中等职业教育改革发展示范学校建设现场交流会的通知》,经商财政部、人力资源社会保障部,决定于2013年12月24日至25日在上海召开国家中等职业教育改革发展示范学校建设现场交流会,总结交流示范学校建设进展,进一步推进项目工作。(教职成厅函[2013]35号)

12月9日　教育部发布了《教育部关于同意宁波设立国家职业教育与产业协同创新试验区的函》,同意宁波市设立国家职业教育与产业协同创新试验区,要求该市政府立足服务浙江海洋经济发展战略、宁波创新驱动发展战略和区域经济转型发展,做好试验区各项工作。(教职成函[2013]13号)

12月31日　教育部办公厅发布了《教育部办公厅关于进一步加强职业院校关心下一代工作委员会建设的若干意见》,就加强职业院校关心下一代工作委员会建设提出了提高思想认识、把握对象特点、突出工作重点、拓展工作领域、完善职业院

校关工委组织机构、加强职业院校关工委队伍建设、健全关工委工作长效机制等10条意见。(教职成厅[2013]5号)

2014年

1月6日　教育部办公厅、财政部办公厅发布了《教育部办公厅　财政部办公厅关于公布高等职业学校提升专业服务产业发展能力项目验收结果的通知》,决定按照"学校总结、省级验收、两部评价"的验收工作程序,组织专家对"高等职业学校提升专业服务产业发展能力项目"的省级管理与验收工作进行复核。(教职成厅函[2013]36号)

1月10日　教育部发布了《教育部关于确定第三批全国社区教育示范区的通知》,确定北京市大兴区等22个区(市、县)为第三批全国社区教育示范区。(教职成函[2014]2号)

1月23日　教育部发布了《教育部关于公布2014年高等职业学校专业设置备案结果的通知》,对各地上报的2014年高等职业学校(含高等专科学校、其他各类高等学校及机构举办的专科层次的高等职业教育)拟招生专业进行了汇总、整理,完成了年度专业设置备案工作,共备案2014年高职拟招生专业1 081个,专业点48 668个。(教职成函[2014]5号)

2月13日　教育部办公厅等五部门发布了《教育部办公厅等五部门关于组织开展第十一届全国中等职业学校"文明风采"竞赛活动的通知》,教育部、共青团中央、全国妇联、中国关工委、中华职业教育社决定2014年以"中国梦·我的梦"为主题举办第十一届全国中等职业学校"文明风采"竞赛活动。(教职成厅函[2014]2号)

2月14日　教育部办公厅、财政部办公厅发布了《教育部办公厅　财政部办公厅关于做好"国家示范性高等职业院校建设计划"骨干高职院校建设项目2014年验收工作的通知》,决定对2011年启动建设的30所国家骨干高职院校建设项目进行验收。(教职成厅函[2014]3号)

3月19日　教育部办公厅发布了《教育部办公厅关于召开2014年度职业教育与成人教育工作视频会议的通知》,决定于2014年3月25日召开2014年度职业教育与成人教育工作视频会议,总结2013年职成教工作,交流推动职业教育与继续教育改革创新的思路措施和发展经验,研究部署2014年度职成教工作。(教职成厅函

〔2014〕7号）

3月21日　教育部办公厅、农业部办公厅发布了《教育部办公厅　农业部办公厅关于印发〈中等职业学校新型职业农民培养方案试行〉的通知》，要求加快建立农民职业教育制度，大力培养新型职业农民，提出新型职业农民中等职业教育主要实行弹性学制，包括种植、畜禽养殖、水产养殖、农业工程和经济管理五个专业类，并对招生对象、课程设置、教学形式、教学管理、考试考核、学分制、教学保障等提出了具体要求。（教职成厅〔2014〕1号）

3月25日　教育部发布了《教育部关于做好全国中等职业学校学生管理信息系统建设工作的通知》，启动了全国中等职业学校学生管理信息系统建设工作，拟系统覆盖全国各级教育行政管理部门和每一所中等职业学校，并与普通中小学学籍系统、高校学生系统等进行数据的有效衔接。（教职成函〔2014〕6号）

5月6日　教育部办公厅发布了《教育部办公厅关于公布首批〈中等职业学校专业教学标准（试行）〉目录的通知》，公布了首批涉及14个专业类的95个《中等职业学校专业教学标准（试行）》目录，要求各地认真组织对专业教学标准的学习、研究和实施工作。（教职成厅函〔2014〕11号）

5月8日　教育部等六部门发布了《教育部等六部门关于表彰全国职业教育先进单位和先进个人的决定》，教育部、国家发展改革委、财政部、人力资源社会保障部、农业部、国务院扶贫办六部门决定授予北京市昌平职业学校等298家单位"全国职业教育先进单位"称号，授予胡定军等299名同志"全国职业教育先进个人"称号。（教职成〔2014〕3号）

5月23日　教育部办公厅发布了《教育部办公厅关于做好2014年高中阶段学校招生工作的通知》，要求明确目标任务，加快普及高中阶段教育；强化招生统筹，引导初中生源合理分流；改革招生制度，促进高中阶段教育公平；严格办学秩序，实施招生"阳光工程"，以大力发展中等职业教育，加快普及高中阶段教育。（教职成厅〔2014〕3号）

5月28日　教育部办公厅发布了《教育部办公厅关于举办2014年全国职业院校信息化教学大赛的通知》，决定2014年11月1—3日在南京举办2014年全国职业院校信息化教学大赛。（教职成厅函〔2014〕14号）

6月18日　教育部办公厅发布了《教育部办公厅关于全国职业教育工作会议的补充通知》，决定于2014年6月23至24日上午，在北京召开全国职业教育工

作会议。(教职成厅函[2014]19号)

6月18日 教育部等九部门发布了《教育部等九部门关于加快推进养老服务业人才培养的意见》,要求按照"积极发展、多种形式、全面加强、突出重点"的原则,加快推进养老服务业人才培养,拟2020年基本建立以职业教育为主体,应用型本科和研究生教育层次相互衔接,学历教育和职业培训并重的养老服务人才培养培训体系,并明确了任务措施与组织保障。(教职成[2014]5号)

6月20日 教育部办公厅发布了《教育部办公厅关于召开贯彻全国职业教育工作会议精神工作部署会的通知》,决定于6月23日至24日召开全国职业教育工作会议,深入学习贯彻中央领导关于职业教育的重要指示和《国务院关于加快发展现代职业教育的决定》精神,部署下一个阶段职业教育工作。(教职成厅函[2014]20号)

7月2日 教育部发布了《教育部关于确定职业教育专业教学资源库2014年度立项建设项目的通知》,决定2014年立项建设园艺技术等14个职业教育专业教学资源库,要求各项目于2016年12月底前完成任务书规定的建设任务(包含至少3个月的应用推广),接受验收。(教职成函[2014]10号)

7月10日 教育部办公厅发布了《教育部办公厅关于开展全国职业教育工作会议精神宣讲活动的通知》,决定就习近平总书记、李克强总理等领导同志的指示、讲话精神,《国务院关于加快发展现代职业教育的决定》《现代职业教育体系建设规划(2014—2020年)》有关部署等,开展全国职业教育工作会议精神宣讲活动。(教职成厅函[2014]21号)

7月11日 教育部、财政部发布了《教育部 财政部关于公布"国家示范性高等职业院校建设计划"骨干高职院校建设项目2014年验收结果的通知》,对2011年度启动建设的国家骨干高职院校建设项目进行了验收,同意北京劳动保障职业学院等28所项目学校的建设项目通过验收。(教职成函[2014]11号)

7月14日 教育部办公厅等三部门发布了《教育部办公厅 人力资源社会保障部办公厅 财政部办公厅关于公布"国家中等职业教育改革发展示范学校建设计划"第一批项目学校验收结果的通知》,决定251所项目学校通过验收,正式确定为"国家中等职业教育改革发展示范学校",另外18所项目学校暂缓通过验收、7所学校未通过验收。(教职成厅函[2014]16号)

8月6日 教育部发布了《教育部关于发布〈职业院校护理专业仪器设备装备

规范〉等五项教育行业标准的通知》,发布了五项教育行业标准:职业院校护理专业仪器设备装备规范、职业院校汽车运用与维修类相关专业仪器设备装备规范、高等职业学校机电一体化专业仪器设备装备规范、中等职业学校机电技术应用专业仪器设备装备规范、高等职业学校数控技术专业仪器设备装备规范。(教职成函[2014]14号)

8月21日　教育部发布了《教育部关于公布2014年全国职业院校技能大赛获奖名单的通知》,公布了获奖选手、优秀指导教师及所在学校名单。(教职成函[2014]15号)

8月27日　教育部发布了《教育部关于开展现代学徒制试点工作的意见》,就开展现代学徒制试点工作提出以下意见:充分认识试点工作的重要意义、明确试点工作的总要求、把握试点工作内涵、稳步推进试点工作、完善工作保障机制,具体包括坚持政府统筹、合作共赢、积极推进招生与招工一体化、加强专兼结合、师资队伍建设等等。(教职成[2014]9号)

9月2日　教育部办公厅发布了《教育部办公厅关于进一步完善招生工作机制规范中等职业学校招生秩序的通知》,针对个别地区在中职招生过程中存在买卖生源等不规范行为,要求各地教育行政部门进一步完善招生办法,加强管理、深化改革、规范秩序,并对中等职业学校招生管理工作进行专项检查。(教职成厅[2014]4号)

10月24日　教育部办公厅发布了《教育部办公厅关于召开全国职业院校管理经验现场交流会的通知》,决定召开全国职业院校管理经验现场交流会,总结交流各地各职业院校管理工作经验、现场考察职业院校,研究部署下一阶段职业院校管理重点工作。(教职成厅函[2014]35号)

11月18日　教育部办公厅发布了《教育部办公厅关于召开职业院校职业指导工作经验交流会的通知》,决定召开职业院校职业指导工作经验交流会,总结交流各地开展职业指导工作的经验和做法,进一步明确服务发展、促进就业的办学方向,深入推进职业指导和创业教育。(教职成厅函[2014]39号)

11月19日　教育部发布了《教育部关于印发〈中等职业学历教育学生学籍电子注册办法(试行)〉的通知》,要求教育行政部门和学校通过全国中等职业学校学生管理信息系统为每名中等职业学校学生建立学籍电子档案。(教职成[2014]12号)

12月9日　教育部办公厅发布了《教育部办公厅关于召开全面提高职业教育人才培养质量工作视频会议的通知》，决定于2014年12月19日召开全面提高职业教育人才培养质量工作视频会议，全面梳理职业教育人才培养中存在的问题，总结交流近年来各地教学改革的经验做法，研究确定新阶段提高人才培养质量的目标、任务、政策与措施。（教职成厅函[2014]44号）

12月26日　教育部办公厅发布了《教育部办公厅关于公布2014年全国职业院校信息化教学大赛获奖名单的通知》，公布了2014年全国职业院校信息化教学大赛获奖教师及所在学校名单。（教职成厅函[2014]46号）

12月30日　教育部办公厅发布了《教育部办公厅关于公布第二批〈中等职业学校专业教学标准（试行）〉目录的通知》，公布了第二批涉及16个专业类的135个《中等职业学校专业教学标准（试行）》目录，要求各地继续做好专业教学标准的贯彻实施工作。（教职成厅函[2014]48号）

附录3 2013—2014年全国职业教育事业发展统计公报

2013年

全国高中阶段教育(包括普通高中、成人高中、中等职业学校)共有学校2.62万所,比上年减少643所;招生1 497.45万人,比上年减少101.29万人;在校学生4 369.92万人,比上年减少225.36万人。高中阶段毛入学率86.0%,比上年提高1.0个百分点。

全国中等职业教育(包括普通中等专业学校、职业高中、技工学校和成人中等专业学校)共有学校1.23万所,比上年减少401所。其中,普通中等专业学校3 577所,比上年减少104所;职业高中4 267所,比上年减少250所;技工学校2 882所,比上年减少19所;成人中等专业学校1 536所,比上年减少28所。

中等职业教育招生674.76万人,比上年减少79.38万人,占高中阶段教育招生总数的45.06%。其中,普通中专招生271.47万人,比上年减少5.89万人;职业高中招生183.53万人,比上年减少30.37万人;技工学校招生133.50万人,比上年减少23.56万人;成人中专招生86.26万人,比上年减少19.55万人。

中等职业教育在校生1 922.97万人,比上年减少190.72万人,占高中阶段教育在校生总数的44.00%。其中,普通中专在校生772.18万人,比上年减少40.38万人;职业高中在校生534.22万人,比上年减少88.83万人;技工学校在校生386.59万人,比上年减少37.22万人;成人中专在校生229.98万人,比上年减少24.29万人。

中等职业教育毕业生674.44万人,比上年减少4 550人。其中,普通中专毕业生265.21万人,比上年减少1 053人;职业高中毕业生204.52万人,比上年减少12.92万人;技工学校毕业生116.88万人,比上年减少3.63万人;成人中专毕业生87.83万人,比上年增加16.20万人。

中等职业教育学校共有教职工115.34万人,比上年减少3.60万人。其中,普通中等专业学校教职工41.93万人,比上年减少1.13万人;职业高中教职工37.54

万人，比上年减少1.89万人；技工学校教职工26.94万人，比上年增加1 337人；成人中等专业学校教职工7.27万人，比上年减少4 767人。

中等职业教育学校共有专任教师86.79万人，比上年减少1.30万人，生师比22.97∶1，比上年的24.19∶1有所改善。其中，普通中等专业学校专任教师30.36万人，比上年减少1 979人；职业高中专任教师30.14万人，比上年减少1.03万人；技工学校专任教师19.92万人，比上年增加2 298人；成人中等专业学校专任教师5.20万人，比上年减少2 186人。

全国各类高等教育在学总规模达到3 460万人，高等教育毛入学率达到34.5%。全国共有普通高等学校和成人高等学校2 788所，比上年减少2所。其中，普通高等学校2 491所（含独立学院292所），比上年增加49所；成人高等学校297所，比上年减少51所。普通高校中本科院校1 170所，比上年增加25所；高职（专科）院校1 321所，比上年增加24所。

普通高等教育本专科共招生699.83万人，比上年增加11.00万人，增长1.60%；在校生2 468.07万人，比上年增加76.76万人，增长3.21%；毕业生638.72万人，比上年增加13.99万人，增长2.24%。

成人高等教育本专科共招生256.49万人，比上年增加12.54万人；在校生626.41万人，比上年增加43.30万人；毕业生199.77万人，比上年增加4.34万人。

普通高等学校本科、高职（专科）全日制在校生平均规模9 814人，其中，本科学校14 261人，高职（专科）学校5 876人。

全国接受各种非学历高等教育的学生678.56万人次，当年已结业933.77万人次；接受各种非学历中等教育的学生达4 914.65万人次，当年已结业5 340.34万人次。

全国职业技术培训机构11.23万所，比上年减少1.15万所；教职工48.22万人；专任教师27.43万人。

全国有成人小学2.18万所，在校生124.26万人，教职工4.36万人，其中，专任教师2.26万人；成人初中1 768所，在校生48.23万人，教职工7 281人，其中，专任教师5 833人。

全国共扫除文盲50.59万人，比上年减少7.99万人；另有61.92万人正在参加扫盲学习，比上年减少6.98万人。扫盲教育教职工3.27万人，比上年减少5 607人；专任教师1.54万人，比上年减少2 402人。

全国共有各级各类民办学校（教育机构）14.90万所,比上年增加9 057所;招生1 494.52万人,比上年增加44.49万人;各类教育在校生达4 078.31万人,比上年增加167.29万人。其中:

民办中等职业学校2 482所,比上年减少167所;招生73.16万人,比上年减少10.60万人;在校生207.94万人,比上年减少32.94万人。另有非学历教育学生30.23万人。

民办高校718所(含独立学院292所),比上年增加11所;招生160.19万人,比上年减少949人;在校生557.52万人,比上年增加24.34万人。其中,硕士研究生在校生335人,本科在校生361.64万人,专科在校生195.85万人;另有自考助学班学生、预科生、进修及培训学生25.84万人。民办的非学历高等教育机构802所,各类注册学生87.99万人。

另外,还有其他民办培训机构2.01万所,943.56万人次接受了培训。

2014年

全国高中阶段教育(包括普通高中、成人高中、中等职业学校)共有学校2.57万所,比上年减少548所;招生1 416.36万人,比上年减少81.10万人;在校学生4 170.65万人,比上年减少199.27万人。高中阶段毛入学率86.5%,比上年提高0.5个百分点。

全国中等职业教育(包括普通中等专业学校、职业高中、技工学校和成人中等专业学校)共有学校1.19万所,比上年减少384所。其中,普通中等专业学校3 536所,比上年减少41所;职业高中4 067所,比上年减少200所;技工学校2 818所,比上年减少64所;成人中等专业学校1 457所,比上年减少79所。

中等职业教育招生619.76万人,比上年减少55.00万人,占高中阶段教育招生总数的43.76%。其中,普通中专招生259.66万人,比上年减少11.81万人;职业高中招生161.54万人,比上年减少22.00万人;技工学校招生124.41万人,比上年减少9.09万人;成人中专招生74.16万人,比上年减少12.10万人。

中等职业教育在校生1 755.28万人,比上年减少167.69万人,占高中阶段教育在校生总数的42.09%。其中,普通中专在校生749.14万人,比上年减少23.05万人;职业高中在校生472.82万人,比上年减少61.40万人;技工学校在校生338.97万人,比上年减少47.62万人;成人中专在校生194.36万人,比上年减少

35.62万人。

中等职业教育毕业生622.95万人,比上年减少51.49万人。其中,普通中专毕业生247.73万人,比上年减少17.48万人;职业高中毕业生178.37万人,比上年减少26.15万人;技工学校毕业生106.79万人,比上年减少10.09万人;成人中专毕业生90.05万人,比上年增加2.21万人。

中等职业教育学校共有教职工113.21万人,比上年减少2.13万人。其中,普通中等专业学校教职工41.81万人,比上年减少1195人;职业高中教职工36.09万人,比上年减少1.45万人;技工学校教职工26.52万人,比上年减少4240人;成人中等专业学校教职工7.34万人,比上年增加665人。

中等职业教育学校共有专任教师85.84万人,比上年减少9530人,生师比21.34∶1,比上年的22.97∶1有所改善。其中,普通中等专业学校专任教师30.69万人,比上年增加3321人;职业高中专任教师29.33万人,比上年减少8117人;技工学校专任教师19.46万人,比上年减少4558人;成人中等专业学校专任教师5.31万人,比上年增加1113人。

全国各类高等教育在学总规模达到3559万人,高等教育毛入学率达到37.5%。全国共有普通高等学校和成人高等学校2824所,比上年增加36所。其中,普通高等学校2529所(含独立学院283所),比上年增加38所;成人高等学校295所,比上年减少2所。普通高校中本科院校1202所,比上年增加32所;高职(专科)院校1327所,比上年增加6所。

普通高等教育本专科共招生721.40万人,比上年增加21.57万人,增长3.08%;在校生2547.70万人,比上年增加79.63万人,增长3.23%;毕业生659.37万人,比上年增加20.65万人,增长3.23%。

成人高等教育本专科共招生265.60万人,比上年增加9.11万人;在校生653.12万人,比上年增加26.71万人;毕业生221.23万人,比上年增加21.46万人。

普通高等学校本科、高职(专科)全日制在校生平均规模9995人,其中,本科学校14342人,高职(专科)学校6057人。

全国接受各种非学历高等教育的学生736.66万人次,当年已毕(结)业920.28万人次;接受各种非学历中等教育的学生达4613.67万人次,当年已毕(结)业5084.48万人次。

全国职业技术培训机构10.51万所,比上年减少0.72万所;教职工47.74万人;专任教师27.65万人。

全国有成人小学1.83万所,在校生116.43万人,教职工4.05万人,其中,专任教师2.17万人;成人初中1 370所,在校生46.26万人,教职工8 732人,其中,专任教师7 559人。

全国共扫除文盲44.15万人,比上年减少6.43万人;另有45.55万人正在参加扫盲学习,比上年减少16.37万人。扫盲教育教职工2.61万人,比上年减少6 517人;专任教师1.08万人,比上年减少4 551人。

全国共有各级各类民办学校(教育机构)15.52万所,比上年增加0.63万所;招生1 563.84万人,比上年增加69.32万人;各类教育在校生达4 301.91万人,比上年增加223.60万人。其中:

民办中等职业学校2 343所,比上年减少139所;招生71.95万人,比上年减少1.21万人;在校生189.57万人,比上年减少18.37万人。另有非学历教育学生29.45万人。

民办高校728所(含独立学院283所),比上年增加10所;招生172.96万人,比上年增加12.77万人;在校生587.15万人,比上年增加29.63万人。其中,硕士研究生在校生408人,本科在校生374.83万人,高职(专科)在校生212.28万人;另有自考助学班学生、预科生、进修及培训学生31.73万人。民办的其他高等教育机构799所,各类注册学生88.30万人。

另外,还有其他民办培训机构2.00万所,867.94万人次接受了培训。

后 记

经过漫长的努力,《中国职业教育发展报告(2013—2014)》终于脱稿了。2011年上半年,我们获得了教育部的委托和资助,开始了《中国职业教育发展报告》的编写工作,目前已经顺利出版了《中国职业教育发展报告(2011)》、《中国职业教育发展报告(2012)》。《中国职业教育发展报告(2013—2014)》的编写团队以华东师范大学职业教育研究所的教师和博硕士生为主体,同时包括了来自江苏、山东、浙江、上海等省市的研究者、管理者和一线的教师,从发展报告的内容设计、数据搜集、调研走访直至最终书稿的付样,都离不开每位参与编写人员的辛勤与汗水。

石伟平教授负责了总报告的撰写工作,参与者分别包括:臧志军、王启龙、万卫、王亚南、何新哲、陈春霞、张蔚然、严世良、郝天聪、申怡、李伟、胡微、孙利、柯婧秋、林玥茹、马欣悦等同志。全书由臧志军编校,石伟平审阅。

杭州职业技术学院、义乌工商职业技术学院、齐齐哈尔工程学院、宁波外事学校、上海电机学院接受了我们的访谈并提供了相关资料,在此一并表示感谢。

《中国职业教育发展报告》是一个系列出版物,通过我们不懈的努力,最终形成了一个成熟的、具有中国特色的发展报告系列,为中国职业教育事业的发展、为中国职业教育的研究贡献有限的力量。

图书在版编目(CIP)数据

中国职业教育发展报告.2013—2014/石伟平主编.—上海:华东师范大学出版社,2019
ISBN 978-7-5675-8937-7

Ⅰ.①中… Ⅱ.①石… Ⅲ.①职业教育-发展-研究报告-中国-2013-2014 Ⅳ.①G719.2

中国版本图书馆CIP数据核字(2019)第059451号

2011年度教育部哲学社会科学发展报告培育项目

中国职业教育发展报告(2013—2014)

主　　编　石伟平
副 主 编　臧志军　李　鹏
策划编辑　彭呈军
审读编辑　王丹丹
责任校对　张　雪
装帧设计　卢晓红

出版发行　华东师范大学出版社
社　　址　上海市中山北路3663号　邮编 200062
网　　址　www.ecnupress.com.cn
电　　话　021-60821666　行政传真 021-62572105
客服电话　021-62865537　门市(邮购)电话 021-62869887
地　　址　上海市中山北路3663号华东师范大学校内先锋路口
网　　店　http://hdsdcbs.tmall.com

印 刷 者　上海盛隆印务有限公司
开　　本　787×1092　16开
印　　张　29
字　　数　483千字
版　　次　2019年8月第1版
印　　次　2019年8月第1次
书　　号　ISBN 978-7-5675-8937-7/G·11924
定　　价　78.00元

出版人　王　焰

(如发现本版图书有印订质量问题,请寄回本社客服中心调换或电话021-62865537联系)